중등영어교사를 위한 영어교육의 이론 및 실제

중등영어교사를 위한 영어교육의 이론 및 실제

발 행 일 2012년 10월 10일 초판 인쇄
2012년 10월 15일 초판 발행

지 은 이 한 상 택
꾸 민 이 김 성 아
펴 낸 이 김 진 수
펴 낸 곳 **한국문화사**
등 록 1991년 11월 9일 제2~1276호
주 소 서울특별시 성동구 아차산로 3(성수동 1가) 502호
전 화 (02)464-7708 / 3409-4488
전 송 (02)499-0846
이 메 일 hkm7708@hanmail.net
홈페이지 www.hankookmunhwasa.co.kr

책값은 뒤표지에 있습니다.

잘못된 책은 바꾸어 드립니다.

ISBN 978-89-5726-995-4 93370

이 도서의 국립중앙도서관 출판시도서목록(CIP)은 e-CIP 홈페이지(http://www.nl.go.kr/cip.php)에서 이용하실 수 있습니다. (CIP제어번호: CIP2012004626)

중등영어교사를 위한 영어교육의 이론 및 실제

| 한 상 택 |

한국문화사

|책|머|리|에|

우리나라 사람들이 영어를 10년 이상 공부하고도 외국인을 만나면 입 한번 벙긋 열지도 못한다고 한다. 정말로 자기 일이 아닌 만큼 무책임하게 쉽게 내던지는 말이다. 우리나라의 사회 환경이나 교육 시스템 기타 여타의 사정을 고려해 볼 때 어떻게 보면 이는 당연한 일이기 때문이다. 보통 영어 공부하는 상황을 따질 때 EFL(English as a Foreign Language) 상황과 ESL(English as a Second Language) 상황으로 대별하는 데, EFL 상황인 우리나라의 여건은 싱가포르나 필리핀 등과 같은 ESL 상황과 다르기 때문에 위와 같은 비판의 소리를 곰곰이 따져볼 필요가 있는 것이다. EFL 상황은 의미하는 것처럼 공용어나 통용어가 아닌 외국어로 영어를 학습하는 상황을 말한다. 때문에 여러 가지 여건상 학습과 관련된 영어 입력 자료나 보조 환경에 있어 ESL 상황에 비해 부족한 실정이다. ESL 상황은 상황 자체가 영어를 학습할 자연적 환경(setting)에 노출되어 있다. 주위의 모든 것이 학습 교보재가 될 수 있다. 원어민들은 태어날 때부터 모국어 습득 환경에 노출되어 있다. 부모님의 자장가로부터 주위의 원어민 화자들로부터 매일매일 수없이 많은 말들을 듣게 된다. 이와 같은 언어 학습 과정을 모델로 삼은 것이 소위 자연 접근법(natural approach)이라는 것이다. 물론 학문적으로 완성된 이론은 아니지만, 요지는 언어를 학습하는 과정을 마치 원어민이 모국어를 습득해 나가는 환경과 비슷한 환경을 마련해 주어야 보다 빨리 언어를 습득할 수 있다는 것이다. 그러나 이미 언급한 것처럼 EFL 상황에선 이러한 일이 거의 불가능하기 때문에 단지 참고 방법이 될 뿐이지 주 방법은 될 수는 없을 것이다. EFL 상황에선 자연적, 반복적 언어 학습 환경에 노출되어있지 않다. 또한 그나마 많은 목표 언어 학습을 얻으려면 경제적 문제도 고려해야 한다. 때문에 원어민들의 언어 습득 과정과는 근본적으로 다른 학습 방법을 설정하고 개진해야만 한다. 원어민들은 자연스럽게 반복적으로 다량의 언어 자료들을 듣고 활용함으로써 깊은 기억(retention)과 함께 규칙을 내재화(internalizing)함으로써 새로운 표현을 이해하고 생성하는 데이터베이스를 구축하게 된다. 그들은 문법이나 언어 형식들을 형식 교육으로부터 학습하지 않아도 이미 귀납적으로 자연스럽게 문법이나 언어 형식들을 학습하게 되는 것이다. 그러나 EFL 상황에선 목표 언어 학습의 양과 시간이 태부족이다. 때문에 지금까지 기본적으로 주류를 이루어왔던 방법처럼 연역적으로 이미 설정된 문법이나 언어 형태를 학습하고 이를 반복함으로써(준자연적 환경처럼) 자동적 발화 형태 수준까지 끌어올리는 것이 더 합당한 전략인지 모른다. 적절한 손질과 시행착오를 통해 필요 없거나 보충할 것을 삭제하고 첨가하며 말이다. 이는 마치 우리가 해외에 거주하려고 할 때 그 나라의 법을 모르고 가게 될 때 여러 고충을 갖고 힘들게 시간을 낭비하며 사회에 적응하는 것보다 미리 그 나라의 법을 숙지하고 가면 보다 빨리 그 사회에 적응할 수 있는 것과 똑같은 이치이다. 때문에 연역적 방법을 기초로 한 귀납적 방식(deduction-based inductive method)이 하나의 대안인지도 모른다. 이를 위해 기존의 형식 교육을 통해 제공되는 여러 가지 입력자료(input)를 바탕으로 학습한 문법과 어휘를 바탕으로 시간이 허가하는 한 최대한 반복할 수 있는 기회를 많이 갖는 것이 현 상황에서 최선의 방법인지도 모른다. 굳이 말하자면 규칙인지-습관 형성(cognitive code-habit formation) 활동을 지속적으로 하면 준(quasi) 습득 과정으로 가게 되며, 이 과정 속에서 원어민들이 하는 것처럼 무한한 표현들을 생성할 수 있는 모태를 가질 것이라고 생각된다.

지금까지 외국어 학습을 위한 여러 이론들이 있어왔다. "오래되었다고 진부하고 쓸모가 없고 최근의 것이라고 무조건 좋다."는 이분법적 생각을 지양해야 한다. 인간 본래의 심성과 기본적인 생활 패턴이 변하지 않은 이상 그 이론 각자들은 존재해야 할 이유와 활용될 명분이 충분히 있는 것이다. 어떻게 이들 이론들을 현실에 맞게 슬기롭게 적용하느냐가 최선의 방법이 될 것이다. 결국 절충주의(eclectic approach)가 최선의 방책인 셈이다.

언어의 네 가지 기능을 학습하는 방법에도 따져볼 가치가 있다. 몇 해 전까지만 해도 듣기와 읽기를 '수용적 기능(receptive skills)'이라 하고, 말하기와 쓰기를 '표출적 기능(expressive skills)'이라 하여 전자를 먼저 그리고 후자를 다음에 가르치는 방법으로 교재를 편집했었다. 그러나 다시 현행 교육과정에선 그 이전[5차] 교육과정처럼 순서를 듣기와 말하기 읽기와 쓰기로 환원하였다. 이를 보면 언어 학습 과정에는 특정한 방법과 접근방식이 없으며 결국 언어의 네 가지 기능은 한 번에 동시다발로 접근되어야 한다는 반증이기도 하다. 이는 듣기나 읽기 활동이 동적(kinetic) 전략보다는 정적(static) 전략처럼 보이지만 사실 정신적으로(mentally)는 대단히 능동적이고 적극적 자세를 갖고 임하게 된다는 것이 증명되었기 때문이다. 다시 말해, 총체적 언어 접근방식(whole language approach)이 이루어져야 할 것이다. 왜냐하면 언어 학습은 모든 정신적, 육체적, 환경적으로 혼융된 복합체라고 볼 수 있기 때문이다.

그러면 필자가 주장하는 논지에 어느 정도 결론에 다다른 것 같다. EFL 상황에선 외국어 학습을 위한 급선무는 학습자 개인적으로 반복적인 연습과 충분한 시간의 투자이다. 그리고 교육 시스템상의 체계적이고 지속적인 연계성이다. 의사소통능력 신장을 우선시 하는 풍토 때문에 어느 때부터인가 중학교 때는 문법을 소홀히 하고 회화중심으로 접근해 오게 되었다. 그러나 고등학교에 오면 다시 대학입시 때문에 시험의 특성상 읽기 능력과 말하기가 바탕이 되지 않는 듣기 활동(비록 소량의 시간 투입이지만)으로 초점화 되어 기본적인 문법을 소화하지 못한 채 상급학년으로 진학한 학생들은 그나마 해석 능력도 기대 이하로 떨어져 있는 것이다. 일례로 EFL 환경으로부터 온 영어를 전공하는 유학생들이 처음에 수강을 할 때 고충스러운 것이 듣기와 말하기이며 그 중 더 어려운 부분이 듣기라고 한다. 그렇지만 일정한 시간이 지나가면(물론 노력이 당연히 따라야겠지만) 기존의 ESL 환경으로부터 온 동료 학생보다 학업 성취력이 더 뛰어나게 된다고 한다(일종의 Survival English이라 볼 수 있을 것이다.). 이는 읽기와 문법 그리고 어휘력을 주어진 환경 하에 열심히 준비해놓았기 때문이라고 사료된다. 다시 말하면 기존의 문법 번역식 접근방식도 경우에 따라서는 많은 유용성이 있다는 반증이다.

대부분의 학생들이 영어 공부를 할 때 생각보다 학습 성과가 향상되지 않는다고 불평하는데 이는 너무 성급한 단정이다. 모든 이치가 그런 것처럼 숙성하는 데는 시간이 필요하다. 물리학에 'Magic seven'이라는 말이 있다. 핵반응에서 연료봉 6개가 연소될 때까지 폭발 반응이 없다가 비로소 7개가 연소되면 핵반응을 일으켜 폭발한다고 한다. 학습을 하는 과정에서 일정 기간 동안 정체되는 기간인 학습 등고현상(learning plateau: 학습 정체현상)이 나타나게 마련이다. 이를 슬기롭게 극복하는 학생이 결국 정상에 등극하여 환희를 만끽할 수 있다. 그렇지만 이를 이해한다는 것은 쉬운 일이 결코 아니다. 긍정적이고 적극적인 자세로 노력을 할 필요가 있다. 무공해 콩나물을 먹기 위해 콩 시루 속에 시간이 있는 대로 물을 주어보자. 처음에는 모든 물이 밑 빠진 항아리에서 시루 밑으로 다 흘러나오는 것처럼 생각될 것이다. 하지만 며칠 지난 후 시루 위에 덮인 보자기를 열어보면 먹기 좋을 만큼 콩나물이 자라 있는 것을 보게 될 것이다. 영어를 학습하는 원리도 또한 이것과 같지 않을까?

참고로 이 책의 구성은 Part I에서는 의사소통 능력 신장을 위한 교수와 학습에 관한 이론을 간략하게 조망하여 정리하였다. 그리고 Part II에서는 각 기능별로 좀 더 교육현장에 접목할 수 있는 방안을 세부적으로 조명하여 정리해보았다. 마지막으로 Part III에서는 언어의 4가지 기능 외에 영어 학습에 부수적으로 필요한 문화, 평가(수행평가 포함), 수준별 교육과정 및 기타를 정리해 놓았다. 그렇지만 이러한 내용들은 단지 하나의 참고 자료가 될 뿐이지 표준은 될 수가 없을 것이다. 편의상 이 두 부문은 공히 네 가지 기능과 기타 영어교육에 필요 되는 분야를 한 번에 통합하지 못하고 분리해 제시한 점 죄송스럽게 생각한다. 아울러 이 자료의 내용 중 일부는 국내 영어 관련 학자와 일선 교사들이 거론한 것을 필자가 원용하거나 변용하였다는 것을 미리 밝히는 바이다.

|차례|

Part I

The Theoretical Background for
Communicative Language Teaching and Learning

Part II

The Practical Adaption
to Communicative Language Teaching and Learning

Part III

The Miscellany of English Teaching and Learning

PART I

The Theoretical Background for Communicative Language Teaching and Learning

—— On the basis of four skills ——

▌교사의 일일 반성

- 나는 학생이 이해 가능한 수준으로 잘 설명하고 있는가?
- 나의 목소리, 글씨, 그림, 메시지는 분명한가?
- 학생들이 기울이지 않는 소음(noises)의 요소가 무엇인가?
- 학생들이 깊이 생각하지 않고 앵무새처럼 그저 따라만 하고 있는가?

▌교사의 역할

- 관리자로서(as a manager)
- 안내자로서(as a guide)
- 자원으로서(as a resource)
- 선창자로서(as a initiator)
- 반응자로서(as a responder)
- 협상자로서(as a negotiator)
- 창의력 촉진자로서(as a prompter of creativities)
- 자신있는 구축자로서(as a confident builder)
- 팀 리더 내지는 멤버로서(as a team leader / member)
- 연예인으로서(as an entertainer)

Teaching / Learning

목표(Aim)	교수요목(Syllabus)	방법론(Methodology)	평가(Assessment)
왜	무엇을?	어떻게 가르칠 것인가?	어떤 효과를?
(Why?)	(What to teacher?)	(How to teacher?)	(To what effect?)

훌륭한 교사/교육자의 덕목

- 지식이 풍부해야(knowledgeable)
- 잘 준비되어 있어야(well-prepared)
- 목표 언어에 관한 유창한 언어 사용자(a fluent user of the target language)가 되어야
- 훌륭한 동기부여자(a good motivator)가 되어야
- 학습자의 감정과 욕구에 민감해야(sensitive to learner's feeling and needs)
- 공평해야(fair)
- 질서를 유지시켜야(able to keep order)
- 자신감이 있어야(self-confident)
- 교수는 명쾌하고 논리 정연해야(clear and logical)
- 가르치는 내용이 효과적이어야(effective)

교수·학습 방법론 과정

- 교육에서 중요한 것은 시간을 버는 것이 아니라 쓰는 것이다(What is important in education is not to gain time but to lose it.). (Jean. J. Rousseau, 1762)

다음부터 언급할 교수·학습 방법론에 관한 과정은 1) 학습 관련 심리학 및 2) 코스 개발 관련 현대 이론을 특별히 부각시키며 '언어 교수'와 '언어 실습'에 대한 고찰 등으로 크게 구성되어있다. 특히, 언어 교수 기술[기능] 분야는 다음과 같은 것을 포함 한다.: 1) 어휘, 2) 듣기, 3) 말하기와 회화, 4) 읽기, 5) 쓰기 등

제1장 언어 학습 심리

1. 학습(learning)과 교수(teaching)의 정의

1) 학습은 습득(acquisition) 또는 이해(getting)이다.
2) 학습은 정보 또는 기술(skill)의 보존(retention)이다.
3) 보존은 저장 체계, 기억, 인지 구조(cognitive organization)를 내포한다.
4) 학습은 인지 구조 안팎에 있는 사건에 대해 적극적이고 의식적인 포커스와 행동을 두는 것을 의미한다.
5) 학습은 영원히 계속되나 상대적으로 잊어지기가 쉽다.
6) 학습은 어떤 유형의 연습, 다시 말해 보강된 연습(reinforced practice)을 필요로 한다.
7) 학습은 행동의 변화(change of behavior)이다.

- 교수[가르치는 일]는 학습자로 하여금 배우게 하면서, 학습 환경을 조성하고, 학습을 안내하고, 용이하게 하는 일이다. 그렇지만 경험에 의하면 훌륭한 교수가 훌륭한 학습을 낳는 것만은 반드시 아니다. (D. Brown, 1981. p. 7)

2. 좋은 교수와 빈약한 학습

- "우리의 중등학교는 훌륭한 교수와 빈약한 학습으로 충만 되어 있다."(Scottish Education Department's report on secondary education, 1947) 이 말은 실제로 교수가 방법론적인 입장에서 훌륭하다는 것을 강조하기 보다는 학습 효과가 상대적으로 빈약하기 때문에 다시 한 번 교수 방법에 대한 반성해 볼 필요가 있다는 뜻으로 해석해야 한다는 것이다.

1) 대부분 어떤 단원의 학습 결과는 항상 positive(+)가 되어야 한다고 하나 실제는 (+), (-), (0)이 나올 수가 있다.

(1) 현재의 교수가 부족한 이전의 교수를 보강시켜줄 때, 또는 이후의 교수에 의해서 보강될 때, 그 결과는 (+)라고 본다.
(2) 현재의 교수가 이전의 교수를 보강시키지 못하거나 간섭하지 않을 때, 아울러 이후의 교수를 보강시키지 못하거나 간섭하지 않을 때 그 결과는 (0)이다.
(3) 현재의 교수가 이전의 교수를 방해하거나 이후의 교수를 간섭할 때 그 결과는 (-)가 된다.

2) 학생의 학습에 대한 교사의 역할은 교사나 다른 관계자들이 생각하는 것만큼 크지는 못하다. 다시 말해, 학습을 유발하는 것은 교사의 시도보다는 학습자의 노력이다. 학습은 모든 생물 속에 존재하는 하나의 관찰 과정(process observed)이다. 이러한 관찰 행위는 교수 없이 발생할 수 있다. 정리하면, 교수는 부차적인 과정이며 때문에 교수는 학습을 위한 단지 기회를 제공하는 일이라고 정의될 수가 있다. 교사는 단지 학습 기회를 제공할 따름이다. 이것이 전부다.

3) 제시[설명](presentation)가 학습이 아니다. 그리고 좋은 제시라고 반드시 좋은 교수라고 볼 수 없다. 그렇지만 교사는 제시 과정에 더 많은 노력을 하면 할수록 수업계획의 어느 부분에도 더욱더 덜 포기할 것이다. 그로 인해 그의 주의력은 그의

수업에 더욱 집중하게 된다. 반면에 그의 주의력은 그의 학생들에게 기울어져 있어야만 한다. 좋든 나쁘든 제시는 학습을 위해 필요 되는 극히 작은 일부에 불과하기 때문이다. 간격을 두고 통제된 상태에서 사항에 대한 반복의 원칙이 소홀이 된다면 제시된 내용은 쉽게 잊어질 것이다. 다시 말해, 이러한 경우에는 비록 잘 제시되었거나 나쁘게 제시되었거나 결국은 똑같이 잊어지게 마련이다.

3. 동기유발(motivation)과 주의의 문지방[발단](threshold of attraction)

1) 모든 사람은 인상(impression)을 감지하기 위한 주의의 발단 단계를 가지고 있다. 다시 말해, 학습자는 그가 인지하기를 원하지 않은 인상이 있다면 주의로부터 그것을 차단시키면서 주의의 문지방을 올리거나 내리곤 한다. 이러한 높낮이 정도는 연습에 의해 증가할 수가 있다. 실제 물리적인 목소리만 높이는 교사는 이러한 문지방을 넘게 할 수 없다. 다시 말해, 학생들이 그들의 주의력을 스스로에게 주어야만 한다.: 모든 교사는 주의력을 유도하는 동기유발에 관해서 깊이 생각해보아야만 한다.

2) 두 가지 종류의 동기유발이 있다.

(1) 제1의 교재자체에 대한 동기유발과 (2) 성인들의 칭찬을 받거나 노여움을 피하는 것인 제2의 동기유발이다. 다시 말해, 학습자들 자신이나 학습 교재로부터 개발된 동기유발이 제1의 동기유발이고, 다른 것들로부터 나온 것이 제2의 동기유발이다. 제1의 동기유발은 현재에 발생한다. 제2의 동기유발은 과거와 미래에 의해서다. 부차적[제1의] 동기유발은 대부분 학습자들의 현재의 주의력에 단지 약간의 영향을 미친다. 대부분의 학생들에게서 효과를 기대하는 교사는 스스로 동기유발을 하게 만드는 학습 자료를 제공해야한다. 그러한 자료와 함께 주의(력)에 대한 보상은 바로 나타난다. 그러한 교재를 생성하고 사용하기 위해서는 교사는 주의(력)의 심리(학)(psychology of attention)를 고려해야 한다.

4. 학습자의 정보나 기술의 보유 문제

견고한 인상(impression)은 일단 경험의 발생에 의해서 만들어 질 수 있다. 그러한 보통 경험의 인상은 시간과 함께 사라진다. 첫 번째 인상이 완전히 사라지기 전에 어떠한 반복 행위가 일어나지 않는다면 인상의 결과는 없게 된다. 이와 마찬가지로 또 다른 반복 행위가 그 인상을 강화하지 않는다면 두 인상들은 사라지고 만다. 심지어 또 다른 반복 기간이 없다면 다량의 반복도 어떤 계속적인 인상을 낳지 못한다. 그러한 어떤 양의 반복 후에 일어나는 한 번의 반복 행위는 비로소 그 인상을 확정 시켜준다.

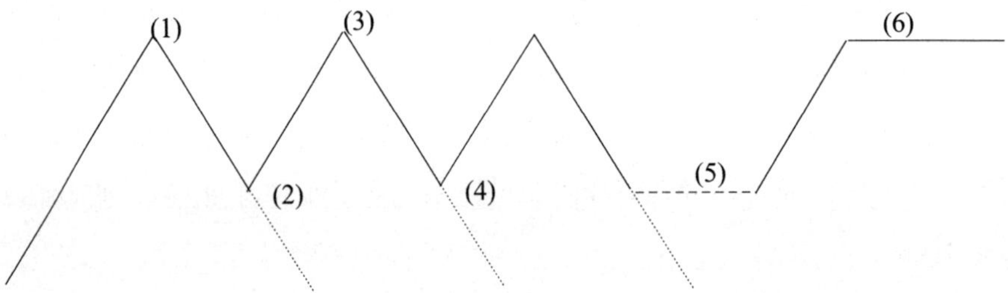

(1) 첫 번째 인상
(2) 반복이 없다면 첫 번째 인상은 사라진다.
(3) 두 번째 인상
(4) 반복이 없다면 두 번째 인상은 사라진다.
(5) 'X'량의 반복
(6) 반복의 효과는 사라지지 않는다.

다시 말해, 학습자는 반복되지 않는다면 교사의 메시지를 인지하지 못할 것이다. 그러나 시간의 간격(any interval of time)없이 여러 번의 기계적 반복은 단 한 번의 체험보다 더 많은 효과를 낳지 못할 것이다. 그렇다고 지나친 단순한 시간의 간격은 다음 반복이 있기 전에 경험의 인상을 생성해내지 못할 것이다. 다시 말하면 훌륭한 반복과 적절한 시간 간격이 조절되어야 한다.

5. 의미(에 대한) 추구(effort of meaning)는 반복에 대한 주의(력) (attention of repetition)을 가져온다.

1) 모든 인간들은 의미 추구를 하는 경향이 있다. 어떠한 의미가 얻을 범위 안에 있다는 것을 알게 되면 그러한 의미를 얻기 위한 도전적인 시도를 갖게 한다. 다시 말해, 의미 추구 행위가 최초의 심리적 동기유발 행위가 된다. 의미를 얻기 위해 필요한 반복의 숫자는 의미의 설정을 위해 필요 되는 숫자보다 더 적다. 만약에 코스와 교사에 의한 동기가 유발되지 않는 반복(다시 말해, 더 이상 도전되지 않는 반복)에 의존하게 된다면 이러한 반복이 학습자의 인상 확립[설정]의 문지방을 뛰어넘게 한다고 기대하는 것은 무리다. 다시 말해, 어떠한 학습이 있을 수 없다.

2) 교실 활동에서 두 가지 커다란 잘못이 있다.: (1) 교사가 충분한 반복을 주지 않는다는 것이며, (2) 종종 있는 반복조차 노력에 의해 수반되지 않는다는 것이다. 대부분 교사들은 필요 되는 반복의 양을 알지 못한다. 아울러 의미 추구에 대한 도전 행위가 활성화 되도록 하는 데 고려를 하지 않는다.

3) 모든 인간들은 가까이 있지만 미처 도달하지 않은 의미의 도전에 반응한다. 훌륭한 외국어 교수의 기술은 장기간에 걸쳐 이러한 학습 항목을 현재까지는 도달하지 않았지만 앞으로 도달할 수 있는 상태 속에 있도록 하는 일이다. 학생들에게 단순히 의미를 주는 일이 없어야하고 효과적인 학습을 생성하기 위해 의미 추구 문제에 있어 단순 반복이 아닌 '노력의 반복'이 필요하다.

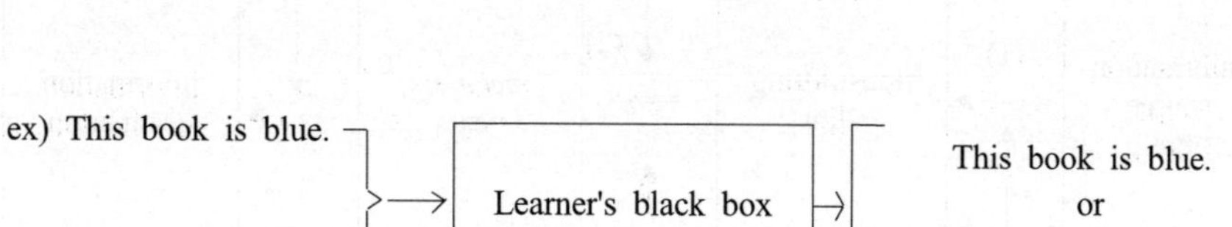

6. 기억과 망각

기억은 사진술적인 회상이 아니다. 다시 말해, 기억하는 일은 재생성(reproduction)이 아니라 재구성화(reconstruction)이다. 기억 활동에 대한 간섭은 다음과 같은 것에 의해 야기된다.:

(1) 기억되어야 할 여러 항목들 사이에서의 교차 연상
(2) 이전 지식
(3) 불완전한 청각적 회상(aural recollection)
(4) 자기합리화하기(rationalizing)
(5) 심미적 재고 등.

망각은 학습된 것들이 다시 학습되지 않을 때 발생한다. 학습된 것들은 후에 학습된 것들과 간섭될 때 다시 학습되지 않는다. 다시 말해, 후에 학습된 것들은 이전의 학습을 변화시키든가 혼란스럽게 한다. 게다가 이런 경우가 더 많이 있으면 있을수록 더 일찍 잊어지게 된다. 때문에 보다 철저하고, 주의 깊게 등급화되고, 순차적인 계획된 지도가 필요하다.

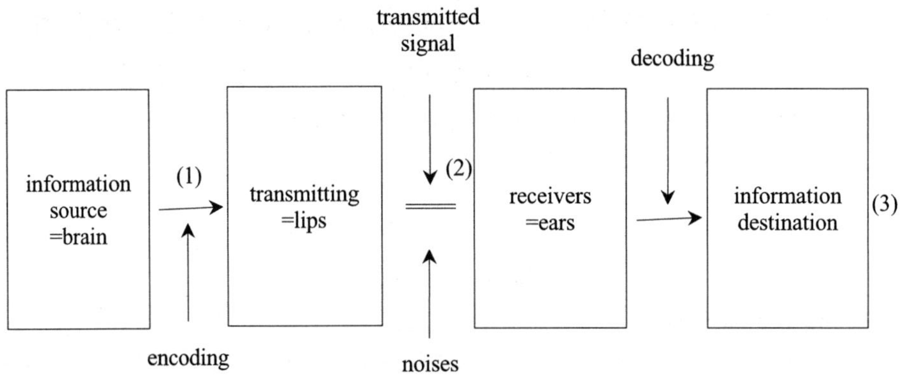

의사소통 이론(Communicative theory) (Shannon & Weaver, 1963)

- (1), (2), (3): 일종의 잉여현상(redundancy)으로 완전하게 전달이 안 된다. 교실 환경, 지식 부족, 발음의 부적당, 청자의 불성실, 화자와 청자의 정보 불일치 등이 그 이유가 된다.

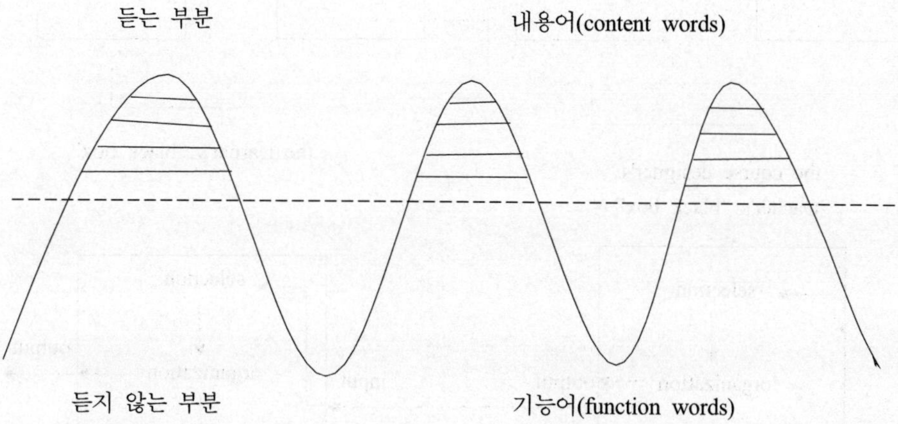

*내용어(content words): 정보를 담고 있으며, 무한한 말들: 명사, 동사, 부사, 형용사 등.

*기능어(function words): 중요한 정보보다는 표현 과정에서 문법적 기능을 하는 말들: 대명사, 조동사, 전치사, be동사, 접속사 등.

특수한 경우를 제외하고는 내용어 중심으로 듣기가 되기 때문에 어휘의 학습(누가 더 어휘를 많이 숙지하고 있는가)이 의사소통 신장에 결정적 기여를 한다는 것을 알 수가 있다.

7. 학습과 교수의 실제

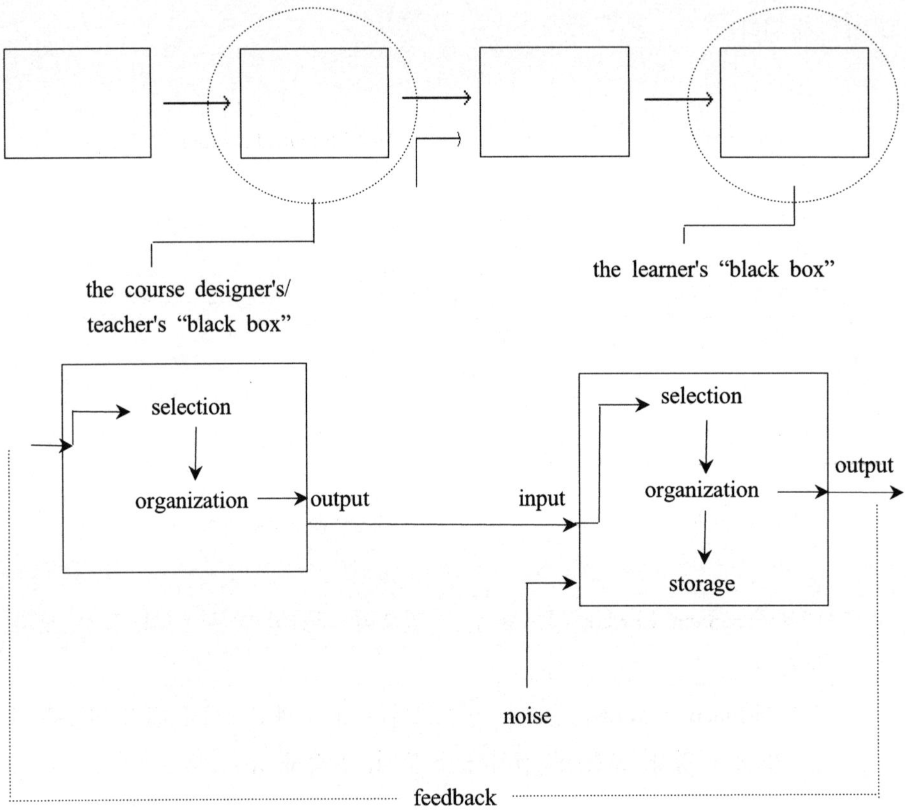

의사소통 이론(Communicative theory) (Shannon & Weaver, 1963)

여기서 정보 도착지(information destination)는 학습자의 'black box'가 된다. 정보 입력[투입](input)은 학습자의 영어에 대한 체험이고, 정보 출력[산출](output)은 학습자의 구어와 문어체 양식이다. 여기서 학습자의 출력이 너무 적고, 의존할 수 없으며(다시 말해, 신빙성이 없으며), 필요 없는 특징들을 가지고 있는 것을 발견할 수가 있는 데 이러한 이유는 다음과 같다.:

1) 학습자의 출력[결과]이 너무 적다.

- 입력이 너무 적다.
- 일부 입력들이 학습자에게는 마구잡이 식인 것처럼 보인다. 그래서 선택되지 않았다.
- 일부 입력들이 의미가 없는 것들이거나 전혀 의미가 없는 것들이다.
- 일부 입력들은 혹시 있을지도 모르는 적은 보상에 대해 너무 많은 노력을 요구한다. 때문에 선택되지 않는다.
- 일부 입력들은 선택되었거나 불충분하게 반복되었거나, 충분한 시간적인 간격이 없었고, 또는 유의적이지 못했다. 때문에 입력 항목들은 단기 기억 장치에 들어가고 그 결과 장기 기억 장치로 전환되지 못해서 곧 망각되었다.

2) 학습자의 출력이 신빙성이 없었다.

- 코드 그 자체가 결함이 있고 성공적인 규칙의 예측을 허락하지 못했다.
- 입력 그 자체가 나쁘게 조직되었고, 학습자에 의해 유인될 수 있는 규칙들은 명확하지 않았다.
- 그나마 일부 입력항목들은 비경제적인 저장과 비효율적인 반복의 결과를 가져오면서 부호화할 수 없는 말(speech)들이고, 따라서 코드 지식 구축에 기여를 하지 못했다.
- 일부 입력 항목들은 코드에 관한 지식을 약화시키는 '말'들이다.

3) 학습자의 출력은 어떤 기준에 따라 원하지 않는 특징을 가질 수도 있다.

- 입력 그 자체가 그러한 기준에 따라 본래부터 원하여지지 않았다.
- 입력이 이탈된[왜곡된] 문법에 따라 계획되었다.
- 입력 그 자체가 계통적으로 왜곡되어 있다.
- 입력은 언어 항목들과 그 항목들의 명명(designation) 사이의 관계를 왜곡시켰던 비실제적인 특징들을 포함하고 있다.
- 일부 항목들은 다른 항목들로부터 간섭을 받기 쉬웠다.

제2장 의사소통 능력이란 무엇인가? (What is communicative ability?)

1. 의사소통 능력 기술의 4가지 범주 (Four domains of communicative competence skill)

Del Hymes(1972)는 다음과 같이 의사소통 능력을 정의하고 있다.:

1) 문법성(grammaticality): 촘스키의 언어적 능력(linguistic competence)
2) 실행가능성(feasibility): 언어 이론의 언어 수행 능력(performance)
3) 적절성(appropriateness): 올바른 판단에 적절한 표현을 쓸 수 있는 능력
4) 실용성(practicability): 어떤 표현이 일정한 환경에 실제로 일어날 수 있는가에 대한 지식

또한 Canale & Swain(1980)은 다음과 같이 의사소통 능력을 정의하고 있다.:

1) 문법적 능력(grammatical competence): 문법적 지식에 관한 능력
2) 사회언어학적 능력(sociolinguistic competence): 쓰고 있는 언어가 사회적 적절성(socially appropriateness)을 가질 능력
3) 담화적 능력(discourse competence): 담화의 논리성(coherence)과 응집성(cohesion)을 가질 능력
4) 전략적 능력(strategic competence): 원활한 의사소통을 위해 과정에 계속 대비하거나 필요시 발화를 적절하게 바꾸어 가는 능력

흔히 의사소통 능력을 말할 때 위의 이 두 가지 정의를 합해서 지칭한다.

참고 능력(competence)과 수행(performance)의 구별은, 전자는 의사소통을 위한 지식(knowledge) 측면을 강조하는 것이고, 후자는 이것을 바탕으로 발화하는 행위(act)를 지칭한다. 훌륭한 수행을 위해 훌륭한 능력이 선행되어야 한다는 것은 자명한 일이다.

2. 기술[기능] 습득과 기술 사용(Skill getting and skill using)

아래의 스키마(schema)는 의사소통이 학습과 관련된 본질적 과정을 예시하고 있다. (Rivers, 1972)

- ↑ Skill getting ↓
  - Cognition (Knowledge)
    - Perception (of units, categories and functions)
    - Abstraction (internalizing rules relating categories and functions)
  - Production (or, pseudo-communication)
    - Articulation (practice in formulating communication)
    - Construction (practice in formulating communication)
- ↑ Skill using ↓
  - Interaction
    - Reception (comprehension of a message) [Motivation to communicate]
    - Expression (conveying personal meaning)

다시 말해, 제한된 범위내로부터 언어 자료를 조작(manipulation)하는 단계와, 그렇게 해 얻어진 기능을 자신의 의견이나 생각을 표현하고 상대방의 말을 이해하며 상호 의사를 교환하기 위해 사용(use)하는 단계의 두 단계로 나누고 있다.

첫 단계에선 언어의 단위, 범주, 문법 기능 등을 인지하고 이들에 관한 규칙을 내재화하여야 하며, 이에 따라, 문장을 구성하여 말을 하게 된다. 그러나 이런 연습에 있어 언어 표현과 실제 상황을 결부시킨다 해도, 그것은 가상의 의사소통 단계를 넘지는 못한다. 그렇지만 가상적인 의사소통 단계는 '기술 사용(skill using)'의 단계로 가는 교량과 같다. 과거의 외국어 교육은 '기술 습득(skill getting)'의 단계는 자동적으로 '기술 사용(skill using)'의 단계로 넘어간다고 믿었었다. 이러한 과오를 없애기 위해, 언어 형식을 연습시키는 과정에 그 '훈련(drill)'을 여러 가지로 변형시켜, 학습자 자신이 뜻하는 바를 단편적으로 표현할 수 있게 초기부터 훈련을 시켜야 한다.

제3장 교수 기법(Teaching techniques)

1. 이해(Comprehension)

관례적으로 듣기와 읽기는 수동적 기능으로만 간주되어왔다. 그러나 그렇지 않다. 이해는 우리가 성취하고자 하는 그 무엇이다: 이러한 이해과정은 누군가가 말하고 쓰는 것에 관해 자동적이고, 필연적인 결과로 발생하는 것만은 단지 아니다. 이해를 하기 위해 우리는 적절한 행위[조치]를 취할 필요가 있다. - 다시 말해, 어떤 유익한 단서를 탐색해서 우리 개개인의 지식 체계 속에 있는 정보 자원들(information sources)을 이 단서와 관련해 활성화시키는 일이다.

아래의 도표는 이해 과정에서 정보 자원들(information sources) 간의 관계를 보여주고 있다.

Background knowledge(배경 지식)
- factual(사실적인)
- sociocultural(사회문화적인)

schematic knowledge(스키마) → COMPREHENSION

Procedural knowledge(절차적 지식)
- how language is used in discourse(언어가 어떻게 담화 속에서 이용되는가)

Knowledge of situation(상황 지식)
- physical setting, participants, etc.(물리적 환경, 참여자, 기타)

context(맥락) → COMPREHENSION

Knowledge of co-text(텍스트에 관한 지식)
- what has been/will be said{written}?(어떤 내용이 말해져왔고{써져왔고}/말해질 것인가{써 질 것인가}?

Knowledge of the language system(언어체계에 대한 지식)

systematic knowledge(체계적 지식) → COMPREHENSION

Comprehension process(이해 처리)
- syntactic{propositional} meaning(통사적인{명제적인} 의미)
- phonological(음운적인)

2. 이해 과정(Comprehension process)

편의상 첫 글자를 따 'A-C-T-I-O-N-S' 라고 표현해 본다.

1) 적절한 수준(Adequate level): 인간은 이해과정에 있어 100% 정확히 정보를 갖지 못한다. 실제로 대부분의 상황에서 그것은 불필요하다. 다시 말해서, 적절한 수준의 이해가 필요하다.

2) 누가적 활동(Cumulative activity): 텍스트 이해는 임시적이고, 최초의 해석을 만들기 위한 충분한 단서를 인식할 것을 필요로 한다. 이러한 최초의 해석은 그 후 후속적인 증거에 비추어 수정되고, 확장되고, 버려진다.

3) 의미 부합 활동(Trying to make sense): 텍스트 자체가 아무리 이상하다 할지라도 우리 인간의 자연적 과정은 그 텍스트를 이해하기 위해 노력한다. 다시 말해,

우리 인간은 "그 언어 항목들이 비의미적이다."라고 마지못해 인정하는 것 같다.

4) 통합적 과정(Integrative process): 이와 같은 의미 탐색과정으로부터 우리는 필요하게 보이는 만큼의 자원들로부터 단서들을 탐색하고 연결하고자 한다. 이러한 연결과정은 하향식(Top-down: 전반적이고 기대 중심의) 과정과 상향식(Bottom-up: 언어적 증거의 개개의 항목으로부터 작업하는) 과정을 포함한다.

5) 전방향적 이해과정(Omni-directional comprehension): 비록 언어텍스트가 상대적으로 말해 선형적(lineal)이라고 할지라도 이해과정은 말해지고 있는 것에 대한 주의력에 의존할 뿐만 아니라 이미 언급해진 것에 대한 해석 내지는 재해석에도 많이 의존한다. 그리고 앞으로 말해질 것에 대한 예측도 의존한다. 이런 의미에서 전방향성으로 이해는 실현된다.

6) 비언어적 접근방식(Non-linguistic approach): L1(제1언어) & L2(제2언어)환경 속에서 종종 이해과정 문제를 야기하는 것은 언어 그 자체가 아니다. 작자 또는 화자에 의해서 가정되는 비언어적인 문화적 또는 사실적 지식이다.

7) 대본(Script): 하나의 대본은 친숙한 상황에서 있을 가능성 있는 사건의 연속에 관한 일련물이다. 대본은 언어와 다른 사건을 이해하기 위한 독자[청자]의 능력에 대한 기초를 제공한다. 그러나 영화나 연극 대본과 같이 않게 심적 대본은 이용될 정확한 단어들[대사들]을 상세화 하지 못할 것이다. 그것은 단지 있을 가능성 있는 배우들이나 행위를 상세화 할 따름이다. 독자[청자]들 각자는 직/간접 체험을 기초로 한 이들 대본을 저장하고 있는 도서관과 같다. 이해과정은 적절한 대본과 상담하는 과정이고, 정보를 대본에 합치는 일이며, 새로운 정보를 미래의 참고를 위해 창조하는 것을 포함한다.

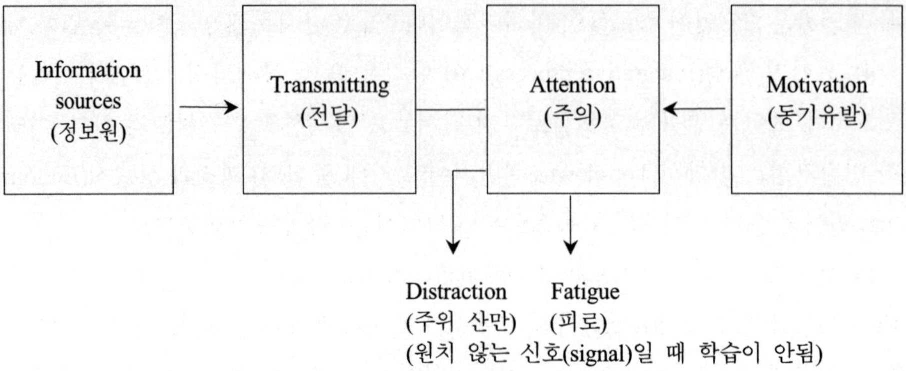

이해 과정(Comprehension process)

제4장 어휘 지도(Teaching vocabulary)

1. 외국어로 한 단어를 안다는 것은 다음과 같은 특징들을 갖고 있다고 볼 수 있을 것이다.

1) 단어를 안다는 것은(비록 일부 단어가 수동적 지식을 위해 필요 되고, 수동적으로 알려져 있다고 할지라도) 생산적으로 사용하는 방법을 알고 능동적으로 사용을 위해 그것을 회상해 낼 수 있는 것을 의미한다.

2) 구어적이며 문어적 또는 두 가지 상황에서 그 단어에 접할 가능성을 안다는 것을 의미한다.

3) 그 단어가 써질 수 있는 통사적 구조와 그 단어의 기저 형태, 그리고 그 단어로부터 만들어질 수 있는 변이형들(variants)도 아는 것을 의미한다.

4) 그 언어 상황에서 다른 단어와 교류하는 관계 또는 L1 상황에서 관련된 단어와 교류하는 관계를 아는 것을 의미한다.

5) 그 단어의 실용적, 담화적 기능과 그것의 문체 수준뿐만 아니라 그 단어의 상대적인 핵심을 인지하는 것을 의미한다.

6) 그 단어와 관련된 다른 의미들을 알고 그 단어의 연어적 형태(collocational patterns)의 범위를 아는 것을 의미한다.

7) 어떠한 상황이 일어 날 때 그 상황에 적응하기 위해 반복할 수 있도록 편의상 암기한 고정된 표현만큼 부분적 또는 전체적으로 한 단어를 아는 것을 의미한다.

2. 한 단어를 학습한다는 것은 많은 의미를 가지고 있다는 것을 아는 것을 의미한다.

1) 어휘는 이해와 표현을 위해 가르쳐질 필요가 있다.

2) 초기 언어 학습에서 어휘력 지도는 다른 것들보다 더 핵심이 되는 어떤 단어들의 개념에 대한 끊임없는 언급을 필요로 한다.

3) 추론하기 위해 상황적 단서를 추측하고 사용하는 기술은 특별히 읽기 과정에서 중요하다.

4) 고정된 표현들[연어(collocation)이나 관용어(idioms)]는 모든 수준에서 가치 있는 일이다. 특히 학습자들로 하여금 더욱 관례화된 표현 양상들에게 접근하도록 하고 언어 사용을 통해 담화적 관계를 유지하는 필수적 기술에 접근하도록 하는 일은 중요하다.

5) 담화 속에서 어휘 지도는 표현의 고급 기술 개발을 조장시켜줄 뿐만 아니라 모든 수준에서 어휘 항목의 통사적, 의미적, 실용적 기능에 대한 이해를 고무시킨다.

3. 아래에 언급된 다양한 연습 활동을 통해 교사는 한 단어의 의미들을 제공해야 한다. 의미는 많은 방법으로 제공될 수가 있다.

1) 시연(demonstration)

(1) by using an object
(2) by using a cut-out figure
(3) by using gesture
(4) by performing an action

2) 그림(picture)

(5) by using photographs
(6) by using blackboard drawing

(7) by using pictures from books

3) 설명(explanation)

(8) by description
(9) by giving a word with the same meaning
(10) by putting the word in a defining context
(11) by giving a word with the oppositive meaning
(12) by translating into another language

4. 단어 소개를 위한 몇 가지 기법

1) 묘사하기(description)

예) '공장(factory)'이란 단어를 소개하는 방법은 이렇게 할 수가 있다.:
Factories are usually in towns or near rivers
A factory is a big building
Many people work in a factory
Things like ships, pencils, comb are made in factories

위와 같은 묘사를 통하여 학생들은 자연스럽게 '공장(factory)'이란 단어를 숙지하며 아울러 그 단어의 쓰이는 맥락(context)을 학습할 수가 있다.

2) 문맥을 통해 소개하기(introducing in a context)

예) 문맥을 통해 '칫솔(toothbrush)'을 소개하는 방법은 다음과 같이 할 수가 있다.:
I got up this morning and went into the bathroom, I looked for my toothbrush but it wasn't there. I have a red toothbrush. I was angry. I wanted to clean my teeth ... ('치솔'이란 말이 문장[맥]속에 언급되어 이해하도록 유도된다.)

3) 알기 쉽게 바꾸어 소개하기(paraphrasing)

(1) 'ace'를 설명하면 다음과 같다.
The word, 'ace' has some meanings in it. First it means someone who are good at something. For example, when one of your friends is good at math, he is a math ace. When I failed math, but my friend got one hundred point in math test. In that case, we say like this.; He aced math.

(2) 다음처럼 간단히 목표단어(whisper)를 다른 말로 풀어 소개할 수가 있다.
'whisper' means 'speak calmly'

4) 사용 가능한 문장 속에서 용법으로 설명하기(presenting some usage in an authentic sentence)

예) '쌀(rice)'이라는 단어를 알기 쉽게 소개하면 다음과 같다.:
`We, Korean usually this food every day. We usually put in this young plant in the field in the spring time. In fall, we harvest this when it turns yellow. There is some food using this, such as ___ cake, ___ramyon, ___noodle, etc.
(여기서 '쌀'이란 말이 언급되지 않는다.)

5) 어원(etymology)이나 파생어(derivation)를 활용하여 바로 이해시키기

예) anti- = against, bio- = life, -er = a person who does something, re- = again, graph = writing, -ful = full of, etc.

예) biograph=전기문 biology=생물학 ...
handful=한손 가득 mouthful=한입가득 spoonful=한 숟가락 가득

제5장 듣기 지도(Teaching listening)

1. 듣기 주요 기능

세 가지 주요 기능이 L2 청자를 위한 중요 요소로서 담화분석 연구로부터 알 수가 있다.

1) 원어민의 처음 말로부터 회화의 화제를 인식할 수 있는 능력
2) 청자가 응답해야 할 화제의 발전에 관해 예측할 수 있는 능력
3) 청자가 예견하고 응답하기 위한 입력을 충분히 이해하지 못할 때를 인지하고 신호를 보낼 수 있는 능력

이와 같은 명시적 신호들은 중요한데 이는 그것들이 보통 원어민에 의한 반복과 재조작을 유도해 내기 때문이다. 그리고 청자에게 적절한 대답을 하도록 또 다른 기회를 주기 때문이다(Lynch, 1996).

2. 듣기 입력 과정 구조 모형

Static Dynamic Abstract

Description	Description / Instruction	Storytelling	Opinion-expression
Few elements Many elements	which may be which may be	difficult to difficult to	distinguish distinguish

(Brown & Yule 1983: 107)

3. 듣기 과업 형태 목록

형태	실례
(1) Listening and Do	그림에 번호 매기기, 그림 완성하기 항목 배열하기, 항목 연결하기, 꼬리표 붙이기, 체크하기
(2) Listening and Do nothing	이야기나 시에 귀를 기울이기
(3) Listening and Follow	그림, 도표, 도형 작업 등을 보면서 들은 것을 따라 하기
(4) Listen and Respond (affective response)	테이프 청취: 등장인물 또는 사물에 대해 좋고 나쁜 것을 표현하기, 공감하기
(5) Listen and Answer	전통 유형의 질문 형태: 진위형(T/F) 의문형: 폐쇄 의문형(closed questions)/ 개방 의문형(open-ended questions)
(6) Listen and Compare	입력된 내용은 모두 듣기 자료가 될 수 있다. 예) 들은 내용 재정돈하기(Jigsaw listening). 테이프나 인쇄물의 혼합형: 같은 사건에 대한 라디오나 기사 보도문 듣고 비교하기
(7) Listen and Complete: Gap filling	빈칸 메우기(cloze) 유형 연습, 테이프에 녹음된 소음에 의해 모호한 단어 듣고 써 넣기(masked-word type task)
(8) Listen and Predict	부분적인 텍스트가 공급되고 다음 내용을 예견한다.: What will Mrs. X say next? How will Y respond to that? How will the story end?

(9) Listen and Correct	집단 토론 시 구술 요약을 위해 또는 발생 사건에 대한 합의를 구하기 위해 들은 것을 메모한다(받아쓰기는 다양한 구술 청취 훈련이다).
(10) Listen and Discussion	구술 상호 작용을 위한 정보원으로서 테이프 사용하기: 구어/문어 텍스트로부터 정보 연락하기, 녹음된 텍스트를 기초로 해서 문제 해결하기, 정보 평가하기
(11) Listen and React	가치 평가를 표현하기: 주어진 의견에 관하여 가치를 판단하거나 녹음된 행위에 대해 가치 판단하기. 예) Did the person do the right thing?

4. 어학 실험실(Language laboratory) 특징

어학 실험실 설치는 원래 듣기 지도를 위해 근본적 목적이 있었지만 지금은 언어의 4가지 기능을 위해 확대 적용되고 있다. 그렇지만 어학 실험실 기능은 우선 듣기부터 출발한다. 어학 실험실의 중요 기능 중의 2가지는 첫째, 학습자 관점으로 볼 때 학습자 중심의 활동을 자기주도 방식으로 할 수 있다는 것이고, 둘째, 교사 관점으로 볼 때 학습자들을 지속적으로 모니터 할 수 있다는 것이다. 구체적으로 어학 실험실 활동을 통하여 이 둘 모두가 상황에 따라 개별 또는 그룹별로 가능하다는 것이다.

1) 학생들은 각자 그들 자신의 속도로 활동할 수 있다. 다시 말해, 필요할 때마다 시작/출발을 하면서 활동을 조절할 수 있다. 학생들 스스로 개인 및 그룹 활동이 가능하다.
2) 교사는 개개의 학생에게 집중할 수 있는 많은 시간을 가질 수 있다. 그리고 수준에 걸맞게 각각의 학생에게 응답과 지도를 제공할 수 있다.
3) 학생들은 부족한 부분에 대한 반복학습 활동과 활동 결과를 바로 분석하고 치료 받을 수 있다는 점이다. 시간과 노력의 경제성을 가질 수 있다는 것이다.

5. 어학 실험실 활용 기법

과거에는 어학 실험실의 주요 기능은 반복하여 듣는, 이른 바 듣기 기능 신장을 위한 단순 활동들이 주류였다. 그러나 오늘날 어학 실험실의 기능과 업무는 기술 혁신으로 인하여 언어 학습 전반에 걸쳐 확장되었으며, 쉽게 말해 원어민과의 일대 일 면접 교수·학습 활동의 대안책으로 각광을 받을 수 있는 시스템이라 볼 수 있다. 요즘은 영어전용교실이 생겨 그 안에서 영어 학습 활동이 실행되고 있지만 업무[활용 목적] 자체가 어학실험실과 다르다고 볼 수 있기 때문에 어학실험실이 설치되어 있으면 그 자체를 적극 활용할 가치가 있다고 본다. 구체적으로 어학 실험실에서 할 수 있는 활동들은 아래와 같다. 아래의 활동들을 일견하면 알 수 있듯이 모든 활동들이 우선 듣기 과정부터 시작된다. 때문에 전 기능을 섭렵해야 하지만 듣기 활동에 중점을 두고 다른 기능과의 연계를 확대해 나가야 할 것이다.

1) 받아쓰기(dictation)

받아쓰기 분량은 보통 100~150단어이다. 텍스트 자체는 완벽해야 한다. 텍스트는 학생들이 이전에 학습한 어구와 구조를 포함하고 있다.

2) 듣고 명령 이행하기(listen and do)

여기서는 이해와 표현 활동을 포함하고 있다. 이것은 '글쓰기', 그리고 '많은 대체물로부터 적절한 항목 선정하기' 등을 포함한다.

3) 질문에 답하기(answering questions)

구절을 다양한 유형의 이해 질문으로 유도한다. 다양한 선택과 단답형 질문이 있다. 대답은 좀 더 길을 수 있다.

4) 지시 따르기(following instruction)

그것은 어떤 일을 하도록 또는 조작하도록 하는 것일 수 있다.

5) 텍스트 이해 안내하기(guiding comprehension texts)

학생들은 듣기 구절이나 대화로부터 요점을 요약하거나 메모할 수 있다.

제6장 읽기 지도(Teaching reading)

1. 읽기 과업(Reading task): 텍스트의 유형이나 목적에 따라 읽기 활동을 달리해야 한다.

1) 읽기 유형

(1) 훑어 읽기(skimming): 글의 전체적인 윤곽, 중심 생각, 핵심적 요지 등을 이해하기 위하여 세부적인 사항에 구애받지 않고 전체적으로 읽어 내려가는 형태로 '통독(reading through)'이라고 한다. 대의(gist)나 주제(main idea)를 파지하기 위해 텍스트를 훑어보는 빨리 읽기(speed reading)의 한 유형으로 정보가 걸러지고 조합될 때 찾아 읽기(scanning)보다는 더 한 단계 높은 처리 과정이 포함된다. 예) 눈에 뛴 기사가 읽을 가치가 있는 지 알아보기 위해 읽어보는 일

(2) 찾아 읽기(scanning): 텍스트나 단락을 이해할 필요 없이 매우 특정한 읽기 목적을 달성하기 위하여 선택적으로 읽는 빨리 읽기의 한 유형으로 특정한 정보나 텍스트가 주어진 목적에 부합하는지에 대한 인상을 얻기 위해 텍스트를 빠르게 탐색하는 방법이다(Nuttall, 1996). 예) 전화번호부를 찾는 일

(3) 뛰어 읽기(skipping): 전체 글 중 필요하다고 생각되는 일부만을 읽는 방법으로 원하는 정보만 가능한 빨리 뽑아내기 위해 건너뛰며 읽는 방법이다. 시간의 절약과 집중을 위해 많은 양의 글의 읽기가 생략된다.

(4) 자세히 읽기(intensive reading): 많이 읽기와 대비되는 개념으로 자세히 읽기

는 일반적으로 느리게 읽는 방법으로 질적인 깊이를 파고드는 읽기 방식이다. 이 방식은 많이 읽기보다 글을 처음부터 끝까지 속력에 구애받지 않고 꼼꼼히 언어표현과 문법 등을 매우 주의 깊게 따져가며 읽는 것으로 고도의 이해력을 필요로 한다. 정확성(accuracy)을 요하는 읽기 방법이다. 예) 법적인 공문을 읽는 일

(5) 많이 읽기(extensive reading): 읽는 자료의 언어보다는 내용에 신경을 쓰며 전반적인 이해를 통해 글의 대의와 요점을 파지하기 위해 많은 양의 자료나 긴 글[책 전체]을 빠르게 읽는 방식이다. 많이 읽기는 좋은 읽기 습관을 발전시키고, 어휘와 구조에 대한 지식을 증가시키며, 읽기에 대한 흥미와 동기를 유발시키고자 행해진다. 교양을 쌓고 교실 밖의 외국어를 대할 수 있는 기회를 주는 데 좋은 방법이다.

(6) 빠르게 읽기(rapid reading): 전체의 글을 빠른 속력으로 읽어 그 내용이나 요지를 빠른 시간 내에 파지하기 위해 읽는 형태로 읽는 속력에 비해 이해도는 대체로 낮다. 그러나 훈련에 의해 어느 정도 이해 정도를 높일 수 있다고 본다. 이러한 방식은 대체로 시간이 없을 때, 또는 정해진 시간 내에 문제를 해결하고자 할 때 필요 되는 유형으로 수능 시험과 각종 지문 시험이 그 한 예라고 볼 수 있다.

(7) 총체적으로 읽기(global reading): 상세한 내용에 관하여 아랑곳 하지 않고 목표 텍스트의 일반적인 목적과 주요 의미를 이해하기 위한 활동이다. 예) 즐기기 위해 읽는 일

2) 접근방식

(1) TOP DOWN "(하향식)": Mobilizing schemata/ Engaging cognition/ Using key sentences, Discourse markers/ Global understanding/ Making, Revising predictions

Goodman(1967)이 '심리언어학적 추측 게임(psycholinguistic guessing game)'이라고 언급한 하향식 읽기 모형으로, 읽기를 상위 수준의 일반적 스키마에 기초로 해 보편적인 예측을 한 후, 이러한 단편적으로 만족된 상위의 스키마에 부합하는

정보를 찾기 위해 텍스트로부터 제공되는 입력을 해결하며, 읽기 과정에 적극적으로 참여할 뿐만 아니라 학습자의 이전 경험과 그 이면 지식은 해결 과정에 중요한 기능을 한다. 이 방식은 글 자체보다는 읽는 이 자신이 읽기 행위의 중심에 있다고 가정하는데 Cambourne(1979)이 제시한 과정은 다음과 같다.:

읽는 이의 경험 → 선별적 의미 이해 → 필요한 발음, 문자, 문법의 확인, 언어적 직관

(2) BOTTOM UP(상향식): local processing/ coping with new lexis/ unravelling complex syntax/ using markers to work out relationships of bits of discourse

텍스트를 이해하는 데 있어 학습자는 철자로부터 시작해 체계적인 음소→어휘→단어→구→문장으로 순차적으로 정보를 해결한다고 주장하는 모형이다(Gough, 1972). 다시 말해, 문자 단계로부터 보다 높은 단계인 절이나 문장 등으로 연속적으로 해결함으로써 전체의 정보나 의미를 이해해 가는 과정을 Cambourne(1979)은 다음과 같이 풀이하고 있다.:

글자 → 각 문자 → 음소/문자 → 혼합 → 의미 이해

(3) INTERACTIVE(상호작용식): Top-down approach(=data-driiven process or low-level process) + Bottom-up approach(=conceptual-driiven process or high-level process)

위의 모델들 모두는 각자 장점을 가지고 있는 유형들로 이전 지식이나 언어 요소 어느 한쪽만을 강조하는 것이 아니라 이전 지식[스키마]의 활성화가 언어 요소의 올바른 이해에 도움을 주며, 또한 언어 요소의 이해는 이전 지식의 활성화를 촉진한다고 봄으로써 상호보완적인 이론이다.

3) 교실 구조 유형

- 개인↔그룹 또는 전체: 활동에 따라 적의 조작할 수 있도록 융통성이 있어야 한다.
- 구술이나 시청각 자료에 의한 읽기 활동을 유도할 수 있도록 한다.
- 큰 소리로 읽기가 가능할 수 있도록 기술적 환경적으로 쾌적해야 한다.

4) 텍스트 선정 관련 재고사항

- 텍스트 유형의 다양성[격식과 장르] 문제
- 텍스트의 수량문제
- 텍스트의 길이 문제
- 텍스트의 진정성 문제
- 텍스트의 질 문제
- 텍스트의 접근 용이성 문제: 언어 난이도 문제, 언어의 개념문제, 철자문제
- 텍스트의 주제나 화제 문제(흥미성을 고려)

5) 읽기 목적

- 목표 언어를 가르치기 위해(예 문법, 어휘 등)
- 읽기와 쓰기를 위해 사용될 담화를 모델화하기 위해
- 의미 파지를 최고의 목표로 하기 위해
- 자신 고유의 목적으로(가령, 전공이나 일을 위해) 자신 고유의 텍스트를 읽기 위한 준비를 위해
- 언어 기능[읽기, 말하기, 듣기, 쓰기] 그 자체를 가르치기 위해(읽은 결과를 측정하는 일과 같은 전형적인 이해력을 측정하기 위함이 아니라)

6) 학생의 업무

- 활동적이고 상호작용적이어야
- 질문을 할 준비가 되어있어야
- 이전의 과업이나 학습한 것에 기동성을 보여주어야

- 스키마를 알고 계속 익혀나가야

7) 교사의 업무

- 학습자가 기능을 학습하도록 도와주어야
- 과업을 설계하고 조력해주어야
- 적절한 자료를 선정해야

2. 과업 분석(Task analysis): 읽기 과업의 분석을 위한 구조는 다음과 같다.

1) 언급[참고](reference): 과업이 실린 부분의 책을 언급[참고]하기. 예) 페이지 넘버, 기타

2) 절차(procedure): 학생들이 수행해야 할 활동 유형을 광범위하게 분류하기.

예) 줄긋기(matching), 선택하기(choosing), 듣기(또는 이들 각각 외에도 둘 이상의 활동이 합쳐진 활동을 포함)

3) 상술화(specification): 학생이 연결하고 선택하여야 할 것이 무엇인가에 대해 설명하기

4) 텍스트의 양(how much text): 해야 할 과업이 전체적으로 해당 교과서와 관련이 있는가? 부분적으로 관련이 있는가?(이것은 주의를 요할지 모른다. 예를 들자면, 텍스트와 어울리는 적절한 제목을 선정하기 위하여 학생은 전체 텍스트를 읽고 해석해야만 할 것이다.)

5) 과업 시간(when): (1) 과업은 학생이 교재를 읽기 전에 실행되어야 하는가, 읽기 과정에서, 아니면 다 읽혀진 후에 실행되어야 하는가? (2) 과업이 첫 번째 읽기에서 실행되어야 하는가, 두 번째, 아니면 후속적인 읽기에서 실행되어야 하는가, 아니면 마지막 읽기 활동에서 실행되어야 하는가?

6) 반응 수준: 과업은 학생이 아래와 같은 것을 할 것을 필요로 한다.

- 직접적인 실제적 정보를 반복하기

- 텍스트의 다양한 부분으로부터 정보를 모으고, 구조화하고, 통합하기
- 텍스트를 바탕으로 추론하기
- 텍스트에 대한 개인적인 응답하기(예 의견, 감정 ...)

7) 비평하기(comments): 같은 유형의 텍스트를 다른 종류의 텍스트에 적응시키기 위한 아이디어를 포함시키면서 학생자신이 어떤 비평을 해본다.

3. 이해력과 속도 개발(Developing comprehension and speed)

이해 연습은 많은 다른 형태들을 가지고 있다. 그것들은 질문 형태로서 1)진위형, 2)선다형, 또는 3)문장 완성하기 등이 있다. 이 같은 형태들은 추측 활동을 고무시키거나, 그룹 활동을 통해 다양화질 수 있다. 이해 활동은 다른 유형의 정보를 요구할 수 있다. 요구되는 정보 유형은 읽기 코스의 목적, 학습자들의 능력, 읽기 재료의 유형과 같은 여러 가지에 의해 다양하다.

이해 활동은 다음과 같은 것을 포함한다.

1) 구절에서의 주제(main idea) - 때때로 이것은 학생들에게 구절에 대한 좋은 제목을 선택을 선택하도록 요구함으로써 가능하다.
2) 구절에서 언급된 일들에 관한 세부 사항들
3) 직접적으로 언급되지 않은 아이디어, 그러나 그것은 구절을 훑어봄으로써 추측될 수 있다. 이것은 행간을 읽는 일(reading between the lines)이다.
4) 작가의 감정이나 의견
5) 작가에 의해서 사용된 특수한 기법에 대한 기술.

예를 들자면, 예를 잘 드는 경향이 있는가, 논쟁의 양쪽 모두를 편드는가, 각각 다른 것들을 비교하는 편인가? 등. 학습자들은 구절을 이해했다는 것을 보이기 위해 공란을 채우면서 문장을 완성한다. 이들 문장들은 구절 다음에 올 수 있다.

이 외에 아래처럼 몇 가지 다른 유형들이 있다.

6) 문장들은 구절 속에 이미 있는 것과 똑같은 복사본이다.
7) 빠진 단어들은 구절 속에서 발견할 수 있다.
8) 문장들은 비록 그것들이 똑같은 아이디어를 대변한다 할지라도, 구절 속에서 기존의 문장들과 똑같지 않을 수 있다.
9) 빠진 단어들은 기존의 구절 속에 있지 않을 지도 모른다. 그러므로 학습자들은 공란을 채우기 위해 어휘에 대한 지식을 사용해야 한다.

예) The horse could not ________ very fast.

The horse stopped _______ the former hit it.

학습자들은 빠진 단어 각각에 짧은 힌트 철자를 또는 첫 글자를 제공받으면 도움을 받을 수가 있다.

10) 만약에 구절이 여러 사람을 언급한다면, 그들 사상들이나 행동들이 기존의 구절 후에 기술 될 수 있고 학생들은 누가 기술하고 있는가를 발견해야 한다. 아래에 한 번, 두 번, 세 번 다시 말해, 반복을 기초로 한 예들이 있다.

예) He was very cruell. He owned a farm. He was just married. Who is he?

제7장 말하기 지도 및 회화
(Teaching speaking & Conversation)

학생들은 자기 마음대로 모든 종류의 친근하고 친근하지 못한 목표 언어의 재조합을 통해 그들의 개인적 의도를 표현하는 방법을 초창기부터 학습해야만 한다. 그들이 더욱더 언어 변화에 적극적이면 적극적일수록 더욱더 빠르게 그들은 발전하게 된다(이상: 자치적 상호작용 활동)(Rivers & Temperley 1978: 46).

1. Rivers와 Temperley는 열네 개의 언어 사용 범주를 다음과 같이 열거하고 있다.

1) 사회적 관계의 설정과 유지(establishment and maintaining social relations)
2) 자신의 반응을 표현하기(expressing one's reactions)
3) 자기의 의도를 숨기기(hiding one's intentions)
4) 어려움으로부터 모면하기(taking one's way out of trouble)
5) 정보주고 받기(taking and giving information)
6) 어떤 일을 하는 것 또는 만드는 것을 배우거나 다른 사람에게 가르치기 (learning or teaching others to do or make something)
7) 전화로 대화하기(conversing over the telephone)
8) 문제 해결하기(solving problems)
9) 생각 토론하기(discussing ideas)

10) 언어를 가지고 연기하기[유희하기](playing with language)

11) 사회적 기능을 연기하기(acting out social roles)

12) 다른 사람들을 즐겁게 해주기(entertaining others)

13) 다른 사람의 업적을 보여주기(displaying one's achievement)

14) 여가 활동을 공유하기(sharing leisure activities)

2. 말하기 지도를 위한 기법

1) 단일어구나 단일 문장

(1) 문형 연습

(2) 그림이나 읽기 구절을 통한 질문 만들기

(3) 학습자들은 어휘나 문장들이 똑같은 것을 아니면 다른 것을 의미하는지 결정한다.

Learner A	Learner B
1 x. It usually has four legs	1. a chair
2. a boat	2 x. It flies through the air
3x. It has one eye	3. a needle
4. a book	4 x. We write with it.

2) 연결 자료 활용

통제된 회화를 위하여 관계있는 자료의 활용은 학습자로 하여금 자유로운 회화 활동을 위한 한 단계 업그레이드 하도록 한다. 연결된 자료의 활용은 하나의 메시지를 구성하기 위해 병행하는 여러 문장들을 기억하는 행위에 목표를 둔다.

(1) 대화문 사용하기

- 보고 말하기(look and say)

- 칠판을 활용한 반복 연습(blackboard reproduction exercises)
- 구술 반복 활동
- 교사와 학생간의 대화 연기하기
- 시나 노래 활용하기
- 연극과 인형놀이
- 사물, 사람, 동물 묘사해보기

예) It is thin. It is black. It has many teeth. It is made of plastic. We can find it near the mirror. It costs five cents. Everybody uses it. It is used for combing your hair. What is it? He is about thirty years old. He is 180cm tall. He has black hair and brown eyes. He is wearing a blue shirt and black trousers. He is wearing glasses. He is carrying a bag. Who is he?

3) 부분적인 안내에 따른 지도

대부분 부분적으로 유도된 활동으로부터 말하기 속에 담겨있는 메시지는 통제된다. 그러나 학습자들이 모델처럼 똑같이 사용하도록 기대되지 않는다.

(1) 교사나 학생 리더는 학생들에게 구절을 읽혀준다. 그런 다음 그들에게 기억으로부터 자신들의 말로 다시 말하도록 해본다.

(2) 연쇄 이야기(chain story) 기법: A가 종이 조각에 짧은 이야기를 가지고 있다. 그는 그것을 자신 있게 읽는다. 그리고 치운다. 그런 다음 그 이야기를 B와 C에게 이야기 해본다. B와 C는 만일 그 내용과 관련된 것을 필요하다면 그(A)에게 질문할 수 있다.

(3) 사용법 설명이나 규칙 설명해보기: 우리말로 된 상품의 사용법을 말해보거나 게임이나 놀이의 규칙에 대해 간단히 말해본다.

(4) 역할 놀이: 역할 놀이 활동은 학습자로 하여금 격식이나 문체면에서 그의 이야기의 적절성(appropriateness)에 귀를 기울이도록 한다.

- 라디오 프로그램: 방송에 나오는 드라마처럼 대본을 준비하여 실행해본다.
- 모의재판 활동을 해본다.
- 간단한 희곡을 시연해보던가, 상황 극을 간단하게 해본다.

예 1) 한 여성이 그녀가 구입한 물건을 반환하기 위해 가게로 들어간다. 그녀는 그것이 불만족스럽다는 것을 안다. - 등장인물: 여성, 가게 주인, 점원

예 2) 한 소년이 한 소녀에게 그와 함께 영화 보러 가자고 요청한다. 그 소녀는 관심은 있으나 확답을 하지 못한다. - 등장인물: 소년, 소녀

예 3) 여러분은 여러분의 동생이 아프기 때문에 일찍 집에 가기를 원한다. - 등장인물: 교사, 친구들

(5) 인터뷰하기: 한 학생이 면접관이 되고 다른 학생이 일자리 지원자[피면접자]가 된다. 여기에 인터뷰를 위한 몇 가지 지침이 있다.

① Family background
- Where from?
- Parents
- Age
- Married, engaged, single
- Children, ages
- Wife work?

② Education
- Where worked previously?
- How long?
- Present work
- What type of work?
- What pay
- What special qualification
- Why did you leave your previous job?

③ This job

- Reasons for wanting the job
- What salary expect?(work condition)

④ Interests

- Hobbies
- Sports
- Special interest or skill
- Leisure activities

(6) 문제 중심의(problem-centered) 의사소통 활동: 문제를 해결하기 위한 지략을 짜내는 활동으로 순발력과 기지를 신장할 수 있다. 깜짝 질문(pop quiz)에 답변하는 활동과 딜레마(dilemma)해결 방법들도 적극 장려할 만하다. 일례를 들면, 다음과 같다.:

Joe is nineteen years old and lives with his invalid mother. They have no other relatives living nearby and Tom is responsible for looking after her. When he was at school he would come home every day and do all the housework as well as nursing her. Now he has been offered a place to study architecture at a university a three hour train, trip from his home. What should he try?

제8장 쓰기 지도(Teaching writing)

1. 쓰기 과정 - 쓰기 과정이란 무엇인가?

1) 최근까지 소홀했던 쓰기에 대한 관심이 점점 증가하고 있는 데 그 이유는 다음과 같다.:

- 텍스트를 연구하는 언어학자들이 수적으로 증가하고 있다.
- ESP/ EST/ ESL과정에서 수요가 급증하고 있다.
- 새로운 접근방식의 도입으로 인하여 학습자들의 욕구, 선택, 개인적 취양의 다양화에 따른 학습자들의 의미/기능 의사소통 중심 접근법에 대한 관심이 고조되고 있다.
- L1과 L2에 대한 연구가 고조되고 있다.

2) 두 가지 수준의 숙련된 기능 활동을 Widdowson(1984)은 제시하고 있다.

(1) 사용법(usage) 수준 - 규범 문법(prescriptive gramma)이 주장하는 것처럼 기존의 따라야 할 언어 시스템(rule)을 제시하여 그에 맞게 작문 활동과 이해 활동을 시킨다.

(2) 사용(use) 수준 - 기술 문법(descriptive gramma)이 주장하는 것처럼 언어를 규칙에 맞게 사용해야하는 의무보다는 현실적으로 통용되는 용례에 따라 의사소통을 목적으로 쓰기 활동과 읽기 활동을 시킨다.

(3) 해석 과정

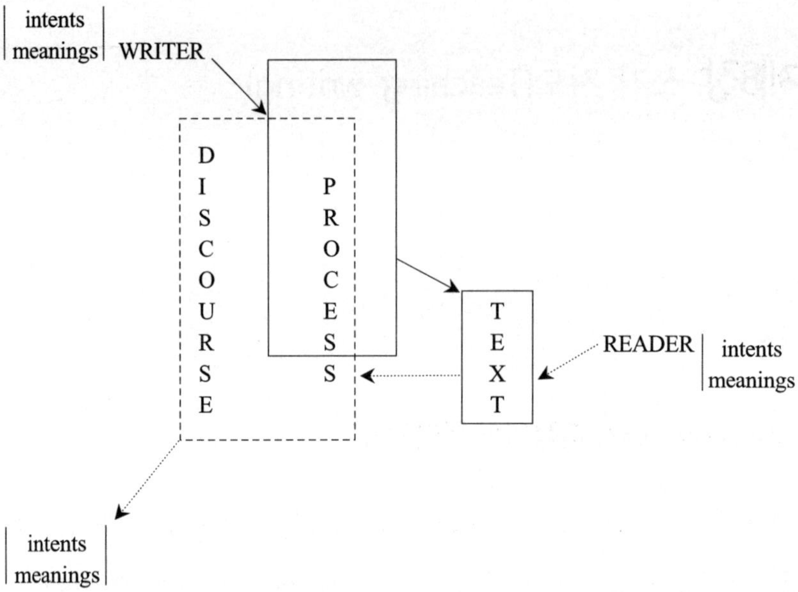

결국 글을 쓰는 행위는 글 쓰는 사람이 2가지인 임무인 표출적 기능(productive skill: 쓰기)과 수용적 기능(receptive skill: 읽기)을 교대로 계속 전개해 나가는 과정이라고 볼 수가 있는 것이다(Widdowson, 1984).

(4) 글 쓰는 사람의 임무는 다음을 포함 한다.:

- 초점 행위(focal acts): 취지나 의미와 일치시키기 위한 사실을 선정하는 행위 따위
- 권능 부여 행위(enabling acts): 초점 행위의 전달을 용이하게 하기 위한 행위

(5) 글 읽는 사람의 임무는 다음을 포함한다.:

- 그의 언어 규칙을 평가하는 일

- 언어 행위의 의사소통적 가치에 대한 지식
- 관례적인 수사적 구조에 대한 인식
- 세상에 대한 지식
- 목표 글에 대한 관심의 정도와 협력의 정도: ①어떻게 글을 생성시키는 작인들(agents)이 작가의 언어 확장을 작동시키는가? ②어떻게 글을 생성시키는 작인들(agents)이 독자의 언어 축소를 작동시키는가?

결국, 상호작용의 뒤엉킴이 담화 계획에 있어 여러 가지 변화들을 유발시킨다.

3) 글쓰기 활동(Krashen, 1983)

WRITING

COMPETENCE

유능한 작가의 추상적 지식

메시지나 의미에 초점을 두는 읽기를 통하여 잠재적으로 단지 습득된다.

PERFORMANCE

그러한 지식을 훌륭한 작문을 위해 사용하는 능력

구조에 초점을 두는 활동가들을 통하여 학습되고/실습된다.

어떤 사람도 작가들이 알아야만 하는 것의 극히 일부분보다 더 많은 양을 학습하기 충분한 양의 글을 쓰지 못한다.

위와 같이 크라쉔(Krashen)은 글 쓰는 활동을 능력(competence)과 수행(performance)으로 나누어 설명하고 있다. 능력은 글을 쓰기 위한 사전 지식을 의미하며 수행은 그러한 지식을 바탕으로 나오는 글 쓴 결과물이라고 할 것이다. 때문에 사전 준비 단계로 지식을 스키마 형태로 충분히 가지는 것이 질 좋은 글을 쓰는 원동력이 될 것이다.

4) 글쓰기 활동 실례

(1) 생각 짜내기(braimstorm): 어떠한 상황이나 조건에 대해 해결 방안이나 수행해야 할 것들을 다각적인 면으로 생각해본다.

예) You are washed up on a tropical island. You are wearing only a leather belt. How many uses for this belt can you think of to help you survive?

(2) 과업 중심 쓰기 활동(task-based writing): 해야 할 과제를 줄 때 학습자들은 책임감을 느끼고 보다 적극적으로 과업을 달성하고자 노력한다. 이러한 과정을 통해 학습자들은 특별한 행위나 유형의 가능한 모든 결과에 대해서 생각해야만 한다. 그것은 학습자들이 어떻게 사건과 행위들이 연결되는 가를 이해하도록 돕는다.

예) Suitcase strategy - You'll soon take a trip to a foreign country. You can take one small suit case. Select personal and other items to take with you.

(3) 가정(assumption): 어떤 글을 쓰는 데 가정을 하며 전략을 세움으로써 상상력 증대와 함께 폭 넓은 표현 능력을 기를 수 있다.

예) Just imagine that your second-ego'll come down the planet. from the outer space. The man is identical with you in every ways such as physical appearance, age, race, even the language you speak with. How can you welcome him or her to your home?

(4) 증거 찾기(What is the evidence?): 논리적인 설득과 주장 및 교화를 글로 표현해본다. 다음과 같은 주제를 가지고 논지를 펴본다.

예) Mary is beautiful.
All men created equal.

(5) 문제 해결 활동(problem solving activity)

- You accidently knocked a $300 stereo record player off a shelf in a store.
- You must give bad. news to a friend.
- Dear Ann Lander: 신문지상의 '고민 상담 난(agony column)의 전문 상담가 처럼 가정하고 문제를 해결해본다.

2. 최근의 쓰기에 관한 연구 동향과 그 의의

1) Raimes(1984)

(1) L1

↓ 시연하기: 아이디어나 개념을 가지고 연극해보기
↓ 초안잡기: 말하고자 하는 것을 발견, 회상, 발전시키기
↓ 쓰기: 생략하기, 재 정렬하기

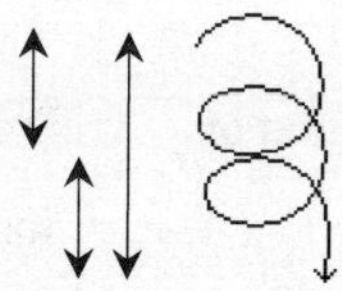

interactive+recursive

(2) L2

↓ 생각을 유발시키기
↓ 개요 만들기(선택적)
↓ 초안 잡기 → 내적인 대화(쓰고-다시생각하고-다시 쓰기)
→ 아이디어(어휘적/구조적인 문제로부터 일탈하지 않고 발전시키기)

2) Krashen(1983)

(1) 글 쓰는 능력을 개발하기 위한 요인들

MOST - self-motivated reading

↕
- reading
- writing practice
- over writing instruction: form/ organization
- feedback: only during drafting, not of product

LEAST - over grammar teaching: no, negative effect

(2) 훌륭한 작자의 특징들

- plan more
- re-scan more
- revise more
- recursive(not linear) approach
- more aware of audience/ purpose

3. 글쓰기 과업(The writing task)

Selection of Topic	Preparation for writing and pre-writing	Writing	Rewriting editing proofreading	Teacher's making of paper

4. 글쓰기 과업에 대한 과정적 접근

- 교사나 학생들에 의한 주제[화제]의 선정
- 쓰기와 다시 쓰기 활동에 대한 준비 활동
- 교사는 학생들의 노트, 목록, 요지 등을 읽은 다음 제안을 한다.
- 학생이 초안1을 작성한다[쓴다].
- 학생이 초안1의 요지[대의]를 작성한다.
- 교사와 학생들이 초안을 읽는다.: 내용에 대한 비평과 제안을 첨가한다.
- 학생이 초안2를 작성한다[쓴다]
- 학생이 검사표(checklist)의 지침과 함께 초안2를 읽는다.: 이의가 있으면 변경 한다.
- 교사가 초안2를 읽는다.: 장점과 개선부분을 알려준다.
- 학생이 초안3을 작성한다[쓴다].
- 학생이 편집하고 고정한다.

- 교사가 초안1부터 초안3까지의 발전을 평가한다.
- 교사는 추수과업을 할당해주고 약한 부분을 도와준다.

(Adopted from Raimes, "A Technicues in Teaching Writing" OUP 1983)

5. 확대 글쓰기: 평가 목록표(Assessment profile)

확대 글쓰기에 대한 평가 성분[구성 요소]들은 교사가 사용할 지도 모르는 전체 수를 나타내고 있다. 그러나 각각의 교사가 그(녀)의 반에 적절하다고 간주되는 구성 요소들을 선정할 수도 있다.

	Fully satisfactory	Mostly satisfactory	Unsatisfactory	Extremely unsatisfactory
Purpose achieved (목적달성정도)				
Legibility (handwriting) (필체이해)				
Punctuation(구둣점)				
Vocabulary accuracy (forming words correctly)(어휘구사력)				
Grammar(문법능력)				
Layout/paragraphing (글의 구성력/단락화)				
Organization (Sequence of ideas) (생각 구조화)				
Linking(cohesion) (응집력)				
Appropriacy(register) (적절성)(격식)				
Style(variety in sentence length &				

syntax: 'elegance' in expression)(문체)				
Content(more than minimal to achieve purpose: interest)(내용)				

제9장 평가하기(Test)

1. 신뢰도와 타당도

1) 신뢰도

신뢰도란 '평가 점수의 질 혹은 점수의 일관성'에 관한 것이다. 점수의 일관성은 채점자나 평가 도구에 의해 다를 수 있으므로 신뢰도는 크게 채점자간 신뢰도와 평가 도구 자체의 신뢰도로 구분할 수 있다. 채점자간 신뢰도는 말하기 시험과 같이 채점자 간의 점수의 일관성에 관심이 있을 경우 사용한다. 평가 도구 자체의 신뢰도는 다시 몇 가지 종류가 있다. 그 중 동일한 형태(예컨대 TOEIC A와 TOEIC B)의 평가 점수의 일관성에 관심이 있을 경우 동일 형태 신뢰도(parallel forms reliability)를 사용하고 문항들이 측정하는 잠재 능력에 관심이 있을 경우 문항 내적 일치도(internal consistency)를 측정하는 크론바흐 알파계수(Cronbach's α)를 사용한다.

2) 타당도

타당도란 어떤 평가 도구가 측정하고자 하는 것을 얼마나 '정확히 측정'하느냐에 관한 것으로 내용 타당도(content validity), 공인 타당도(concurrent validity), 구인 타당도(construct validity) 등이 있다. 내용 타당도란 어떤 평가 도구가 측정하고자 하는 내용을 얼마나 대표하느냐에 관한 것이고 공인 타당도란 공인 되지 않은 평가 도구의 타당도를 검증하기 위하여 공인되지 않은 평가 도구(예컨대 A대학교에서 개발한 듣기 시험)와 공인된 평가 도구(예컨대 TOEIC 듣기 시험)와의 상관관계를 의미하는 것이다. 구인 타당도란 어떤 평가 도구가 측정하고자 하는 구인(예컨대 듣기 능력)을 이론적으로 설명할 수 있느냐의 정도를 의미한다.

2. 문항 난이도와 문항 변별도

1) 난이도

문항 난이도(item difficulty)는 정답률이라고도 하며 고전 검사 이론에서는 수험자가 어떤 문항을 맞힌 비율을 백분율로 나타낸 값이다. 예컨대 어떤 문항에 대하여 100명의 수험자 중 60명이 정답을 맞혔을 경우 그 문항의 난이도는 60% 혹은 .60이다.

2) 변별도

문항 변별도(item discrimination)는 어떤 문항이 학생의 능력을 변별해주는 정도에 관한 것이다. 즉, 어떤 문항에 대해 능력이 높은 학생들은 정답을 맞히고 능력이 낮은 학생들은 정답을 맞히지 못할 경우 그 문항의 변별도는 높이 나타날 것이고 이와 반대 현상이 일어날 경우 그 문항의 변별도는 낮게 나타날 것이다. 고전 검사 이론에서 문항의 변별도는 검사 총점과 문항 점수 간의 양류 상관관계이다.

3. 문항 형태

1) 사실적 문항

사실적 문항(local questions)이란 텍스트에 구체적으로 제시되어 있는 정보를 찾는 능력을 측정하기 위한 문항이다. 아래의 예문은 과거 대학수학능력 영어 듣기 시험에 출제된 사실적 문항 중의 하나이다.

[예 1] 대화를 듣고, 여자가 남자에게 부탁하는 일을 고르시오.

M: Hello.
W: Hi, John. This is Denis.
M: Denis. Hi. What's up?
W: I need to ask you a favor.
M: Sure.
W: You have a VCR, don't you?
M: A video recorder? Of course. Why?
W: Well, I have to work late, and tonight my favorite program is on TV.
M: So, you need me to tape the TV program for you.
W: Would you? I'd really appreciate it. It's on Channel 2 at nine o'clock.
M: Don't worry. I'll tape it and you can pick it up after work.
W: Thanks.

① 영화를 추천하는 것
② 집에 바래다주는 것
③ 방송 내용을 녹화하는 것
④ 텔레비전을 고치는 것
⑤ 비디오테이프를 반납하는 것

2) 추론적 문항

추론적 문항(global question)이란 텍스트에 제시된 정보를 분석/종합할 수 있는 능력을 측정하기 위한 문항이다. 아래의 과거 대학수학능력 영어 듣기 시험에 출제된 추론적 문항 중의 하나이다.

[예 2] 대화를 듣고, 학생이 선생님을 찾아간 이유로 가장 적절한 것을 고르시오.

M: Hello, Ms. Brown. Am I disturbing you?
W: Not at all. Why don't you sit down?
M: Thank you. I'd like to discuss a problem I am having in your class.
W: What problem is that?
M: Well, I want to talk more, but my pronunciation is terrible.

W: Do you think your classmates can't understand you when you talk?
M: Sometimes. You ask us to do lots of speaking activities. It's not easy for me.
W: I see. I could lend you a tape for pronunciation practice. That might help you.
M: That would be great. Thank you very much, Ms. Brown.

① 친구가 수업을 방해해서
② 학습활동의 주제를 몰라서
③ 말하기 학습 활동이 지루해서
④ 녹음테이프를 구하기 어려워
⑤ 수업활동 참여가 부담스러워서

4. 차별 문항 기능

시험 문항을 개발할 때 신뢰도와 타당도, 난이도와 변별도, 문항 형태 외에도 차별 문항 기능(differential item functioning)을 고려해야 한다. 차별 문항 기능은 능력이 같은 두 집단(예컨대 남과 여, 문과와 이과, 서울 학생과 지방 학생 등)이 어떤 문항을 맞힐 확률이 다른 것을 의미하며 문항의 공정성(fairness)에 관한 것이다. 주의할 점은 차별 문항 기능을 식별할 때 능력이 같은 두 집단을 비교해야 하며 그렇지 않을 경우 어떤 문항에 대하여 집단 간 평균 점수의 차이가 본래 존재하는 능력의 차이(item impact) 때문인지 아니면 문항 편파(item bias) 때문인지 구분할 수 없을 것이다. 차별 문항 기능에 영향을 미치는 요인 중 하나가 지문의 내용(content)인데 그 이유는 집단에 따라 어떤 내용에 대한 관심과 배경 지식이 서로 다르기 때문이다. 대학수학능력 시험은 각 문항에 대해 심리측정학적 특성을 조사한 후 문제점이 있는 문항을 제거하는 예비시험 단계를 거치지 않고 사용하기 때문에 차별 문항 기능을 보여주는 문항으로 수험자들의 영어 능력을 측정하는 문제점이 있다. 과거 대학수학능력 영어 듣기 시험에 출제된 문항 중 [예 3]의 "스포츠"에 관한 내용은 남학생들에게 유리한 문항이었고 [예 4]의 "쇼핑"에 관한 내용은 여학생들에게 유리한 문항이었다. (이영식, 2001)

[예 3] 대화를 듣고, 여자에 관한 설명으로 가장 적절한 것을 고르시오.

M: Well, how was your trip to the lake last weekend?
W: Oh, I didn't go. I woke up Saturday morning with a upset stomach.
M: You're feeling better now, I hope.
W: Yeah, I was fine by Sunday, but I didn't want to go then because of the big basketball game on TV.
M: I didn't know you liked basketball that much.
W: I never miss the big games.
M: Do you like football, too?
W: Not really, basketball is so much more exciting. Don't you think so?
M: It's OK, but football is better.

① 농구를 매우 좋아한다.
② 운동이 따분하다고 생각한다.
③ 운동이 건강에 좋다고 생각한다.
④ 스포츠 의학에 관심이 많다.
⑤ 축구를 농구보다 더 좋아한다.

[예 4] 대화를 듣고, 두 사람의 관계로 가장 적절한 것을 고르시오.

W: Can I have a word with you, Andy?
M: Of course, Ms. James. Is anything wrong?
W: A regular customer came to me and said you weren't very polite.
M: You mean the tall lady with blond hair?
W: That's right.
M: She was the one being rude. She wouldn't even look at the bags I showed her.
W: Just because the customer doesn't want to look at something, you shouldn't get upset.
M: But she picked up all the other bags and threw them down all over the table.
W: Well, the customers want to look things before they buy.
M: Yes. I'm sorry. I know. The customer is always right.
W: That's right, so please be more polite next time.

① writer and reader
② student and teacher
③ clerk and manager
④ doctor and patient
⑤ customer and shop owner

5. 평가가 교육에 미치는 영향

교육과 평가는 밀접한 관련이 있으며, 평가가 교육에 미치는 영향을 역류 효과(washback effect 혹은 backwash effect)라 한다. 역류 효과는 국내외적으로 논점이 되어왔으며 그 이유는 평가가 개인이나 사회에 미치는 영향이 크기 때문이다. 특히 고위험도 시험을 대표하는 대학수학능력 시험의 예를 들어보면, 현재 우리나라 고등학교 영어 교육과정에서는 네 가지 기능인 듣기, 읽기, 말하기, 쓰기를 균형 있게 가르치도록 되어 있지만 만약 대학수학능력 영어 시험에서 말하기와 쓰기가 제외되어 있다면 고등학교에서 말하기와 쓰기 교육이 이루어질까 자못 의심스럽다. 한편 중학교 과정은 대학입학과는 별로 관련이 없고 실용중심의 교육을 치중하다 보니까 문법과 어휘 학습보다는 일상적 표현의 기본 패턴 익히기 중심에 치우쳐 문법능력 및 턱없는 어휘구사의 부족으로 고등학교에 들어와 갑자기 수준이 높아진 영어를 이해하는 데 대부분의 학생들이 어려움을 겪게 된다. 다시 말해, 중학교와 고등학교 영어수준이 현격히 달라 그 간격을 부드럽게 연계해줄 수 있는 영어 수준이 필요한 것이다. (이영식, 2001)

이와 같은 점을 고려해 볼 때 학교급간의 교육과정의 체계적인 연계성과 내용 수준의 연계성, 전면적 언어 기능의 균형 있는 강조, 중간고사나 기말고사에서부터 대학수학능력 시험에 이르기까지 모든 평가는 목표와 범위가 명확해야 하며 목표와 범위를 정할 때 역류 효과를 염두에 두어야 할 것이다. 역류 효과를 잘 활용한다면 평가는 교육 내용과 교육 방법을 바꾸는 가장 중요한 도구가 될 수 있기 때문이다.

PART II

The Practical Adaption to Communicative Language Teaching and Learning

——— On the basis of four skills & others ———

제1장 최근 영어 교육의 방향

우선 전통적 접근방식과 현대의 의사소통 접근방식의 변화[강조]과정을 개괄적으로 보면 다음과 같다.:

Traditional Approach	Communicative Approach
code[structure] centered	context[situation] centered
linguistic form	communicative function
correct usage	appropriate use
sentence	discourse
linguistic skills	communicative competence
verbal aspects	verbal/non-verbal aspects
artificial aspects	authentic materials
contrived patterns	natural patterns(device)
discrete-point test	integrative test
teacher-centered	learner-oriented
formalist	activist
text-oriented	text/non-text oriented
accuracy	fluency

passive classroom	active classroom
priority of writing	priority of speech
teacher as a controller	teacher as a supporter
deductive	inductive

그렇지만 위의 표처럼 이분법으로 고형화 시키기 보다는 각각의 장점을 절충적으로 살리는 이론과 실제가 구현되어야 한다.

1. 의사소통 기능의 본질

Richard Via(1972)에 따르면 영어 암기식 대화 학습의 문제점은 교실 내에서는 대화를 잘 하는 것처럼 보이나 실제의 의사소통 상황에서는 실패한다는 것이다. 그 해결 방안으로 그가 제시한 '말하고 듣기(talk and listen)' 방법이나 또는 카드[힌트] 없이 행동 표현과 함께 자연스러운 방법으로 대화를 익히는 극화 학습은 교실 안에서의 영어 수업과 교실 밖에서의 영어 생활의 간격을 좁혀주는 효과적인 방법이다. 최근에 미국에서 인간의 언어 표현술과 인성 교육 방법으로 널리 활용되는 '교육 연극(drama in education)'서 도입된 통합적 언어 교수법은 그보다 훨씬 더 발전된 유형으로 구어체 영어(spoken English) 위주의 학습 지도를 제시하는 통합적 언어 접근법(whole language approach) 이론과도 일맥상통한다. 연극은, 극 → 격동 → 흥미 → 인상 → 기억 등의 5대 장점이 있으므로 D.I.E(Drama In Education)서 도입된 통합적 언어 교수법이 그의 이론에 적합한 접근법이라고 생각된다.

현 교육과정에서도 의사소통 중심의 교수법으로 전환되어 영어의 구조에 대한 정확성보다는 의사소통을 위한 유창성을 강조한 교수요목 설계와 수업 진행을 요구하고 있다. 다시 말해, 영어 학습 시간에 학습자의 경험과 관련된 개인의 생각, 느낌, 친교, 대인 관계, 권유와 부탁, 지시와 명령, 의견 교환, 문제 해결 등의 의미-기능 교수요목(notion-functional syllabus)으로 학습자의 동기를 유발시키고 대화의 의미, 주인공, 역할, 배경, 주제 등에 관하여 토론한 후 학급 전체, 집단, 개인별로 의사소통 기능 표현을 현실적으로 훈련시키는 것이 효율적이라고 생각된다.

외국어로 영어를 학습할 경우, 중·고등학교, 나아가서는 대학교 뿐만 아니라 차후에 초등학교에서도 의사소통 중심의 영어 말하기 학습 위주로 교과 과정을 개편해 나아가려는 상황에서 의사소통 기능을 어떻게 함양시켜야 할 것인가를 알아보기 전에 먼저 의사소통 기능이라는 것이 무엇인가에 대한 인식을 정확하게 할 필요가 있다. 의사소통 기능은 언어 습득자(언어 학습자와 구별되는 의미에서)가 목표 언어와 그 문화에 깊이 젖어서 꾸준한 사회화(socialization) 과정을 겪어가면서 습득된다. 즉, 부모와 그 밖의 다른 원어민들 간의 상호 교류적인 맥락에서 사회화되는 중에 언어를 습득하고, 또한 동시에 언어 습득을 통해 사회화되는 복잡한 과정을 통해 언어 습득 자료(language input)를 오랜 기간 동안 심층적으로 내재화(internalization)하는 기회를 갖는 것이다. 그리하여 모국어의 경우에는 서너 살 정도만 되어도 상당한 수준의 이해 및 발화 능력과 가속적인 발달 잠재성을 갖게 된다. 반면에 외국어 학습 환경(EFL)에서는 그러한 언어·문화적으로 심층적인 사회화 과정을 겪지 못하는 관계로 의사소통 기능의 함양이 제한을 받게 된다.

이러한 측면에서 볼 때 의사소통 능력은 단지 문법적으로 맞는 말을 할 수 있는 능력 이상의 것으로써, 청자와의 관계와 주어진 상황에 적절하게 언어를 사용할 수 있는 능력이라고 볼 수 있다. 이는 모국어의 내재화가 고착화되어 심리적 실제(psychological reality)가 생김에 따라 무한의 표현을 생성할 수 있는 능력을 얻게 되는 것이다. 따라서 영어 말하기 능력이라고 할 때 이는 영어의 담화 구조(discourse structure), 상호 교류 유형(interactional patterns), 사회 문화적 규범(socio-cultural norms) 등의 이해 및 적용 능력을 포함하는 개념으로 이해되어야 할 것이다. 이러한 의미에서 우리는 의사소통 기능이라는 것이 그저 감사, 소개, 느낌 표시 등 항목에 포함되는 문장 단위의 예시문(exponent) 이상의 것이라는 것을 인식해야 한다. 의사소통 중심의 영어 교수법을 자료를 개발하는 데 있어서 말로는 의사소통을 중시한다고 하면서도, 실제 내용 면에서는 일정한 항목으로 분류된 문장을 반복 연습(pattern drill)하는 데 그치는 경우가 없도록 좀 더 심층적으로 실용 영어 사용의 실제 및 교육적 적용에 관한 연구가 이루어져야 할 것으로 본다.

정확성(accuracy=carefulness with grammaticality)과 유창성(fluency=fastness with exactness)을 기르기 위한 영어 수업에서는 보다 자연스러운 의사소통 능력의 함양을 위해 언어의 제 기능(듣기, 말하기, 읽기, 쓰기 등)이 일정한 순서에 따라 제시되기보다는 학습자의 언어적, 인지적 수준 및 필요 학습 목적 효율성 등에 따라 통합적으로 제시되는 것이 바람직하다. 또한 영어는 이제 세계화 시대의 의사소통의 수단으로 만 가르쳐 질 것이 아니라 학습자의 비판력, 창의력, 사고력 등을 포함하는 고등 정신 기능의 함양이라는 영어 수업의 인지적인 목표도 고려되어야 할 것이다. 아울러 언어의 유창성뿐만 아니라 정확성, 더 나아가 복잡성, 융통성, 적합성 등의 목표도 염두에 두어 영어 수업을 실시해야 할 것이다.

2. 과업 중심의 의사소통 능력 증진 교육

오랫동안 외국어 교육의 목표는 언어학자가 분석한 해당 외국어의 문법 체계를 학습하는 것으로 간주되어 왔다. 구조주의 언어학의 영향을 받아 외국어 교육은 언어를 식별가능한 음성의 단위로 나누고 단어의 개별적 의미를 파악하고, 구와 문장을 구성하는 단어들이 어떤 법칙으로 배열되어 있는가를 분석하여 이들 부분들을 작은 단위에서 큰 단위로의 순서대로 가르치고 합하는 방법으로 가르쳐 왔다. 기존의 외국어 교육은 문법 체계에 대한 정확한 지식이 바로 언어 능력이라는 가정 아래, 이와 같이 문장을 분석하고 문법을 학습하는 데 많은 시간을 할애했다. 그러나 문법 체계에 대한 지식이 사회적 맥락 속에서 의사소통을 할 수 있는 능력으로 연결되어 나타나지는 않는다. 따라서 언어는 사회적 맥락과 유리될 수 없으며 사회적 맥락 속에서 상호작용을 통하여 의미를 전달하고 교섭하는 의사소통의 수단 및 도구라는 인식이 팽배하게 되었다. 그 결과 종래의 구조주의 언어학을 바탕으로 한 문법 중심의 영어 교수법과는 달리 언어의 의사소통 기능과 언어 사용에 중점을 두는 의사소통 중심 교수법(Communicative Language Teaching: CLT)이 등장하게 되었다.

이러한 의사소통 중심 교수법의 기원은 1960년대 후반 영국의 언어 교수법의 변화에서 찾을 수 있다. 이전까지 외국어 교수법의 중요한 접근방식이었던 정확한 언어 습관의 형성과 문형 연습을 통한 언어 구조 학습을 강조했던 상황적 영어 교수법(Situational Language Teaching)의 자리를 CLT가 대신하게 된 것이다. CLT에서는 언어를 배우는 것을 의사소통 능력을 배우는 것이라고 보고 언어의 효율적인 의사소통자를 기르는 데 역점을 둔다. 또한 학습자의 요구 분석(need analysis)을 통하여 학습자가 필요로 하고 배우기를 원하는 내용을 교수에 적용하는 학습자 중심의 교수법(Learner-based Teaching)이어서 교수 내용은 학습자의 학습 목적, 흥미, 필요에 따라 융통성을 갖게 된다. 궁극적으로 학습자들의 의사소통 능력을 기르는 것을 목표로 하며 학습자들은 목표 언어를 사용하여 다른 학생들과 끊임없이 상호 작용하도록 기대된다.

CLT의 중요한 부분을 이루는 것이 최근 대두되고 있는 과업 중심 학습(Task-based Learning)인데 과업 중심 학습을 기반으로 하는 영어 수업은, 예를 들어 중고등학교의 경우 다양한 문제 해결 학습을 통하여 주어진 과업을 수행하고 상호 작용을 함으로써 의사소통적이고 유의미한(meaningful) 학습이 되도록 한다.

3. 학습자중심 영어 교수·학습 방법론

우선적으로 학생들의 능력을 진단하는 준거 평가를 실시하여 학생들의 개별 능력을 진단 파악 한 후, 교사 스스로가 참여하여 설정한 교과 교육 과정을 참조하여 지도안을 작성한다.

1) 영어 교육 출발 지점에서의 사전 조사 활동(placement test: 반배치 고사): 반배치를 위한 진단 시험으로는 청해, 해석, 면담 등의 테스트가 있다.

2) 교실에서의 영어 교수의 절차: 교육상 학생이 필요로 하는 사항을 설문지, 자료 분석, 분단별 보고 등으로 조사, 평가한다.

3) 학습자 중심의 언어 교수법

(1) 통합적 언어 교수법(Integrated whole language teaching)

통합적 언어 교수의 활동의 대부분은 교육 연극으로부터 도입된 것으로 볼 수 있다. 교육 연극은 일반 연극과는 달리 교실 안으로부터 교사와 학생 또는 학생과 학생 사이에 이루어지는 극화 활동(drama work)이다. 다시 말해, 간결한 준비활동(warm up)으로부터 시작하여, 드라마 게임, 타블로(still picture: 정지된 장면)만들기, 즉흥극(improvisation), 역할 놀이 극((free) role play), 이야기 꾸미기(inventing a story) 등의 극적 방법을 통해 자기표현, 상상력, 정신집중을 훈련하는 학습이다. 그러므로 말하기, 창작해 쓰기, 심사숙고한 후 의사결정 발표하기 등 언어 사회학적인 기술 신장은 물론이고 심성 수련 등 인성 교육 방법으로도 성과가 있어 전 교과에 활용할 수 있으며, 특히 언어 교과 전반에 일반화되어 있다. 실제로 미국에서의 학생 중심의 의사소통 능력을 위한 통합적 언어 교수·학습 방법에는 D.I.E의 연극적 방법이 다양하게 동원된 것임을 알 수 있다.

언어의 네 가지 기능을 통합적으로 가르치는 통합적 언어 교수법은 주로 의사소통중심 교수법(Communicative approach)과, 절충적 접근(Eclectic approach), 자연적 접근 방법(Natural approach), 그리고 주제중심 교수법(Theme-centered approach)이 있다.

① 의사소통 교수법(Communicative approach)[상호작용 의사소통 활동(interactive communicative activities]: 의미-기능 교수요목을 선정하고 교사와 학생, 학생과 학생 상호간의 의견 교환 및 상호 작용에 의한 교육이며 네 가지 가능을 통한 통합적인 학습으로 유창성과 정확성을 동시에 기를 수 있다. 학습자로 하여금 언어를 의미 있게 사용하게 하며 실제 상황에 대비한 말하기와 청해 능력을 강조하여 교사와 학생, 학생과 학생 상호간의 의사소통 활동과 유창성이 증가된다.

- 교도적 심상 활동(guided imaginary): 교사가 주는 지침에 따라 연상한다. 예를 들어, 가장 보고 싶은 사람과 그에 대한 형용사 다섯 개를 마음속에 생각하고 글로 써 보게 하거나 몸짓으로 표현하게 한다(유창성 신장).
- 저널 쓰기(journal writing): 위의 연상한 것[교도적 심상 활동]에 대해 글 써보기 시간을 정해주고 학생 자신의 경험을 쓰거나 몸짓으로 표현하게 한다. 이때 유창성과 자연성을 위해 바로 고쳐주는 것을 삼간다(유창성과 정확성 신장).

- 발표(presentation): 교도적 심상 활동을 발표하기(유창성 신장)
- 상호작용(interaction): 한 사람의 발표 내용에 대해 상호간 질문과 대답을 해보기(유창성 신장)
- 글쓰기(writing): 칠판에 질문과 대답을 써보기(정확성 신장) - 유창성을 먼저 다루고 나중에 정확성을 다룬다. 유창성으로 시작하여 정확성으로 전환하고, 시청각 교재로 자극하고 짝꿍끼리 토의하게 한다.
- 생각 짜내기(braimstorming): 텍스트 읽기를 시작하기 전에 주제에 관한 학습자의 기존 지식과 정보를 끌어내어 연상되는 단어를 발표시키고 칠판에 기록하여 분류시킨다.
- 읽기 전략(reading strategy): 텍스트 읽기에 전체적인 개요를 예측해보는 전략이다. 먼저 제목이나 소개하는 글을 읽고 예측한 후 삽화, 사진, 도표 등을 참고하여 전체 줄거리를 이해한다. 마지막에는 정독하여 요점을 파지한 후 요약해 쓴다.
- 듣기 활동(listening activities): 듣기 이전에 주제에 관해 생각 짜내기 활동(braimstorming)을 시키고 듣기 다음에 유도 질문을 통해 이해시킨다. 듣기 전략으로는, 집중 듣기(focus listening), 요약하기(summarizing), 주요 구문 연습(key structure drill), 문장 분리하기(separating sentence) 그리고 천천히 말하기(speaking more slowly) 등이 있다.
- 구술 발표(oral presentation): 특정한 주제의 글을 읽고 3분 정도의 분량으로 요약하여 발표한다.
- 의사소통 활동: 실연하는(acting out) 활동으로 실생활이나 실제 상황처럼 상호간에 대화하고 의견을 교환하는 활동으로 실생활에서의 의사소통 욕구와 관련된 내용을 지도한다. 그림 카드나 사진, 사건(incident), 일화(anecdote), 홀로 말하기(monologue), 즉흥극(improvisation)이나, 타블로(tableau: 극적인 화면), 정지된 장면(still picture), 판토마임(pantomime) 같은 비언어적 연출까지 총동원하여 일자리 면접, 쇼핑, 캠핑 등의 상황에 관한 적절한 의사소통 훈련을 한다.
- 비디오 시청: 실제 상황의 이해를 돕기 위해 비디오를 이용하여 학습한다. 비디오 프로그램이나 TV의 토크 쇼를 시청하면서 그 내용을 중요한 단어만 기록하였다가 발표하게 한다.

- 저널 학습: 학습자가 평소 경험한 생활 반성, 의문점, 감정, 생각 등을 자연스럽게 글로 쓴다. 문법 규칙이나 철자법에 신경 쓰지 않는다. 사제지간에 상호 신뢰가 요구된다.
- 짝(pair) 활동 또는 집단(group) 활동: 일종의 협동 학습으로 그룹 활동이나 짝 활동을 통하여 상호간에 학습과 연습에 도움을 주는 활동이다. 2명씩 짝지어 하는 것과 5~6명이 하는 집단 활동이 있다. 특히, 4명이 한 조가 되는 그룹인 경우 짝 활동 전환이 신속히 이루어 질 수 있다. 짝 활동은 묻고 응답하는 대화 활동이 용이하고, 집단 활동은 읽기 자료를 상호 토의해서 이해하고 공동으로 간략하게 줄여 발표한다. 집단 활동에는 인도자(leader), 기록자(registra), 발표자(presenter)가 필요하며, 토의 과정에서 의사소통의 기회가 많은 것이 장점이다.
- 학습장려(promotion) 활동: 정확도보다는 문맥 전달에 중점을 가져, 칭찬, 격려해 주며, 바로 면전으로부터의 비판과 바로잡기를 지양하여 편안한 분위기를 조성하고, 발표와 연습의 기회를 자주 제공해 준다.

② 절충적 접근법(Eclectic approach): 강의, 대체 연습, 그룹 토의, 짝꿍 활동의 네 가지를 통합하여 수업한다.

③ 자연적 접근법(Natural approach): 현 상황을 있는 그대로 이용해 언어를 습득케 하는 방법이다.

- TPR(Total Physical Response: 전신 반응): 교사가 지시하는 것처럼 학습자가 바로 따라 동작을 하는 것으로 학습자간에도 활용이 용이하다.
- 줄 지어 활동하기(line up): 순위를 이름, 알파벳 순, 생일 순 등으로 배열하여 현재 각 개인에 대한 정보 및 신상에 대한 정보를 묻고 대답할 수 있고, 카드를 작성하여 개별적으로 분비하여 주고 상호간에 가지고 있는 정보를 묻고 대답할 수 있다.
- 이중 원 활동(concentric circle): 2개의 원으로 줄지어 연습할 수 있는 방법으로 파트너를 바꾸어 가며 연습할 수 있다.
- 반복 훈련(repetition drill): 어느 한 사람이 발표한 말을 각자의 말로 바꾸어 전달하는 연습으로 유창성과 정확성을 동시에 이루어 질 수 있다.(임무를 바

꾸어 활동가능)

- 원격 학습(distance learning): 영상, 음향 자료나 책을 빌려 주어 가정에서도 학습할 수 있게 할 수 있다.

④ 주제중심 교수법(Theme-centered approach): 어느 하나의 주제를 선정하여 토의 수업 활동을 함으로써 그 주제에 관한 듣기, 말하기, 읽기, 쓰기 및 생각 강화를 통해 어휘, 문법 및 전략적 능력을 계발하는 것이다. 텍스트북의 구조적인 연습 문제가 아니라 고전 문학 같은 진정한 교재(authentic materials)를 사용한다.

교육의 주체는 학습자이므로 언어 지식을 수동적으로 받아들여 기계적으로 적용하는 수강자가 아니라, 학습 과정으로부터 학생자신의 실제 감정과 경험을 표출하여 실제 상황 속에서 능동적으로 학습 내용을 결정하고 창의적으로 외국어를 발설해 의사소통을 자연스럽게 훈련하는 것이다. 학습자 중심의 통합적 언어 학습활동은 우리나라처럼 다인수 학급서도 집단 활동이나 짝 활동을 통해서 영어 학습의 동기유발과 의사소통 신장에 도움을 많이 준다. 학생들은 영문 텍스트에 대한 배경지식과 해석 경험이 부족하므로 영문 문학 자료, 신문, 잡지, 수수께끼, 게임 자료, 광고문, 관광 안내서, 각종 공문서 및 실용문 등 읽기 자료를 손쉽게 접하고 스키마 형성에 의해 추론하여 의미를 파지하는 훈련이 반드시 필요하므로 그런 자료를 비치, 활용할 뿐만 아니라, 짝 활동, 그룹 활동 등 학습자 중심의 의사소통 훈련을 하기에 제반 환경을 구비해야 할 것이다.

지금까지는 의사소통 능력이라는 커다란 명제 하에 현 외국어 교육의 방향과 현주소를 알아보았다. 실천(practice)도 중요하지만 그전에 외국어 교수·학습에 대한 지식(theories)도 소홀히 해서는 안 되기 때문이다.

다음부터 언급하고자 하는 내용은 외국어 교수·학습에 반드시 필요한 네 가지 기능의 지도와 관련된 설계 방법-접근, 방법-적용, 방법-평가, 방법과 기타 언어 교수·학습과 관련된 분야들을 제시해보았다. 그러나 편의상 통합적으로 제시하지 못하고 분리하여 각 네 가지 기능에 대하여 언급하였고 기타 교수·학습과 관련된 분야들도 특별한 순서 없이 제시했으니 미리 이해를 하고 접근했으면 한다.

제2장 듣기[청해] 지도 적용

1. 듣기의 중요성

오늘날 영어 교육에서는 특히 듣기[청해] 기능의 중요성이 강조되어 왔다. 그 이유는 무엇일까? 먼저 떠오르는 이유는 요즘 화두가 되고 있는 말하기 기능과 결합하는 다시 말해, 의사소통 능력 신장의 중요성에 대한 부수적 결과일 것이다. 또 하나의 이유는 일상생활에서 듣기 활동이 많이 존재하기 때문일 것이다. 일찍이 학자들은 모국어의 경우 네 가지 기능 중 듣기 기능이 일상생활의 50% 이상을 차지할 정도로 중요하다고 하였다. 그러나 듣기가 중요한 더욱 근본적인 이유는 이와 같은 이유 외에도 다음과 같은 이론적이고 실용적인 이유 때문이다.

첫째, 학습-습득 이론(이하 학습 이론이라 함)에서 언어 입력이 중요한 역할을 하는데 언어 입력의 상당 부분이 듣기를 통해서 얻어지기 때문이다. 언어 입력의 중요성을 강조하고 있는 학습 이론에는 정보 처리 이론과 입력 가설이 있다. 정보 처리 이론이 주장하는 것처럼 언어에 관한 정보가 처리되어 장기적 기억 장치에 저장되기 위해서는 감각 등록 장치에 도달하는 양질의 언어 입력이 필수적이라는 것은 두말할 나위가 없을 것이다. 또한 입력 가설에 의하면 이해가능 입력(i+1)이 충분히 주어지고 학습자가 이 입력을 받아들일 심리적인 상태가 되어 있다면 언어는 자연적으로 "습득"된다고 한다. 이와 같이 듣기는 입력 제공을 통하여 많은 학습 이론에서 핵심적인 역할을 하고 있다.

둘째, 학습자들 특히 초급 학습자들에게 듣기 교육을 실시할 경우 말하기 교육을 실시하는 것과 비교하여 다음과 같은 인지적, 정의적, 실용적 장점이 있기 때문이다. '인지적 장점'이란 학습자들에게 무리하게 말을 하도록 할 경우 언어 간섭이 발생하고 단기적 기억 장치에 저장된 정보에 지나치게 의존하게 되는 데 듣기 교육이 이것을 감소시켜준다는 것을 의미한다. '정의적 장점'이란 학습자들이 말을 할 준비가 되어 있지 않은 상태에서 말을 하도록 할 경우 불안감을 느끼고 정신적 고충을 겪게 되는 데 듣기 교육이 이것을 감소시켜준다는 것을 의미한다. '실용적 장점'이란 듣기 교육을 실시할 경우 학급 규모가 큰 경우에도 모든 학습자가 적극적으로 수업에 참여할 수 있고 또한 듣기 교육을 받은 학습자들은 EFL 환경과 같이 교실 밖에서 영어를 사용할 수 없는 환경에서도 개인적으로 학습을 지속할 수 있다는 것을 의미한다.

2. 효과적인 듣기 학습 전제 조건

1) 말하기 위해서는 우선 들어야한다.(가능한 많은 입력 자료가 있어야 한다.)

2) 듣기에 필요한 충분한 시간이 있어야한다.(교육과정상 산술적 10년 공부했다는 것은 근거 없다.)

3) 듣기를 잘 할 수 있는 원인부터 진단해야한다.(자모음→단어→리듬 순의 듣기가 아니라, 리듬→단어→자모순의 발음으로 익혀야 효과적이다.)

4) 낱개 단어의 발음과 강세의 위치에 대한 숙지가 필요하다.(우리말이 음절박자 언어(syllable-timed language)라 한 음절 한 음절 똑같이 강하게 발음하는 반면에, 영어는 강세박자 언어(stress-timed language)이다.)

5) 영어의 자모음을 정확히 발음하고 있는가이다.(영어는 속도나 위치에 따라 소리가 달라진다.)

6) 영어에 대한 표현을 많이 알고 있어야 한다.(평소 때 영어에 대한 많은 속어 및 관용어, 기타 표현들을 많이 알고 있어야 한다.)

7) 충분한 단어 양을 알고 있어야 한다.(일반 회화에 필요 되는 기본적인 단어 양은 6만 정도이다. 그러나 현실에선 불가능하므로 스스로 노력해야 한다.)

8) 배경을 모르고 문제의식이 없다면 청취가 어렵다.(목표 화제에 대한 상식이

나 지식이 풍부하면 풍부할수록 청해가 수월하다.)

9) 문자의 개입 없이 소리에만 의존하고 소리로부터 바로 그 의미를 이해하지 않으면 안 된다. 들려오는 방식[순위]대로 이해해나가야 하며 잠시라도 어떤 문장 하나를 마음속에 정지시켜 이미 끝난 앞의 것을 되새길 틈이 전혀 없다.

3. 듣기 범위

듣기를 할 때 초점을 부분에 두느냐, 전체에 두느냐에 따라 선택적 듣기(selective listening)와 전체적 듣기(global listening)로 구분한다. '선택적 듣기'란 특정 정보에 초점을 맞춰 듣는 활동이며, 자신이 필요로 하는 정보를 알아내는 활동이다. 예를 들어 전화 내용을 메모 할 때는 전화를 건 상대방의 이름과 전화 번호 및 메시지 등을 알아내야 한다. 이 때 주요 단어를 감지할 수 있는 능력과 세부내용을 알아차릴 수 있는 능력이 요구된다. 이 방법은 청자가 단순히 듣는(listening to) 것보다는 들어야 할 내용, 혹은 다음에 예상할 수 있는 내용을 찾으며 듣는(listening for) 것이다.

'전체적 듣기'란 말을 들을 때의 초점이 전체적인 주제나 의미의 이해에 바탕을 둔 활동이다. Valette(1977)는 듣기 이해의 첫 번째 단계는 주어진 메시지의 요점을 파악하는 것이며, 이를 위해서는 어린이가 모국어를 배우듯이 내용어(content words) 혹은 강세 받는 요소에 초점을 맞추어 듣는 것이 좋다고 하였다. 전체적 듣기는 전체 내용을 파악하기만 하면 됨으로 개개의 특정 항목을 주의하여 듣지 않아도 된다는 점에서 선택적 듣기와 반대되는 성격을 갖는다.

4. 듣기 과정

1) 상향식 과정(bottom-up process)

상향식 과정이란 외적 자료에 의한 과정(data-driven process)이라고도 하며, 정보의 하위 단위에서부터 상위 단위를 인식하고 해석하게 되는 과정이다. 그렇다면 하위 단위와 상위 단위는 구체적으로 무엇을 의미하는 것일까? 인지 심리학자들에 의하면 하위 단위란 인식하고자 하는 정보의 부분을 의미하고 상위 단위란 그 부분들이 합쳐져 의미가 통하는 정보의 전체를 의미한다. 따라서 상향식 과정에 의한 듣기에서 하위 단위는 음소 및 단어가 되고 상위 단위는 텍스트의 문장 및 단락이 된다. 부연 설명하면 상향식 과정에 의한 듣기는 다음과 같은 단계를 거쳐 이루어진다.: 제 1단계에서는 먼저 음소 및 단어를 인식하고 해석하고, 제 2단계에서는 구와 절을 인식하고 해석하며, 제 3단계에서 문장과 단락을 인식하고 해석하여 최종적으로 제 4단계에서 텍스트의 종합적 의미를 파악하게 된다. 상향식 과정에 의한 듣기에서는 음소 및 단어의 인식과 해석, 구와 절의 인식과 해석, 문장과 단락의 인식과 해석을 거쳐 텍스트의 종합적 의미를 파악하기 때문에 언어 능력이 듣기 능력을 결정하는 중요한 요인이 된다.

2) 하향식 과정(top-down process)

하향식 과정이란 지식에 의한 과정(knowledge-driven process)이라고도 하며, 이 과정에 의하면 청취자는 외적 자료보다 내적 지식, 즉 배경 지식[스키마]에 의하여 듣기를 하게 된다. 따라서 하향식 과정에서는 언어 능력보다 배경 지식이 중요한 역할을 하게 된다. 하향식 과정에 의한 듣기는 구체적으로 다음과 같은 단계를 거쳐 이루어진다.: 제 1단계에서 예측 및 필요한 단어를 선택하고, 제 2단계에서 확인 및 수정을 하며, 제 3단계에서 텍스트의 종합적 의미를 파악하게 된다. 부연 설명하면 하향식 과정에 의하면 텍스트의 종합적 의미를 파악하기 위해 주어진 정보를 활용하여 먼저 내용을 예측하고 필요한 단어를 선택한다. 예측은 주어진 토픽, 삽화, 상황, 선행 조직자 등 가능한 방법을 토대로 배경 지식을 활용하여 이루어지며 예측한 내용을 확인하기 위해 필요한 단어를 선택하여 듣는다. 만약 예측한 내용이 맞으면 다시 새로운 내용에 대하여 예측하고 예측한 내용이 다르면 수정을 한 후 되돌아가 다시 예측을 한다. 이러한 과정을 반복하여 최종적으로 텍스트의 종합적 의미를 파악하게 된다.

하향식 과정은 상향식 과정과 비교하여 다음과 같은 장점이 있다.:

첫째, 상향식 과정에서는 단순히 모든 단어, 구, 문장을 듣게 되는 반면 하향식 과정에서는 예측, 선택, 확인 및 수정과 같은 복잡한 과정을 거치게 되므로 청취자는 상향식 과정보다 하향식 과정에서 더욱 적극적으로 듣게 된다.

둘째, 하향식 과정은 상향식 과정과 달리 필요한 단어만 선택적으로 주의를 기울이기 때문에 발화 속도가 빠른 듣기에 적합하다.

3) 상호작용 과정(interactive process)

상호작용 과정은 상향식 과정과 하향식 과정을 절충한 이론이다. 따라서 상호작용 과정에 의한 듣기에서는 상향식 과정에서 중요한 역할을 하는 언어 능력과 하향식 과정에서 중요한 역할을 하는 배경 지식이 핵심적인 역할을 하게 된다. 상호작용 과정에서 언어 능력과 배경 지식에 의해 듣기 과정이 구체적으로 어떻게 이루어지는지에 관해서는 이미 앞에서 살펴보았으므로 여기에서는 생략하기로 한다. 다만 주의할 점은 상호작용 과정에서는 언어 능력과 배경 지식이 서로 보상 관계에 있다는 것이다. 즉, 청취자가 듣기를 할 때 언어 능력이 부족할 경우 배경 지식에 의존하게 되고 배경 지식이 부족할 경우 언어 능력에 의존하게 된다는 것이다.

5. 듣기 전략

듣기 활동과 비교하여 듣기 전략이란 듣기를 효율적으로 하기 위하여 교실 내외에서 학생들이 사용하는 활동이나 사고 과정을 의미한다. 따라서 듣기 활동과 듣기 전략의 의미는 상당 부분 중복된다. 듣기 전략에서 주의할 점은 효율적인 듣기 전략은 학습자들의 듣기 능력, 학습 형태, 환경 등 많은 변인에 따라 다르다는 것이다. 다음은 박기표(2005)가 개발한 영어 듣기 전략에 관한 설문지이다. 교사는 이 설문지를 통하여 학생들이 사용하고 있는 전략을 점검할 수 있고 다양한 전략을 소개함으로써 학생들 스스로 자신에게 적합한 전략을 사용하도록 교육할 수 있을 것이다.

1) 영어 듣기 전략에 관한 설문지

학생들의 사전 듣기 능력이나 수준을 알아보기 위해 듣기 전략에 관한 설문지를 작성하여 그 결과를 참고하는 편이 내실 있는 듣기 활동을 위해 반드시 필요하다.

[예] 다음 문항을 읽고 여러분에게 해당하는 사실 한 개를 [보기]에서 선택하여 그 번호를 쓰시오.

(1) 나는 영어 듣기 능력을 향상시키기 위해 계획을 세워 공부한다.
(2) 나는 영어 듣기 능력을 향상시키기 위해 세운 계획의 효율성을 점검한다.
(3) 나는 영어능력을 향상시키기 위해 외국어교육원이나 다른 사설 학원에 다닌다.
(4) 나는 영어 단어, 문법과 독해를 공부한다.
(5) 나는 영어 독해 연습을 한다.
(6) 나는 영어 회화 테이프를 듣는다.
(7) 나는 영어 듣기 능력을 향상시키기 위해 라디오를 청취한다.
(8) 나는 영어 듣기 능력을 향상시키기 위해 TV를 시청한다.
(9) 나는 영어 듣기 능력을 시험 등을 통해 점검해 본다.
(10) 나는 특별히 어려운 발음에 주의를 기울이거나 반복하여 듣는다.
(11) 나는 영어를 들을 때 억양에 주의를 기울이면서 듣는다.
(12) 나는 영어를 들을 때 단어에 주의를 기울이면서 듣는다.
(13) 나는 영어를 들을 때 강세어에 주의를 기울이면서 듣는다.
(14) 나는 영어 듣기 능력을 향상시키기 위해 비 강세어 듣는 연습을 한다.
(15) 나는 영어의 듣기 능력을 향상시키기 위해 wanted/wɔnid/와 같은 연음(linking)이나 want to/wɔnnə/와 같은 축약어(contraction) 듣는 연습을 한다.
(16) 나는 영어를 들을 때 시간이나 장소 등 세부적인 내용에 주의를 기울이면서 듣는다.
(17) 나는 영어를 들을 때 앞뒤의 문맥을 생각하면서 듣는다.
(18) 나는 영어를 들을 때 문맥을 통해 중요한 단어(key word)를 찾아본다.
(19) 나는 영어를 들을 때 다음에 나올 내용에 대하여 추측해본다.
(20) 나는 영어를 들을 때 화자의 목적을 생각해 본다.
(21) 나는 영어 듣기 시험을 볼 때 문제지에 있는 문항을 미리 읽어본다.
(22) 나는 영어를 들을 때 듣고 있는 내용과 그와 관련된 내가 이미 알고 있는 내용의 연관성에 대해 생각해본다.

(23) 나는 영어를 들을 때 글의 요점 등 전반적인 내용에 주의를 기울이며 듣는다.

[보기]

① 거의 그렇지 않다 ② 대체로 그렇지 않다
③ 약간 그렇다 ④ 대체로 그렇다
⑤ 항상 그렇다

2) 듣기 전 활동

듣기 전 활동의 목적은 텍스트에 관한 청취자의 배경 지식을 활성화하고 학습 흥미 및 동기를 유발하며 청취에 도움이 될 만한 중요한 단어나 어려운 단어를 소개하기 위한 것이다. 구체적인 듣기 전 활동으로는 텍스트에 관한 질문, 토론, 단어의 의미 파악 등이 있다.

3) 듣기 중 활동

듣기 중 활동의 목적은 텍스트와 텍스트의 내용을 이해하는 것이며 구체적으로 상향식 활동, 하향식 활동, 및 듣기 전략이 있다. 주의할 점은 "듣기의 이론적 배경"에서 살펴본 것처럼 상향식 활동과 하향식 활동 외에도 상호작용 활동을 생각할 수 있으나 상호작용 활동을 이 두 가지 활동과 구분하는 것은 한계가 있으므로 여기에서는 이 두 가지 활동만 살펴본다.

(1) 상향식 활동

① 다음 한 쌍의 단어를 듣고 끝 자음이 같은 단어의 쌍을 선택하시오.

(예 stay/steak, laid/maid 등)

② 2음절 이상의 단어를 듣고 강세가 있는 음절과 없는 음절의 차이를 비교하시오.

③ 다음 뉴스를 듣고 뉴스에 나오는 단어를 보기에서 선택하시오.

④ 다음을 듣고 빈 칸에 적당한 단어를 쓰시오.

⑤ 다음을 듣고 빈 칸에 축약된 구문을 쓰시오.

⑥ 다음을 듣고 두 사람이 토요일에 만날 장소를 쓰시오.

[예 1]

활동 목적: /s/와 /z/ 식별하기

영어 수준: 초급

출처: American Accent Training (Cook, 2000)

다음을 듣고 /s/로 발음되는 단어를 모두 선택하시오.

price, prize, peace, peas, ice, rice, eyes, pays, rise, pace, thirsty, Thursday, zoo, Sue

(2) 하향식 활동

① 다음을 듣고 적당한 그림을 선택하시오.

② 다음을 듣고 남자의 심정을 잘 나타낸 것을 보기에서 선택하시오.

(보기: interested, happy, surprised, worried, lonely, scared)

③ 다음을 듣고 두 사람이 논의하고 있는 토픽을 말해보시오.

④ 다음을 듣고 대화가 일어난 장소를 쓰시오.

⑤ 다음을 듣고 남자가 편지를 쓴 목적을 쓰시오.

⑥ 다음을 듣고 이 글 바로 다음에 나올 내용을 추측하여 쓰시오.

[예 2]

활동 목적: 글의 내용과 그림의 일치 관계

영어 수준: 중급

출처: Teaching Listening Comprehension (Ur, 1984)

다음을 듣고 순서대로 그림을 나열하시오.

Yesterday Mum wanted to watch television, but when she turned it on, she found it wasn't working. All she could get was some wavy lines. She asked her husband if he could do something about it, but he was busy reading his newspaper and smoking his pipe. She asked her daughter—but her daughter was having a rest and was too lazy to get up. Then she asked her son, Kevin. "O.K., Mum, "he said. "Let's go and have a look at the aerial first." hey went outside with the dog and looked up at the roof. "Look, Mum, " said Kevin, "All I need to do is straighten the aerial. Wait a minute." he brought a ladder and climbed up on it, not noticing that his dog was climbing after him. Up on the roof he carefully straightened the aerial. Back down in the house they tried out the television again—and found that it was still showing only wavy lines. "My goodness, " said Mum, "What's the matter now?" "I don't know, " said Kevin. "By the way, where's the dog?" The dog, of course, was still sitting up on the aerial; that was what was causing the interference.

〈그 림〉

3) 듣기 후 활동

듣기 후 활동의 목적은 내용 요약과 앞에서 교육한 두 가지 교육 활동의 효율성을 점검하는 것이다. 교육 활동의 효율성이란 듣기 전 활동과 듣기 중 활동의 효율성을 점검하는 것으로, 예컨대 듣기 전 활동인 배경 지식의 교육이 듣기에 미치는 영향과 듣기 중 활동인 상향식 활동과 하향식 활동이 듣기에 미치는 영향을 조사하는 것이다. 아울러 학습자 개인이 효율적이라고 생각하는 듣기 전략에 대해 논의해보는 것도 중요한 듣기 후 활동이다.

[예 3]
활동 목적: 세 가지 듣기 활동을 통한 듣기 능력 향상
영어 능력: 고급
출처: Listening Extra (Craven, 2004)

(1) 듣기 전 활동

① 뉴욕을 여행하게 된다면 가장 방문하고 싶은 곳은 어디인가? 그 이유는?

② A double-decker bus의 의미는 무엇인가?

(2) 듣기 중 활동

① 이 글을 들으면서 특별히 주의를 기울인 소리나 단어가 있었는가?

② 여행의 출발 장소는 어디인가?

③ 어린이용 승차권은 얼마인가?

④ 이 글의 목적은 무엇인가?

⑤ 이 글을 들으면서 앞뒤의 문맥을 생각해본 부분이 있었는가? 만약 있었다면, 그 이유는 무엇인가?

⑥ 과거의 (여행)경험이 이 글을 이해하는데 도움이 된 부분이 있었는가?

(3) 듣기 후 활동

① 이 글을 이해하는데 쉽거나 어렵다고 판단했다면 그 이유는 무엇인가?

② 처음에는 이해할 수 없었으나 글을 계속 들으면서 이해한 문구가 있었는가? 만약 그렇다면 그 문구를 이해하게 된 과정을 말해보시오.

③ 들은 내용을 간단히 말해보시오.

Welcome to New York City Tours. This is an automated announcement. See all of Manhattan from the comfort of a double-decker bus. There are over forty stops, so you can hop on and hop off all day! Enjoy an interesting and fact-filled recorded narration as you travel through the most famous uptown and downtown neighborhoods from Times Square and Central Park to Greenwich Village, St Patrick's Cathedral and many more. Come and explore this wonderful city with New York City Tours. Please note, tours are in English only and start every hour from Time Squares. $75 per adult, $50 for children under sixteen. For just $20 extra you can also choose an optional harbor cruise to see the Statue of Liberty and Ellis Island. Tickets are valid for 24 hours. Press 1 to book now and press 2 to hear this message again.

6. 듣기의 본질과 세부 능력

앞에서 이미 다루었지만 효율적인 듣기 지도를 하기 위해서는 듣기의 본질과 그 과정에 대한 이해가 필요하다. 듣기에는 크게 두 가지 과정이 작용을 하는 바, 들은 문장의 언어적 요소를 조합하여 자구적 의미(literal meaning)를 해석하는 상향 과정(bottom-up process)과 청자가 갖고 있는 일반 지식과 담화 지식을 사용하여 의미를 해석하는 하향 과정(top-down process)이 그것으로, 성공적인 듣기는 이 두 과정을 적절히 결합하여 의미를 파악하는 것이다. 듣기를 소리를 식별하여 문장을 해석하면 의미가 얻어지는 수동적 기능으로 보지 않고, 청자가 해득하여 의미를 파악하는 능동적 기능으로 보는 것은 바로 이 때문이다. 또한 대부분의 중등 교육 현장에서 제공되는 듣기 자료는 실생활에서 사용되는 진정한 구어의 특징과 많은 차이를 보이고 있다. 그러나 궁극적으로 학생들이 들어서 이해하여야 할 언어는 실생활의 진정한 언어이므로 이를 들어서 이해하는 것을 목표로 듣기 지도를 하는 것이 바람직하다.

성공적인 듣기를 위해서는 다음과 같은 세부 능력이 필요하다.

1) 환경 소음으로부터 언어 소리를 구별하여 집중할 수 있는 능력

2) 들은 내용을 잠시나마 기억할 수 있는 능력
3) 영어의 음소를 구분하고 어휘를 식별하는 능력
4) 강세, 리듬, 억양을 식별하고 의미 파악에 활용하는 능력
5) 의미 단위를 식별하는 능력
6) 문맥에서 어휘의 의미를 파악하는 능력
7) 문법 지식을 활용하여 자구적 의미를 파악하는 능력
8) 담화의 상황, 화자 간의 관계에 따라 담화의 목적을 파악하는 능력
9) 자구적 의미로부터 의도된 의미를 파악하는 능력
10) 원인과 결과, 문제와 해결 등을 추론할 수 있는 능력
11) 담화의 주제, 부연 설명, 예시 등 정보의 흐름을 파악하는 능력
12) 화자의 표정, 제스처, 음색으로부터 의도를 파악하는 능력
13) 듣는 목적에 따라 적절한 전략을 사용하는 능력

위의 세부 능력 가운데 3) ~ 7)은 상향 과정과 관련된 능력, 8) ~ 13)은 하향 과정과 관련된 능력이다. 듣기 지도의 목표는 일차적으로는 듣기의 세부 능력을 길러 주는 것이고, 그 다음으로는 이 능력들을 적절히 배합하여 사용할 수 있는 전략을 길러 주는 일이다. 모국어의 경우 듣기의 상호 작용이 별다른 노력 없이 자연스럽게 이루어지나, 외국어 학습자의 경우는 이 두 과정의 어느 한 측면에 불균형적으로 지나치게 의존하는 것이 듣기의 가장 큰 장애라고 할 수 있다. 이는 학습자들이 자신에게 익숙한 소수의 세부 능력에만 전적으로 의존하기 때문이다.

7. 듣기 지도 수업 설계

듣기 지도의 목표를 1)듣기의 세부 능력을 길러 주고, 2)이 능력들을 적절히 배합하여 사용할 수 있는 전략을 기르는 일이라고 하였는 바, 듣기의 세부 능력은 언어 지식과 담화 지식, 일반 지식을 운용하는 기술이며, 전략적 능력은 이 세부 능력을 듣기의 목적에 따라 적절히 활용하는 기술이다. 따라서 듣기 지도에서 중요한 요인으로 작용하는 것이 다양한 듣기의 목적을 달성할 수 있는 다양한 듣기 지도 활동을 제시하는 일이다.

다음은 수업 중 투입 가능한 듣기 지도 활동 유형들이다. 학급 수준에 맞게 적의 활용할 필요가 있다.

1) 듣기 지도 활동 유형

(1) 사용 빈도가 높은 활동

① 그림 보면서 듣기
② 들은 내용에 맞는 그림 고르기
③ 듣고 다지선다형 혹은 진위 판별하기

(2) 사용 빈도가 중간 정도인 활동

① 듣고 그림 연결하기
② 듣고 알맞은 대답 고르기
③ 듣고 네모 칸(grid) 완성하기

(3) 사용 빈도가 낮은 활동

① 듣고 그림을 그리고 나서 완성하기
② 듣고 그림, 지도, 시계 등에 표시하기
③ 듣고 행동으로 반응하기
④ 듣고 그림의 순서 맞추기
⑤ 듣고 빈칸 채워 쓰기
⑥ 듣고 받아쓰기
⑦ 듣고 대답을 글로 쓰기
⑧ 듣고 소리 식별하기
⑨ 듣고 따라 하기
⑩ 들은 문장 고르기
⑪ 음성 언어가 아닌 소리를 듣고 고르기

듣기 지도를 위해 교수 활동을 선정할 때 기준으로 삼아야 할 것은 1) 학습자의 수준에 적합한가?, 2) 실생활에 적용이 가능한가?, 3) 의사소통 목적이 뚜렷한가? 등이다.

일반적으로 의사소통 목적이 뚜렷한 능동적 듣기 지도 활동은 다음과 같은 부류에 속한다.: 1) 듣고 행동으로 나타내거나 조작하는 활동, 2) 들은 내용을 전달하는 활동, 3) 들은 내용을 바탕으로 문제를 해결하는 활동, 4) 들은 내용을 평가하거나 변형하는 활동, 5) 대화의 상황에서 청자 활동, 6) 노래나 이야기 등을 재미로 듣기 등이다. 이들 교수 활동의 특징은 학습자가 들어서 이해한 것을 구두로 반복하거나, 연습 문제를 통하여 확인하는 것이 아니라, 학습자가 들은 정보를 활용하여 과제를 수행하는 과제 지향적(task-oriented) 활동이라는 점이다.

2) 듣기 수업 설계 전략

위에서 제시된 교수 활동들은 대부분 듣기 수업의 본 활동(main activity; while-listening activity)에 해당한다. 이 활동의 앞뒤에 듣기 전 활동(pre-listening activity)과 듣기 후 활동(post-listening activity)을 첨가하여 청해 수업을 구성할 수 있다.

(1) 듣기 전 활동

듣기 전 활동의 목적은 본 활동과 관련된 사항을 미리 점검함으로써 본 활동의 난이도를 조정하고, 학습자로 하여금 본 활동의 목적에 적응케 하여 학습 효과를 높이는 데 있다. 따라서 듣기 전 활동을 어떻게 구성할 것인지, 얼마나 많은 시간을 할당할 것인지는 본 활동의 목표에 달려 있다. 대부분의 경우 본 활동에서는 유창성에 주안점을 두므로 듣기 전 학습에서는 원활한 정보 처리에 방해가 되지 않도록 하는 것이 요점이다.

가장 많이 쓰이는 듣기 전 활동의 하나는 어휘 학습이다. 어휘 학습의 목적은 이미 배운 어휘라도 주요 핵심어를 제시하여 들을 내용을 예측하게 하고, 본 활동의 과제 수행에 필요한 단어를 확인시킨다. 생소한 어휘를 미리 학습하여 듣기의 저해 요인이 되지 않도록 하는 것도 어휘 학습에 포함될 수 있으며, 이때 학습자들이 특히 어려워하는 인명, 지명 등을 제시한다. 단, 모든 신출어를 미리 다 가르쳐 줄 필요는 없다. 왜냐 하면, 모르는 단어의 의미와 쓰임을 문맥에서 유추하는 것이 듣기라는 이해 기능의 중요한 기술이기 때문이다.

본 활동의 소재에 대한 배경 지식을 제시하는 활동도 중요한 듣기 전 학습이다. 이는 학습자로 하여금 예측을 가능케 하고 호기심을 자극하여 본 활동에 적극적으로 참여할 수 있게 준비시켜 준다. 관련된 그림, 실물, 읽기 자료 등을 제시하고 학습자와 이에 관하여 간단하게 문답을 진행할 수 있다.

듣기 전 학습에서 꼭 다루어야 할 것은 본 활동의 과제 목표를 정해 줌으로써 학습자에게 듣기의 목적을 부여하는 일이다. 학습자들이 지시 사항을 몰라 맹목적으로 듣는 경우가 있을 수 있다. 무조건 들어보라고 하는 것은 효율적인 듣기 지도 방법이 아니다. 들은 내용을 어떻게 활용할 것인지 미리 학습자에게 목적을 부여해 주는 것이 중요하다.

듣기 전 활동의 목적은 본 활동을 성공적으로 완수하기 위해 학생이 알고 있어야 할 (1)언어적, 문화적, 그리고 내용적 지식을 준비시키고, (2)듣기 본 활동의 목표를 설정하고, 이를 위한 절차를 주지시키는 데 있다. 따라서 듣기 전 활동은 본 활동의 성격에 따라 신축성 있게 적용되어야 하며, 듣기 전 활동 그 자체에 너무 많은 시간을 할당하지 않도록 유의할 필요가 있다.

① 그림 보고 말하기

개정된 교과서에는 그림을 이용한 듣기 본 활동이 상당히 많이 있다. 사용 빈도가 상당히 높은 "들은 내용에 맞는 그림 고르기"를 예로 들어 보자. 듣기 본 활동의 목표는 다음의 그림을 보고, 설명된 인물을 고르는 과제이다.

그림 생략

출처 과거 수능고사 문제

Script

W: You know Sally, don't you?

M: Yes, I met her once, but I can't remember her face.

W: She is over there. That tall girl.

M: You mean the one with glasses?

W: No, she isn't wearing glasses.

M: I see, the tall girl with a life buoy?

W: That's right.

이를 위해 적합한 듣기 전 활동으로는, ①듣기 본 활동에서 듣게 될 구문을 확인시킬 수 있다. 즉, "This girl/boy is wearing."를 이용하여 등장인물들을 묘사하여 듣기 본 활동을 하는 데 필요한 구문과 어휘를 점검할 수 있다. 구문이나 어휘 연습 시 그림에 나타난 모든 것을 묘사하게 하는 것은 학생의 주의를 산만하게 하여, 듣기 본 활동의 목표를 모호하게 할 수 있다. 듣기 본 활동에 필요한 것만을 선정하여 지도하는 것이 좋다. 다음과 같은 요령으로 진행해 볼 수 있다.

T: Look at the girl number 1. What does she have?

Ss: Ball.

T: Yes, a beach ball. What about the girl number 2?

Ss: ...

T: A life buoy. She has a life buoy.
What about the girl number 3?

Ss: ...

T: Right. She has nothing.

이 과제 활동을 위해 할 수 있는 또 다른 듣기 전 활동은, ②영어 인명에 관한 안내이다. 우리나라 교재에 주로 등장하는 인명은 John, Tom, Mary, Nancy 정도이다. 따라서 학생들은 새로운 인명을 들었을 때, 이것이 인명이라는 것, 더 나아가 남자의 이름인지 여자의 이름인지 알지 못하는 경우가 있다. (또는, 간혹 대사(script)와 혼란을 주기 위해 내용과 비슷한 인명을 주곤 한다.(예 ... sell it → Sally, had it → Henry, etc). 그러므로 위와 같이 그림에 인물이 많이 등장할 때, 인명을 소개하는 것도 좋은 듣기 전 활동이 된다. 예를 들어, 다음과 같이 진행될 수 있다.

T: You know many English first names, don't you?
Ss: Yes.
T: Well, tell me some.
Ss: John, Tom, Mary, etc.
T: Today, we are going to learn one more English first name. (판서한다)
Sally.
Sally. Does it sound like a girl's name or a boy's name?
Ss: Girl/Boy.
T: Right. This is a girl's name.
We are going to meet Sally in this picture.
Who looks like Sally?
Ss: Number 1/Number 2, etc.
T: Let's listen and find out.

② 그림 보고 예측하기

"그림 보고 예측하기"는 그림 보고 말하기 활동의 일종이다. 본 활동의 과제는 대화를 듣고 그림을 고르는 일이다.

그림 생략

Script
A: Oh. This place is awful. It's too crowded for me.
B: Uuh. The music's too loud. It's impossible to talk.
A: Yeah, it was terrible music, too.

B: Do you wanna go somewhere quieter?

A: OK.

출처 : Richards. J. Gordon, D. and Harper, A. (1987). *Listen for it.* Oxford University Press. p. 59.)

이 과제에 대한 듣기 전 활동으로는, ①이 대화자들이 어떤 내용의 대화를 할지 생각해 보게 한 후 짝끼리 논의하게 하여 보거나, ②이들이 어떻게 느끼고 있는가를 생각해 보게 하여 학생들로 하여금 그들이 들은 내용을 미리 예측케 하고, 그들이 논의에서 사용한 표현을 준비시키는 기회를 마련해 줄 수 있다.

③ 목록 만들기

"목록 만들기"는 본 활동에서 들을 내용에 목록이 들어 있을 때 특히 유용하다. 본 활동의 과제가 등장인물들의 주말 계획에 관한 것이라고 하자. 그렇다면, 학생들에게 자신들의 주말 계획을 미리 말하게 하고 이를 소집단 별로 목록을 만들 수 있다. 이 때 목록은 영어로 준비하는 것이 좋으며, 학생의 영어 수준이 부족하거나 시간이 너무 많이 걸릴 것으로 예측되면, 교사가 미리 목록을 준비하여, 학생들로 하여금 표시하게 할 수도 있다. 목록을 갖고 본 활동에 임하면, 본 활동 과제를 예측하고 수행하기가 수월하다.

예) What are you going to do this weekend?

☐ go to a movie

☐ visit grandparents

☐ play sports

☐ read books

☐ Others: ______________________________.

④ 본 활동 과제를 미리 점검하기

본 활동 과제가 네모 칸 채우기이거나, 서식 채우기일 때 특히 유용하다. 자신들이 수행해야 할 과제를 미리 알고 있으면, 학생들은 그 과제를 수행하는 데 필요한 내용만을 선택적으로 듣는 전략을 사용할 수 있게 된다. 다음과 같은 서식을 미리 점검하고, 각 해당란에 무엇을 적을 것인지를 알고 있는 학생이 사용할 듣기 전략은 듣기 본 활동을 수행하는 데 훨씬 더 성공적일 수 있다.

예) While you were out, you got a call from ____________________.
You should _________
☐ Left a number
☐ Will call again
☐ Left a message
☐ Had you call him/her back
☐ Had a wrong number

⑤ 듣기 문제를 미리 읽기

본 활동의 과제가 "물음에 답하기"일 때, 미리 그 질문 내용을 읽는 것이 좋다. 듣기 지도의 목적은 학생들의 듣기 능력을 평가하는 것이 아니고, 듣기 능력을 배양하는 것이기 때문이다. 학생들이 들은 내용은 파악하였으나, 질문을 이해하지 못하여 대답을 하지 못하는 경우가 종종 있으므로, 자신들에게 요구되는 것이 무엇인지를 확실히 아는 것이 중요하다. 이 때, 학생들의 듣기를 도와주기 위해서 듣기 질문들이 가능하며, 듣는 순서대로 배열되는 것이 좋다. 왜냐하면 학생들은 자신들이 읽은 물음의 순서대로 듣기 내용이 진행될 것이라고 기대하기 때문이다.

⑥ 들을 내용과 관련된 내용을 읽기

이 활동은 특히 본 활동 과제와 인과 관계나 사건의 전후 전개 등 연계성이 있는 내용일 때, 특히 사용해 볼 만하다. 예를 들어, 취업 면담을 듣고 면담서를 작성하는 것이 본 과제라 할 때, 그에 관한 취업 광고문을 미리 읽어 보는 것 등이 이에 해당한다. 또는 어떤 사건에 대한 사람들의 반응을 알아내는 것이 본 활동의 과제라 할 때, 그 사건에 대한 신문 기사를 읽게 하는 것 등이 이에 해당한다.

(2) 듣기 본 활동

듣기 본 활동에서의 목표는 듣기의 전략과 유창성 배양에 중점을 두도록 한다.

본 활동을 진행하는 요령은, ①첫 단계로, 녹음이나 교사의 영어를 듣고 개인 단위로 과제를 수행하게 하여 개인의 듣기 능력을 사용하여 보게 한 후, ②다음 단계로, 개인 활동의 결과를 가지고 짝 활동이나 소집단 과제를 수행하도록 하는데, 이 단계에서는 개인 활동의 결과를 논의하는 과정에서 자연스럽게 학습자 상호 교정의 단계를 거치게 된다. 이 단계에서 다시 한 번 듣기 자료를 들려 줄 수 있다. ③마지막 정리 단계로서, 소집단 별로 듣기 과제를 해결한 결과를 학급 전체에게 발표하는 순으로 진행할 수 있다.

듣기 본 활동을 할 때 같은 내용을 반복하여 들려 줄 필요가 흔히 있다. 이때, 단순히 반복하여 들려주는 것보다 같은 내용의 듣기 자료에 관하여 서로 다른 과업을 부가하여 듣기 활동의 변화를 꾀함과 동시에 듣기 본 활동을 정확성 훈련이 아닌 유창성 훈련으로 지도할 수 있다. 예를 들어, 다음의 녹음 자료를 이용한 듣기 과제를 설계할 때, 처음에는 어디에서 일어나는 대화인지를 묻고, 그 다음 들려 줄 때는 대화자들이 그 장소를 좋아하는지 싫어하는지를 알아보게 하는 과제를 줄 수 있다.

예) A: Oh. This place is awful. It's too crowded for me.
B: Uh. The music's too loud. It's impossible to talk.
A: Yeah, It was terrible music, too.
B: Do you wanna go somewhere quieter?
A: OK.

예) A: Hey, did you see that? What a play!
B: Beautiful! Come Raiders! Hah-hah. They're gonna win if they keep playing like this.
A: They sure are. This is a great game.

(3) 듣기 후 활동

듣기 후 활동으로 많이 거론되는 활동으로는 들은 내용에 대한 토의나 역할극, 읽기, 또는 쓰기로의 전이 활동이 있는데, 여기에서 듣기의 정확성 훈련을 한번 다루어 주는 것도 바람직하다. 듣기의 정확성 훈련에 포함할 수 있는 활동은 녹음 대본을 보면서 강세가 있는 어휘를 표시하기, 특정 언어 요소를 겨냥한 빈 칸 받아 채우기, 의미 단위로 표시하거나 끊어서 따라 읽게 하기 등이 있다. 듣기 후 활동은 한 차시 수업을 정리하는 의미에서 가볍게 진행하여, 학습자들이 정확성 훈련을 암기 훈련으로 오인하지 않도록 주의할 필요가 있다.

8. 듣기 평가 기법

1) 평가의 종류

(1) 분리식 평가

청화식 교수법과 구조주의(structualism)가 지배적인 언어학적 패러다임을 제공할 때는, 다른 영어 평가와 마찬가지로 듣기 평가 조항에도 커다란 영향을 미친다. 구조주의 언어학에서는 언어가 작은 규모의 단위로 분해하여 비교 분석될 수 있으며, 이러한 단위들이 다시 언어라는 큰 단위로 합쳐질 수 있다는 입장을 가지고 있다. 이와 같은 입장 때문에 형태소, 발음, 문장 구조 등의 언어 요소를 분리해서 평가하고 넓게는 말하기, 듣기, 읽기, 쓰기 능력을 독립적으로 평가하는 문항들이 당시에 설득력을 가지고 개발되었다. Lado(1961)가 대표적으로 이러한 패러다임을 옹호했으며, 그는 언어를 '대부분 인지 없이 작동하는 습관들의 체계(system of habits which operates largely without our awareness)'(p. 13)로, 듣기 능력을 '청해(auditory comprehension)'로 제한하면서 '의사소통 상황에서 목표언어의 신호 요소들에 대한 인지적 통제(recognition control of the signaling elements of the language in communication situations)'(p. 206)로 정의했다. 그는 듣기 과정 및 평가에서 모국어의 영향력을 강조하였으며, 기본적인 듣기 능력 평가의 영역을 강세나 어휘, 문법적 구조에 대한 이해로 제시하였다.

그리고 평가의 방법으로 참/거짓이나 선다형을 제시하면서 화맥[문맥](context)을 어느 정도는 제한해야 한다는 입장을 보였다. 이러한 분리식 평가 방법은 TOEFL에 반영되고 그 영향력은 아직까지도 여러 듣기 평가에 남아 있다(Buck, 2001).

(2) 통합식 평가

하지만 1970년 초반부터 언어 능력은 단순히 분리된 언어의 요소 이상이라는 것으로 인식하며, 많은 학자들이 이러한 분리식 평가 방법에 대해 문제점을 제기하기 시작했다(Oller, 1971; Spolsky, 1971). 올러(Oller)는 '언어에 관하여 알기(knowing about language)' 보다는 '언어를 사용하기(using language)'를 강조하였다. 그는 학습자들이 분리식 평가에서 사용한 선다형 문항들로는 측정하기 어려운 종합적이고 체계적인 인지 능력을 가지고 있으며, 실제 의사소통 상황에서 총체적으로 그러한 능력들이 발휘되고 있다는 점이 분리식 평가에서는 간과되고 있다고 주장하였다.

통합식 평가의 주창자들은 분리식 평가에서는 다루지 못한 언어의 화용론적 접근과 화맥이나 문맥이 강조된 담화 능력의 중요성을 언급하면서 언어의 능력을 통합적으로 평가하기 위해 빈칸 메우기(cloze test)를 한다거나 받아쓰기(dictation), 정보 요약정리(gap-filling on summary), 문장 반복, 진술 평가(statement evaluation), 번역과 같은 시험 문항을 제안하였다. 예를 들면. Lado(1961, p. 34)가 '단지 철자나 굴절, 구두점에 불과한 문제들(little more than spelling and a few matters of inflection and punctuation)'라고 평가 절하한 받아쓰기 시험 형식을 적절한 듣기 평가라고 Oakeshott(1977)는 주장했다. Taylor(1977)는 실증적 연구 결과를 제시하면서 주장하였다.

(3) 의사소통 중심 평가

전통적인 관점과는 달리 Carroll(1972)은 듣기 능력을 언어 정보(linguistic information)를 이해하는 단계와 이러한 이해 단계를 의사소통 상황에서 적용하는 단계로 나누어 정의 내리면서 의사소통적 평가(communicative testing)를 듣기 평가에 보다 적극적으로 반영하기 시작했다. 언어라는 것은 의사소통을 위해 사용되어지므로 언어의 지식이 아닌 언어로 의사소통을 할 수 있는 능력에 관심을 더욱 두게 된 것이다. 그래서 의사소통 중심 평가에서는 진실성(authenticity)과 의사소통 목적을 강조한다. 진실성이란 상황적(situational) 진실성과 상호교류적(interactional) 진실성을 내포한다.

Groot(1975)는 종전에 말 감지(speech perception) 또는 언어 해독(language decoding)으로서의 듣기 능력에 대한 정의를 확대하면서 받아쓰기나 음가 식별 시험은 의사소통을 위한 듣기 능력을 제대로 측정하지 못하고 있다고 주장했다. 테이프를 이용한 인터뷰로 의사소통적 듣기 능력을 측정할 필요성을 주장한 연구와 함께 Chastain(1971)은 의사소통적 듣기 기술이 언어적 지식과 동일한 것이 아니므로 수험자들이 의사소통 상황에 도움을 받을 수 있는 평가 문항이 제공되어야 한다고 주장했다.

1980년대와 1990년대를 거쳐서 의사소통 중심의 교수법, 교재 및 평가 도구 개발은 듣기 학습 및 지도에 큰 영향력을 미치면서 의사소통적 구성 요인들이 실험적으로 평가 도구에 적용되고 있다. 사전 듣기 활동이나 선험[배경] 지식의 활용, 학습자의 특성, 듣기 전략의 이해와 청해 과정에서의 정의적, 인지적 요인들을 듣기 평가에 부분적으로 적용하면서 보다 타당한 듣기 평가를 만들고자 노력하고 있다.

2) 듣기 평가 방법

많은 학자들이 듣기 평가 방법에 대한 연구를 계속하고 있는데 Carroll(1972)의 평가 방법 분류법이 가장 포괄적이라고 알려져 있다. 캐롤(Carroll)은 평가 방법의 변수를 크게 (1) 과제, (2) 측정의 방법, (3) 평가의 조건으로 나누고 세부적인 평가 변수들을 나열하였다. 이것은 각 평가 방법이나 변수에 대한 상대적인 장점이나 시험 개발에 크게 기여하지는 못했지만 듣기 평가 방법에 관한 연구에 참고할 사항을 체계적으로 정리했다는 점에서 돋보인다.

Chastain(1971)은 평가 방법에 따라 발생하는 문제들과 이런 문제들이 듣기 평가에 어떤 영향을 주는지를 고려하여 듣기 평가에서 보이는 공통적인 결점 7가지를 다음과 같이 제시했다.

(1) 듣기 능력 자체보다는 듣기 능력의 다른 면을 평가하는 경우
(2) 대답을 선택하는 능력을 평가하는 경우
(3) 듣기 능력과 다른 언어 능력을 같이 평가하는 경우
(4) 문항 유형이 다양해서 과제의 목적을 예상하지 못하는 경우

(5) 예시문과 관계없는 문항인 경우

(6) 한 가지 언어적인 실마리로 답이 결정되는 문항인 경우

(7) 미묘한 언어적 함정을 가진 문항인 경우

3) 듣기 평가시 고려 사항

듣기 능력 평가는 듣기 내용을 듣고 음소를 식별하고 강세와 억양 또는 어구를 정확하게 인지하는 능력을 평가하는 방법에서, 듣기 내용을 듣고 여러 가지 의사소통적 전략을 통해 이해하게 하는 유형으로 바뀌어가고 있다. 자신의 선험적 지식과 책략적 전략을 통하여 주어진 언어적 정보뿐만 아니라 그림이나 지도 또는 도표를 보면서 듣기를 하는 과정이 최근 듣기 평가에 계속 반영되고 있다. 또한 들은 내용에 대한 이해와 듣기 자료에 근거한 추론적 이해를 물어보거나 듣기 자료의 배경이나 화자의 의도 등을 물어보는 문항도 여러 듣기 시험에 자주 등장하고 있다. 듣기 평가는 최근 말하기 평가나 쓰기 평가에 선행되는 과제로 제공되는 통합 평가의 구성 요소로도 자주 등장하고 있다.

듣기 평가를 한 가지 방법과 요소로 일반화시킬 수는 없지만 다음과 같은 고려 사항을 참고 할 필요가 있다.

(1) 듣기 능력의 본질적인 특성을 고려하여야 한다. 듣기 능력은 장시간 집중할 수 없기 때문에 비교적 길지 않은 구절(passage)을 활용해야 하며, 내용은 상황적·상호교류적인 진실성이 있어야 한다. 그리고 그 내용들은 사실적이어야 한다. 즉, 서울에서 시에틀(Seattle)까지의 비행 시간이 9시간이라면 듣기 문항에 나오는 지문도 그런 사실성에 입각해서 제작되어야 한다.

(2) 듣기 문항은 구어의 특징을 반영해야한다. 구어적인 특징을 반영한 연음, 속도, 다양한 종류의 구절[대화, 독백, 강의, 방송 등]을 소재로 삼을 수 있다.

(3) 언어 평가의 다양성을 수용하여야 한다. 즉, 통합형/분리형, 상향식/하향식/상호작용, 선택적 듣기/전체적 듣기, 객관식/주관식 등 평가 목적과 대상에 어울리는 기법을 활용할 필요가 있다.

(4) 신뢰도와 타당도를 고려한 평가여야 한다. 듣기 평가 문항에 어려운 단어나 문법 혹은 기억력을 요하는 문항은 타당도 차원에서 고려할 필요가 있다. 소규모 시험에서는 수행 평가적인 기법을 활용할 수 있다.

(5) 문항 내용으로 인해 어떤 성별, 지역, 문화권에 이익이나 손해를 줄 수 있는 문항은 배제되어야 한다. 아울러 듣기 학습과 언어 학습에 긍정적 영향력을 주고, 학습과 교육 행정에도 영향을 주는 역류효과(backwash)를 줄 수 있는 듣기 평가여야 한다.

하지만 이처럼 듣기 평가에 대한 그리고 어떻게 평가되어야 하는지에 대한 합의점이 도출됨에도 불구하고 듣기 과정의 성격에 대한 경험적 연구는 여전히 부족하다. 그러므로 듣기 평가의 타당성 확보를 위해서는 심리학적, 언어학적 변수의 듣기 과정에 미치는 영향력에 대한 연구가 계속 제공되어야 할 필요가 있다.

4) 듣기 평가의 유형

듣기 평가 교재는 시험 중심 형식과 연습 중심 형식으로 구분할 수 있다. 최근 대부분의 연습 중심 듣기 교재는 과업 중심(task orientation)으로 짜여 있다. 과업 중심이란 언어를 통해 중재되어야 하는 과업에 중점을 두는 것으로서, 그 언어 학습의 성패는 과업을 성공적으로 수행했는가의 여부에 따라 결정된다. 과업 중심의 특징은 단순히 정보를 얻고 이해하는 데서 끝나는 것이 아니라 들은 정보를 다시 과업을 성취하기 위한 수단으로 이용해야 한다는 것이다. 과업 중심은 듣기 교재 개발뿐만 아니라 문항 개발에 참고 사항이 될 수 있다. 다음에 제시하는 과업은 처음에는 초급 단계 활동과 관련되고 뒤로 갈수록 상급 단계 활동과 관련된다.

(1) 듣고 동작 수행하기

① 그림, 인물 또는 도안 그리기
② 지도에서 특정 지점의 경로를 찾아보기
③ 설명을 듣고 인물, 장소 또는 사물의 그림을 선택하기
④ 설명을 듣고 인물, 장소, 사물을 식별하기

⑤ "Simon Says"와 같은 게임이나 "Hokey Pokey"와 같은 노래를 듣고, 신체 동작을 수행하기
⑥ 듣고 팩스기, 녹음기, OHP와 같은 기구를 조작하기
⑦ 수학 문제 풀기, 과학 실험, 요리 실습에서와 같은 단계적인 과업을 수행하기

(2) 듣고 정보 전달하기

① 듣고 전화 메시지를 기록하거나 중요한 요점만 기록하기(메시지를 제3자에게 전해 주기 위해)
② 이야기를 듣고 빈 칸 채우기
③ 듣고 양식 또는 차트를 완성하기
④ 듣고 짧은 이야기, 보고서, 담화의 줄거리 요약하기
⑤ 이야기를 듣고 그 단계들을 순서에 따라 간략하게 쓰기(예 요리하는 법)
⑥ 담화나 강의를 듣고 노트에 정리하기

(3) 듣고 문제 해결하기

① 게임, 퍼즐, 수수께끼 등을 듣고 응답하기
② 소송 사건에 대한 간략한 설명을 청자로 하여금 판정하여 변호하도록 하기

(4) 듣고 정보를 평가하거나 활용하기

① 입력된 정보를 쓰고 질문에 답변하거나 문제를 해결하기 위해 그것을 다시 검토하기
② 결정을 내리거나 수행 계획을 세우기 위해 정보를 평가하기
③ 어떤 입장을 지지하거나 또는 반대하기 위해 논쟁을 평가하기
④ 원인과 결과 정보를 평가하기
⑤ 입력된 정보로부터 프로젝트를 설계하고 예측하기
⑥ 입력된 정보의 요약 또는 줄거리 만들기
⑦ 정보를 평가하고 연결하기

⑧ 정보를 평가하고 보충하기
⑨ 체계적이지 않은 정보를 일정한 순서로 조직하기(연대적, 공간적 배열, 인과 관계, 문제 해결 등)

(5) 질문과 대답을 통한 상호 듣기와 의미 협의(meaning negotiation) 하기

여기서는 화자와 청자의 상호 교류에 필요한 정보를 얻어내기 위해 의미 협의의 과정에 초점을 둔다. 예를 들면 "Could you repeat the part about XX?"와 같이 정보를 반복해 줄 것을 요구하거나 "Could you tell us more about XX?"와 같이 더 자세한 설명을 요구하고 대답해 주는 과정을 통해 정보 전달이나 의미 협의를 한다.

5) 듣기 문항의 종류

듣기 문항의 종류에 따라 언어 능력을 미시적(micro) 능력과, 거시적(macro) 능력으로 나누고, 요목에 해당하는 듣기 요소를 평가 자료로 활용할 수 있다. Richards(1983, 1985)가 제시한 회화 청취에 필요한 33가지의 미시적 능력을 18가지로 요약하면 다음과 같다.

(1) 특징적인 소리를 식별할 수 있는 능력
(2) 어휘의 강세 패턴을 알 수 있는 능력
(3) 영어의 리듬 구조를 알 수 있는 능력
(4) 단어의 경계를 구별할 수 있는 능력
(5) 전형적인 어순을 알 수 있는 능력
(6) 중요한 대화 주제에서 쓰이는 어휘의 뜻을 아는 능력
(7) 중요어를 찾아낼 수 있는 능력 (예 주제나 전제를 찾아내는 등)
(8) 문맥에서 단어의 뜻을 추측할 수 있는 능력
(9) 중요한 통사적인 형태를 아는 능력
(10) 문법적인, 문장의 생략된 형태를 이해할 수 있는 능력
(11) 다른 문법적 형태와 문장 형태로 표현된 의미를 알아낼 수 있는 능력
(12) 상황, 참여자, 목표 순서를 재구성하거나 추론할 수 있는 능력
(13) 진술된 사건으로부터 결과를 예측할 수 있는 능력

(14) 문어적인 뜻과 실제 의미하는 뜻을 구별할 수 있는 능력
(15) 대화의 일관성, 주된 사상, 주어진·새로운 정보, 일반성, 실례 등의 관계를 알 수 있는 능력
(16) 각각 다른 속도의 말을 이해할 수 있는 능력
(17) 의미 파악을 위해 얼굴 표정, 초언어학적인(paralinguistic) 요소를 활용할 수 있는 능력
(18) 구어적·문어적인 이해와 이해 부족을 알릴 수 있는 능력(Richards, 1983, pp. 228-229; 1985, pp. 198-199)

제3장 읽기 지도 적용

1. 이론적 흐름

오늘날 의사소통을 중시하는 시대적·학술적 경향으로 인해 읽기에 대한 관심이 비교적 적은 것이 사실이다. 그러나 읽기는 쓰기와 함께 기술·문명사회에서 매우 중요한 위치를 차지하고 있는 것 또한 사실이다. 인터넷의 전세계적인 보급으로 인한 정보의 홍수 속에서 자신에게 필요하고 유익한 정보를 탐색하고 활용하기 위해서는 읽기가 단연 강조되어야 한다. 또한 산업화와 분업화의 영향으로 가상 강의 시스템이나 재택근무가 본격화되어 가고 있는 시점에서 정보를 스스로 찾고 자신의 것으로 만들기 위해서는 읽기(쓰기와 함께)의 중요성은 아무리 강조해도 지나치지 않다.

이러한 중요성에도 불구하고 읽기는 아직도 전통적인 문법 번역식 교수법을 완전히 벗어나지 못하고 있다. 물론 문법 번역식 교수법이 가진 장점을 인정하지만, 그 장점들의 한계 또한 알고 있기 때문에 듣기와 말하기를 위해서 뿐만 아니라 읽기와 쓰기를 위해서도 의사소통 중심의 교수법이 시행되어야 한다.

듣기는 읽기와 함께 소극적인 언어 기술로 치부되는 경향이 있는데, 이것은 사실과 다르다. 읽기는 독자가 읽기 자료를 능동적으로 읽고 분석함으로써 저자의 저술 의도와 그 안에 담긴 여러 유형의 정보를 파악해서 자신의 목적에 맞게 활용하기 위해 재구성하고 이해하는 과정이기 때문에 읽기를 단순히 읽고 이해하는 것으로만 받아들이는 것으로는 부족하다.

읽기를 지도하는데 있어서 알아두어야 할 개념이 있다. 이미 'II. 듣기 지도 적용'에서 언급한 대로 읽기는 크게 두 가지 방식으로 이루어진다고 알려져 있다. 하나는 상향식(bottom-up) 과정이고, 다른 하나는 하향식(top-down) 과정이다. 상향식 과정은 읽기 자료에 나타나는 언어의 여러 양상에 대한 학습에 중점을 둔 접근방식이고, 하향식 과정은 학습자가 읽기 자료 외에 활용하는 여러 가지 다양한 정보와 지식에 중점을 둔다. 이러한 두 가지 유형을 종합한 상호작용적(interactive) 접근방식은 읽기 자료를 처리하고 해석하는 과정에서 모든 수준의 기술이 상호작용적으로 활용될 수 있다고 가정하는 모형으로서 독자는 읽기 자료를 해석하고 이해하기 위해 자신의 배경 지식, 내용에 대한 기대, 상황 맥락 등을 고려함과 동시에, 글자, 단어, 문장 등의 형태와 기능에 주안점을 두면서, 더 나아가서 그러한 형태와 기능을 자동적으로 처리하는 자동성을 작동시킨다(Eskey & Grabe, 1988). Stanovich (1980)는 이 모형을 상호작용적-보충적(interactive-compensatory) 모형으로 발전시켰다. 독자는 한꺼번에 제공되는 여러 가지 지식과 정보를 동시에 처리하고 이용할 뿐만 아니라, 독자가 어떠한 수준에 있든지 상관없이 부족한 지식이나 기술을 만회하기 위해 때로는 더 잘 발달된 다른 지식이나 기술에 의존함으로써 그가 해결해야 할 읽기 자료를 처리한다는 것이다.

따라서, 읽기 지도는 상향식 과정과 하향식 과정을 혼합해서 상호작용적 방식에 따라 지도하고, 때때로 보충식 방법을 활용해야 한다고 정리할 수 있다. 그러나 구체적으로 이러한 이론을 근거로 해서 어떻게 지도해야 하는지에 대해서는 명확한 답을 얻기가 쉽지 않다. Lee(1994)와 Lee & Schallert(1997)의 연구는 위의 이론들을 문턱 이론(threshold theory)에 근거해서 외국어로 영어를 학습하는 학생들의 읽기 학습을 위한 구체적인 지도 방향을 제시하고 있다.:

> That is, the instruction of mainly vocabulary and grammar of the target language should be advanced to build up enough knowledge to enable the students to reach the threshold level. The readers, once they reach the threshold level, should be led to concentrate not only on linguistic factors but also on other useful knowledge and experiences such as their good L1 reading strategies

and/or skills, their prior (background) knowledge, language experiences, and so forth, to be used to exert power in enhancing L2 reading ability.(Lee, 1994, p. 76)

읽기 능력이 충분히 발달되어 있지 않은 학습자의 경우에는 언어적 요인에 대한 충분한 학습을 선행함으로써 단어 인식이나 문법 요인의 인식과 같은 외국어 처리 기술의 부족으로 인해 야기되는 인간의 제한된 능력(limited capacity)에 대한 과중한 처리 부담을 덜게 되어 이해와 같은 상위 수준의 처리 기술을 활용할 수 있는 정신적 능력(mental capacity)을 확보할 수 있을 것이고 이는 결국 읽기 자료를 충분히 이해하고 활용할 수 있는 단계에 이르게 될 것이다(Stanovich, 1981; Stanovich & West, 1981).

2. 읽기 전략

읽기의 주목적은 읽은 자료를 이해하고 활용하는 것이다. 읽기 자료에 대한 이해를 높이기 위한 읽기 지도에는 다음과 같은 기능이 포함되어야 한다(Carrasquillo, 1994, pp. 153-154).

1) 읽기에 대한 목적을 세워야 한다.
2) 읽기 자료와 관련된 배경 지식[선험 지식]을 활성화시켜야 한다.
3) 주요 내용에 주의력을 집중해야 한다.
4) 읽기 자료의 내용을 비판적으로 평가해야 한다.
5) 자신이 읽기 자료를 실제적으로 이해하고 있는지를 점검하기 위해서 진행 중인 활동을 감시해야 한다.
6) 다양한 종류의 추론을 해보아야 한다.
7) 자신이 읽은 것을 이해하는데 도움을 주는 읽기 전략을 선택해서 이용해야 한다.

이러한 목적을 효과적으로 달성하기 위해서는 언어에 대한 이해와 함께 읽기 전략을 숙지하고 활용할 필요가 있다. 읽기 전략은 학자들에 따라 약간씩 다르게 정리하고 있다(Brown, 1994; Carrasquillo, 1994; Dubin, Eskey, & Grabe, 1986; Hosenfeld et al., 1981; Krashen & Terrell, 1983; Richards, 1990; Tierney &Pearson, 1985). Krashen & Terrell(1983)은 의사소통을 위한 읽기 전략을 다음의 네 가지로 구분해 놓았다.

1) 의미 파악을 위한 읽기
2) 모든 단어를 찾아보지 않기
3) 의미 추측하기
4) 맥락을 이용하기

이와 같은 전략은 주로 언어 외적인 측면에서 전략을 설명하고 있는 것 같다. 따라서 여기서는 여러 문헌에서 공통적으로 중요하다고 여기며 널리 사용되는 전략을 정리해 보고자 한다.

1) 언어적 요소들을 활용하게 한다. 어휘와 문법의 구조를 분석하거나 대명사나 동족어(cognates)의 지시 내용을 파악하고 문맥상의 실마리를 찾기 위해 담화 표지어(discourse markers)를 활용하게 한다.

2) 배경 지식이나 선험 지식을 활용하게 한다. 읽기의 목적을 우선 생각한 후, 읽기자료의 제목을 보고 내용을 추측해 보며, 이전 자료의 맥락과 연결해서 생각해 보고, 알고 있는 상식에 비추어 보며, 읽고 있는 글의 숨은 뜻을 파악하고, 이해한 것을 의미망 구축하기(semantic mapping) 또는 이야기 망 구축하기(story mapping)로 나타내보게 한다.

3) 추측(guessing)을 활용하게 한다. 모르는 어휘나 구문 또는 내용에 대해 전후 맥락과 기타 다른 지식과 상식을 동원해서 추측을 시도하고, 자신이 한 추측의 타당성에 대해 검증하며, 정확한 추측을 하도록 노력하게 한다.

4) 전략에 대해 숙지하게 한다. 자신의 읽기 전략을 파악하고, 그 전략이 성공적인 것인지 아닌지를 검증하고, 모국어로 읽을 때 사용했던 성공적인 전략을 참고

하며, 특정 읽기 전략에 대한 지도와 병행해서 그 전략에 대한 연습을 시킨다.

읽기를 효과적으로 학습하거나 지도하기 위해 활용될 수 있는 이러한 일반적인 전략들 외에 읽기 단계별로 다른 전략이 사용될 수 있다. 그러한 전략을 다음에 소개해 본다.

<읽기 전 전략>
· 선험 지식 활용
· 주제와 관련된 경험에 대해서 써보기
· 주제에 대한 질문하기
· 의미망 구축하기(semantic mapping)
· 서문을 읽고 내용 예측하기
· 읽기 자료의 구조 파악하기

<읽기 중 전략>
· 모르는 단어는 넘어가기; 맥락에서 추측하기
· 각 단락의 주제 예측하기
· 훑어보기
· 읽으면서 내용에 대해 반응하기
· 읽으면서 마음에 떠오르는 것을 그림으로 그려보기

<읽기 후 전략>
· 글의 체계를 이해하기 위해서 윤곽, 도표, 지도, 도형 등을 만들어 보기
· 작가의 의도에 대해 학습자가 생각한 것 말하기
· 읽기 자료의 내용과 자신의 경험을 연관시키기
· 읽기 자료에 대해 비평해 보기

3. 영어 읽기 지도 원리 및 단계

1) 읽기 지도 원리

영어 학습자들이 효과적인 영어 읽기 수행을 통해 읽기 능력 향상을 도모할 수 있도록 돕기 위해서 교사가 읽기 수업 시 고려해야 할 원리로는 다음의 네 가지를 들 수 있다.

(1) 읽기 기술(reading skills)의 전이

일반적으로 모국어로 읽기를 잘 하는 사람은 모국어 읽기를 통해서 축적된 지식, 기술, 전략 등을 활용하여 영어로 읽기 활동을 할 때 도움을 받을 것이다. 즉, 읽기 기술은 어떤 언어로 된 자료를 접하는가와 상관없이 한 언어로 읽을 때에 습득된 기술이 다른 언어로 읽을 때에 활성화될 수 있고 이는 궁극적으로 읽기 이해에 영향을 미친다. 물론 언어 간의 차이, 독자의 성격과 읽기 습관, 읽는 목적, 읽기 자료 등에 따라 영향의 정도가 달라지는 것은 사실이다. 따라서 읽기 기술을 향상시키기 위해서는 모국어로 읽을 때 사용하던 좋은 기술이나 전략을 최대한 활용할 수 있도록 지도해야 한다.

(2) 동기유발

그러기 위해서는 우선 읽기 기술은 근본적으로 동기유발을 할 수 있는 것이어야 한다. 동기유발을 위해서는 읽는 목적을 파악하고 그러한 목적과 관련된 읽기 자료를 선택한다. 언어 경험 접근방식(Language experience approach)은 동기를 유발시키는 방법으로 잘 알려져 있는데, 이 방식은 읽기 자료를 교사가 선정하지 않고 독자 스스로 선정하거나 만드는 방식이다. 예를 들면, 몇 명의 독자들이 그룹을 지어 이야기를 수집하고 정리해서 자신들의 이야기로 만들고 서로 읽어가며 내용을 보강한 후, 다른 그룹과 바꾸어 보며 각자가 이해한 부분과 그렇지 못한 부분(혹시 있으면)에 대해 의견을 나눈다.

(3) 자료의 진정성(authenticity)

읽기 자료의 진정성에 대해서는 듣기 지도 부분에서 이미 언급한 바 있다. 읽기에서는 듣기에서보다 '단순화된(simplified) 교재'의 활용 가능성이 더 크다. 단순화된 교재는 본래의 교재를 독자의 언어적 수준에 맞추어 편집한 것으로, 읽기 능력의 차이보다는 언어 능력의 차이를 반영하는 교재이다. 그러나 과연 단순화된 교재가 정말로 단순화된 교재인지는 의문이고, 실제로 읽기에 있어서 독자가 겪는 어려움의 대부분이 언어적 수준의 차이에 의한 것인지 아니면 배경 지식과 같은 독자가 이미 갖고 있어야 할 여러 지식의 부족에 의한 것인지를 알아야 한다. 초보자의 경우에서는 '적절하게' 단순화된 교재가 도움이 될 수 있겠지만, 어느 정도의 언어지식을 갖춘 독자의 경우에는 원래의 진정성 있는 자료를 사용하게 하는 것이 살아 있는 실생활의 글을 접할 수 있다는 점에서 바람직하다.

주의 단순화된(simplified) 교재와 단순한(simple) 교재는 구분이 되어야 한다. 단순화된 교재는 언어적 측면에서 원래의 교재를 편집한 것이기 때문에 원래의 진정성 있는 자료와는 구성적인 면이나 자연적인 흐름 등에서 다를 수 있지만, 단순한 교재는 실제 상황에서 만날 수 있는 간단한 광고문에서 보고문이나 산문 등과 같이 자료 자체가 진정성 있다.)

(4) 반응 유도 활동

읽기 자료를 충분히 이해하기 위해서는 위의 항에서 언급한 여러 가지 읽기 전략을 지도하고 숙지하게 하여 활용할 수 있게 해야 한다. 아울러, 여러 가지 전략과 기술을 통해 읽은 내용에 대한 이해를 점검하기 위해, Lund(1990)가 제시한 아홉 가지의 외부적 반응을 유도하는 활동을 수행할 수 있다.

① 행동(doing): TPR에서와 같은 신체적 반응
② 선택(choosing): 그림을 순서에 따라 배열하기나 물건 맞추기 등과 같은 활동
③ 전이(transferring): 들은 대로 그림을 그리거나 그래프를 채우는 등 들은 정보를 다른 유형의 활동으로 전이
④ 대답(answering): 메시지의 특정 정보에 대한 질문에 대답하기
⑤ 축약(condensing): 개요를 정리하거나 받아 적기 등 들은 내용을 간추려 정리함

⑥ 확장(extending): 미완성된 이야기의 결말을 창의적으로 만들어 내거나, 간단한 이야기를 자세하게 내용을 덧붙이는 등 들은 정보를 확대 이용하는 활동
⑦ 복사(duplicating): 들은 영어 문장을 모국어로 해석하거나 말로 반복함
⑧ 모형화(modeling): 식사 주문 등과 같이 들은 내용을 실제로 시연해 봄
⑨ 대화(conversing): 들은 내용에 대해 마주보거나 비디오 프로그램을 사용해서 대화함.

2) 읽기 지도 단계

기존의 읽기 활동은 듣기와 마찬가지로 일정한 체재가 없이 그저 본문을 읽고 그에 해당하는 몇 가지 질문에 답하는 것으로 일관되어 왔다. 그러나 읽기 역시 의사소통을 위한 좀 더 의미 있는 활동으로 여겨지기 위해서는 그 날 읽을 자료에 대한 생각을 나누고 어떻게 읽을 것인지에 대한 지시를 구체적으로 함으로써 실제로 읽기 과업을 수행하는데 도움이 될 것이다. 그런 다음에 체계적인 읽기 자료를 제시하고 그에 합당한 읽기 활동을 부과하여 읽기의 궁극적 목적인 이해에 도움을 주어야 한다. 마지막으로 읽은 것에 대해서 부족한 부분을 보충하고, 의문점을 해결하며, 과제에 대한 해답을 제시하는 등 읽기 단계에서의 활동을 정리하고 다음의 읽기 활동에 대한 아이디어를 얻는 과정으로 구성되어야 할 것이다. 여기서는 그러한 과정을 읽기 전 단계, 읽기 단계, 읽기 후 단계로 나누어 살펴보도록 하겠다 (Chastain, 1988).

(1) 읽기 전 단계

읽기 전 단계에서 제일 먼저 해야 할 일은 읽기 자료에 대한 동기와 흥미를 북돋우는 일이다. 제시할 읽기 자료를 읽어야 하는 이유나 읽음으로써 얻을 수 있는 장점 등을 제시한다. 그러고 나서, 읽을 자료의 제목을 먼저 주고 그에 대해 의견을 개별적으로, 짝으로, 또는 그룹으로 나누게 하거나 또는 미리 제목을 주어서 학습자 개개인이 자신의 경험이나 의견 또는 자료 등을 활용하게 할 수도 있다. 자신이나 그룹의 의견을 다른 학습자나 그룹과 함께 토의할 수도 있다.

그 외에 중요하지만 학습자들에게 낯선 언어적 요인들에 대해 간단한 설명과 함께 예문을 제시하거나 용법을 보여줄 수도 있다. 읽을 자료에 대해서 학습자의 호

기심이나 관심을 충분히 불러일으킨 후, 본격적인 읽기 활동에서 어떠한 과업(예 지도 찾아가기)을 어떻게(예 읽으면서 연필로 본문에 나오는 장소 표시하기) 누구와 함께(예 개별적으로, 짝으로, 또는 그룹으로) 언제까지(예 10분 동안 또는 시간 제한 없이) 수행할 지에 대해 자세하게 설명해 줄 필요가 있다.

(2) 읽기 중 단계

읽기의 목적은 의미를 파악해서 이해하는 것이므로 읽으면서 스스로 질문을 하고 그에 대한 답을 읽어가면서 찾아낼 필요가 있다. 이러한 목적을 달성하기 위해서는 여러 가지 다양한 과업이 읽기 단계에서 활용될 수 있는데, 학습자는 읽은 내용을 충분히 이해한 후 제시된 과업을 수행함으로써 자신이 그 자료를 얼마나 이해하고 있는지를 보일 수 있다. 읽기 자료에는 교재, 신문 기사, 광고문, 엽서, 편지, 메뉴, 서류, 일기, 안내책자, 홍보물 등이 있다.

(3) 읽기 후 단계

읽기 후 단계의 궁극적인 목적은 읽은 자료에 대해 충분히 이해했는지의 여부를 가리는 것이다. 단순하게 교사가 질문을 할 수도 있고, 학습자 스스로 자신이 이해하지 못한 부분에 대해 질문을 할 수도 있으며, 다른 확인 과업(요약하기(summarizing) 그리고/또는 바꾸어 쓰기(paraphrasing) 등)을 부과할 수도 있다. 학습자가 읽기 단계에서 수행한 과업에 대해서는 다음의 세 가지 질문으로 이해여부를 확인할 수 있다.

① 읽은 내용에 대해 어떻게 생각하는가?
② 왜 그렇게 생각하는가?
③ 증명해 보아라.

읽기 후 단계에서 이루어져야할 또 한 가지 중요한 활동은 (간단한) 평가이다. 읽기 이해를 측정하는 데는 규칙 빈칸 채우기 테스트(cloze test)가 자주 사용되며, 주제를 파악하거나, 자신의 의견과 다른 점을 기술하게 하는 등 다양한 방법이 사용될 수 있다.

4. 영어 읽기 지도를 위한 활동 과업

영어 읽기 능력을 향상시키기 위한 여러 가지 이론과 방법에 근거해서 영어 읽기 지도를 실시할 때 사용할 수 있는 다양하고 실제적인 과업 중에서 효과적이고 사용이 수월한 대표적인 몇 가지 과업을 소개하고자 한다. 이러한 과업들은 지도할 내용이나 학습자의 수준 등을 고려해서 변형해서 사용할 수 있다.

1) 훑어 읽기(skimming): 읽기 자료의 주제를 찾기 위해 비교적 빠른 속도로 읽어 내려가는 방법으로 읽은 내용에서 주제가 되는 단어나 문장 또는 단락을 찾아내거나 또는 자신의 말로 주제를 간단하게 표현할 수 있다.

2) 찾아 읽기(scanning): 학습자가 필요로 하는 어휘, 구절, 또는 특정 정보를 읽기자료에서 찾기 위해 비교적 빠른 속도로 텍스트를 읽어 내려가면서 원하는 정보를 수집하는 방법으로, 여러 다양한 자료를 빠르게 검색할 수 있도록 하기 위한 활동이며, 읽기자료를 제시하기 전에 미리 일정한 단어나 정보 등을 제시하고 그에 관련된 항목을 찾게 한다.

3) 단락 나누기: 일반적으로 글은 아이디어 단위로 단락이 나누어져 있는데, 이러한 단락의 구성을 파악하는 능력을 향상시키기 위해 활용할 수 있는 과업으로 우선 교사는 해당된 읽기 자료를 단락의 구분 없이 처음부터 끝까지 단락을 나누지 않은 채 계속 연결된 상태로 정리해서 학습자에게 제시해야 한다. 그러면 학습자는 그 글을 읽어 가면서 글 내용을 구성하는 아이디어가 나누어지는 부분을 찾고 그 부분에 단락 표시를 한다.

4) 단락 순서 정하기: 전체적으로 하나의 글을 이루는 여러 단락을 임의로 섞어서 제시하고 학습자는 그 각각의 단락을 읽으면서 각 단락의 순서를 정하는 활동이다. 초보자의 경우에는 단락 대신 문장을 사용할 수도 있는데, 문장 단위로 순서 정하기 과업을 실시할 경우 말하기와 연계해서 각 학습자 개인에게 할당된 문장을 읽고 외우게 한 후 그 문장을 말하면서 그 문장들의 순서를 정하게 할 수도 있다. 듣기와 연계해서는 하나의 이야기를 구성하는 몇 개의 문장들을 임의의 순서로 들려 준 후 원래의 이야기를 구성하기 위해 그 문장들의 순서를 정하게 할 수 있다.

5) 윤곽잡기(outline): 읽은 내용을 간단한 형태로 정리하는 과업으로, 이야기의 전체적인 흐름을 파악하고 있는지를 점검할 수 있고 필요한 부분에 대해서는 자신의 말로 정리를 해야 하기 때문에 충분한 이해를 필요로 한다. 이 때 해당 글의 대략의 윤곽을 나타내는 표를 제시할 수도 있다.

6) 단락별 주제 찾기: 각 단락마다 그 내용에 알맞은 주제를 찾는 과업으로 간단하게 주제문에 밑줄을 치게 하거나 또는 몇 단어로 표현하게 할 수도 있다. 이 과업을 영어로 수행하게 하면 쓰기와 연계시킬 수 있다. 또한 이 과업은 단락 나누기, 단락 순서 정하기 등의 과업과 연계해서 사용할 수도 있다.

7) 표 또는 그림 완성하기: 일정한 분량의 글을 읽어 가면서 그 글과 관련되는 내용에 대해 해당되는 표나 그림을 채워 넣거나 그리는 활동으로, 시각 자료를 활용함으로써 학습자의 호기심을 유발할 수 있는 유용한 과업이다.

8) 의미망 구축하기(semantic mapping): 읽은 글의 내용에 대한 주제를 중심으로 그 주제와 연결되는 아이디어를 하나의 도형(대개 원)으로 제시하고 그 아이디어를 뒷받침하거나, 반대하는 내용을 여러 종류의 선을 이용하여 열거하고 그에 대한 예가 있으면 다른 도형(대개 사각형)을 사용하여 제시하는 방법이다. 이는 글을 통해 이해한 내용을 학습자 혼자나 또는 그룹으로 함께 정리한다는 면에서 매우 유용하고 자주 사용되는 방법이다.

9) 미완성인 글의 뒷부분 추측하기: 완전한 글에서 결론 부분을 삭제한 글이나 또는 결론 부분이 없거나, 또는 내용이 끝까지 전개되지 않은 글을 읽고 그 글을 학습자의 창의력을 바탕으로 완성하도록 하는 방법이다. 이를 위해 학습자 자신의 생각을 말로 또는 글로 표현해서 그 글을 완성하는 과업으로 창의성, 구성력, 논리력 등이 요구되는 활동 과업이다.

10) 논리적으로 결론 내리기(logical conclusion): 비슷한 내용을 다루고 있는 두 글의 내용을 섞어서(둘 이상의 문장 또는 문단으로 이루어진) 하나의 글로 제시하고, 그 문장 또는 문단이 논리적으로 어떻게 두 개의 다른 글로 배열되어야 하는지를 결정한다. 또는 그 글이 논리적으로 배열될 수 있도록 글의 내용을 조정하거나 배열을 달리할 수도 있다.

11) 제목 달기: 주어진 글을 읽고 그 내용에 부합하는 전체 제목이나 소제목을

달게 하는 과업으로 초보자보다는 읽기 능력이 다소 향상된 학습자에게 유용한 방법이다. 단락별 주제 찾기나 의미망 구축하기, 표나 그림 완성하기 등의 과업과 병행해서 이루어질 수 있는 과업으로 이 과업을 영어로 수행하게 하면 쓰기와 연계시킬 수도 있다.

12) 규칙 빈칸 채우기(cloze): 서론과 결론 부분에 해당하는 한 문장씩을 각각 제외하고 나머지 글에서 단어를 삭제하고 그 단어가 있던 곳을 빈칸으로 남겨 두어 학습자로 하여금 그 빈칸을 채우게 하는 과업으로, 언어 능력 뿐만 아니라 읽기의 전반적인 능력을 향상시키기 위해 사용될 수 있는 과업으로 알려져 있다. 대개 매 다섯 번째 단어에서 열한 번째 단어 사이에서 삭제가 이루어진다. 예를 들어, 매 일곱 번째 단어를 삭제하고 그 자리를 빈칸으로 제시한 후 그 글을 읽고 그 빈칸에 학습자가 정확하다고 생각하는 단어를 채워 넣는 과업이다. 이렇게 단어를 임의로 삭제하는 방식을 '무작위 규칙 빈칸 채우기(random cloze)'라 부른다. 그런데 단어를 이와 같이 임의로 삭제하지 않고 선택적으로 삭제할 수도 있다. 성취도 평가를 위한 경우, 교육 목적에 맞게 특정 품사나, 내용어, 또는 기능어를 삭제할 수 있는데, 이러한 유형의 규칙 빈칸 채우기 활동을 '합리적 규칙 빈칸 채우기(rational cloze)'라고 부른다.

제시된 빈칸에 단어를 채우는 방법은 크게 다섯 가지가 있다.

(1) 빈칸에 학습자가 직접 단어를 써넣는 방법으로 매우 어려운 과업에 속하며 채점 방식에 따라 그 결과가 달라질 수 있다. 채점 방식은 정확한 단어만 정답으로 인정하는 경우와 적절한 단어도 정답으로 인정하는 두 가지 방법이 있다.
(2) 빈칸 밑이나 옆에 선다형 보기를 줌으로써 학습자의 부담을 줄이고 채점도 객관적으로 할 수 있는 방법이 있다.
(3) 빈칸이 포함된 글의 맨 아래에 정답이 될 수 있는 단어들을 한꺼번에 제시하는 방법으로, 이 방법을 사용할 때 주의해야 할 점은 제시되는 단어의 수가 빈 칸의 수보다 많아야 학습자가 마지막 빈 칸을 채울 때까지도 행운이 아닌 자신의 능력에 근거하여 과업을 수행할 수 있다.

(4) 매 두 번째 단어의 일부를 삭제하는 방법으로, 빈 칸 안에 정답이 되는 단어의 일부를 제시한다. 이 방법은 'C-test'라고 불리기도 한다. 주로 단어의 앞부분 반 정도를 제시하지만, 때로는 그 단어의 처음 철자 하나만을 제시할 수도 있다.

(5) 각각의 빈칸 아래에 우리말 해석을 제시함으로써 그 해석과 부합하는 단어를 삽입하게 하는 방법이 있다. 이 방법을 위해 채점 방식 역시 정확한 단어만 정답으로 인정하는 경우와 적절한 단어도 정답으로 인정하는 두 가지 방식이 있다.

13) 삭제 과업(cloze elide): 일정한 글에 내용적으로나 문법적으로 맞지 않는 단어나 구 또는 문장을 삽입한 후 학습자로 하여금 그 글을 읽어 가면서 불필요하게 삽입된 부분을 삭제하게 하는 과업으로, 전체적인 읽기 능력과 언어 능력을 평가할 수 있는 유용한 방법으로 알려져 있지만 초보자에게는 너무 어려운 과업이므로 중간 수준이나 높은 수준의 학습자에게 적용해 볼 수 있는 과업이다. 이 과업의 난이도를 조절하기 위해서 글 전체나 단락별 또는 문장별로 삭제 항목의 수를 제시할 수 있다.

14) 정보전이(transfer) 과업: 준비된 하나의 글을 읽고 학습자는 그 중요한 내용을 모국어 또는 목표어로 적거나, 지도를 따라가거나, 미리 준비된 질문에 답하거나, 또는 완성되지 않은 그림, 차트, 표, 시간표 등을 완성하는 과업으로 표 또는 그림 완성하기를 포함하는 과업이다.

15) 요약하기: 하나의 글이나 단락을 읽고 그 내용을 학습자의 언어 능력 수준에 따라 모국어 또는 목표어로 요약하게 하는 과업으로 쓰기 능력 지도와 병행해서 이루어질 수 있는 과업이다.

이러한 과업은 개별적으로 또한 여러 개씩 연합해서 활용될 수 있다. 이러한 활동을 중심으로 읽기 과업을 전개한 교재들(예 Dobbs & Dobbs, 1992; Fearon, 1995; Smith & Mare, 1993)을 활용하는 것도 교사의 업무를 덜고 체계적인 읽기자료에 접근할 수 있다는 점에서 고려해볼 만하다.

5. 읽기에 대한 선결 과제

일반적으로 학생들의 단어 수준은 놀라울 정도로 상당한 위치에 올라 있으나 높은 단어 수준에도 불구하고 상대적으로 읽기에 대한 이해도는 그리 높지 않다는 것을 알 수 있다.

이러한 현상에 대한 원인을 분석하고, '읽기 학습'의 효과적인 지도 방법에 대한 고찰 및 그 지도 방법에 대한 올바른 평가 방법을 알아보기 위해서, 첫째로는 현재 영어 교육의 문제점과 현재 사용되는 읽기 학습 방법의 실태를 살펴보고, 둘째로는 수정 보완되어야 할 학습 방법들을 간단한 예와 함께 지시하며, 셋째로는 그 학습 방법에 대한 평가 방법을 간단하게 제시하고자 한다.

1) 읽기 능력

개별적으로 보다는 다음의 것들은 통합적으로 이루어져야 하는 것을 기본원칙으로 해야만 한다.

(1) 사실적인 정보를 찾아내는 능력
(2) 글의 흐름이나 시간적 공간적 순위를 이해하는 능력
(3) 주제나 요지를 찾는 능력
(4) 원인과 결과를 파악하는 능력
(5) 비교와 대조를 하는 능력
(6) 추리하는 능력
(7) 결론을 내리는 능력
(8) 글에 나온 등장인물의 성격을 파악하는 능력
(9) 글의 원전을 알아내는 능력

2) 단어의 응용력

상대적으로 높은 단어 수준에도 불구하고 글의 이해도가 그에 미치지 못하는 것은 각 단어들의 개별적인 의미와 음을 연관시켜 가르치는 현 영어 교육의 방식에 의해 문맥 속에서 쓰이는 단어들의 쓰임새에 대한 학습이 부족하기 때문이다. 비

록 학생들이 개별적인 단어들의 의미와 발음은 알고 있다고 하더라도 그것들이 문맥 속에서 어떻게 사용되었는가를 추론할 수 있는 능력이 약하고, 또한 영어를 읽고 말하는 과정 속에서 그것들을 어떻게 사용해야 하는지에 대한 응용력이 약하기 때문에 그들이 지니고 있는 단어의 지식이 거의 활용되지 못하고 있다.

이것은 영어 교육만의 문제점이라기보다는 전반적인 외국어 교육의 문제점을 단적으로 보여주고 있다. 우리가 흔히 외국어 교재를 익어 나갈 때, 단어를 알고 구절을 이해하면 그 문장을 이해할 수 있다는 '밑에서 위로(bottom-up)'라는 방법론에 너무 치중하여, 문맥의 전반적인 흐름을 파악하고 그것의 영향력으로 생소한 단어들과 문법적이고 개별적인 지식들을 유추해 내는 '위에서 아래로(top-down)'라는 학습 방법을 경시하고 있다. 하지만 한 문단 안에서 쓰인 모든 단어들의 의미를 알고 있다고 해도 그 문장을 완전하게 이해할 수 없다는 것은 초·중·고생들에게 사전과 영어로 된 문단 하나를 주었을 때 쉽게 증명이 가능하다. 그러므로 읽기 과정은 단순히 단어의 의미를 입력하여 문장을 해석해 가는 획일적이고 단일한 과정이라기보다는 위의 두 방법론이 함께 상호 작용하여 의미를 생성해 가는 능동적이고, 상당히 복잡한 과정이라 할 수 있다.

3) 읽기 학습의 중요성

'읽기 학습'이 이렇게 복잡한 과정의 성질을 지니고 있음에도 불구하고 쉽게 포기할 수 없는 이유는 언어의 네 가지 기술(읽기, 쓰기, 듣기, 말하기) 중 '읽기'가 가장 중요한 역할을 담당한다고 해도 과언이 아니기 때문이다. 모국어 학습에서나 외국어 학습에서 학생들은 '읽기'를 통해서 좀 더 높은 수준의 지식들을 학습하며, 올바른 '읽기'를 위해서 어떻게 읽는 것이 가장 효과적인가라는 방법들을 학습한다. 이와 같이 읽기는 언어 습득과 지식 습득을 연결해 주는 중요한 역할을 하고 있다.

4) 의미적 지도

예를 들어 조나단 스위프트(Jonathan Swift: 1667-1745)가 쓴 "Gulliver's Travels"를 가르친다고 했을 때, 대부분의 학생들이 이 이야기에 대한 줄거리를 알고 있기 때문에 간단한 새 단어들의 의미만을 확인하고 쉽게 본문으로 들어가는 경향이 있는데, 그것보다는 그들의 배경 지식을 최대로 이용하여 '의미적 지도(semantic map)'를 그려 가면서 새로운 단어들을 의미 있게 연결하고, 다시 한 번 이야기의 전반적인 흐름을 파악하게 한다.

"Gulliver's Travels"를 가르치는 과정에서 의미적 지도를 어떻게 그려 나가는지에 대해 살펴보자. 대부분 교사와 학생들은 "Gulliver's Travels"에 관련된 즉흥적인 단어들을 연결하면서 새로운 단어들을 습득해 간다. 이렇게 의미적으로 연결되어 암기된 단어들은 개별적으로 암기된 단어보다도 오랜 기간 기억에 남을 수 있다. 단어뿐만 아니라 본문에 나오게 될 사건들을 추론해 보면서 전반적인 이야기의 흐름을 얻을 수도 있다. 또한 ship과 rocket의 대조처럼 이야기 당시의 상황에는 여행을 하기 위해 배를 사용했던 것과 지금은 로켓을 사용하여 여행을 할 만큼 최첨단의 시대에 살고 있다는 것을 비교하며, 어떠한 여행이 좀 더 로맨틱한가에 대한 의견들을 교환함으로써 단순히 글을 읽는다기보다는 글을 읽고 비교 분석할 수 있는 사고의 폭까지 넓힐 수도 있다. 비록 학생들 모두가 이야기의 전체적인 줄거리를 알고 있었다고 해도 서양 사람들의 문화에 대한 이해까지 하는 것은 아니기 때문에 의미적 지도를 그리는 과정에서 단어와 관련된 서양 문화적 요소까지도 언급하여 가르칠 수 있다.

5) 다양한 체크 리스트 작성

이러한 준비 학습을 마치고 나서는 학생들이 직접 본문을 읽어가게 되는데, 이때에는 이미 그 본문에 맞게 만들어진 '체크 리스트'와 함께 전체적인 문단의 흐름 속에서 개별적인 정보들을 찾을 수 있도록 유도한다. 전반적인 흐름의 이해도를 높이기 위해서 참/거짓(True/False)으로 가려질 수 있는 유도 질문들을 포함할 수도 있고, 글 속에서 일어나는 사건의 관련성들을 유추할 수 있는 문제들을 포함할 수도 있다. 이와 같은 체크 리스트는 주어진 글의 장르에 따라 다르게 만들어져야 한다. 글의 장르에 따라 전개 방식이 다르고 문체가 다르기 때문에 여러 가지 종류의 장르를 선택하여 장르에 맞게 글의 패턴을 읽어 갈 수 있는 기술을 가르치는 것도 이해도를 높이는 한 가지 방법이라 할 수 있다. 위에서처럼 "Gulliver's Travels"와 같은 문학 작품을 읽을 때에는 사건의 전개, 등장인물의 성격, 특정 단어의 상징적 의미, 은유법 등을 관심 있게 볼 수 있는 리스트를 작성하며, 과학적인 분야와 관련된 기사일 경우에는 원인과 결과, 혹은 장점과 단점 등을 확인할 수 있는 리스트를 만들어 전반적인 글의 흐름을 파악하는 데 도움을 준다. 때로는 단락별로 읽기를 멈추고, 다음에 전개될 이야기의 방향을 추측해 보면서 자신의 추측과 글의 내용이 어떻게 상이하며, 동일한가를 확인해 볼 수도 있다.

6) 토의의 필요성

읽기를 마친 후에는 4지 선다형이나 5지 선다형과 같은 문항들로 글의 부분적인 이해를 평가하는 것도 필요하지만 전반적인 이해도를 측정하기 위해서는 글의 요약이나 글 속의 어떤 인물을 지지하거나 평가할 때 합당한 논리를 펼 수 있는 토의가 필요하다. "Gulliver's Travels"와 같은 경우에는 그러한 토의를 통해서 이 글이 단순히 신나는 여행의 모험담을 그린 동화라기보다는 그 시대의 사회적 모순들에 대한, 혹은 인간들의 하찮은 욕심들로 빚어지는 전쟁에 대한 풍자 소설인 것까지도 알 수 있도록 그들의 시각을 넓혀준다. 또한 읽기라는 것이 단순히 인지적인 행위에 의한 것만이 아니라 감성적인 요소들과 관련되어 있으므로 학생들에게 글에 대한 자신들의 감성적 견해를 발표하게 함으로써 어떤 특정한 답을 요구하는 긴장된 학습 분위기에서 벗어나게 해 준다. 또 다른 방법으로는 글을 읽기 전에 갖고 있었던 선입견과 글을 읽은 후에 갖는 의견들을 비교하고, 다른 유사한 종류의 이야기들도 함께 비교함으로써 개별적인 지식들을 가르치기보다는 삶과 연관성 있는 의미 있는 지식들을 창조할 수 있게 한다.

7) 상황에 맞는 교수법

이렇게 다양한 상호 보완적인 읽기 학습 방법을 도입한다면 그 학습에 대한 평가 방법 및 과정 또한 수정되어야 한다. 보통, 평가를 학습자들의 학습 성취도만을 평가하기 위한 것이라고 생각할 수 있는데 실질적으로 평가는 다양한 기능을 갖고 있다. 학습에 대한 심화 학습의 방법으로도 쓰일 수 있으며 다음 학습을 위한 방향과 목표를 설정하는 데 지침이 될 수도 있다.

그러므로 읽기의 전반적인 과정 속에서 행해지는 활동에 대한 반응이 학습인 동시에 평가의 자료가 될 수 있다. 기존의 평가 방법과 과정에 특히 보완되어야 할 점은 특정 정보의 암기나 기억력을 평가하는 데서 그치기보다는 유추와 추론 혹은 자신의 평가를 지지할 수 있는 논리력 및 창조력을 평가할 수 있는 노력을 필요로 한다. 그러므로 평가의 항목들이 "의문사 형태로 시작되는 질문(Wh... ~?/How ~?")으로 시작되는 질문들도 포함되어야 할 것이다.

결론적으로 영어 학습과 교수 과정 속에서 '읽기'에 대한 지도는 어떤 특정한 방법이 가장 효과적이라고 말하기보다는 특정 상황 - 학생들의 실력, 연령, 성별 및 학습 조건, 목표 -을 고려하여 거기에 맞게 여러 가지 교수 방법들을 적절히 배합하여 학습자들에게 최대의 동기를 부여할 수 있는 교수 방법을 개발하는 것이 가장 좋다. 그에 대한 평가 또한 단순한 기억력을 평가하기보다는 좀 더 높은 단계의 인지적 활동인 유추 능력 및 창조력을 평가하는 것으로 확장되어야 한다. 이것을 위해서는 자신들이 가르치고 있는 교실의 상황에 맞게 지도와 평가 방법을 개발해야 하는 일선 교사 개개인의 끊임없는 연구를 필요로 한다.

6. 읽기 지도의 실제

1) 심미적 읽기와 도출적[원심적] 읽기

일반적으로 학생들에게 독서의 이미지가 '단순히 책을 통해 특정한 지식을 얻기 위한 과정'이라고 굳혀진 것도 무리는 아닌 듯싶다. 보통 중등 학생들의 수업 시간을 들여다보면 교사와 학생들 모두 치열한 입시 전쟁에서 살아남기 위해 교사들은 좀 더 많은 지식을 뽑아내어 전수하려고 하고 학생들은 더 많은 지식을 전수 받으려는 투쟁처럼 보이기 때문이다. 하지만 입시 경향 또한 이미 객관적이고 단편적인 지식을 요구하는 것에서 벗어나 통합적인 사고력을 요구하고 있기 때문에 단순히 입시를 위해서라도 읽기에 대한 기존의 선입견은 무너져야만 한다.

Rosenblatt(1996)는 읽기를 두 가지 형태로 나누어 정의하고 있는데 그 하나는 도출적 읽기(efferent reading: 원심적 읽기)이고, 다른 하나는 심미적 읽기(aesthetic reading)이다. '도출적 읽기'란 학생들이 책으로부터 얻고자 하는 단순한 정보에 중점을 두고 글을 읽는 형태를 일컫는다. 책으로부터 밖으로 도출하는 방식, 다시 말해, 책의 내용을 바탕으로 밖으로 여러 가지 정보를 펼쳐나가는 방식이다. 이러한 도출적 읽기가 바로 학교에서 보편적으로 실행되고 있는 읽기의 형태라고 볼 수 있다. 반면 '심미적 읽기'란 글에 의해 발동되는 감정적인 면과 인지적인 면이 함께 융화되면서 글의 내용들을 자신의 삶 속에 반영하여 새로운 의미를 창출해 내는 읽기의 형태를 일컫는다. 그러므로 학생들은 심미적 읽기를 통해서 글의 전반적인 모습을 총체적으로 볼 수 있으며 더욱이 자신의 삶과 글의 연관성을 찾으려는 학생들의 시도는 그들에게 새롭고 확장된 세계관을 제시해 주는 기회를 제공하기도 한다.

사실상, 읽기 학습의 궁극적인 목적은 이 두 가지 형태의 읽기 중 어느 한 쪽으로 치우치기보다는 둘을 적절히 조화함으로써 글의 흐름을 명확하게 판단하고 그것을 자신의 삶에 연관시켜 글의 의미들을 새롭게 만들어내는 창조력을 길러 주는 것이다. 그럼에도 불구하고 쏟아져 나오는 정보 시대에 살고 있다는 이유 하나만으로 심미적 읽기는 그 모습을 감추어 가고 도출적 읽기만이 주류를 이루고 있다. 그러므로 올바른 교육 목표 하에서 올바른 교수와 학습이 이루어지려면 우선 현재 잘못 설정되어 있는 교육 목표를 재설정하고 우리가 처해 있는 시대적 상황을 분석한 후 상황의 특수성을 이용하여 그 목표에 도달하고자 하는 새로운 시도들이 필요하다고 본다. 이렇게 볼 때 현재 독서의 범위를 침입하고 있는 영화나 비디오 문화 등을 단순히 배척할 것이 아니라 이들을 좀 더 효과적으로 이용하여 학생들이 독서 능력을 기를 수 있는 방법을 모색해야만 할 것이다.

2) 영화를 곁들인 심미적 읽기 활동

읽기 학습의 궁극적인 목표인 조화된 두 형태의 읽기를 위해서는 도출적 읽기보다는 상당한 부분의 심미적 읽기를 보충해야 한다고 했는데, 여기서는 심미적 읽기의 특징들을 살펴보고, 과연 영화나 비디오 상영을 통한 영어 교육이 어떻게 그러한 심미적 읽기를 뒷받침해 줄 수 있는지에 대해 살펴보고자 한다.

첫째, 영화는 심미적 읽기의 중요한 요소인 이미지와 잘 부합된다. 심미적 읽기는 단순히 정보의 추출을 위한 인지적 과정이라기보다는 독자의 감정이나 가치관, 지식 등의 요소들이 관여되어 의미를 만들어 가는 과정을 말한다. 그렇기 때문에 학생들이 갖게 되는 글의 이미지와 감성적 반응 및 그들의 가치관은 글의 의미 해석에 중요한 역할을 차지하고 있다.

학생들에게 어떠한 이야기를 읽게 한 후 그 반응을 조사한 결과를 보면 상당히 자주 영화에서 본 장면들과 영화 배경 등을 비교하면서 영화 속의 이미지를 이용하여 글을 해석해 나간다는 것을 알 수 있다. 이러한 '읽기'에서 독자들이 창출해 내는 이미지와 감성들이 글의 이해와 해석에 상당한 영향을 주게 되는데 만일 단편소설을 영화화한 영화 자료를 '읽기 학습'에 이용한다면 독자의 이미지 창출에 큰 도움을 주게 될 것이다. 실제로 많은 영화들은 소설이나 기타 문학 작품을 영화한 것들이다(예 A novel-turned-into movie).

더구나 외국어 학습에서 외국어는 외국 문화와 상당히 밀접한 관계를 맺고 있기 때문에 외국 문화의 배경적 지식이 없이는 외국어가 사용되는 문맥적인 상황을 정확하게 이해하기가 힘들다. 이럴 때 영화를 통해서 사실적이고도 살아 있는 외국 문화나 역사적 지식들을 소개해 줌으로써 학생들은 좀 더 폭넓고 다양한 이미지를 창출할 수 있게 되며, 이것이 바로 심미적 읽기를 할 수 있는 기본을 만들어 준다. 그러므로 학생들은 단편적이거나 추상적으로만 읽어 내려가던 글을 좀 더 총괄적이고 구체적으로 글 속의 모든 요소들을 상호 연관시켜 이해할 수 있으며, 전체적인 흐름 속에서 그와 관련된 외국어의 숙어 및 단어들을 좀 더 오랜 기간 동안 기억할 수도 있게 된다.

둘째, 심미적 읽기를 위해서는 독자의 흥미가 있어야 한다. 동기 유발이 없이 글의 흐름을 자신의 삶과 연관시켜 이해한다는 것이 불가능하기 때문이다. 그림도 없는 영어책만을 주고 읽기 학습을 시켰을 때와 영화를 상영해 주면서 읽기 학습을 함께 했을 때를 비교 보면, 영화를 통해 영어를 모국어를 사용하는 사회에서 살아가는 외국 배우들의 모습을 보여 주는 것이 독자들에게 더욱 더 많은 동기를 부여하게 되는 것은 당연한 일이다. 이미 언급했던 것처럼 이미 젊은 학생들은 거의 비디오나 영화 문화에 익숙해져 있기 때문에 그 익숙한 환경을 이용하여 영어를 학습시킨다면 영어 학습에 대한 거부감 또한 줄어들 것이다. 하지만 단순한 영화 상영을 통해 소설을 이해하기보다는 영화를 상영했을 때의 느낌과 소설을 읽었을 때의 느낌을 비교 분석한다면 학습에 대한 동기 유발이 쉽고 그것이 곧 심미적 읽기의 요소인 글의 통합적인 이해력을 길러 줄 수 있다.

셋째, 외국어 학습의 문제점으로 지적되는 것이 영어를 말하고 들을 수 있는 상황이 결여되어 있다는 것이다. 그래서 영어에 대한 지식은 충분하다고 하더라도 실질적으로 모국어로 영어를 사용하는 사람들의 대화를 이해하기가 힘들게 된다. 그러나 만일 영화를 이용하면 사실적인 상황 속에서 쓰이는 언어를 제공해 주기 때문에 이러한 문제점을 극복할 수 있다. 소설 속에서 써지는 인물의 심미 묘사가 대부분 영화에서는 사람들의 얼굴 표정, 억양, 배경 음악 및 상황 판단에 의해 총체적으로 보이는데, 이러한 것을 함께 떠올리며 읽으므로 복합적인 의사소통의 요소들을 읽을 수 있는 능력도 기르게 한다.

넷째, 특히 영화를 읽기 학습과 좀 더 관련지어 생각해 본다면 영화를 상영하면서 동시에 영화의 자막을 읽을 수 있기 때문에 읽기 학습에 도움을 주게 된다. 자막을 읽을 때는 읽는 시간과 공간적인 제약으로 속독을 해야 하기 때문에 속독하는 기술도 배우게 된다. 영화에 쓰인 새로운 단어와 숙어들을 들었을 때 자막을 통해서 새로운 단어의 철자법 및 숙어 또한 확인할 수도 있다.

7. 읽기 능력 평가 개발

타당한 영어 읽기 시험 문제 출제를 위해서는 우선 영어 읽기 능력(또는 영어 독해력)에 대한 정의를 바르게 파악할 필요가 있다. 전통적으로 영어 읽기 능력에 대한 논의가 주로 언어 문제(language problem)로서만 인식되어 와서, 영어 독해 시험 문제가 주로 수험자의 문법과 어휘 능력에 바탕을 두고 글의 해석과 번역에 치우친 것도 사실이다. 그러나 지난 수년 동안 영어 읽기에 대해 많은 연구와 논의를 통하여 평가하고자 하는 수험자의 영어 읽기 능력이 단순히 글(written language)로 이루어진 영어에 대한 문제만을 떠나서 다양한 과정과 양상을 지니고 있다는 것을 깨닫게 되었다. 따라서 우리는 타당한 영어 읽기 문항을 개발하기 위해서는 영어 읽기에 관한 다양한 과정과 양상을 파악할 필요가 있으며, 이에 따라 다양한 영어 읽기 시험 문항의 개발도 이루어져야 한다고 본다.

영어 읽기 능력은 학습자(또는 수험자)의 영어 지식(knowledge)의 문제만이 아니라 영어 읽기 기술(skills)이나 전략(strategies)의 문제로 파악될 수 있다. 영어 읽기에 관한 지식으로 우선 어휘력과 문법을 들 수 있으나 이것은 문장 수준의 언어 지식에 불과하여 이제는 문장 위단계의 담화(discourse) 수준의 언어 지식이 필요하여 담화 표지어(discourse marker)의 이해, 원문의 구조(text structure) 파악, 그리고 글의 종류(genre)에 대한 지식도 필요하게 되었다.

영어 읽기 기술에 대해서도 종래에는 단순한 번역과 이해에만 그쳤지만, 이제는 정독(intensive reading)뿐만 아니라 다독(extensive reading)도 요구되고 있으며, 또한 정상적인 읽기 기술뿐만 아니라 빠른 정보파악(scanning), 훑어 읽기(skimming), 그리고 전반적 읽기(global reading)와 같은 기술도 중요시되었다.

영어 읽기 전략도 상향식 과정(bottom-up processing)과 하향식 과정(top-down processing)으로 구별되어 다루어졌으며, 전자의 전략은 주로 초급 단계에서 음성학(phonics)과 같은 음성과 글자와의 관계를 파악하여 읽는 전략을 그 예로 들 수 있으며, 후자의 전략은 주로 중상급단계에서 배경 지식을 바탕으로 한 스키마(schema)의 활용을 들 수 있다. 그러나 전자의 전략도 언어 자료에 의거한(data-driven) 과정이기 때문에 언어자체에 대한 상당한 지식을 요구하고 있고, 후자의 전략이 개념에 의거한(conceptually driven) 과정이기 때문에 결국 상호 보완하는 전략을 유지하는 것이 타당하다고 여겨졌다.

위와 같이 다양한 영어 읽기 양상에 대한 것을 고려하여 볼 때, 영어 읽기 능력에 대한 정의도 영어 독해력(reading power)으로서도 파악될 수 있으며, 또한 독해 숙달도(reading proficiency)로도 파악될 수 있다. 전자 능력에 대한 시험 방법은 주로 정확한 이해력을 파악하는 것으로, 언어지식(knowledge)을 바탕으로 한 이해의 정확성(accuracy)을 위한 것으로 흔히 역량 시험(power test)을 일컫는다. 후자 능력에 대한 시험은 다양한 읽기 기술과 전략의 활용, 전체적 윤곽을 빠르게 파악할 수 있는 영어 읽기의 유창성(fluency)을 포함하는 속도 시험(speed test)의 양상을 지닌다고 할 수 있다.

이러한 영어 읽기 능력과 시험의 여러 개념을 고려하여 지필 고사(paper-and-pencil test)에 맞는 영어 읽기 시험 문항 작성의 실제 예를 들어 보고자한다.

1) 읽기 평가 문항 개발

영어 읽기 시험의 작성은 영어 읽기의 언어 지식에 대한 면을 바탕으로 어휘, 문법성, 문장 수준의 이해에 대한 시험 문항을 예시하되, 더 많은 부분을 본문(text) 수준의 이해로 확대하여 지필 고사의 범위 내에서 실제 시험 문항의 예를 나열할 필요가 있다.

(1) 어휘 능력 시험

- 문장에서 단어 의미 추론하기

(문항 1) 다음 밑줄 친 부분과 의미가 가장 가까운 것을 고르시오.

By the first century A.D., Roman glass makers had succeeded in making <u>relatively</u> clear, transparent sheets of glass.

① essentially ② comparatively ③ amazingly ④ relevantly ⑤ functionally

- 사전의 뜻풀이 고르기

(문항 2) 아래에 주어진 사전 뜻풀이 가운데 본문의 밑줄 친 단어 book의 의미와 가장 일치하는 것을 고르시오.

A new restaurant with a difference has opened in the Park Street next door to the High Park. It is called 'L & C' and is run by Lee and Chris who opened a similar restaurant in Seoul. The restaurant is becoming very popular, so it's good to <u>book</u> a table to avoid waiting.

book [buk] vt. 1. to enter the name of someone in a book for breaking the rules of a game: The football referee booked him for his foul play. 2. to reserve or make a reservation for something: I'd like to book a flight to London. 3. to engage for one or more performances: A child fund-raising organization booked Michael Jackson to play a concert for hungry children. 4. to enter an official charge against someone on a police register: The police booked me for speeding. 5. to act as a bookmaker for a bet: The New York syndicate books 10 million dollars a year in bets.

① 1 ② 2 ③ 3 ④ 4 ⑤ 5

- 문장에 알맞은 단어를 골라 고쳐 쓰기

(문항 3) 다음 괄호 안에 있는 단어를 골라 밑줄 친 곳에 알맞게 고쳐 쓰시오.

By traveling, reading and studying, the scholar devoted all his time to the ______________ of knowledge.

(acquire, vary, restore, cease)

(2) 문법성 파악 시험

- 문장수준의 문법 시험

(문항 4) 다음 밑줄 친 부분이 어법상으로 틀린 것은?

Baroque ① has been the term ② using by art ③ historians for almost a century ④ to designate the dominant style of ⑤ the period 1600-1750.

- 본문에서의 문법시험

(문항 5) 다음 밑줄 친 부분이 어법상으로 틀린 것은?

Plutarch, an ancient Greek author, wrote delightful stories about ① the lives of some of the Greeks and Romans. His personal experience with ② the illustrious people of his time, ③ coupled with the legends about these people, made Plutarch' s tale ④ both interested and entertained. Although Plutarch gave us a good picture of life during the Golden Age of Greece and Rome, his stories cannot be ⑤ accepted as authentic history.

- 글의 흐름으로 문법성 파악

(문항 6) 다음 글의 흐름으로 보아 어법상으로 적절하지 않은 것은?

① One day a ship hit a swimmer on the ocean. ② The captain argued that the careless swimmer was to blame for the accident. ③ It was difficult to determine exactly where the accident had taken place. ④ Many witnesses insisted that the accident should take place near the harbor. ⑤ So, the captain was held responsible for the accident.
(이 문항은 실제로 대학수학능력 시험에 출제된 문항으로, 각 문장들은 고립된 상태에서는 문법적으로 틀린 문장은 없으나 위와 같이 주어진 문맥에서는 의미상으로 틀린 문장을 고른 것임.)

(3) 문장 이해 시험

- 그림과 문장의 연결

(문항 7) 다음 그림을 보고 맞는 문장을 고르시오.

Jenny가 Peter에게 공을 던지는 그림

① Jenny is throwing the ball to Peter.
② Peter is kicking the ball to Jenny.
③ Peter is throwing the ball to Jenny.
④ Jenny is kicking the ball to Peter.

- 그림에 맞는 문장 고르기

(문항 8) 다음 그림을 보고 일치하는 문장을 고르시오.

개가 방바닥에 자고 있음; 두 소년이 TV를 보고 있음; 아기가 장난감차를 가지고 놀고 있음; 책이 테이블 밑 방바닥에 놓여 있음: 여자가 책을 주우려 함

① The dog on the sofa is asleep.
② The baby is playing with the dog.
③ The television set is behind the woman.
④ The two boys are reading their books.
⑤ The woman is going to pick up a book.
⑥ The book is on the floor.

- 진위형 문제

(문항 9) 다음 문장이 맞으면 'T'를 표시하고, 틀리면 'F'를 표시하시오.

① The sun rises in the west.
② Fish can't fly, but birds can.
③ England is as large as America.
④ When ice melts, it turns into water.

(4) 본문 독해력

- 글의 목적, 분위기, 주인공(또는 저자)의 심경 파악

(문항 10) 다음 글의 목적으로 가장 적절한 것은?

David Newell, president of Hartley Corporation, will come this week to speak to local business people about ways to promote joint venture business. On November 20, Newell will appear as a special guest speaker at the Second International Business Conference to be held at Grand Conference Center. He will give a one-hour lecture on the topic "Knowing More About International Joint Venture Business" in Rose Hall of the conference center at 08: 00 - 09: 00 pm. A thirty-minute question and answer session will follow. For further inquiry, please call 2345-6789. [89 단어]

① announcement ② inquiry ③ apology ④ complaint ⑤ promotion

- 글의 요약

(문항 11) 다음 글을 한 문장으로 요약하고자 한다. 빈칸에 가장 적절한 것은?

Suppose I tell you that two friends of mine are sitting in my room. One is 165 cm tall and the other is 175 cm tall. What would be your best guess as to each one's sex? I expect you felt fairly confident in assuming that my friend 165 cm tall was female while the other 175 cm tall friend was male. You could have been wrong, but experience tells you that men tend to be taller than women. Of course, you recognize that many women are taller than many men. Nevertheless, you feel fairly confident about generalizing from the particular men and women you have known to men and women as a whole.

It is likely that many of your day-to-day assumptions and decisions depend on ____________.

① height ② collection ③ friendship ④ gender ⑤ experience

주의 다른 유형으로 본문을 기존의 속담으로 요약하는 방법이 있다.

- 연결사 문제

(문항 12) 글의 흐름으로 보아 빈칸 A와 B에 가장 적절한 단어를 고르시오.

Most people take communication for granted. When they speak or listen to others, they assume that the message given or received is being understood. (A), most messages are distorted, incomplete, or lost on their way from one person to another. It is estimated that eighty percent of a message gets distorted or lost as it travels through an organization. (B), it is important to understand something about the process of communication.

	A	B
①	Therefore	However
②	Moreover	However
③	However	Therefore
④	Moreover	Finally

- 지시어 파악

(문항 13) 다음 글을 읽고, 밑줄 친 it이 의미하는 것을 고르시오.

> Human behavior researchers no longer talk about motivation in terms of reward and punishment; rather, they now view it as a drive to satisfy needs. Most employees tend to work best when they feel the organization is meeting their needs for growth and development. As a result, it is likely to be high where employees and managers support and influence one another in positive ways.

① organization
② growth
③ behavior
④ motivation

- 본문의 내용과 일치하는(또는 일치하지 않는) 것 파악

(문항 14) 다음 글에서 "I" 에 관한 설명으로 가장 적절한 것은?

> I was in such a hurry that I only said a quick goodbye to my family. Then I set out to walk the few miles into town for the London coach. As I left the peacefully sleeping village, the fog over the lake was rising, to show me the great unknown world I was entering. Suddenly I realized what I was leaving behind—my childhood, my home, and my friends. Whenever the horses were changed on the journey, I wondered with an aching heart whether to get down and go back to say goodbye properly. But the mist had completely risen now, and my new world lay ahead of me.

① 런던을 떠나 여행 중이다.
② 가족을 만나러 가는 중이다.
③ 고향을 떠나 타향으로 가고 있다.
④ 마차를 타고 편안하게 잠이 들었다.
⑤ 런던 생활을 회상하는 중이다.

- 추론(본문을 읽고 부족한 정보 채우기)

(문항 15) 다음 글을 읽고, 빈칸에 가장 적절한 것을 고르시오.

> What characterizes medieval in contrast to modern society is its lack of ________________. Everybody in the earlier period was chained to his role in the social order. A man had little chance to move socially from one class to another. He was hardly able to move even geographically from one town or from one country to another. With few exceptions he had to stay where he was born. He was often not even free to dress as he pleased or to eat what he liked.

① scientific knowledge ② information technology ③ natural resources
④ economic welfare ⑤ individual freedom

- 글의 흐름 문제

(문항 16) 글의 흐름으로 보아, 주어진 문장이 들어가기에 가장 적절한 곳은?

> Such a difference break stones and rocks into pieces.

Temperatures in the desert are very high during the day. (①) At night, however, they are very low. (②) There can be a difference of 50° C between the two. (③) The pieces of stones and rocks are blown away by the wind. (④) This action of the wind stops soil from forming. (⑤) As a result, many plants cannot grow in the desert.

(문항 17) 다음 글에서 전체 흐름과 관계 없는 문장은?

Samples are made up of individuals. ① In fact, it has something to do with political reform. ② The individuals in a particular sample may be humans, animals, light-bulbs, months of the year, potato-fields, or whatever. ③ All members of the sample will share some common attribute or characteristics we are interested in: color, sex, weight, price, length, etc. ④ Furthermore, each individual member of the sample will differ from one or more of the others on this characteristic. ⑤ Some will be one color, some another; some will be male, others female; some will be lighter, others heavier; etc.

(문항 18) 다음 글 바로 뒤에 올 수 있는 내용으로 가장 적절한 것은?

> In late-eighteenth-century England, the population explosion and the technology explosion were occurring in the same society, and interacted with each other in useful ways. The increased population stimulated demand for food, and encouraged investment in agriculture. Industrialization increased national wealth, and that in turn led to increased purchases of textiles, kitchen goods, foodstuffs. Thus, increased demand was met by enhanced supply. In today's world, however, there is no longer such an overlap.

① 영국의 산업혁명
② 19세기 영국의 농업
③ 현대사회의 문화와 편견
④ 중세시대의 산업과 종교
⑤ 현대의 인구증가와 기술향상

- 주제나 제목 고르기

(문항 19) 다음 글의 제목으로 가장 적절한 것은?

> Learning to handle anger can be hard. First, you must find out what makes you angry at any given moment. The technique for dealing with the emotion

centers on slowing down and getting a perspective on your feelings. It will probably involve some kind of relaxing and careful thinking. Whatever the root causes of anger, we as individuals have to take responsibility for it if it is a feature of our behavior. It is worthwhile, therefore, finding out the pattern of our anger and keeping a diary. In this way you can avoid the damage anger can cause to your life.

① Defining Anger
② Managing Anger
③ Causes of Anger
④ Patterns of Anger
⑤ Damage of Anger

(5) 종합적 영어 읽기 시험

① 본문의 주제와 일치내용 고르기(일지문 다문항 유형)

(문항 20) 다음 글을 읽고 물음에 답하시오.

Criminals were once considered sinners who chose to offend against the laws of God and man. Modern social scientists, however, regard society itself as in large part responsible for the crimes committed against it. Poverty, poor living conditions, and inadequate education are all causes of crime. Crime is fundamentally the result of society's failure to provide a decent life for all the people. It is especially common in times when values are changing, as after a war, or in countries where people with different backgrounds and values are thrown together, as in the United States. Crimes, generally speaking, are fewer in countries where there is a settled way of life and a traditional respect for law.

1. 윗글의 주제로 가장 적절한 것을 고르시오.

① Crime is less common when values are changing.

② Society is largely responsible for crime.
③ Criminals should be religiously condemned.
④ Crime is the result of poverty.

2. 범죄 예방을 위한 필자의 주장으로 가장 적절한 것을 고르시오.

① Society should segregate the poor.
② Society should give more power to the police.
③ Society should provide a decent way of life for everyone.
④ Society should provide stiffer penalties for criminals.

- C-test

다음과 같이 본문을 골라서, 첫 문장을 그대로 두고 둘째 문장부터 각 짝 수 번째의 단어 중 절반 수의 철자를 삭제하여 수험자로 하여금 삭제된 철자를 채우게 하는 시험이다(만약 단어의 철자 수가 홀수일 때는 단어의 절반 및 한 개의 철자를 삭제할 것). 이러한 시험은 주로 초급 단계에서 학생들의 독해력과 문법성 및 어휘력을 동시에 측정할 수 있다.

There are usually five men in the crew of a fire engine. One o___ them dri___ the eng___. The lea___ sits bes___ the dri___. The ot___ firemen s___ inside t___ cab o___ the fi___ engine. T___ leader h___ usually be___ in t___ Fire Ser___ for ma___ years. H___ will kn___ how t___ fight diff___ sorts o___ fires. S___, when t___ firemen arr___ at a fire, it is always the leader who decides how to fight a fire. He tells each fireman what to do. (Hughes 1989: 71)

- 빈칸 메우기 시험 (cloze test)

상당한 길이의 원문을 골라 빈칸을 설정한 후 수험자로 하여금 빈칸에 알맞은 단어를 채우게 하는 시험이다. 이때 빈칸은 규칙적으로 만들거나 또는 선별적으로 만들 수 있으며, 빈칸에 들어가는 단어도 명사나 동사와 같은 내용어(content word)뿐만 아니라 전치사와 관사와 같은 문법적인 단어인 기능어(function word)도 사용될 수 있어서 수험자의 독해능력 뿐만 아니라 문법성까지 측정할 수 있는 통합적인 시험으로 일컬어지기도 한다. 물론 이 시험도 각 빈칸에 대해 오지선다형의 답지를 주어 수험자로 하여금 고르게 하는 객관식 시험 문항도 가능하다.

- 논쟁이나 토론의 논지 이해하기

두 파트로 나누어진 토론을 이해하고 양쪽 부분의 논지를 각각 이해하고 질문에 답하는 유형이다.

- 도표나 그래프를 이용한 시험

영어 읽기 시험이 대부분 글로 된 문항으로 이루어지고 있으나, 한편 도표나 그래프를 이용하여 영어 읽기 시험 문항도 개발하여 비산문(non-text)에 관한 이해를 측정하는 것도 바람직하다.

- 의미 지도(meaning map) 또는 원문 조직(text organization)

상당한 양의 원문을 주고 원문의 전반적인 내용이나 전개 과정에 대한 도표를 예시하여 놓고, 수험자로 하여금 주어진 도표에 알맞은 단어나 표현을 써넣게 하는 시험이다.

Alderson(1984)에 의하면 영어 읽기의 문제는 언어 문제(language problem)와 동시에 읽기 문제(reading problem)라 하였다. 따라서 효율적인 영어 읽기 학습이나 평가는 학습자의 영어에 관한 문제뿐만 아니라 학습자의 읽기 과정에 대한 문제에도 관심을 가져야 함을 알 수 있다. 그러나 종래의 영어 읽기 시험은 주로 언어문제에 국한되어 왔던 것도 사실이며, 특히 지필고사의 형태에서는 수험자의 읽기과정을 바르게 반영하여 측정할 수 없었던 것도 현실이었다. 그러나 이러한 관행에서도 우리는 영어 읽기 시험 문항을 개발할 때 영어 읽기의 언어 문제뿐만 아니라, 수험자의 영어를 통한 읽기로서의 문제를 포괄할 수 있는 안목도 지녀야 한다고 본다.

제4장 말하기 지도 적용

1. 말하기 학습에 대한 올바른 인식

한국에서의 영어 교육 상황은 그 환경이나 학습 목표에 영어가 모국어로 사용되는 미국이나 영국 등지에서 영어를 배우는 상황과는 판이하게 구별된다. 즉, 한국에서는 영어를 '외국어(English as a Foreign Language)'로서 배우기 때문에 영어 사용 국가에서 영어를 '제2언어(English as a Second Language)'로 배우는 경우와는 그 언어 · 문화 · 사회적 맥락이 완전히 다르다고 볼 수 있다.

언어 습득 환경을 볼 때 전자의 경우 목표 언어의 실제 사용 기회가 크게 제한되어 있기 때문에 학습자가 교실 밖에서 습득 자료(language input)를 지속적으로 받아들일 수가 없다. 이러한 이유에서 우리나라의 영어 교육 현장에선 말하기 학습과 함께 교실 안팎에서 학생들 스스로 꾸준한 읽기 및 듣기 학습을 통해 제한된 범위 내에서나마 영어 습득 자료를 지속적으로 받아들이도록 해 주는 것이 중요할 듯싶다. 특히 듣기 연습이 교실 밖에서도 병행될 수 있다면 매우 이상적이겠지만, 현실적으로 학습 동기(motivation) 유발성이 높은 읽기 학습을 말하기 학습과 함께 지속적으로 병행하여 학습자로 하여금 다양한 장르의 읽기 자료와 접하게 하는 것이 효율적일 수 있을 것이다. 학습 환경뿐 아니라 학습 목표에 있어서도 한국에서 영어를 외국어로 배우는 목적이 영어 사용 국가에서 생존[생활] 영어(survival English)를 배우는 등의 목적과는 다를 것이기 때문에, 말하기 이외의 언어 능력 학습의 보완적 역할이 더욱 중요하다고 하겠다.

실제로 영어와 함께 인도·유럽어에 속하고 문화적으로 공유 범위가 넓은 언어(예를 들어, 독어나 불어 등)를 모국어로 하는 영어 학습자의 경우 한국어를 모국어로 하는 영어 학습자보다 영어 습득이 상대적으로 수월하다는 것은 잘 알려진 사실이다. 모국어와 목표 언어 간의 구조적 차이가 외국어 습득에 미치는 영향은 이미 오래 전에 구조주의 학자들이 대조 분석(Contrastive analysis)의 토대 위에서 제시한 바 있지만, 요즘 들어 언어 구조 자체의 차원에서뿐만 아니라 사회 문화적 규범(socio-cultural norms) 및 상호 교류적 반응 유형(interactional patterns) 등의 차이를 고려하는 방향으로 다시 새롭게 대두되고 있다. 이러한 면에서 영어 말하기 학습에서 한국어의 방해(interference) 요인을 다각적으로 파악하고, 구미 등 영어 사용권에서의 영어 교육 방법과는 구별되는, 한국적 상황에 적합한 외국어로서의 영어 교육 방법론을 개발해 나가는 것이 중요할 것이다. 위에서도 지적한 바와 같이, 언어 습득 자료(language input)를 지속적으로 받아들이는 기회를 갖는 것이 한국어와는 여러 가지 측면에서 이질적인 영어를 습득하는 과정에서의 모국어 방해(interference) 요소를 줄이는 데 효과가 있으리라는 생각이 든다.

2. 의사소통 중심의 효과적인 말하기 지도 방안

현 외국어 교육과정의 기본적인 방향은 의사소통 능력의 신장, 활동과 과업 중심의 영어 교육, 논리적 사고력과 창의력을 기를 수 있는 영어 교육 등을 들 수 있다. 이는 영어 교과는 단순히 의사소통만을 위한 것이 아니라 학습자의 창의력, 사고력 등과 같은 고등 정신 기능의 향상을 위한 수업이 주가 되어야 함을 의미한다. 또한 의사소통 중심 교수법, 과업 중심 교수법과 함께 총체적인 언어 교수법의 영향으로 실생활에서 사용 가능한 영어 지도와 더불어 듣기, 읽기 및 쓰기와 같은 다른 언어 기능과의 통합적인 지도도 필요하다. 예를 들어, 현 교육과정에 제시된 "일반적인 주제에 관한 친숙한 내용의 말을 듣고 자신의 경험과 연결시켜 말한다."는 성취기준은 듣기와 말하기를 연계하는 것으로서 학습자의 경험과 연결시켜 말하도록 하기 위해서 제시되는 말하기 자료는 학습자들이 직접적으로 흥미와 관심을 느낄 수 있는 것(local flavor)을 바탕으로 하여야 한다.

1) 중등학교에서의 말하기 지도 방안

중등학교에서 영어 말하기 자료의 내용은 실제적이고(authentic) 의미 있는 (meaningful) 내용으로 가능하면 학습자의 생활과 관심을 많이 반영하고 있어야 한다. 학습자의 일상생활과 관련이 있으면 학습에 동기가 부여되어 의미 있는 학습이 이루어질 수 있기 때문이다. Rost(2002)에 의하면 의미 있는 언어 입력 (meaningful input)이란 학습자의 필요와 흥미에 적합하고 이해 가능한 입력이어야 하며 영어 원어민의 기준(norms)에 적절한 언어이어야 한다. 따라서 이 시기의 학습자들의 관심과 흥미를 끌만한 화제로는 소지품, 운동, 취미, 대중 매체, 오락, 교우 관계 등에 관한 내용을 들 수 있다. 또한 교육과정에 제시되어 있는 말하기 성취기준 중의 하나인 "친숙한 내용의 말을 듣고 자신의 경험과 연결시켜 말하는 것"은 들은 내용을 그대로 말하는 것이 아니라, "들은 내용을 바탕으로 창의적인 언어 사용을 해야 함"을 의미한다. 즉, 학생들은 자유롭게 자신의 경험과 결부시켜 이야기할 수 있는데, 교사는 이 때 전반적이 오류만 수정해 주고 의사소통 및 의미 이해에 지장을 주지 않는 사소한 오류는 지적하지 않음으로써 학생들이 안심하고 이야기 할 수 있도록 우호적인 분위기로 학생들의 발화를 격려해 주도록 한다.

말하기 교실에서 정확성에 바탕을 준 활동을 좀 더 의미 있게 만들기 위해서는 첫째, 언어적인 형태와 의사소통 기능을 연결하는 것인 데, 예를 들어 특정 언어 형태가 사용되는 실제적인 맥락을 제공하는 것이다(예 동사의 현재 시제[현재 진행형]를 가르치기 위하여 교사가 창문으로 가면서 "I'm going to the window."라고 말하는 것). 둘째, 학습자들이 자신의 생각, 느낌, 좋아하는 것, 의견 등을 자유롭게 말하도록 분위기를 조성하는 것을 들 수 있다. 셋째, 사회적 상황이나 맥락에서의 언어 사용 연습의 기회를 제공하는 것이다. 마지막으로 영어로 말하는 것에 대한 자신감 형성이 영어 수업에서 고려되어야 하는 사항이다(Hedge, 2000). Omaggio & Hadley(2001)는 창의적인 말하기 연습 활동으로 다음을 들고 있다.:

(1) 유창성을 신장하기 위한 활동으로 생각 짜내기(brainstorming) 활동을 들 수 있는 데, 가령 유명 연예인이나 정치인, 사업가 등이 교실에 방문한다고 가정한 후 이들에게 할 질문을 소그룹별로 자유 연상 활동(free

association)을 통하여 할 수 있는 한 많이 만들어 내는 활동을 할 수 있다.

(2) 융통성(flexibility)을 신장하기 위한 활동으로 짤막한 길이의 이야기를 영어로 듣거나 읽은 후 원래 이야기를 바꾸어 다시 말하는 활동(retelling)을 할 수 있는 데 구체적으로는 세부 사항을 첨가하기, 원래 이야기의 시작, 배경, 등장인물이나 결말을 바꾸어 말하기, 관점을 바꾸어 말하기 등을 할 수 있다.

(3) 정교화(elaboration)를 위한 활동으로 학습자 자신들이 한 작문을 토대로 세부 사항을 좀 더 부연 설명하거나 구체적인 사항을 몇 개 더 첨가하여 말하기 활동을 할 수 있다.

(4) 독창성(originality)을 기르기 위한 활동으로 주어진 단어 목록으로 이야기 만들기, 서로 관련이 없어 보이는 일련의 그림이나 물건을 보고 이야기 만들기 등을 할 수 있다.

말하기 수업에서도 듣기나 읽기 수업에서처럼 단계를 나누어 체계적으로 지도할 수 있는데, 다음 단계들의 활동은 Byrne(1976)이 제시한 3단계의 말하기 지도 방법((3P 지도: Presentation(제시)-Practice(연습)-Production(발화)을 우리나라 교육 현장 및 학습자 중심의 교육과정에 맞게 약간의 수정을 가한 것이다(<그림 1>).

말하기 수업에서도 듣기나 읽기 수업에서와 마찬가지로 말하기 지도의 전 단계(whole steps)에 걸쳐 학습자의 흥미를 고려해야 하고 뚜렷한 목적을 인식시키도록 해야 하며 편안한 분위기에서 말할 수 있도록 분위기를 조성하는 것이 필요하다. 특히 주의할 점은 말하기의 첫 번째 단계인 제시(presentation)단계에서 너무 문법이나 어휘 학습에 치우치지 않도록 한다는 것인데 문법이나 어휘는 발화 단계에서 심화 학습을 통하여 다시 다루어 질 수 있기 때문이다. 또한 말하기 지도의 3단계는 고정된 순서를 나타내는 것이 아니므로 교사는 이 단계들을 그대로 지켜서 지도할 수도 있지만 상황이나 학습자의 흥미, 수준 및 교과 목표에 따라 마지막 단계인 창의적인 발화의 단계를 먼저 제시할 수도 있다. 이는 과업 중심 학습의 토대가 되는 학습 형태와 유사한 것이다.

제시 단계(Presentation)

- 말하기 활동의 목적 부각
- 학습자 관심 유도 및 흥미 유발
- 대화의 주제와 관련된 글 읽기나 대화 듣기
- 유사한 상황에서 어휘 및 언어 형태 제시

⬇

연습 단계(Practice)

- 발화의 정확성과 유창성을 균형 있게 유지
- 의미 있는 상황에서의 연습
- 짝 활동을 포함한 간단한 과업 수행 (직소 과업, 추측 활동, 순위매 기기, 미니역할극, 정보차, 의견차 활동 등)

⬇

발화 단계(Production)

- 역할극, 시뮬레이션 활동
- 의미 있는 상황에서의 창의적인 대화 수행
- 형태 집중(Focus on form)을 위한 활동 (가설 설정 및 시험, 언어 패 턴 탐구 등)

<그림 1> 3P 지도 방법에 따른 구체적인 목표 및 활동

위에 제시한 3P 접근법에 근거한 말하기 지도 방안 이외에 의사소통중심 접근법의 한 맥락에서 과업 중심 접근법(task-based learning)이 최근 관심을 끌고 있는 데 여기에서는 Willis(1996)를 바탕으로 한 과업 중심 접근법의 핵심 내용을 살펴봄으로써 우리나라 중등학교에서의 시사점을 고찰해보기로 한다. Willis(1996)는 과업을 "특정하고 관찰 가능한 결과물을 포함하는 목적 지향적인 의사소통 활동"으로 정의하고 있다. 여기서 결과물은 도표 만들기, 그림 그리기, 지도에 표시하기 등과 같이 눈에 보이는 결과물을 만들어 내는 것을 의미한다. 과업 수행에서 중요한 것은 특정한 언어 형태를 기계적으로 발화하는 것이 아니라 언어를 사용하여 의미를 협의(negotiating)하는 것이다.

교사는 학습자에게 관심과 흥미를 반영하는 다양한 과업을 제공하여 학습자의 동기를 유발할 필요가 있는 데 과업을 선정할 때에는 학습자들의 흥미이외에도 학습자의 인지적인 수준, 언어 수준, 과업의 난이도 등을 고려하여 적절히 도전적인

(challenging) 과업을 제공하여 학습자들로 하여금 발화 압력(pushed output)의 기회를 제공하는 것이 바람직하다. 즉, 과업 중심 교실에서는 이해 가능한 입력이외에 학습자들에게 과업의 성공적인 수행을 위하여 알아들을 수 있는 발화를 하도록 권장한다. 과업 중심 학습 접근법은 학습자들의 교실 밖에서 수행하여야 하는 의사소통적인 과업을 중심으로 교수요목을 조직한다. 과업 중심 학습은 제7차 개정 교육과정과 그 이후 교육과정의 근간을 이루는 접근법으로서 교육과정에서는 다양한 과업 중심의 학습을 권장하고 있다.

Willis(1996)가 제안하고 있는 과업 중심 학습의 주요 내용을 살펴보면 다음과 같다. 언뜻 보기에 과업 중심학습은 앞서 제시한 3P 지도 방법을 거꾸로 놓은 것 같은 인상을 주는 데 과업 중심 학습 역시 듣기나 읽기 수업에서와 마찬가지로 과업 전(pre-task), 과업(task cycle), 언어에 초점(language focus) 두는 단계를 포함하여 총 3 단계로 이루어져 있다. 과업 중심 접근법의 첫 번째 단계인 과업 전 단계에서는 주제와 과업의 내용 및 성격을 소개한다. 두 번째 단계인 과업 수행 단계는 다시 과업(task), 발표 계획(planning), 발표(report)의 세부 단계로 나뉘는 데 교사는 이 단계에서 학습자들이 과업 수행한 것을 발표하는 데 필요한 언어에 관하여 조언자로서의 역할을 하고 발표의 진행을 원활하게 하는 사회자의 역할을 담당한다. 마지막 단계인 언어에 초점을 두는 단계(language focus)에서는 학습자들이 과업을 수행하면서 어려워했던 언어 형태에 대한 집중적인 분석(암시적 방법을 사용)과 연습을 시행한다. 즉, 과업 중심 학습의 마지막 단계인 언어에 초점을 두는 단계에서 과업 수행에서 접하였던 언어 형태나 어휘들 중 어려운 부분을 학습하게 된다. 언어 형태에 대한 학습은 규칙을 먼저 알려주기보다는 다양한 예를 제시함으로써 학생 스스로 규칙을 터득하게 하는 귀납적인 방법을 사용하여 자기 발전 학습이 가능하도록 한다. 다시 말해 학습자들이 배워야 하는 언어 형태가 수업 전에 교사에 의해 선정되고 소개되는 것이 아니라 과업 수행을 통하여 학습자들이 실제로 사용에 어려움을 겪었던 표현이나 형태가 학습의 대상이 되므로 진정한 의미의 학습자 중심 수업이 될 수 있는 것이다.

과업 중심 학습과 관련하여 Willis(1996)는 성공적인 외국어 학습의 조건으로서 필수적인 조건과 바람직한 조건을 나누고 있다. 외국어 학습의 필수적인 조건으로는 실제적으로 사용되는 이해 가능한 구술 언어와 문자 언어에 충분히 노출되는 것, 의사소통 목적을 위한 언어의 사용, 외국어 학습에 대한 동기감 형성을 들 수 있으며 언어 형태에 초점을 두는 언어에 대한 교수(instruction)는 바람직한 조건이다. 이러한 성공적인 외국어 학습의 조건을 충족시켜주는 것이 바로 과업 중심 학습인데 과업 중심 학습은 우리나라의 교육과정과도 밀접한 관련이 있다.

3. 과업 중심 접근법에 기초한 영어 말하기 지도 전략

최근 들어 영어 학습에 대한 열풍은 초, 중, 고등학생은 물론 유치원 심지어는 유아들에게까지 불어 닥치고 있는 실정이다. 그러나 아무리 어린 나이에 학생들에게 영어를 가르친다고 해도 우수한 영어 구사력과 지도력을 갖춘 훌륭한 교사 없이는 의사소통능력의 함양이라는 소기의 목적을 달성하기가 쉽지 않다. 즉, 영어교육의 질은 영어교사의 질을 뛰어 넘을 수 없다는 것은 잘 알려진 사실이다. 따라서 영어 교수, 학습에 대한 지식과 그 지식을 실제 상황에 맞게 적절히 적용시킬 수 있는 능력과 충분한 영어 구사 능력을 갖춘 영어 교사의 양성은 성공적인 영어 교육의 선행 조건이라 할 수 있다. Zahorik(1986)은 가르친다는 것을 과학, 기술, 기교(craft) 또는 예술로 규정하고 있다. 1980년대 초반 의사소통 중심 교수법에 의하면 영어 교사는 영어 교실에서 의사소통 및 과업 수행의 촉진자, 요구 분석가(needs analyst), 상담자, 관리인(process manager)의 역할을 해야 한다. 이외에도 Oxford(1998) 등은 교사의 역할을 제조자(manufacturer), 의사, 판단가(judge), 정원사(gardener)로 규정하고 있다. 또한 Brown(2001)은 감독, 조절자(controller), 학습 자원 제공자(resource)의 역할을 추가하고 있다.

과업 중심 교수법에 의하면 교사는 과업 수행 단계에서 학생들을 격려하고 감시하며, 언어 조언자, 사회자, 피드백 제공자 등이 역할을 담당한다.

1) 과업 중심 교수법에 기초한 말하기 수업에서의 교사의 역할

(1) 과업 전 단계에서의 교사의 역할

과업 전 단계에서 교사는 학생들의 언어적, 인지적 수준 및 흥미, 관심 등의 변인을 고려하여 과업을 선정하고 다음과 같은 활동들을 통하여 과업 수행에 대한 학생들의 인지적인 부담을 낮추어 주도록 한다.

① 과업의 주제를 부각(highlight)하거나 소개하기
② 다른 학생들이 유사한 과업을 수행하는 것을 관찰하기
③ 유사한 과업을 수행하기
④ 과업을 어떻게 수행할 것인 지 계획하기

과업 전 단계에서는 상호 작용과 의사소통 목적 등을 고려하여 과업을 크게 직소(jigsaw) 활동, 정보 차 활동(information gap), 그리고 토론 활동(discussion)으로 나누어 계획할 수 있다.

Willis(1996)에 의하면 과업 중심 접근법을 수업에서 활용할 때 다음의 다섯 가지 원칙을 고려할 것을 권장하고 있다.

① 학생들이 가치 있고 실제적인 언어에 노출될 수 있도록 해야 한다.
② 학생들이 적극적으로 언어를 사용할 수 있는 기회가 있어야 한다.
③ 학생들이 실제적으로 언어를 사용하는 데 있어서 동기감을 충분히 가질 수 있어야 한다.
④ 과업의 어느 특정 단계에서는 학생들이 언어 그 자체에 집중할 수 있는 활동이 있어야 한다.
⑤ 과업의 각 단계에서 언어에 대한 집중은 그 정도가 달라야 한다.

Skehan(1998)에 의하면 과업 중심 교수를 준비, 계획하는 데 있어서 다음의 다섯 가지 원칙을 고려해야 한다고 한다.

① 과업 수행에서 학생들이 배우기를 원하는 목표 구조(target structure)를 선정한다.
② 학생들에게 유용한 가의 기준(utility criterion)을 고려하여 과업을 선정한다.
③ 균형 있는 목표 달성, 즉 언어의 정확성, 유창성, 복잡성의 균형 있는 발달을 위하여 과업을 조직한다.

④ 학생들의 주의 집중을 통하여 학생들이 언어의 형태(form)에 집중할 수 있는 기회를 극대화해야 한다. 예를 들어, 과업 수행의 처음 단계에서 학생들이 목표 언어 형태에 주목하도록(noticing) 충분한 활동을 제공한다. 또한 과업 수행 단계에서 학생들이 주목했던 언어 형태를 강화하고 자신의 언어 체계에 해당 언어 형태가 자리 잡을 수 있도록 더욱 깊이 있게 공고히 하는 것에 초점을 두어 지도한다.

⑤ 학생들이 과업 수행에서 배운 것을 체계적으로 그리고 주기적으로 반추(reflection)하고 평가할 수 있는 기회가 제공되어야 한다.

또한 언어적인 측면에서 목표 언어 구조에 학생들의 주의를 집중시키기 위하여 명시적인 설명을 하거나 암시적인 교수 혹은 의식 고양 활동(consciousness-raising) 등을 실시한다.

(2) 과업 수행단계에서의 교사의 역할

과업 수행 단계에서 교사는 학생들의 주의 집중(attention)을 적절히 조절함으로써 언어의 정확성, 유창성, 복잡성이라는 세 가지 과업 중심 교수의 목표가 효과적으로 달성될 수 있도록 한다. 과업 수행 단계에서 학생들의 주의 집중을 조절하는 방법으로서는 첫째, 과업 수행 시간을 조절함으로써 언어의 정확성, 유창성, 복잡성의 발달에 다른 차이를 가져올 수 있는 데 이전 연구들에 의하면 대략 10분 정도의 시간을 학생들에게 부여하고 과업을 계획하도록 했을 때 언어의 유창성과 복잡성의 발달에 효과적이었다고 한다. 둘째, 과업과 관련이 있는 시각적인 자료를 제공하여 학생들의 인지적인 부담을 덜어 줄 수도 있다. 셋째, 결정하기(decision-making) 과업에서 학생들이 과업을 어느 정도 수행한 후 교사가 중간에 갑자기 학생들이 그동안 했던 결정을 수정해야하는 새로운 상황을 추가로 부여하여 좀 더 도전적인 과업이 되도록 할 수 있다. 과업 수행의 단계에서도 교사는 언어의 정확성, 유창성, 복잡성의 균형 있는 발달을 염두에 두고 언어 조언자의 역할을 수행하도록 한다. 이외에도 과업 수행을 하는 인원을 조절하는 등 학생들의 과업 수행의 난이도를 조절할 수 있다.

(3) 과업 후 단계에서의 교사의 역할

과업 후 단계에서는 회상(retrospect)하는 기회를 제공하여 학생들이 중요한 언어 형태를 다시 기억할 수 있도록 하는 데, 이는 구체적으로 반 학생들 앞에서 과업수행을 재연(public performance)한다던가, 중요한 언어 형태를 분석하고 연습하는 활동 등을 통하여 이루어 질 수 있다. 과업 후 단계에서 할 수 있는 구체적인 활동으로는 다음을 들 수 있다(Ellis, 2002; Willis, 1996; Willis & Willis, 1996).

① 인식하기(identifying)/강화하기(consolidation)
학생들로 하여금 특정 언어 패턴이나 용법(usage)을 인지하기 위하여 읽기 자료에서 이러한 언어 형태를 찾도록 한다. 가령 적절한 난이도의 지문을 주고 정관사(the)와 부정관사(a, an)를 전부 찾아 동그라미를 친 후 어느 상황에서 정관사가 쓰이고 부정관사가 쓰이는 지 학생들이 스스로 규칙을 발견하도록 한다. 또한 전치사의 용법을 이해시키기 위하여 지문에서 특정 전치사들이 사용된 전후 단어들을 5-6개씩 나열하여 쓰도록 한 후 어떠한 맥락에서 특정 전치사가 쓰이는 지 학생들이 스스로 파악하게 한다.

② 의미상, 형태상으로 분류하기
특정 언어 자료를 가지고 형태상, 의미상으로 유사점과 차이점에 따라 분류해본다. 예를 들어, 대화 자료를 가지고 긍정적이고 부정적인 언어 표현을 각 각 골라 분류해본다. 또는 짧은 글을 읽고 시간을 나타내는 표현들을 찾아 분류해 본다.

③ 가설 세우기(hypothesis building)와 가설 확인(hypothesis checking)하기
언어에 대한 가설을 세우고 더 많은 언어 자료를 가지고 이미 세웠던 가설이 맞는 지 확인해 본다.

④ 언어 간 차이 탐색(cross-language exploration)
영어와 학생들의 모국어간의 언어 패턴에 있어서의 유사점과 차이점을 찾아본다.

⑤ 재구성(reconstruction)/재분해(deconstruction)
언어의 내적 구조를 파악하기 위하여 언어를 재구성하거나 분해하여 본

다. 예를 들어, 학생들에게 친근한 내용의 읽기 자료에서 가장 긴 문장을 고른 후(예 신문 기사 등) 학생들에게 같은 사실을 반복하지 말고 가능하면 많은 짧고 간결한 문장으로 원문과 같은 내용의 정보를 쓰도록 한다. 또한 이러한 문장 분해 활동(unpacking exercise) 후 다시 원래 읽기 자료를 보지 않고 자신들이 만든 짧고 간결한 문장들을 원래의 긴 문장으로 되돌리는 활동을 할 수도 있다.

⑥ 회상(recall)

텍스트의 중요한 부분을 강조하기 위하여 텍스트의 특정 부분을 회상하여 재구성해보도록 한다. 학생들로 하여금 이해 가능한 산출(comprehensible output)을 하는 것을 목표로 하는 '문법 받아쓰기(dictogloss)' 활동이 이에 해당한다. 문법 받아쓰기 활동을 위해 교사는 다소 복잡한 내용과 언어를 포함하는 약 2분 정도 길이의 설명문이나 이야기를 준비하여 학생들에게 들려 준 후 그룹별로 가능하면 정확하고 완전하게 들은 내용을 재구성해보도록 한다.

⑦ 참고자료 활용(reference training)

사전, 문법 교재, 스터디 가이드(study guide) 등 참고자료를 활용해본다. 사전 찾기 활동을 통하여 주어진 읽기 자료의 내용에 비추어 단어의 정의로서 가장 적합한 것을 사전에서 찾아보거나 같은 단어가 다른 어떠한 단어들과 함께 자주 쓰이는 지 '연어(collocation)'도 찾아 적어보는 활동을 하여 학생들이 각 자의 언어 노트를 작성하도록 할 수 있다.

(4) 과업 중심 교수에서의 최종 목표

Bygate(1999)는 과업 중심 접근법이 실제로 영어 교실에 어떠한 시사점을 제공하는 지에 관하여 다음과 같이 설명하고 있다.

① 학습자들은 과업 수행 중에 개인의 인지적, 언어적 특성에 따라 선호하는 과업이나 활동이 있을 것이다.

② 과업은 언어 처리의 특정 측면을 강조하기 위하여 사용될 수 있다. 예를 들면 학생들 사이의 의미 협의(negotiation of meaning)를 촉진시키고자 한다면 그룹 활동보다는 짝 활동이 바람직하다는 것이 여러 연구 결과들

에서 보고되고 있다. 또한 일반적으로 알려진 바와는 달리 열린 활동(open-tasks) 보다는 하나의 답이 존재하고 학생들의 의견 일치가 중요한 닫힌 활동(closed tasks)에서 학생들 간의 의미 협의가 많이 일어나는 것으로 보고되고 있다(Long, 1989). 또한 학생들의 다양한 의견이 존중되는 '발산(divergent)' 과업에서보다 학생들이 하나의 일치된 의견을 내야 하는 '수렴(convergent)' 과업에서 학생들이 질문을 더 많이 하였으며 이야기를 할 수 있는 기회가 많았음이 보고되고 있다. 반면 '수렴' 과업에서 학생들은 더 많은 단어를 사용하였으며 언어의 복잡성의 높아졌음을 볼 때 교사는 언어의 어떠한 면의 신장을 촉진시키기 위해 어떠한 과업이 적절한 지에 관한 사전 지식을 갖추어야 할 것이다.

③ 언어 능력은 정확성, 유창성, 복잡성의 통합적이고 균형 있는 발달을 포함한다. 따라서 교사는 학습자의 언어적, 인지적인 발달 단계, 과업의 종류, 과업을 제공할 때 변인(예 과업 준비 시간의 제공 여부, 시각적 보조 자료의 제공 정도, 과업의 종류 등)들을 조절하여 이 세 가지 측면을 고루 포함하는 언어 능력의 발달을 신장시키도록 하여야 할 것이다.

4. 과업 중심의 효과적인 말하기 지도 방법

1) 과업 중심 말하기 지도 활동

과업 중심 학습은 과업 전(pre-task), 과업(task cycle), 언어 초점(language focus)의 3 단계로 이루어져 있다. 과업 전 단계에서는 과업 수행을 위해 필요한 내용 및 언어 표현 등에 대한 선행 학습을 한다. 과업의 단계에서 학생들은 교사가 제공하는 듣기 또는 읽기 자료에 근거하여 소집단으로 과업을 수행한다. 과업이 끝나면 학생들은 구체적인 과업의 결과물(outcome)을 보여주기 위한 준비 및 발표를 하며, 학생들의 발표가 끝나면 학생들이 과업 수행 중 어려웠던 언어 표현에 대한 분석과 연습을 하게 된다. Willis(1996), Willis & Willis(1996) 그리고 Skehan(1998)이 제시하는 과업 중심 학습의 각 단계별 활동 중 특히 우리나라 상황에서 중등학교 말하기 수업에서 활용 가능한 활동을 살펴보면 다음과 같다.

(1) 과업 전 단계

이 단계에서 교사는 교실 수업에서 사용하고자 하는 과업을 선정해야 하는 데 만약 교과서에 이미 적절한 과업이 소개되어 있다면 별 문제가 없겠지만 교과서에 제시되어 있는 과업에 자신이 가르치고 있는 학생들의 흥미, 필요 등에 부합하지 않다고 판단되면 과업 중심 학습을 위하여 교사는 미리 적절한 준비를 해야 한다. 예를 들어 주제와 관련된 그림 고르기, 과업 수행에 필요한 어휘나 표현을 어떻게 소개할지, 만약 학생들에게 과업 수행을 어떻게 해야 하는지 과업 전 단계에서 보여주고 싶다면 이전에 했던 같은 내용의 과업 수행 과정을 녹화해 두었다가 비디오를 만들어 보여주면 효과적이다. 과업 전 단계에서 사용할 수 있는 구체적인 활동을 살펴보면 다음과 같다.

- 과업 준비를 할 때 고려 사항

과업 전 단계에서 교사가 과업을 선정할 때에는 일상생활에서 유익하고 자연스러우며 실제적으로 사용 가능한 언어 사용을 포함하는 과업인지에 대한 고려를 해야 한다. 또한 언어 입력만이 아니라 언어를 직접 사용해야 하는 과업이니 생각해볼 필요가 있다. 또한 과업의 유형이나 주제가 학습자로 하여금 의사소통이나 의미 협의를 위하여 적극적으로 언어를 사용할 수 있도록 동기감을 유발시켜야 한다. 과업을 선정한 후에는 과업 수행을 위해서는 필수적으로 사용해야하는 언어 구조나 표현 등에 대한 정리를 한다. Skehan(1998)에 의하면 과업 전 단계에서 교사는 학생들이 실제적으로 사용 가능한 목표 언어 구조를 선택하고 언어의 유창성, 정확성, 그리고 복잡성의 균형 있는 발달을 꾀하기 위하여 과업을 선정하고 조직한다. 또한 과업의 내용뿐만 아니라 언어 형태에도 주의를 기울일 수 있도록 지도하며 현 과업에서 나타난 문제점이나 어려운 점 등을 다음 차시의 과업을 계획할 때 참고하도록 한다.

- 과업 주제 및 언어에 대한 소개

그림, 사진, 영화의 한 부분을 보여 주고 주제에 대한 간단한 토론을 이끌거나 주제와 관련하여 연상되는 개념이나 단어 등을 말하게 하는 생각 짜내기(brainstorming)활동을 할 수 있다. 또한 학습자가 알고는 있으나 미처 사용하지 못하는 언어 형태와 표현을 사용하도록 다양한 의식 고양(consciousness raising) 활동을 제공해 주도록 한다.

Willis(1996)가 제안하는 과업 전 단계에서 시행할 수 있는 언어 활동으로는 다음과 같은 것을 들 수 있다.

① 과업 주제와 관련된 단어나 구를 칠판에 적은 후 학생들에게 다양한 방법으로 칠판에 있는 단어나 구들을 분류해 보도록 한다.(예 무거운 것: 가벼운 것, 인간이 만든 발명품: 자연적인 창조물 등).
② 칠판에 단어들을 적은 후 학생들에게 단어들 중 관련이 없어 보이는 단어를 고른 후 그 이유를 말하게 한다.
③ 여러 장면의 그림과 그림에서 보여주는 상황에 적절한 표현들을 섞어 놓고 그림에 해당하는 언어 표현을 고르도록 한다.
④ 주제와 관련된 이야기를 학생들끼리 나누어 보도록 한다.

- 과업 수행 절차에 대한 시범 및 준비

학생들이 과업 수행을 하기 전에 교사는 과업 수행 절차를 담은 지시문을 읽게 하던 가, 몇 몇 학생들과 과업을 어떻게 수행하는 지 시범을 보일 수 있으며 이전에 녹화해두었던 동일한 과업을 비디오로 보여 주는 것과 같이 과업을 구체적으로 어떻게 수행하는 지에 대한 모델을 제공하도록 한다. 학생들은 이러한 시범을 통하여 본인들이 하게 될 과업을 계획하고 준비할 수 있다.

(2) 과업 단계

과업을 수행하는 단계에서 학생들은 짝 활동이나 그룹으로 과업을 수행하며, 교사는 짝이나 그룹들이 과업을 적절히 수행하고 있는지 주로 과업의 내용에 대한 조언을 하고 모니터링을 한다.

- 과업 후 발표 준비

과업이 끝나면 학생들은 구두 혹은 작문을 통하여 과업 수행을 어떻게 하였으며 무엇을 결정하고 발견할 수 있었는지에 대한 발표 계획을 세우고 준비를 한다. 이 때 교사는 학생들의 발표 내용뿐만 아니라 언어 사용에 관하여 언어 조언자(linguistic advisor)로서의 역할을 하게 된다.

- 과업의 유형

학생들에게 부과할 수 있는 과업의 유형을 Willis(1996)의 보고를 바탕으로 살펴보면 다음과 같다.

① 열거하기

- 특정한 직업, 상품, 정치인 등에게 요구되는 자질을 자유 연상 기법을 이용하여 나열해 본다.
- 학교, 관광지, 백화점 등 학생들이 흔히 접할 수 있는 장소의 특징을 나열해 본다.
- 운동, 노래, 영화, 신문이나 잡지 등에 흔히 쓰이는 영어 단어들을 객관적인 자료나 사실에 근거하여 열거해 본다.

② 순서 맞추기 및 분류하기

- 학생들이 좋아하는 음식을 만드는 순서, 신문 기사의 내용의 부분들을 시간적 순서에 맞추어 재조합하기(reconstruction) 등을 한다.
- 여러 가지 일 중에서 중요도, 흥미도, 실용도 등의 순서에 의하여 분류해 본다.
- 여러 가지 사물, 사람, 장소 등을 다양한 기준에 의하여 분류해본다.

③ 비교하기

- 특정 사건이나 주제에 관한 다양한 사람들의 견해를 듣거나 읽고 사실 및 관점을 비교해본다.
- TV나 영화의 등장하는 주요 인물들을 성격, 행동 등의 측면에서 비교해 본다.
- 같은 사건을 다룬 여러 신문의 기사 내용을 비교해 본다.
- 여러 나라의 학교 제도, 사회 복지, 문화 등을 비교, 대조하여 유사점과 차이점을 찾아본다.

④ 문제 해결 활동

- 일정한 액수를 가지고 손님을 접대하는 방법을 논의해 본다.

- 영양소를 고려하여 다양한 문제를 가지고 있는 사람들을 위한 식단을 계획해 본다.
- 와선되지 않은 이야기를 듣거나 읽고 빠진 부분이나 마지막 부분, 본 이야기의 앞에 있었을 법한 내용 등을 추리해 본다.
- 신문의 "고충 상담란(Agony Aunt)" 칼럼을 읽고 나름대로 최선의 해결책을 제시해 본다.

(3) 과업 후 단계

학생들이 과업을 수행하고 과업의 과정과 결과물을 발표한 후에는 가장 재미있고 완전한 결과물을 제시한 그룹을 선정하는 투표를 하여 학생들의 흥미도를 높일 수 있다. 또한 이 단계에서는 과업의 내용뿐만 아니라 학생들이 과업을 수행하는 과정에서 어려움을 겪었던 언어적인 부분에 대한 구체적인 지도가 필요하다.

- 언어 분석 활동

① 과업의 주제와 관련된 글을 읽고 부정적이고 긍정적인 표현들을 골라내어 분류한 후 각 각의 의미를 나타내기 위하여 구체적으로 어떠한 언어를 사용하는 지 알아 본다.

② 주제와 관련된 짧은 글을 읽고 시간이나 태도 등을 나타내는 여러 가지 언어 표현들을 분석해 본다.

③ 특정 단어가 어떠한 환경에서 자주 쓰이고 서로 조합되는 지 주어진 읽기 자료를 가지고 분석해 본다.

- 언어 연습 활동

① 주어진 단어와 그 정의를 사전에서 찾아보는 활동을 통하여 상황에 가장 적절한 의미를 빨리 파악하는 연습을 한다.

② 친숙한 내용의 뉴스나 짧은 글에서 긴 문장을 고른 후 학생들로 하여금 같은 의미를 전달하기 위하여 주어진 긴 문장을 가능한 짧고 간단한 문장으로 나누도록 한다.

③ 듣기나 읽기 자료에서 일상생활에서 유용하게 사용할 수 있는 단어나 표현들을 한, 두개 생략한 후 다른 그룹의 학생들과 서로 교환하여 빠진 부분을 채워 넣는 연습을 한다.

4. 말하기 평가의 실제

말하기 평가는 시험의 목적과 수험자 집단의 특성 그리고 시험 운영에 현실적인 제약 조건을 고려하여 문항이 출제되고 채점이 이루어져야 한다. 그리고 객관식 문항 중심의 평가 도구와 달리 말하기 평가에서는 평가 영역을 포함한 채점 기준표를 신중하게 작성해야 하며 수험자와 채점자의 특성을 고려하여 평가 문항 및 과제가 작성되어야 한다.

다음은 말하기 평가 도구 개발의 단계를 문항 및 과제 중심으로 간단하게 정리한 것이다.

1) 평가의 목적과 목표 말하기 환경 고려

말하기 평가 문항들을 개발하기 위한 첫 번째 단계는 평가의 목적을 확인하고 수험자의 특성을 고려한 목표 영어 말하기 환경을 정하는 것이다. 예를 들어 한국 초등학생을 대상으로 한 영어 말하기 능숙도 평가라면 초등학생들에게 노출되는, 또는 의사소통적 환경으로 바람직한 영어 말하기 환경을 꼼꼼하게 관찰하고 분석할 필요가 있다.

여기서 주의해야 할 점은 말하기 평가 과제의 배경을 섣불리 ESL 환경으로 두지 말아야 한다는 것이다. 뉴욕에서 길 묻기, 외국 여행 중의 문제 해결 능력 등 아직도 여러 말하기 시험에서 나타나는 과제에서 목표 언어권 문화와 배경이 중심이 되고 있다. 문화 간 의사소통을 목적으로 한 영어 말하기의 평가의 경우 우리의 학습자들이 말하기 환경에서 중심이 되어야 한다. 우리나라에서 수입되어 사용하고 있는 ACTFL[1], ILR[2], ASLPR[3] 말하기 평가 등급은 언어 학습자가 목표 언어권에 가서 업무 수행이나 사회생활 또는 학교생활을 성공적으로 할 수 있는가를 판정하기 위해 마련된 것이기 때문에 우리나라에서 사용할 평가 과제를 만들 때는 우리의 영어 말하기 사회문화적 상황이나 주제 설정 등에 대한 고려가 필요하다. 한국에

---

[1] The American Council on the Testing of Foreign Languages

[2] Interagency Language Roundtable

[3] Australian Second Language Proficiency Rating.

서 개발되어 한국 학습자에게 사용될 시험이라면 배경의 무게 중심이 한국이어야 할 것이고, 만나는 사람도 미국사람 뿐 아니라 영어를 쓰는 세계 모든 사람으로 폭을 넓혀야 할 필요가 있다.

또한 시험의 평가 대상을 실제 생활 영역(real-life domain)과 언어 교육 영역(language instruction domain)으로 구분하여 제작하면 유용할 것이다. 실제 생활에서의 의사소통 환경만큼이나 우리나라에서는 교실에서 가르치고 배우는 목적으로 사용하는 영어 능력도 충분히 말하기 평가의 내용에 반영될 수 있다. 또한 인터넷 공간의 온라인상에서 영어 사용 능력이 오프라인에서의 영어 사용만큼이나 중요하게 인식되고 있는 만큼 위의 네 평가 환경을 사분법으로 나누어 평가의 목표 환경을 의미 있게 구상할 필요가 있을 것이다.

2) 평가 영역 선정

말하기 평가 문항을 작성하기 위한 두 번째 단계는 평가 영역을 체계화시키는 일이다. 앞에서 언급된 평가의 목적과 목표 영어 말하기 환경의 설정에 기초하고, 다음 단계에서 더욱 구체적으로 작업되어야 할 문항 작성 및 채점을 위한 기준표 작성에 지침서 역할을 해 주는 것이 종합적이고 복합적인 여러 가지 말하기 능력 중에서 어떤 영역을 우선적으로 평가할 것인가에 관한 결정이다.

평가의 목적과 수험자의 특성이 말하기 평가의 영역 선정에 첫 번째 고려 대상인데, 일반적인 영어 말하기 구사능력 평가에는 그 용어에 차이는 있지만 전체적인 과제 수행 및 기능, 적절한 맥락과 내용, 정확성, 구성 능력 등이 포함된다. 정확성 부분은 경우에 따라 문법, 발음, 어휘 등으로 나누어 평가가 이루어지기도 하고 다른 평가 영역들도 담화적 능력, 사회언어학적 능력 등의 이름으로 문항 개발과 채점에 기준점 역할을 감당한다. 어떤 그리고 몇 개의 평가 영역을 사용할 지에 따라 말하기 평가의 전체적인 구성과 내용이 결정된다.

평가 영역들은 서로가 차별적으로 문항 작성과 채점 기준표에 정보를 제공할 수 있도록 선정되어야 한다. 예를 들어 평가 영역을 '맥락과 내용의 적절함', '전체적인 구성 능력', '듣기에 편안함', '전체적인 의사소통적 효율성'으로 선정되었다면, 실제 수험자들의 샘플을 통해서 질문에 적절한 내용으로 답변을 못하지만 듣기에는 편안하고 내용의 구성에서 좋은 점수를 받은 수험자의 경우와 의사소통적 효율성이 좋으면서도 듣기에 까다로운 발음과 문법의 사용하는 수험자의 경우가 각각 차별적으로 발견되어야 한다. 각 평가 영역이 독립적으로 문항 개발과 채점에 반영되어 수험자에게는 보다 진단적인 평가 결과를 제공하고, 문항 개발자와 채점자에게는 보다 명쾌한 시험 개발 과정을 거칠 수 있도록 평가 영역이 선별 수정되어야 한다.

물론 차별적이면서 독립적인 평가 영역을 선정하지 않는 경우도 있다. 실제 시험 개발 상황에서는 평가 수요자의 입장에 맞추어, 또는 평가 자체의 기능보다는 학습에 긍정적인 자극을 주기 위해서, 중복되는 평가 영역들이 사용될 수도 있고, 특정 평가 영역에 의도적으로 가중치를 더 둘 수도 있다. 마지막으로, 성격이 명확하지 않거나 언어학적 용어로 문항 개발자에게 혼란을 줄 수 있는 유창성, 정확성, 맥락, 말하기 텍스트 유형 등을 평가의 영역이나 기술자 분류 용어로 사용하는 것을 피하는 것이 바람직하다.

3) 전체적인 평가 기준표 작성

평가의 영역이 정해지면 다음 단계로 전체적인 평가 기준표가 작성되어야 한다. 평가되는 말하기 능력의 구체적인 세부 능력에 근거하여 몇 등급의 평가 척도로 말하기 평가를 진행할 것인지 결정해야 하며, 평가 등급에 따라 각 평가 영역을 구체적으로 기술해야 할 필요도 있다. 완성된 평가 기준표는 문항 개발에서 채점 과정까지 평가의 계획을 체계화시켜 평가 결과가 평가 목적에 타당하게 부합할 수 있도록 도와준다.

평가 척도는 평가 수요자들이 가장 민감하게 수험 결과에서 정보를 취하는 부분으로 세심한 척도 분포와 관련 정보에 대한 준비가 필요하다. 등급의 분포는 넓으면 넓을수록 더욱 진단적인 정보를 줄 수 있으면서 사람을 뽑고 배치하는 의사 결정에도 도움이 될 수 있을 것이다. 하지만 나이나 평가 영역별 중간언어(interlanguage) 단계에 대한 연구가 대단히 초보적인 우리나라의 현실을 고려하고 목표 언어에 대한 직관과 채점의 경험이 풍부한 채점자의 수가 부족한 현실을 고려한다면 지나치게 세부적인 등급 분포는 바람직하지 못하다. 결국 문항에서 추출

된 말하기 샘플로 채점을 진행하고 마지막 등급 결정을 한다면 채점자들이 감당할 수 있는 정도의 등급을 설정하고 문항을 구성하는 것이 시험의 전체적인 효율성 향상에 중요한 역할을 할 것이다.

평가 영역에 해당하는 등급별 평가 기준표는 가급적 직관적이고 경험적인 기술에서 벗어날 필요가 있다. 이는 문항 개발에도 커다란 영향을 미친다. 예를 들어 ACTFL에서는 전체 과제 수행 및 기능 평가 영역에서 설명(explanation)은 최상급 또는 상급 말하기 능력 등급에 해당하는 과제이며 서술(narration)은 상급, 비교(comparison)는 중급, 그리고 묘사(description)는 중급 또는 초급 단계의 과제임을 명시하고 있다. 이러한 기준표에 의해 문항이 작성되고 시험 샘플들이 채점되었을 때 높은 등급에 해당하는 과제를 인상적으로 수행한 수험자는 그렇지 못한 수험자보다 더 높은 등급을 받을 가능성이 높다. ACTFL 과제 난이도에 대한 이론적, 경험적 근거는 ACTFL 측에서도 제대로 제시를 못하고 있다. 이처럼 선불리 과제의 난이도를 이용해 등급별 평가 기준표를 완성하고 그에 근거해 문항이 제작될 때 그 시험의 타당성은 우선적으로 평가 기준표의 직관적인 기술 부분에서 공격을 받을 수 있다. 문항을 아무리 잘 만들었다 하더라도 그 타당도는 의심을 받을 수밖에 없다.

맥락과 내용 영역 평가를 위한 과제 선정도 비슷한 경우이다. ACTFL 지침서를 보면 비공식적(informal) 상황에서의 수행 능력은 중급 단계의 말하기 능력으로, 공식적(formal) 상황에서의 수행능력은 상급 또는 최상급 단계의 말하기 능력으로 나누어 놓았다. 마찬가지로 추상적이고 익숙하지 않은 주제를 말해보는 능력은 최상급에, 친근하고 사실적인 내용에 대해 말해보는 능력은 상급에 설정된 ACTFL 지침서 부분도 여러 말하기 평가 기준표에 포함되어 있는 부분이다. 하지만 이러한 과제나 상황의 난이도 설정이 평가 대상자 학습자들에게 과연 적절하게 적용될 수 있을지 조심스럽게 기술할 필요가 있다.

4) 타당한 평가 과제 및 내용 선정

평가 기준표가 작성되면 평가 기준표를 가장 적절히 반영할 수 있는 문항 또는 과제 작성 단계에 들어간다. 특정 평가 영역, 예를 들면, 유창성을 평가하기 위한 과제 개발이 필요할 수도 있고 특정 평가 등급, 예를 들어 시험의 목적이 소수 집단의 선발 목적이라 상급 말하기 능력 이상에 해당하는 과제 개발이 특별히 필요한 경우도 있을 것이다. 지금까지의 평가의 목적, 수험자의 특성 그리고 평가 기준표에 대한 모든 고려가 평가 문항 또는 과제의 구성 및 내용 선정에서 구현되는 셈이다.

최근 말하기 평가는 공통된 속성의 문항을 표준화된 절차를 통해 수험자들에게 제공하는 방법을 이용한다. 신뢰성을 확보하기 위한 방법이지만 자연스러운 의사소통 환경에서의 말하기와는 거리가 있다는 지적을 무시할 수 없다. 아무래도 주어진 문항을 이용하여 표준화된 절차에 의해 말하기 평가가 진행되면 평가자와 수험자의 관계를 상호 균형적으로 두기 힘들며 수험자는 수동적인 입장에서만 대답하게끔 되기 싶다. 실제 의사소통적 단면을 포함한 즉흥적이고 참여적인 말하기 과제의 필요성은 분명히 있다.

표준화된 절차에 의해 문항이 제시되어야 할 경우, 보다 다양한 말하기 샘플 추출 방법을 고려해 볼 필요가 있다. 각기 다른 말하기 샘플 추출 방법은 각기 다른 말하기 능력 단면을 평가할 수 있기 때문이다. 예를 들면 수험자가 주어진 화맥 안에서 답만 할 것이 아니라 먼저 질문을 던져보고 대화를 이끌어가게 하는 과제를 이용할 수도 있다. 실제 의사소통 환경에서 그러한 것처럼 수험자가 먼저 대화를 시작하고 자신의 입장을 정리하고 수정하면서 대화를 마무리할 수 있는 역할이 제공된다면 녹음테이프와 시험지를 이용한 유사 면접 방법으로도 상호 의사소통적 단면을 평가해 볼 수 있는 가능성이 열리는 것이다.

말하기 과제는 평가 목적과 수험자 집단의 특성을 고려한 좀 더 구체적인 내용이 제공될 필요가 있다. 많은 시험들이 실제적이고 자연스러운 영어 사용 환경을 제공하고 언어 학습자의 실질적인 필요에 의한 평가를 한다고 자체적으로 주장하지만 과연 어떤 언어 학습자들을 대상으로 한 소재와 상황인지 의문을 가지게끔 한다. 좀 더 특수 목적을 가진 영어(English for Specific Purpose) 사용 능력에 대한 평가가 되어서 수험자 측에도 도움이 되는 학습의 역류현상을 제공해주고 내용 타당도도 확보해나가는 것이 바람직하다. 현실적인 제한 때문에 아주 세부적으로 나누진 못하더라도 큰 전공 분야별로 그리고 중요한 업무나 사업 소재에 따라서 사용 언어와 상황 대처 능력 등을 분류해 보는 것도 평가 과제의 타당성 확보에 의미가 있을 것이다.

평가 과제는 충분하고 적절한 맥락 안에서 제공되어 수험자들이 의사소통 능력의 중요한 요인들인 선험 지식이나 개개인의 책략적 전략을 적극적으로 활용하게 하는 것도 중요하다. 여러 영어 말하기 시험에서 자주 등장하는 쉽게 결정하기 힘든 이슈에 대해 찬성 또는 반대 입장을 말하게 하는 과제는 많은 수험자들로 하여금 1분 안팎의 짧은 시간에 까다로운 주제에 관한 자신의 배경 지식을 제대로 활용해보지도 못하고 찬성 또는 반대의 입장을 정해야 하는 비의사소통적 말하기 활동에 참여하게끔 한다. 이와 같은 비실제적인 과제보다는 구체적인 맥락 안에서의 역할 게임(role play) 활동을 수험자 집단의 특성과 목적에 따라 유연하게 만들거나 수험자가 직접 선택하게 만드는 방법이 실제적이고 상호의사소통적인 과제를 만들기 위한 적절한 대안일 수 있다. 과제 및 문항의 선정에서 또 하나 중요한 것은 우리나라처럼 경험 있는 말하기 평가자들이 제한적으로 일하고 있는 상황에서는 과제는 가급적 단순하고 채점에 용이해야 문항의 유용성이 인정받을 수 있다. 경제적이면서 의미 있는 과제군의 개발은 교수법, 교재 영역에서도 함께 작업할 필요가 있다.

5) 말하기 평가 과제 분류

말하기 평가 과제를 작성하기 위해서는 평가의 신뢰성(reliability), 타당성(validity), 실제성(authenticity), 상호 작용성(inter-activeness), 역류효과(washback), 그리고 현실적 제약을 균형감 있게 고려해야 한다. 말하기 평가 과제를 다음과 같이 분류해 보았다.

(1) 문장 반복 또는 완성하기

문장을 듣고 수험자가 이를 반복하게 한다거나 완성되지 않은 문장을 제시하고 수험자가 문맥에 맞게 문장을 완성하게 한다. 문장 단위에서의 말하기 평가이므로 실제성은 떨어지지만 발음 중심, 중급 이하의 영어 학습자를 대상으로 한 평가에 사용될 수 있으며 실제 의사소통 상황에서 자주 사용되는 문장을 사용한다면 학습의 역류효과도 제공할 수 있다.

(2) 담화나 대화문 소리 내어 읽기

담화나 대화문을 발음이나 끊어 읽기, 강세나 억양, 화자의 심적 상태와 맥락 등을 고려하여 소리 내어 읽게끔 하는 과제이다. 한국에서의 영어 말하기 상황을 고려해보면 이 과제는 나름대로 실제성이 있다. 외국인을 대상으로 전화나 발표 때 준비된 텍스트를 명확하게 읽으면서 정보를 전달해야 하는 경우가 실제로 많이 있기 때문이다.

(3) 정보 전이(information transfer) 과정에서 요구되는 말하기

청취나 읽기를 통해 전달된 정보를 구술로 옮겨보는 과제이다. 실제 의사소통적 말하기 환경을 관찰해보면 주어진 정보를 말하기로 옮기는 과제가 많이 있다. 수험자들의 의사소통적 능력과 평가의 목적에 근거해서 청취나 읽기 과제의 난이도를 조절해야 한다. 여러 가지 질문으로 정보를 이전시킬 것인지 아니면 구두 발표의 형식으로 정보를 이전시킬지에 대한 결정도 시험의 목적과 수험자의 특성과 관련되어 있다.

(4) 그림 자료를 이용한 말하기

1-6컷으로 구성된 그림 정보를 주고 묘사하기, 이야기 만들기, 비교하기, 길 찾기 등의 과제를 수험자에게 요구한다. 쌍방향 말하기 환경을 반영할 순 없지만 실제 의사소통 능력에서 의미 있는 맥락이 제공되고 수험자와 평가자 또는 수험자끼리의 역할을 분담하여 평가한다면 타당성 있는 과제로 인정받을 수 있다. 그림 자료의 구성과 성격은 수험자의 특성을 고려하여 제작될 필요가 있다.

(5) 역할극에서 말하기

의사소통적 성격의 말하기 평가가 되기 위해서는 보다 구체적으로 의사소통적 맥락이 주어지고 수험자들에게는 의사소통적 역할이 맡겨져야 할 필요가 있다. 시험의 목적과 부합되면서 실제적 의사소통 환경의 특성을 담고 있는 역할극은 학습에 제공하는 역류효과도 높다.

(6) 정보 차 메우기(information-gap filling)

각기 다른 정보를 수험자에게 나눠주고 서로가 가지고 있는 정보의 차이를 대화를 통해 메워가게 하는 과제이다. 실제 의사소통적 말하기 행위의 목적이 주어진 정보에서 새로운 또는 대체해야 하는 정보로 더해가는 과정이기 때문에 이와 같은

말하기 평가 과제는 학습적 역류 효과가 대단히 긍정적이라 할 수 있다. 시험의 형식에도 적합하면서 긍정적인 학습 효과를 제공해 주는 말하기 평가 과제로 주목받고 있다. 주어진 정보와 메워야 할 정보의 성격과 구성은 학습자의 특성을 반드시 고려하여 제작해야 한다.

(7) 구술 면접

실제 경시 대회나 직원 채용에서 평가자들은 자유롭게 또는 어느 정도 통제된 면접 절차와 내용을 가지고 수험자와 면대면 직접 면접을 많이 이용한다. 원어민적 직관이나 평가자로서의 경험이 없는 경우는 면접의 절차를 표준화시키고 면접의 내용도 공개하여 시험으로서의 타당성을 높이는 것이 중요하다. 다만 절차와 내용이 통제될 때 수험자에 따라 유연하게 질문을 할 수 없다는 단점이 있다.

(8) 집단 토론

집단 토론은 표준화 시험에서는 아직 보편적으로 사용되지 않지만 영국의 캠브리지 시험 계열에서는 두 명의 수험자끼리, 그리고 두 명의 수험자와 평가자와의 집단 토론의 형식을 이용하기도 한다. 집단 토론이라는 과제가 모든 말하기 평가에 의미 있는 것은 아니다. 그리고 집단 토론은 표준화된 절차를 반영하기가 어렵기 때문에 현실적으로 공정한 시험 운영이 요구되는 시험에는 사용하지 않고 있다.

6) 효과적인 문항 개발을 위한 내재적 평가 설계

내재적 평가 설계라는 것은 채점자로 하여금 모든 말하기 평가 문항 및 과제들이 모든 평가 영역들의 채점에 필요한 교차적 평가 설계(cross design)와 다른 구성이다. 내재적 평가 설계(nested design)는 특정 평가영역을 채점하기 위해 가장 적절하다고 판단되는 과제를 만들어서 특정 평가의 영역과 특정 과제를 묶어서 채점하는 보다 단순화된 평가 설계이다(신동일, 2001).

예를 들면 큰소리로 읽기 과제에서는 듣기의 용이함, 즉 발음이나 끊어 읽기 능력 등을 평가한다. 문항 개발자는 듣기의 용이함을 평가하기 위한 과제로 모든 과제를 다 고려하는 것이 아니라 듣기의 용이함을 평가할 수 있는 가장 적절한 과제 몇 가지만을 선정한다. 유창성 영역을 평가하기 위한 과제도 마찬가지다. 몇 가지 주제들을 제안하고 수험자가 가장 자신 있게 말할 수 있는 주제 한 가지를 선택하여 말하게 하는 과제를 설정한다. 이 과제에서는 다른 평가영역은 고려하지 않고 유창성 평가영역만을 고려해보는 것이다. 여기서 주의해야 할 점은 각 과제의 샘플을 듣고 세부 평가 영역별 평가를 진행해나가면서 전체적인 의사소통적 효율성 영역 평가가 함께 이루어져야 한다는 것이다. 과제별로 평가 영역을 분리하여 평가하지만 수험자의 전체적인 의사소통적 효율성 등급 판정이 중요한 채점 자료로 사용되어야 하기 때문이다. 과제별로 세부 영역과 전체 의사소통적 효율성 두 가지 등급 판단이 이루어지는 셈이다.

각 과제에서 제공되는 샘플들은 여러 단면의 의사소통적 능력과 관련이 있다. 그래서 한 평가 영역만을 관찰하는 방법에 문항 개발자들과 채점자들이 부담을 느낄 수도 있다. 하지만 신뢰성과 경제성을 고려한다면 이러한 내재적 평가 설계가 가지는 장점도 많다. 또한 실제 의사소통 환경을 살펴보더라도 우리는 정확하게 말해야 하는, 예를 들면 전화로 메시지를 전달하거나 발표문을 청중들에게 읽어야 하는 상황이 있는 반면 발음이나 문법적 정확성보다는 많은 양의 정보를 설득력 있게 제공해야 하는 각기 다른 의사소통 상황이 있다. 신동일(2001)은 신뢰도를 높일 수 있는 방법으로 채점자 수를 늘리는 방법과 내재적 모델을 사용하는 방법이 제시되었는데 채점자 수를 늘리는 것이 현실적으로 가능하지 않다면 한국적 상황에서는 우선 의사소통적 의미가 높은 내재적 평가 설계로 신뢰성을 확보해가는 것을 생각해 볼 수 있을 것이다.

다음은 말하기 능력 평가 채점 준거를 나타내는 표이다. 0부터 100까지 등급이 되어 있다. 이는 학교급간이나 학생 수준에 비례하여 적의 판단하여 적용이 가능하다.

말하기 능력 평가 채점
0- The student cannot function in the spoken language, except for a few isolated words and phrases.
10- The student can meet immediate needs using mostly memorized speech. Relies heavily on learned phrases or a recombination of these and words. Inability to conjugate verbs. Strong influence of first language in pronunciation, grammar and vocabulary (borrowed words, literal translations).
20- The student can meet courtesy requirements and maintain simple face-to-face conversations on familiar topics. Can ask and answer simple questions and participate in simple conversations on topics beyond the most immediate needs. Speaks in sentences but often hesitates to search for proper vocabulary.
30- The student can initiate and maintain predictable face-to-face conversations and satisfy limited social demands. Can speak with ease and confidence when dealing with routine tasks and social situations, describe people and places and narrate in present tense.
40- The student can satisfy routine social demands and limited work requirements. Can handle with confidence, but not accuracy, complicated tasks. Speaks with ease and facility on concrete topics - giving facts and talking casually about topics of current public and personal interest - using general vocabulary and linking sentences together smoothly with appropriate connectors.
50- The students can meet most working requirement with language that is often, but not always, acceptable and effective, through the use of description or narration instead of argumentation or hypothesis. Also, may give concrete examples to illustrate a point instead of arguing the point abstractly. Often shows remarkable ease of speech but performance is uneven.
60- The student can speak the language with sufficient structural accuracy, vocabulary and cohesiveness in discourse to participate effectively in most formal and informal conversations on practical, social, and professional topics. Understanding can be felt (in pronunciation, grammar and vocabulary), there are no major errors and errors never distract the listener from understanding.
70- The student can speak well enough to satisfy professional needs in a wide range of sophisticated and demanding tasks. Understanding is complete, including idioms, nuances, register shifts and humor or irony. often maches a native speaker's strategic and organizational abilities. Basic and complex structures are fully controlled except for a minor errors.

80- The student can speaker fluently and accurately on all levels normally pertinent to professional needs. Language usage and ability to function are fully successful. Can tailor language to audience and discuss indepth highly abstract or unfamiliar topics. Understands all forms and styles of speech and shows strong sensitivity to social and cultural references.
90- The student's speaking ability is superior in all respects and is usually equivalent to that of a well-educated, highly articulate native speaker. Speaks effortlessly and smoothly on all topics. Understands all forms and styles of speech and shows strong sensitivity to social and cultural references. There may be an occasional non-native error made.
100- The student's speaking ability is the same as a highly articulate and well-educated native speaker. Reflects the cultural standards of the country where the language is spoken. Language usage and ability to function are superior.

제5장 쓰기 지도 적용

1. 영어 쓰기의 정의 및 쓰기 능력

인간의 언어 사용 부분 중의 하나인 '쓰기'란 문자 기호(graphic symbols)를 사용한다는 것을 일차적으로 의미하게 된다. 그러나 쓰기란 단순히 문자 기호들이 조합되어 만들어진 문장들이 아무 의미 없이 임의적으로 배열되어 있는 것을 지칭하는 것이 아니다. 즉 한두 단어나 문장 등 아무리 짧은 길이의 문자 기호 조합의 배열이라도 일관성(coherence)이 있는 하나의 글(text)로 형성될 때 이를 '쓰기(writing)'라고 한다(Byrne, 1988). 따라서 쓰기란 의식적인 노력이 요구되는 과정이다. 무슨 내용을 쓸 것인가 뿐만 아니라 동시에 이를 어떻게 표현하고 전개해 나갈 것인가도 생각해야 하므로 쓴 내용을 다시 읽어보고 수정하는 과정도 포함이 된다. 이렇게 의식적으로 노력을 기울여야 하는 이유는 결국 쓰기란 이를 읽을 독자를 위한 것이기 때문이다. 과거에는 쓰기를 단순히 문자 기호의 조합 즉, 메시지의 기호화(encoding)나 글을 쓰는 필자의 입장에서만 그 성격을 규명하였다. 그러나 인간은 남과 의사소통을 하기 위해 언어를 사용하는 것이라는 방향으로 인간의 언어 능력이 이해되기 시작하면서 쓰기를 필자와 독자와의 상호작용으로 보게 되었다. 따라서 '쓰기'란 "필자가 문자 기호를 사용하여 자신의 메시지를 독자에게 전달하는 의사소통 과정"이라고 정의될 수 있다(Lynch, 1996).

쓰기를 단순히 메시지의 기호화로 보았던 시기에는 쓰기 능력이란 철자, 구두법 및 대소문자를 올바르게 조합하는 능력으로 간주되었다. 그러나 쓰기에 대한 많은 연구를 통해 60년대 이후에는 내용 전개(content)와 구성(organization)의 중요성이 재인식되면서, 쓰기 능력은 문자 언어 사용 능력뿐만 아니라 글의 내용 전개 및 구성 능력을 포함하는 것으로 보게 되었다. 여기서 문자사용 능력이란 적절하고 다양한 어휘와 구문 사용, 적절한 관용적 표현 사용 및 표현의 간결성(conciseness) 등을 의미하며, 글의 내용 전개 능력에는 주제의 명확성(clarity of topic), 글 내용의 깊이 및 우수성(quality and depth of ideas), 세부 사항의 적절성 및 충분도(adequacy and richness of support), 논리의 정확성(logical accuracy) 등이 해당된다. 아울러, 글의 구성 능력에는 적절한 수사학적 구조(rhetorical structure) 사용, 단락 구성을 통한 논리적 전개 능력, 주제의 연속성(topic continuity) 및 일관성, 글의 결합성(cohesion) 및 종결성(closure) 등이 포함된다(최연희, 1999).

한편, 70년대 이후 쓰기를 독자와의 의사소통으로 보게 되면서, Scarcella & Oxford(1992)는 Canale & Swain(1980)의 의사소통 능력의 구성 능력 분류에 따라, 쓰기 능력을 네 가지 유형으로 분류하고 있다. 첫째, 문법적 능력(grammatical competence)으로서 문법 규칙, 형태, 구문, 철자, 구두점 등의 사용 능력을 말한다. 이는 앞서 언급된 문자 언어 사용 능력에 해당한다. 둘째, 사회언어학적 능력(sociolinguistic competence)으로서 필자가 그의 목적, 주제, 독자에 따라 표현이나 내용을 다양화할 수 있는 능력을 말한다. 셋째, 담화 능력(discourse competence)으로서 대명사 지시어(reference)와 생략(ellipsis), 반복 표현의 삭제와 같은 방법을 사용하여 글을 결합성 있고 일관성 있게 구성하는 능력이다. 이는 글의 구성 능력에 해당한다. 마지막은 전략적 능력(strategic competence)이다. 이는 토의를 통해 의견 모으기, 초고(draft) 쓰기, 수정하기(revision) 등과 같은 전략을 사용하는 능력을 말한다. Scarcella & Oxford(1992)는 우수한 필자일수록 네 가지 유형의 능력 모두가 탁월하다고 한다.

쓰기 능력을 종합해 보면, 최근에는 독자, 글의 목적 등을 고려한 사회언어학적 측면, 글 쓰는 과정을 강조하는 절차적 지식과 쓰기 단계별 전략 사용 능력이 중시되고 있다는 것을 알 수 있다. 따라서 쓰기 능력이란 단순한 문자 언어 사용 능력이 아닌 독자와 목적에 따라 내용, 구성, 표현을 달리 할 수 있으면서 필요한 전략들을 활용할 수 있는 능력인 것이다. Hinds(1987)가 영어는 '글쓴이의 책임 언어

(writer-responsible language)'라고 주장했듯이, 특히 영어에서는 이해가 안 되는 글이 있다면 이는 독자가 아닌 글쓴이의 책임이라고 할 정도로 독자를 고려한 글쓰기 능력이 아주 중요하다.

2. 쓰기 지도의 필요성

최근 국제화 시대에 부응하기 위하여 외국어로서 영어 교육의 목표는 학습자의 의사소통 능력을 배양시키는 데 두고 있는 것이 일반적인 경향이다. 따라서 듣기와 말하기에 중점을 두고서 교실 수업이 진행되고 있지만 그리 큰 성과를 얻지 못하고 있는 것이 그 실태이다. 특히 언어의 네 가지 기능 중 복합 기능이라고 할 수 있는 쓰기 교육은 교실 수업 현장에서 가장 소홀히 다루어져 온 것이 현실이다. 그러나 국제간의 교류가 빈번해지면서 외국인과 메시지를 주고받아야 할 기호가 증폭되고 대학 수학 능력 시험에서 쓰기 요소를 이용한 시험 문제들이 출제되고, 기타 일반인을 대상으로 하는 다양한 자격인증 시험(예 TOEIC[4], TOEFL[5], TEPS[6], etc)에 쓰기 시험이 출제됨에 따라 쓰기 교육의 관심이 점점 고조되고 있는 것이 작금의 현실이다.

쓰기 교육이 소홀히 다루어져 온 역사적 배경을 살펴보면 읽기와 쓰기보다 듣기와 말하기에 우위를 두어야 한다는 청화식 교수법(audio-lingual method)의 이론을 받아들인 탓도 있을 것이다. 또한 듣기와 말하기를 잘 하면 쓰기는 부수적으로 얻어지는 기능이라고 생각한 탓일 수도 있다. 그러나 말하기는 유창한 사람이 쓰기는 못하는 경우도 있고 쓰기는 잘 하면서도 말하기를 못하는 경우도 있어서 언어 기능들의 습득은 개인에 따라 다르다고 할 수 있다. 따라서 쓰기는 다른 언어 기능을 습득한 다음에 지도해야 한다는 종전의 입장을 고수해야 할 필요는 없는 것이다. 다시 말하면, 초기 학습부터 쓰기 지도가 다른 기능과 병행해서 다루어져야 할 것이다.

---

[4] Test of English for International Communication

[5] Test of English as a Foreign Language

[6] The Test of English Proficiency developed by Seoul National University

우리가 궁극적으로 외국어로서 영어를 배우는 목적은 다른 사람과 의사소통을 하고 그들을 이해하고, 또한 그들이 쓴 글을 읽고 그들에게 글을 쓰기 위해서이다. 이러한 다원적인 목적을 달성하기 위해서는 쓰기 기능 역시 필수적이다. 이러한 이유 외에도 부가적인 아주 중요한 이유가 있다. 첫째, 쓰기는 학습자들이 배워 온 문법 구조, 숙어, 어휘 등을 강화시켜 주는 역할을 한다. 둘째, 학습자들이 글을 쓸 때 그들이 지금까지 학습해 온 것을 넘어서서 위험을 무릅쓰고 언어를 가지고 모험을 할 계기를 갖는다는 것이다. 셋째, 학습자들이 글을 쓸 때 그들은 반드시 새로운 언어와 관련을 맺게 되는 것이다. 또한 자기 생각을 표현하려는 노력과 눈, 손, 두뇌를 끊임없이 사용하는 일은 학습을 강화시켜 주는 유일한 방법이다. 다시 말해서, 학습자들이 다음에 무엇을 써야 하고 어떻게 써야 할 것인가에 대하여 고민할 때 그들의 생각을 표현할 새로운 방법을 발견하게 된다. 즉, 그들은 맥락에 적합한 단어와 문장을 찾아내야 하는 현실적인 필요성을 지각하게 된다. 쓰기와 사고 간의 밀접한 관계는 쓰기를 매우 중요한 언어 과정의 일부로 형성해 준다.

EFL 학습 상황에서 진행되고 있는 많은 쓰기 지도는 문장 쓰기이다. 학습자들은 그들이 배운 문법 구조, 어휘, 숙어 등을 강화하기 위하여 주어진 문장을 반복하고 완성하는 연습을 한다. 그러나 쓰기 지도는 이러한 단계에서 벗어나서 학습자들이 자신의 생각을 쓸 수 있도록 이루어져야 할 것이다. 즉, 쓰기를 통해서 독자와 의사소통을 할 수 있도록, 상대방의 압력이 없는 상태에서 자기 생각을 표현할 수 있도록 지도해야 할 것이다. 주제를 연구하고, 경험을 기록하고, 또한 문어형의 관례에 친숙해지도록 해야 한다. 즉 구두점, 들여 쓰기, 대문자와 소문자의 표기법 등을 익혀야 한다.

학습자에게 영어를 적절하게 말하는 법을 가르치는 것만으로 충분하지 않은 이유는 쓰기는 단순히 종이 위에 언어(speech)를 쓰는 것이 아니기 때문이다. 즉, 쓰기의 학습은 언어를 말하는 학습의 자연스런 연장이 아니다. 모국어의 습득 과정을 볼 때, 말하기는 어떤 체계적인 교육이 없이도 가정에서 배웠지만 쓰기는 학교에 입학한 후에 배웠음이 틀림없다. 성인의 경우에서도 쓰기는 어렵다고 생각된다. 우리의 경험을 돌이켜 볼 때 누구나 우리말로 편지 한 장을 쓰는 데도 고심한 적이 있을 것이다. 하물며 영어인 경우 쓰기를 지도해야 하는 것은 당연하다고 사료된다.

또한 쓰기 지도가 왜 필요한가를 알아보기 위해서 말하기와 쓰기의 몇 가지 차이점을 살펴보면 다음과 같다.

1) 구어(spoken language)는 보편성을 지니고 있어서 모국어의 경우 태어나서 몇 년 사이에 말하기를 습득하지만 쓰기나 읽기는 그렇지 않다.
2) 구어는 방언적인 성향을 가지고 있지만 문어는 일반적으로 표준 언어 형태를 요한다.
3) 화자는 그들의 생각을 전달하기 위해서 음성((pitch(고저), stress(강세), rhythm(박자)) 제스처, 얼굴 표정(facial expression) 등을 사용한다.
4) 화자는 휴지와 억양을 사용하지만 저자는 구두점을 사용한다.
5) 화자는 의미를 전달하기 위하여 발음을 사용하지만 저자는 철자를 사용한다.
6) 말은 항시 발생적이고 무계획적이지만 대부분의 쓰기는 시간을 요하며 계획적이어서 다시 검토하여 수정할 수 있는 장점이 있다.
7) 화자는 바로 앞에 있는 청자에게 부차적인 언어 수단, 즉 nodding(수긍하기), frowning(찡그리기), interrupting(끼어들기) 등을 사용하여 즉시 반응을 하지만 저자에 대해서 독자의 반응은 지연 되거나 나타나지 않는다. 따라서 저자는 독자의 관심을 불러일으킬 수 있도록 정확하고 흥미있게 글을 써야 한다.
8) 구어는 일반적으로 비격식적이고 반복적인 경우가 많다. 예를 들면, "What I mean is ..." 혹은 "Let me start again." 등을 사용하는 반면에 글은 좀 더 격식적이며 간결(compact)하다.
9) 구어는 많은 단문(simple sentence)을 사용하는 경향이 많지만, 문어는 복문(complex sentence)을 사용하는 경향이 두드러진다.

예를 들면, 다음과 같은 경우이다.

구어: His father runs ten miles every day and is very healthy.
문어: His father, who runs ten miles every day, is very healthy.

위에 열거한 차이점 외에도 여러 가지가 더 있을 수 있다. 이러한 이유 때문에 학습자들이 쓰기를 기피하는 경향이 두드러지고 있으며, 교사들에게 학습자들이 쓴 글을 평가하는 데 있어서 목표 언어에 대한 확고한 지식이 없으면 어렵기 때문에 기피하는 현상이 두드러지고 있는 것은 부인할 수 없는 실정이다. 그러나 위에서 살펴 본 것처럼 단순히 듣고 말하고 읽는 것만으로 영어 교육이 충분할 수 없으므로 쓰기 지도는 반드시 학습 현장에서 체계적으로 이루어져야 하며, 다른 기능을 습득한 다음으로 미루어야 할 것이 아니라 동시에 습득되도록 해야 할 것이다.

3. 쓰기 지도의 방향

쓰기를 지도할 때 교사는 학습 내용, 지도법, 평가 방법 등을 선택해야 한다. 이때 다음과 같은 질문을 스스로에게 해봄으로써 지도의 기본 틀을 마련해볼 수 있을 것이다. 예를 들어서, 쓰기란 가르쳐지는 것이 아니라 많은 양의 쓰기를 하다보면 저절로 생기는 기술이라고 본다면, 교사는 자유 작문 지도법(free writing approach)을 선택할 것이다(Raimes, 1983). 반면에, 쓰기의 다양한 목적과 유형을 인지하고 이에 대한 지도가 필요하다고 본다면, 의사소통 접근법(communicative approach)이나 장르 중심 접근법(genre-based approach)이 적절한 것으로 판단할 것이다. 이와 같이 쓰기, 쓰기 과정, 쓰기의 목적, 학습자에게 필요한 쓰기 능력, 예상되는 독자 집단 등을 교사가 어떻게 인식하고 있느냐에 따라 그 지도 방향이 결정되므로, 교사는 다음과 같은 문항들을 통해 자신의 쓰기에 대한 이해도와 학습자에게 필요한 학습 내용을 파악하고 이를 바탕으로 적절한 쓰기 지도 방안을 결정해야 한다(최연희, 1999).

1) 쓰기를 어느 정도 지도 가능한 기술로 보는가?

2) 학습자들의 쓰기 목적은 무엇인가? 나열해 보라.

3) 학습자는 영어 시험을 통과해야 하는가? 만일 그렇다면, 어떤 유형의 쓰기가 요구되는가?

4) 학습자는 어떤 유형의 쓰기를 학습하는가? 쓰기 과제를 나열해 보라. 문장

단위 쓰기와 담화 단위 쓰기에 대한 비중은 어느 정도인가?

5) 학습자가 쓴 글의 독자/독자 집단은 누구인가? 학습자들에게 요구되는 글의 유형과 그 글을 읽을 독자를 나열해 보라. 독자/독자 집단에 따라 글의 내용, 구성, 표현을 달리하는 것을 지도하는가?

6) 외국어 쓰기의 난점이 외국어 능력 부족인가 아니면 일반적인 쓰기 능력 부족인가?

7) 교사 자신의 모어와 외국어 쓰기 경험을 생각해볼 수 있는가? 무엇이 어려운 점이었는가?

8) 학습자들의 쓰기 과정 동안 교사는 수정, 편집 등을 고무하면서 쓰기에 함께 참여하는가?

9) 학습자들이 자신이나 동료 학습자의 글을 평가해본 적이 있는가?

10) 쓰기 학습은 다른 언어 기능 학습과 통합되는가?

한편 Brown(2001)은 쓰기를 지도할 때 우수한 필자의 특징을 파악하여 이러한 필자가 될 수 있도록 도와줄 수 있는 학습 활동을 제시하여야 한다고 본다. 예를 들어, 영어 쓰기에서 우수한 필자는 일반적으로 독자를 염두에 두면서 목적과 주제에 적절한 글을 구성하고 다른 사람들로부터의 피드백을 적절히 활용하며 쓰기 계획에 충분한 시간을 할애한다는 특징을 가진다. 이에 쓰기 학습에서는 학습자들이 쓰기 계획을 체계적으로 해 볼 수 있는 활동, 독자에 따라 글의 내용과 구성을 달리하는 연습 등을 제공하는 것이 바람직하다는 것이다. 또한 영어에서 선호되는 글의 구성 문형 등 수사학적 관습(rhetorical convention)에 대한 지식도 필요하므로 문자 언어와 관련된 문화적 측면도 쓰기 활동을 계획할 때 고려되어야 하고, 학습자가 실제 접할 수 있는 독자와 쓰기 목적을 고려하여 학습자에게 의미 있는 실제 작문(authentic writing)이 될 수 있도록 하는 것이 중요하다고 한다. 또한 협동 학습의 중요성도 지적되고 있다. 브라운(Brown)은 아울러 학습자의 글에 대한 적절한 피드백을 줄 수 있는 방안도 중요한데, 초고와 수정본에 대해 교사는 다른 평가를 하여야 한다고 본다. 즉, 초고는 내용, 주제, 핵심적인 오류 중심으로 전체적으로 평을 하는 것이 바람직하고, 수정본과 최종본에 대해서는 좀 더 구체적으로 피드백을 주어 문법, 철자 오류도 지적하고 아울러 결론, 논리 전개, 문단 결합에 대한 평을 주는 것이 바람직하다는 것이다.

쓰기 지도는 교사 자신의 교육관과 쓰기 지도에 대한 선험 지식, 이해, 경험 및 지도하는 학습자 대상에 따라 그 기본 방향이 달라진다. 그러나 지도 방안을 계획할 때 다음에 제시된 기본 원리를 바탕으로 쓰기 활동의 적절성과 유용성을 점검해야 할 것이다(최연희, 1999).

1) 학습자의 인지적, 정의적 측면과 욕구에 부합할 수 있도록 학습 내용과 활동을 선정한다.

2) 학습자에게 유의한 주제, 목적, 독자, 글의 유형을 고려하여 실제 생활과 연결된 학습이 이루어지도록 한다.

3) 의사소통 수단으로서의 쓰기를 학습할 수 있는 기회를 부여한다.

4) 쓰기 결과와 과정을 모두 고려하여 균형적인 학습이 되도록 한다. 단 쓰기 과정이란 순환적인 복잡한 과정이므로 내용 보강을 위해서는 자료 수집부터 다시 시작할 수 있는 학습이 되어야 한다.

5) 단계적인 학습을 통해 학습자 부담을 낮춘다.

6) 다른 언어 기능과 쓰기를 통합하는 학습이 포함되도록 한다. 특히 읽기를 통해 특정 장르에서 요구되는 글의 유형을 익힐 수 있는 기회를 제공한다.

7) 담화 단위의 쓰기 활동 중심이 되도록 한다.

8) 협동 학습이 이루어지도록 하며, 동료 학습자의 글을 읽고 비판해보는 활동을 통해 학습자 자신의 글을 내용, 구성, 표현 측면에서 수정 보완할 수 있는 능력을 기를 수 있도록 한다.

4. 쓰기 학습의 기본 원칙과 방안

영어 쓰기를 글쓴이와 독자 사이의 의사소통 과정으로 정의하고 영어 쓰기 능력을 단순한 문자 언어 사용 능력이 아닌 독자와 목적에 따라 내용, 구성, 표현을 달리 할 수 있으면서 필요한 전략들을 활용할 수 있는 능력으로 보았을 때, 우리나라 학습자들이 알아야할 중요한 기본 사항들이 있다. 예를 들어서, 영어 글의 특징, 문자 언어체의 특징, 국어와 영어 글의 차이, 읽기를 통한 쓰기 학습 등이다. 본 절에서는 학습자 입장에서 필요한 학습 내용과 방법을 중심으로 쓰기 학습의 기본 원칙과 방안을 제시한다.

1) 영어 글을 읽을 독자가 누구인지 파악한다.

앞서 언급한 바와 같이 영어 글은 독자 중심으로 작성되는 것을 바람직하게 보며 독자가 기대하는 영어 글의 특징을 아주 중요하게 본다. 따라서 아무리 잘 쓴 글이라도 주어진 주제에 맞지 않다면 영어에서는 높이 평가되지 않는다. 이러한 글은 주제에서 벗어난 글로 취급된다. 특히 이는 영어 원어민 독자에게서 두드러지게 나타난다. 반면 우리나라 독자들은 주어진 과제나 주제와 관계없이 글을 평가하는 경향이 있다(Choi, 2000, 2002). 따라서 영어 글을 쓸 때 가장 먼저 생각해야 하는 것은 독자가 누구인가이다. 영어 원어민인가 한국인인가, 글의 주제에 대한 전문적인 지식을 가진 사람인가 등을 파악해야 한다.

2) 영어 글의 특징을 이해한다.

영어 글의 내용, 구성, 언어 사용은 글의 유형에 따라 달라진다. 따라서 영어 작문 능력이 향상될수록 영어 학습자는 영어 글의 전반적 특징뿐만 아니라 세부 유형별 특징에 대해 아는 것이 중요하다. 아울러 Brown(2001)이 지적한 바와 같이 국어 글과 영어 글의 구성적 차이에 대해서도 학습해야 한다. 따라서 다음 사항들에 대한 학습이 필요하다.

(1) 내용 단락과 형식 단락을 일치시키기
(2) 단락을 주제문으로 시작하기
(3) 긴 글을 쓸 때는 서론, 본론, 결론을 명확히 구분하여 쓰기
(4) 글의 마지막 부분이 종결 느낌이 나는지 확인하기
(5) 이야기체 글, 묘사 글, 설명문, 논설문의 글 구성 특징을 익히기
(6) 동일한 어휘를 반복하지 않기

(7) 능동태 문장이 가능한 경우는 수동태 사용을 지양하기

영어 글에서는 단락(paragraph)의 개념이 중요하다. 따라서 영어 글에서의 단락의 기능에 대한 올바른 이해가 필요하다. 영어 글에서는 내용 단락과 형식 단락이 일치하는 글이 우수한 글이다. 즉 단락마다 주제가 확실하고 주제가 바뀌면 단락도 바뀌어야 한다는 것이다. 또한 단락은 주제문으로 시작하는 두괄식으로 작성되는 것이 보편적이다. 아울러 글의 끝부분은 종결 느낌이 나도록 구성하는 것이 바람직하다. 즉 독자가 글의 마지막 글을 읽었을 때 글이 마무리되었다는 느낌을 받는 것도 중요하다.

영어 글은 일반적으로 이야기체 글, 묘사 글, 설명문, 논설문 이렇게 네 가지 유형으로 분류며, 각 유형은 각각의 구성 특징을 가진다. 이야기체 글은 보통 시간 흐름에 따라 글이 구성되지만 종결 부분에 글 전체를 마무리하는 문장이 들어가는 것이 바람직하다. 영어 묘사체 글은 인물을 묘사하는 것인가, 장소를 묘사하는 것인가에 따라 글의 구성이 달라진다. 설명문은 다양한 유형을 포함하는데, 각 세부 유형에 따라 구성 구조가 다르므로 이를 익혀야 한다. 논설문에서는 자신의 의견을 명확하게 제시하고 이를 논리적으로 입증하는 근거를 나열하며 반대 의견을 가진 사람들을 의견을 존중하면서도 반박하는 논쟁의 설득력이 아주 중요하다. 자신의 주장만 나열하면 타당한 반대 의견이 있을 때 그 주장은 설득력을 잃게 된다. 따라서 자신의 주장을 피역하는 것뿐만 아니라 반대편의 주장에 대한 논리적인 반박이 있어야 한다.

영어 글에서는 동일한 표현을 반복하는 것을 좋은 스타일로 보지 않는다. 동일한 의미의 어휘를 다양하게 사용하는 것이 바람직하다. 특히 고급 단계로 갈수록 중요하다. 예를 들어서, 대학에 관한 글이라면 'university'라는 단어뿐만 아니라 이를 지칭할 수 있는 좀 더 포괄적인 'school'이라는 단어도 사용되며, '주장하다'라는 의미를 전달하기 위해서도 'claim, ' 'state, ' 'assert, ' 'insist' 등의 동사를 다양하게 사용한다.

또한 우리나라 사람들이 영어로 글을 쓸 때 불필요하게 수동태를 쓰는 경우가 많다. Kosofsky(1987)는 이를 한국인들이 흔히 범하는 오류의 하나라고 지적하면

서 다음과 같은 오류 문장을 예로 들었다.:

> The population of Detroit has been increased greatly.
> Deaths from automobile accidents are decreased throughout the country this year.(p. 108)

영어 동사 'increase'와 'decrease'는 타동사로도 사용되지만 위 문장의 예에서는 자동사의 의미로 사용된 것인데, 한국어에서는 무생물이 주어 위치에 흔히 사용되지 않아 의미적으로 '증가되다, ' '감소되다'라고 생각하여 이를 영어로 직역한 수동태로 사용하는 경우가 많다. 따라서 국어와 영어의 문법적, 통사적 특징의 차이를 이해하여 올바른 구문을 사용하는 것도 영어 글쓰기 학습에 필요하다.

3) 문자 언어와 음성 언어의 차이를 인식한다.

다른 언어에서와 마찬가지로, 영어 쓰기에서도 글의 유형에 따라 선호되는 언어 유형이 달라진다. 즉, 형식을 갖추지 않아도 되는 친구에게 보내는 편지에서는 구두 언어적 표현이나 비문법적 표현들이 사용되기도 하지만, 형식을 갖추어야 하는 공식적인 편지나 보고서 등에서는 구두 언어적 표현 사용을 지양한다. 만일 형식을 갖추어야 하는 글을 쓰는데 문자 언어적 표현과 구두 언어적 표현을 구분하지 않고 혼합하여 작문을 한다면 글쓴이의 쓰기 능력은 높이 평가되지 않는다. 예를 들어서, 'and, but, so' 등과 같은 접속사로 문장을 연결하여 하는 것은 구어체이기 때문에 영어 쓰기에서는 지양되며 대신 종속절과 같은 좀 더 복잡한 구문이 사용된다.

또한 구두점도 영어 문자 언어의 일부분이다. 마침표, 쉼표뿐만 아니라 콜론이나 세미콜론도 문장의 의미를 변화시키는 구두점이다. 흔히 우리나라에서는 영어 구두점을 한글에 혼합하여 사용하여 영어 구두점의 올바른 사용법에 대한 지식이 부족하다. 그러나 고급 단계 학습자일수록 영어 글에서의 구두점의 중요성을 인식할 필요가 있다. 예를 들어서, 다음 문장에서 레바논의 주요 네 도시가 콜론 다음에 나열이 되는데 각 도시에 대한 간략한 정보가 포함되면서 쉼표가 사용되는 경우 어디부터 어디까지가 한 도시에 대한 정보인지 알기 쉽게 하기 위해 영어에서는 나열된 네 도시 명 사이에 쉼표가 아닌 세미콜론을 사용한다.

> The main cities of Lebanon are: Beirut, the capital, with an estimated population of 800,000; Tripoli, a Mediterranean oil pipeline terminal; Zahle, which is near the desert; and Saida, a resort town in the south.(Wohl, 1978 p. 146)

이와 같이 영어에서는 구두점이 전달하려고 하는 의미를 좀 더 명확해주는 역할을 한다.

영어 글쓰기를 학습하기 위해서는 문자 언어의 이해도 필요하다. 그러나 이는 학습자 자신들이 문자 언어의 특징을 의식적으로 학습해야 한다는 것을 의미하는 것은 아니다. 다만, 쓰기 지도 교사는 쓰기 학습에 필요한 사항 결정을 위해 이에 대한 올바른 이해를 가지고 있어야 한다(Hammond, 1987; Nunan, 1991). 즉, 학습자들이 문어체 글을 쓸 수 있도록 도와주는 데 적절한 활동들과 수업 절차를 결정하기 위해 문자 언어에 대한 이해를 수반하여야 한다.

4) 국어 작문과 영어 작문의 차이를 인식한다.

모어와 외국어 쓰기는 언어만 다를 뿐 동일한 능력이 요구되므로, 모어 쓰기 능력이 우수하면 외국어 쓰기 능력도 우수할 것이라고 가정하기도 한다(Cumming, 1989; Zamel, 1983). 그러나 실제 외국어 학습 상황에서는 이 가정이 그대로 적용되지 않는 경우가 많다. Cummins(1981)의 상호 의존 가설(interdependence hypothesis)에서도 알 수 있듯이, 일반적인 외국어 능력 수준이 모어의 문자 언어 사용 능력의 외국어로의 전이를 방해하기 때문이다. Silva(1993)는 제2 언어로서의 영어 교육 분야의 쓰기에 대한 연구들을 검토한 결과, 외국어 쓰기는 계획 단계, 유창성, 문법성, 수사적 구성, 어휘의 다양성 측면에서 모어 쓰기와 다를 뿐만 아니라 목표 설정이나 구성 측면에서도 효율성이 떨어진다는 것을 밝혀냈다(Brown, 2001). 따라서 쓰기를 지도할 때 교사가 알아두어야 할 사항 중의 하나는 바로 국어와 영어 쓰기의 차이이며, 이에 대한 올바른 이해를 통해 학습자가 경험할 어려움을 인지하고 더 효과적으로 지도할 수 있을 것이다.

국어와 영어 쓰기의 비교에서 생각해보아야 할 또 다른 하나는 Kaplan(1966)이 말하는 언어별로 선호되는 글의 구성 형태(rhetorical patterns)이다. 그는 다양한 모어를 가진 영어 학습자들의 영어 작문 분석을 통하여, 각 언어나 문화에서 선호되는 글의 구성 형태가 있다는 것을 밝혔다. 영어 원어민 학생들은 논점을 직접 제시하는 반면에, 동양권 언어 학생들은 간접적으로 언급하다가 마무리 부분에서 제시하는 순환적 구성 형태로 주로 글을 조직하는데 이는 모어 쓰기의 영향임을 의미한다. 예를 들면, 순환적 쓰기 유형에 익숙한 한국 학생들은 직선형의 영어 쓰기를 학습할 때에 큰 어려움을 느낀다는 것이다. 따라서 앞서 언급한 바와 같이 영어 글의 특징을 익히는 것이 영어 쓰기 능력 향상을 위해서 중요하다.

5) 읽기를 통해 쓰기 능력을 기른다.

영어 쓰기 능력과 읽기 능력의 관계에 대한 명확한 결론은 없다. 하지만, 많은 학자들은 쓰기와 읽기는 서로 상호작용을 하거나 읽기가 쓰기에 영향을 미칠 수 있다는 가설과 연구들이 있다(Eisterhold, 1990). 따라서 영어 쓰기 능력을 기르기 위해서는 많이 써보는 것(output)이 중요하지만, 글을 많이 써보는 것만큼 영어 글을 많이 읽는 것(input)도 반드시 필요하다. Ferris & Hedgcock(1998)은 특히 쓰기 기술의 일부는 써보는 연습만으로 학습할 수 없으며 읽는 것을 통해서 연마해야 하는 것을 지적하고 있다.

> Writing skills cannot emerge by dint of practice alone. In other words, ... the ability to compose in L1 or L2 cannot develop without a knowledge of the forms, patterns, and purposes of written language. The principle that real learning depends on the provision of abundant input is axiomatic in the field of language learning and teaching. ... there are aspects of composing that may not be teachable at all. Some researchers (Krashen, 1984; Smith, 1988) have even taken the controversial position that writing is essentially an acquired,

unteachable set of skills that develops naturally as a result of extensive interaction with print and of participating in authentic literacy events such as reading for information and further learning(c.f., Grabe, 1991; Harste, 1988; Hedgcock &Pucci, 1993; Kucer, 1991; Peregoy &Boyle, 1997). (p. 35)

영어 소설이나 신문 기사 등을 지속적으로 읽는 다독(extensive reading)을 통해서 어떤 표현이 어떤 문맥에서 사용되며, 어떻게 글이 구성되고 글의 구성이 글의 목적이나 유형에 따라 어떻게 달라지는지를 익힐 수 있다. 또한 Ferris와 Hedgcock(1998)은 글쓴이와 같이 글을 읽고 독자같이 글을 쓰는 것('read like writers and write like readers')이 읽기를 바탕으로 한 유용한 쓰기 활동이라고 본다. 단락 구성 중심 접근법(paragraph pattern approach)이나 장르 중심 접근법에서 제시하는 모델이 되는 글을 분석하는 영어 글의 특징과 구성을 익히는 활동도 필요하다고 본다(Hyland, 2003; Raimes, 1983; Tribble, 1996).

6) 영어 어휘력을 높인다.

영어 능력의 핵심적인 세부 능력은 어휘력이다. 이는 쓰기뿐만 아니라 듣기, 말하기, 읽기에서도 아주 중요하다. 앞서 언급한 바와 같이 영어 글에서는 동일한 어휘를 반복하지 않는 것이 고급 단계의 능력인데, 이를 위해서 필요한 것은 어휘력이다. 어휘 학습법에는 영어-국어 어휘 목록을 암기하는 방법, 영어 단어 정의 풀이를 통해 익히는 방법, 문맥에서 어휘 의미 추론하는 방법 등 다양한 방법이 있는데, 쓰기 능력 향상을 위해서는 문장 내에서 특정 단어가 어떻게 사용되는가를 익히는 것이 중요하다고 본다. 따라서 어휘 의미를 알아보기 위해 영한사전을 찾아보더라도 반드시 예문에서 해당 어휘가 어떻게 사용되었는지를 익히는 것이 필요하다고 본다. 아울러 학습하는 어휘로 문장을 작성해보는 연습이 필요하다.

7) 영어로 된 글을 쓰기 전에 내용과 구성을 미리 계획한다.

국어 글쓰기에서는 과거 필기도구의 영향으로 '붓 가는 대로 쓰다'라는 말이 있다. 이는 수필의 한자어 뜻풀이기도 하다. 이는 떠오르는 대로 글을 써내려간다는 것을 암시하는데, 그러나 일반적으로 영어 글쓰기에서는 글을 쓰기 전에 미리 내용을 구상하고 이를 어떻게 구성할 것인가를 계획한 후 글을 쓰는 것을 고무한다. 이는 과정 중심 접근법(process approach)의 영향이기도 하다. 그 만큼 내용과 구성의 조직력이 영어 글에서는 중요하기 때문이다. 따라서 글을 쓰기 전에 다음과 같은 쓰기 전 단계 활동을 해보는 것이 유용하다고 본다(Brown, 2001, pp. 348-355; Raimes, 1983, pp. 69-80).

(1) 생각 짜내기(brainstorming)
(2) 열거하기(listing)
(3) 개요 작성하기(outlining)
(4) 다발로 묶기 또는 의미 지도 작성(핵심어로 시작하여 자유 연상을 사용하며 다른 단어를 첨가하기)((clustering or semantic mapping (with a keyword, then add other words, using free association)

생각 짜내기(brainstorming)나 핵심 낱말을 중심으로 의미망 작성하기(semantic mapping)를 통해 내용 구상을 하고, 작문 내용에 대한 개요 작성하기(outlining) 등을 통해 구성을 계획해보는 것이다. 한편 글의 내용 구상을 위해서는 필요한 경우 자료를 찾아 읽는 것도 필요하다. 글은 주어진 자료에서 써야 되는 것이 아니다. 글쓰기 연습을 할 때는 주제와 관련된 자료를 수집하여 읽는 등 내용적인 면을 보강할 수 있는 활동도 중요하다. 구성이나 언어적 표현 측면에서 우수한 글이라고 글의 내용이 깊이가 없거나 주제 전개가 부족하다면 좋은 글로 간주되지 않기 때문이다.

8) 영어로 된 글을 자신의 말로 다시 써 본다.

영어 글쓰기 능력 향상에 도움이 되는 활동 중의 하나는 읽은 문장이나 글을 자신의 말로 다시 써보는 것이다. 처음에는 문장별로 시작할 수 있고 나중에는 글 전체로 해볼 수 있을 것이다. 예를 들어서, 한 두 페이지 분량의 영어 글을 읽고 이의 핵심을 간략하게 국어로 메모를 한 후 이를 영어로 다시 써보는 활동이다. 이를 통해 어떤 내용을 어떻게 표현할 수 있는지를 익힐 수 있을 것이다. 흔히 국어에서 장황한 표현도 영어로는 한 두 단어로 간결하게 표현되는 경우가 많은데, 다시 써보기 활동을 통해 국어와 영어 표현의 차이도 익힐 수 있을 것이다. 단, 한글로 적은 의미를 영어로 직역하려는 것은 피하는 것이 바람직하다. 국어로의 의미를 영어로 표현해보는 것은 유용하나 직역하는 것은 국어적인 영어 표현을 만들어낼 수 있기 때문이다.

읽은 영어 글을 완전히 다시 써보는 대신 특정 어휘나 부분만 다시 써보는 활동도 유용하리라고 본다. 예를 들어서, 영어 단락을 하나 선택한 후 구두점을 다 삭제한 후 구두점을 넣어 다시 써보거나 다음과 같이 접속어를 다 삭제한 후 적절한 접속어를 넣어 다시 써본 후 원본과 비교해보는 것이다(Byrne, 1988).

> Janet West's sister is a flight attendant for a famous international airline, __________ Janet wants to become one. ___________, she is still too young: the minimum age for a flight attendant is twenty. __________ Janet is only just over sixteen. ___________ she has taken a job in an office. she attends evening classes. ____________, she wants to improve her French and Spanish, ____________ foreign languages are an essential qualification for a flight attendant. ____________, Janet is gaining experience through her present job. ___________ the office where she works is a travel agency. ___________ she is learning ____________ how to deal with people __________ quite a lot about the places she one day hopes to visit.

이와 같은 활동은 연결어(connectives) 등의 결합 단서(cohesive devices)를 사용하여 문장을 연결하는 활동으로, 이를 통해 일관성 있는 글을 쓰는 능력 함양에 도움이 된다(최연희, 1999). 또한 읽은 글을 문장별로 분리한 후 이를 다시 조합해보는 문장 순서대로 배열하기(unscramble sentences)도 글의 구성을 익히고 문장 사이의 관계를 나타내는 지시어와 같은 결합 단서를 익히는 데 유용하다.

9) 독자의 입장이 되어 쓴 글을 읽어본다.

영어 글쓰기에서 중요한 것이 독자를 고려한 쓰기라고 앞서 언급하였는데, 영어로 글을 쓴 후에 독자의 입장이 되어 다시 읽어보는 것이 아주 중요하다. 영어 읽기 지도에서 흔히 언급하는 유용한 활동은 독자가 글을 읽으면서 지속적으로 글과 대화를 나누는(text talk), 즉 글의 내용이나 글쓴이의 의도 등에 대해 질문을 해보고 스스로 답해보는 기술을 익히는 활동이다(Nuttall, 1996). 이와 같이 쓰기에서도 글을 쓰면서 독자의 입장이 되어 자신이 쓴 글에 지속적으로 질문을 던져보는 활동(dialogue approach)이 고무된다. 예를 들어서 자신이 쓴 부분까지 글을 읽은 독자는 다음 부분에서 어떤 내용을 기대할 것인지 등이다. 이러한 독자 입장에서 자신의 글을 읽어보는 것은 글을 쓰면서 또는 쓰자마자 바로 해볼 수도 있지만, 하루 이틀 지난 후 다시 읽어보고 다른 사람들이 글을 읽는다면 어떤 부분이 이해가 되지 않을까, 어떤 부분을 어떻게 고쳐야 더 잘 이해가 될까를 생각해보는 것도 유용하다. 특히 글을 쓸 때 생각했던 독자의 유형을 고려하여 글을 읽어보는 것이 필요하다.

독자의 입장에서 글을 읽기 위해 과정 중심 접근법에서 흔히 사용하는 다음과 같은 자가 또는 동료 평가지를 활용한 점검 목록을 사용하는 것도 유용하리라고 본다(최연희, 1999).

* 자신의 글을 읽으면서, 다음 질문에 대한 답을 통해 수정이 필요한 부분을 알아보시오. 이를 바탕으로 글을 수정하시오.

	예 (좋음)	아니오 (수정이 필요함)
(1) 내용 점검		
- 주제나 내용이 흥미로운가?	□	□
- 주제문이 적절한가? 구체적이며 전체 내용을 포괄하고 있는가?	□	□
- 모든 문장의 주제가 전체 주제에 관련된 것인가? • 만일 아니라면, 어떤 문장이 관련성이 떨어지는가?	□	□
- 쓰기 주제가 충분히 논의되었는가?	□	□

• 만일 아니라면, 어떤 내용이 더 첨가되어야 하는가?		
- 글의 내용이 논리적인가?	□	□
(2) 구성 점검		
- 글의 서론, 본론, 결론이 분명한가?	□	□
- 문장들이 적절한 순서대로 나열되었는가?	□	□
- 앞 뒤 문장들이 잘 연결되어 있는가? 문장을 연결하는 표현들이 적절한가? 지시어(대명사 등)가 정확한가?	□	□
• 만일 아니라면, 어떤 부분들이 수정되어야 하는가?		
- 글의 종결 부분이 적절한가?	□	□
(3) 문법 점검		
- 문법 구조가 정확한가?	□	□
- 동사 형태가 정확한가? (시제, 3인칭 단수 등)	□	□
- 어순이 정확한가?	□	□
(4) 어휘 점검		
- 어휘 선택이 적절한가?	□	□
- 어휘가 다양한가?	□	□
(5) 철자법, 구두점 등 점검		
- 구두점 사용이 적절한가?	□	□
- 틀린 철자가 없는가?	□	□
- 문장과 단락 형태가 정확한가?	□	□

5. 쓰기 지도의 종류

EFL 학습 상황에서 쓰기 지도를 어떻게 해야 할 것인가에 대한 명확한 답은 있을 수 없다. 다시 말해서, 쓰기 지도는 교사와 교수 기법 혹은 학습자와 학습 기법에 따라 아주 다양하다. 쓰기 교육의 궁극적인 목표가 학습자로 하여금 자신의 생각과 경험을 상대방에게 전달할 수 있는 자유 작문에 이르게 하는 것이라면 학습자가 이 단계에 도달할 수 있도록 지도를 해야 할 것이다. 즉, 학습자는 영어의 구조와 쓰임새를 이해해야 함은 물론 자기 생각을 논리적이고 효과적으로 상대방에게 전달할 수 있어야 할 것이다. 그러기 위해서는 다음의 두 단계로 나누어 지도하는 것이 필요하다.

1) 통제 작문(controlled and guided writing) 단계

이 단계는 EFL의 경우 중학교 1년부터 고등학교 1년까지라고 볼 수 있으나 학자마다 그 견해가 다를 수 있다. 이 단계에서는 교사의 통제 하에서 쓰기 지도가 이루어지기 때문에 학습자들이 거의 실수를 하지 않는 단계이다. 즉, 교사의 지시에 따르면 실수하지 않는 지도 방법으로 문법적인 배열과 같은 영어 사용에 대한 기초지식으로 단어의 의미와 기능을 파악케 하고 문장 수준에서 정확한 문법적 지식을 활용하도록 지도되어야 한다. 사실상 외국어로서 영어를 배우는 데 있어서 문법지식이 없이 글을 쓴다는 것은 거의 불가능하기 때문에 정확한 형태로 글을 쓸 수 있도록 많은 연습을 제공하여 자유 작문에 이르도록 지도하는 단계이다. 교사 편에서는 학습자들의 진도를 측정해서 통제할 수 있고 교수 요점을 체계적이며 점진적으로 망라해서 작문 과제를 교실 수업과 연결시킬 수 있는 단계이다. 학습자 편에서는 어떤 범위 내에서 수업이 이루어지므로 자기 자신의 수준에 맞춰서 학습해 나아갈 수 있는 단계이기도 하다. 또한 이 단계에서는 학습 내용이 정확하고 체계적으로 주어질 수 있기 때문에 교사가 거의 부담을 느끼지 않는 단계이다.

이 단계에서 주로 이루어질 수 있는 교수 활동은 전사활동(copy), 선다형(multiple choice), 재구성(reconstruction), 인지하기(recognition), 연결하기(matching exercises), 완성하기(completion), 확장하기(expansion), 통합하기(integration), 문형연습(pattern exercises), 받아쓰기(dictation), 대체활동(substitution), 질문-대답(Question and answer), 번역(translation), 질문 구성활동(Question framing), 회화활동(conversion), 확대하기(enlargement), 문장 결합(sentence combining), 유사 글쓰기(parallel writing) 등이 될 것이다.

2) 자유 작문(free writing) 단계

EFL 학습 상황에서의 이 단계는 고등학교 2학년부터 시작된다고 볼 수 있다. 통제 작문 단계에서 쓰기 기법 즉, 문장 구성 기법을 터득한 후의 단계이기 때문에 교사는 학습자로 하여금 적절한 주제를 선정하고 그 주제에 맞는 정보를 수집하여 결합성(cohesion)과 일관성(coherence)에 맞게 정보를 전개해 나갈 수 있도록 지도해야 할 것이다. 여기서는 하나의 문단을 작성하는 연습보다 편지 쓰기처럼 여러 문단을 구성하는 기법을 터득하도록 하는 것이 좋다. 또한 학습자에게 흥미와 동기를 부여하기 위하여 주변에서 흔히 볼 수 있고 사용할 수 있는 주제의 선정은 대단히 중요하다. 왜냐 하면 실생활에서 구어로 사용될 수도 있기 때문이다.

여기서 교사의 역할은 학습자의 요구에 따라 지도할 수 있고 또한 개별 면담을 통하여 끊임없이 교류하면서 학습자의 고민을 같이 해결해 주는 것이 필요하다. 그리고 학습자가 쓴 글의 교정은 물론 환류(feedback)를 통하여 오류 교정의 범주와 전략들을 개발하여 주는 것이 필요한데, 주의해야 할 점은 학습자 개인의 능력과 정서적인 면이 고려되어야 하며 학습자에게 나쁜 영향을 끼치는 오류 교정은 영작문에 흥미를 잃게 하므로 유념해서 지도해야 한다.

주로 일어날 수 있는 지도 활동은 목표 언어의 문화적인 지식, 단어가 갖는 뉘앙스, 사건의 전후 관계를 배열해 나가는 시제 문제, 정보를 사용할 때 사용되는 연결사, 맥락에 맞는 어휘 선정 등일 것이다. 또한 이 단계에서 학습자에게 주로 부여할 수 있는 활동은 긴 글을 읽고 그 글의 개요 쓰기, 면담을 하고 나서 요지 쓰기, 에세이 쓰기, 일기와 편지 쓰기, 자기 소개서 쓰기 등일 것이다.

끝으로 전술한 단계의 쓰기 수업은 학습자의 활동이 최대한 보장되는 수업이 되어야 한다. 교사가 지나치게 학습 활동을 통제하다보면 수동적이고 수직적인 교육이 되기 때문에 학습자는 모든 쓰기 활동에 소극적이고 수직적인 교육이 되기 때문에 학습자는 모든 쓰기 활동에 소극적으로 반응하고 흥미를 잃을 수 있으므로 교사는 학습자가 언제, 어떻게, 어떤 도움을 필요로 하는가를 수시로 간파하여 지도하는 것이 필요하다. 또한 학습자들이 스스로 문제 해결을 할 수 있도록 학습자들을 그룹으로 묶어서 학습자 스스로 분석과 통찰을 통한 자율적인 문제 해결 능력을 배양시켜 주어야 할 것이다. 이와 같은 단계와 과정을 밟아서 쓰기 교육이 이루어지면 사회가 요구하는 적절한 쓰기 능력을 갖추게 될 것이다.

3) 단계별 쓰기 지도법

(1) 통제 작문

통제 작문에서의 쓰기 지도는 학습자들이 다루어야 할 학습 자료에 대해 교사의 지시에 따르거나 글로 주어진 지시 내용에 따르면 실수가 없이 학습해 나갈 수 있는 지도 기법을 말한다. 여기서 다루어질 수 있는 지도법은 학습자로 하여금 영어 쓰기에 친숙하도록 하기 위하여 있는 그대로 전사(copy)하는 지도로부터 받아쓰기 지도에 이르기까지 다양할 수 있다. 특히 EFL의 경우 학습자들이 영어에 대한 기초 지식, 즉 어휘, 문장 구조, 의미, 논리성 등이 어떻게 관계를 이루어 문장이 형성되는가를 알지 못하면 글을 쓸 수 없으므로 자유 작문에 앞서 다음과 같은 여러 가지 지도 기법을 통해서 영어에 친숙해지고 영어를 쓸 수 있는 기초 지식을 갖도록 해야 할 것이다.

① 전사(Copy) 지도법

이 방법은 일반적으로 초·중급 단계에 있는 학습자에게 연습하게 함으로서 영어에 친숙해지도록 하고 문장이나 단어의 기억을 강화해 줄 뿐만 아니라 모국어와 다른 여러 가지 구두법과 철자법 등을 학습시키는 중요한 역할을 할 것이다. 여기서 다룰 수 있는 연습 자료는 여러 가지가 있겠으나 내용을 그대로 다른 종이에 전사하는 연습 내용은 텍스트를 이용할 수 있으므로 지면상 생략하고, 기초 단계를 벗어난 학습자에게 사용할 수 있는 의사소통 능력을 기를 수 있는 연습 문항만을 제시한다.

Exercise 1. Copy the following paragraph on a separate sheet of paper and use the correct form of the verb BE in the present tense.

My name __________ Mary.

I _________ American. I ________ from America, and my language ______ English. I _________ 17 years old.

Mr. Kim __________ my friend. He _______ not American; he ________ from Korea. He _________ Korean. His language _______ not English; it _______ Korean. He ________ 17 years old.

위에 제시한 단락은 학습자들이 BE의 변화형을 익히면서 문장을 전사할 수 있는 연습 문항이다. 더 나아가 위의 단락을 이용해서 다음과 같은 연습 문항을 제시할 수 있다.

Exercise 2. Answer these yes-no questions using complete sentences, and then write a statement if their answers were "no."

Example: Is Mary from Japan? No, she is not from Japan. She is from America.

- Is Mary from Korea?
- Is Mary's language English?
- Is Mary 15 years old?
- Is Mr. Kim 18 years old?

이러한 연습을 시키는 목적이 학습자로 하여금 상대방과 쓰기를 통해서 혹은 말하기를 통해서 의사소통을 하도록 하는 데 있으므로 이 연습 문항을 좀 더 확대하여 단락을 다룰 수 있는 단계까지 지도가 가능하다. 이 경우 좋은 방법은 짝꿍 활동(pair group)을 이용하여 서로 면담을 통해서 단락을 형성해 가도록 하는 방법이다. 여기서 학습자에게 주지시켜야 할 사항은 단락에 대한 개념과 단락을 변별해 주는 데 중요한 들여 쓰기에 대한 지도가 있어야 할 것이다. 다음은 상대방과 면담 형식을 통해서 질문을 하고 나서 그들에 대한 대답으로 단락을 구성하는 연습 문항이다. 이렇게 만들어진 단락을 다시 상대방에게 전사하도록 하는 방법으로 지도할 수 있다.

Exercise 3. Write a paragraph answering the following questions.

- What is your name?
- Where are you from?
- What is your language?
- How old are you?
- What is your occupation?
- Where are you now?
- Is this your first trip to the United States?

더 나아가서 위와 같은 질문 형식을 가지고 학습자에게 역할 맡기를 부여하고 대답을 쓰도록 연습시키는 것은 쓰기 능력은 물론 말하기 능력을 향상시키기 위한 바람직한 방법일 것이다.

Exercise 4. Write Mr. Kim's part in the following conversation.

Mr. Kim: .

Mary: My name is Mary.

Mr. Kim: .

Mary: I am from America. Where are you from?

Mr. Kim: .

Mary: Yes, I am a student. Are you a student?

Mr. Kim: .

Mary: I am 15 years old. Are you hungry now?

Mr. Kim: .

Mary: Good. Let's go to the cafeteria.

이 방법을 통한 전사 지도는 단순한 전사를 벗어나서 실제 상황에서 학습자가 질문을 받을 수 있는 내용이므로 학습자에게 동기를 유발시킬 수 있는 방법들이며 더 나아가서 의사소통 능력을 신장시킬 수 있는 방법이기도 하다. 이러한 정보를 토대로 학습자에게 Mr. Kim이나 Mary의 정보를 단락으로 구성하도로 함으로써 쓰기 능력을 기르게 할 수 있으며, 또한 위의 정보를 확대하는 다음과 같은 연습 문항을 제시하여 단락의 논리적 구성과 사건의 순서적 배열 능력을 학습시킬 수 있다.

Exercise 5. Copy this paragraph and write the verbs in the correct form.

I (get up) _______ every morning at 6: 00. First, I (wash) ________ my face. Then, I (brush) ________ my teeth. Next, I (eat) ________ breakfast in the cafeteria. I always (have) _______ eggs, toast, and coffee. I never (drink) ________ tea. Finally, I (look for) __________ my books, (put on) __________ my coat, and (go) ________ to school.

주어가 1인칭으로 되어 있는 위 연습 문항을 가지고 다시 3인칭인 Mary나 Mr.

Kim으로 시작하여 다시 단락을 쓰도록 연습 문항을 제시할 수 있다. 이렇게 함으로써 학습자가 주어와 동사의 관계, 즉 주어의 인칭에 따라 동사가 어떻게 변화하는가를 익힐 수 있고, 더 나아가서 학습자에게 위에 제시된 단락의 현재 시제를 과거 시제로 바꾸도록 연습하게 함으로써 동사의 굴절에 대해서 많은 것을 터득시킬 수 있을 것이다.

지금까지 제시한 연습 문항은 순수한 전사의 범주를 벗어난 감이 없지 않지만 궁극적인 목표가 영어를 사용해서 의사소통 하도록 지도하는 데 있으므로 교사들은 이러한 지도 방법에 대해서 많은 연구가 있어야 할 것이다. 단순히 어떤 문장이나 단락을 전사하도록 지도한다면 학습자들이 흥미를 잃을 수 있으므로 동기를 유발할 수 있는 방법을 부단히 연구해야 할 것이다.

② 선다형(Multiple-Choice) 지도법

주로 선다형 쓰기 지도법은 한 가지 문법 사항을 학습자에게 지도한 후 학습자의 성취도를 측정하기 위하여 혹은 이해를 돕기 위하여 전통적으로 사용해 온 방법으로 이미 우리가 익히 알고 있는 것이기 때문에 몇 가지 실례만을 들어 보겠다. 아래 제시한 연습 문항은 시간 표시의 부사구와 동사구의 관계를 보여 주는 연습 문항이다. (이탤릭체로 되어 있는 부분이 정답이다.)

Exercise 6. This exercise has to do with the use of certain verb forms. Circle the letter of the correct time expression.

1) Tom has been here
(1) two days ago. (2) for two days. (3) yesterday.

2) We have traveled a lot
(1) until then. (2) by then. (3) since that time.

3) How long ago
(1) did you live here? (2) have you lived here? (3) are you living here?

Exercise 7. This exercise has to do with the use of time expression. Circle the letter of the correct verb form.

1) How long
   (1) have you known Maria?
   (2) have you met?
   (3) did you meet?

2) By the time the police arrived, the man
   (1) was dead for two hours.
   (2) has been dead.
   (3) had been dead.

③ 문장 결합(Sentence combining) 지도법

문장을 결합하는 방법은 많은 형태들이 있다. 여기서는 연결사를 첨가하여 문장을 결합하는 방법만을 논의하고자 한다. 연결사를 첨가해서 문장을 결합할 때 학습자들은 연결사가 무엇을 의미하는가에 대한 그들의 이해를 보여 줄 수 있다. 예를 들어서 첨가를 나타내는 연결사(and, moreover, furthermore 등), 대조를 나타내는 연결사(but, however, nevertheless 등), 그리고 결과를 나타내는 연결사(so, consequently, therefore 등) 등에 대한 지도가 있은 후 다음과 같은 연습 문항을 통하여 학습 효과를 강화시켜 줄 수 있을 것이다.

Exercise 8. Fill in the blank with an appropriate connective.

1) He likes ice cream ________ he won't eat any. (but)
2) She didn't feel well today ________ she didn't go to work. (so)

위와 같은 연습 문항을 통해 종속접속사, 즉 시간을 나타내는 종속접속사(after, before, since 등), 조건을 나타내는 종속접속사(if, whether or not, unless 등), 그리고 원인을 나타내는 종속접속사(since, because 등) 등도 연습시킬 수 있다.

6. 쓰기 활동 예 소개

비교적 광범위한 언어 수준에서 적용이 가능한 여러 가지 쓰기 활동을 소개하도록 하겠다.

1) 협력하여 이야기 쓰기(Composing a Narrative Cooperatively)

(1) 언어수준: 중학교 1, 2학년 정도의 초급 학생들
(2) 목표: 과거에 일어난 일을 과거시제(past tense)를 이용하여 묘사하도록 한다.
(3) 준비물: 어떠한 일의 진행을 나타내는 일련의 그림들
(4) 절차:

① 학생들과 함께 단순 현재 시제와 과거 시제가 어떻게 다른가에 대해 복습한다.
② 학생들에게 일련의 그림을 제시하고, 그림에 나오는 사항 중 모르는 어휘가 있으면 질문하도록 한다. 각각의 그림에 대해 필요한 어휘를 칠판에 적는다.
③ 학생들에게 각각의 그림에 대해 한 문장씩 쓰도록 한다. 그리고 그 문장 밑으로는 네 줄 혹은 다섯줄을 남겨놓도록 한다. (이 부분부터가 다른 유사한 활동과 다른 부분이다.)
④ 학생들이 각각의 그림에 대해 한 문장을 썼으면 그 종이를 다른 학생과 교환하여, 다른 학생이 무엇에 대해 썼는지 읽어본다. 학생들은 각각의 그림에 대해 짝이 쓰지 않은 부분에 대해서 ③에서 남겨 놓은 공간에다 한 문장 씩 덧붙이도록 한다.
⑤ 절차 ④번을 다른 학생들과 세 번 정도 반복한다. 이런 방식으로 학생들은 일련의 그림에 대해서 더욱 자세한 정보를 첨가하게 된다. 이러한 점에서 그림은 너무 단순하지 않은 것이 좋다. 학생들은 위에서 다른 학생들이 쓰지 않은 정보를 덧붙여야 하기 때문에 그림을 더욱 흥미 있게 관찰하고, 더 자세한 기술(description)을 하게 된다.
⑥ 절차 ④, ⑤번을 반복하고 용지를 맨 첫 문장을 쓴 학생에게 돌려주도록

한다. 첫 문장을 썼던 학생은 자신이 쓴 문장 밑에 다른 학생들이 쓴 문장을 참조하여 이야기를 재구성하도록 한다.

⑦ 이야기가 완성되면 큰 소리로 읽을 기회를 제공하거나, 교실 뒤에 나중에 전시를 하도록 한다. 학생들은 이야기를 혼자 쓴 것이 아니라 다른 학생들과 함께 썼다는 느낌 때문에 발표하는 것에도 그다지 저항감을 갖지 않게 된다.

2) 다른 관점으로부터 이야기 다시 말하기(Retelling a Story from Different Perspectives)

이 활동은 한 사건 혹은 이야기를 학생들이 서로 다른 관점에서 써보는 활동이다. 예를 들어 어떤 집에 도둑이 든 사건이 있었다고 하자. 이 사건을 바라보는 시각에는 집주인, 도둑, 이웃집 증인, 수위 아저씨 등등 다양한 시각이 있을 것이다. 학생들은 이 중 한 가지 역할을 고르고 그 역할의 입장에 입각하여 이야기를 쓸 수 있다. 이것은 일종의 창조적 글쓰기(creative writing)로서, 기존에 잘 알려져 있는 전래동화를 가지고도 적용이 가능하다. 예를 들어 흥부와 놀부의 이야기에서도 흥부, 놀부, 흥부 아내, 놀부 아내, 흥부의 아이들의 입장이 다 다른 만큼 학생들은 다양한 역할 중에 하나를 선택하여 이야기를 꾸며볼 수 있다.

(1) 언어 수준: 중간 상위 이상이어야 보다 구체적이고 재미있는 이야기가 가능하겠지만, 언어 수준이 이에 못 미치는 학생들을 대상으로도 보다 단순화 된 내용으로 활동을 할 수 있다.

(2) 목표: 기술문(descriptive writing)과 이야기 쓰기를 연습한다. 또한 학생들에게 상상력을 자극하여 보다 창의적인 글쓰기를 하도록 도와줄 수 있는 활동이다.

(3) 준비물: 사건을 다룬다면 신문 기사를 준비하고 기존의 전래 동화나 이야기를 대상으로 한다면 누구나 알고 있는 이야기를 선택하고 간단하게 등장인물을 확인하도록 한다.

(4) 절차: (뉴스 사건을 다루는 경우)

① 뉴스 기사를 복사하여 학생들에게 나누어 준다.(이 때 신문 기사는 아주 고급 학생들의 경우에는 영자 신문을 이용하도록 하고, 초중급 학생들의 경우에는 우리나라 신문 기사를 이용하여도 무방하다. 그런데 만약 읽기와 쓰기를 통합하는 수업을 하고 싶다면 영자 신문에 난 기사를 학생들의 언어 수준에 맞게 교사가 언어와 내용 면에서 보다 쉽고 단순하게 다시 영어로 써서 학생들에게 제공할 수 있다.)

② 교사는 학생들에게 관련 인물 중에서 한 사람을 골라, 그 사람의 시각에서 이야기를 다시 쓰는 활동을 할 것이라는 것을 알려준다. 학생들은 한 역할을 고르고 이야기를 재구성할 시간을 갖도록 한다. 서로의 생각에서 아이디어를 얻도록 먼저 아이디어가 떠오른 학생들은 간단하게 말해보도록 한다.

③ 학생들이 이야기의 계획을 세우고 초고(first draft)를 쓰기 시작하는 동안 교사는 교실을 다니면서 도움말을 주도록 한다.

④ 학생들이 초고를 쓰고 나면, 선택한 인물에 따라 그룹을 짓도록 한다.(예 집주인은 집주인들끼리, 도둑은 도둑끼리 등). 학생들은 서로의 초고를 읽어보고 피드백을 주도록 한다.

⑤ 학생들은 자신의 초고를 수정한다.

⑥ (선택 사항) 학급 전체 활동으로서 다른 시각에서 쓴 학생들의 작품들도 서로 읽어보도록 한다.

3) 우화(Fables) 쓰기

이 쓰기 활동은 학생들이 친근하게 알고 있는 우화를 이용하여 자신들만의 우화를 만들어내는 것이다.

(1) 언어수준: 중급 이상

(2) 목표: 교훈을 줄 수 있는 이야기를 스스로 만들어보도록 한다.

(3) 준비물: “토끼와 거북이(The Tortoise and the Hare)”, “사자와 쥐(The Lion and the Mouse)”, “황금 알을 낳은 거위(The Goose and the Golden Eggs)”, “도시 쥐와 시골 쥐(The Town Mouse and the Country Mouse)” 등의 우화를 준비할 수도 있고,

혹은 요즈음 유행하던 "무지개 물고기" 시리즈와 같은 보다 현대적인 우화를 가져올 수도 있다.

(4) 절차:

① 학생들이 우화를 돌려가며 빨리 읽어보도록 한다.
② 학생들과 우화의 특징에 대해 말해보도록 한다.:

- 만들어진 이야기지만 있을 법 한 이야기로서 행동의 원칙을 전달하여야 한다.
- 주인공은 동물, 무생물, 신, 혹은 사람일 수도 있다.
- 간결하여야 한다.
- 도덕적인 교훈이 나오는데, 이는 분명히 이야기에서 명시될 수도 있고, 아니면 함축적으로 전달될 수도 있다.

③ 학생들은 자신들의 우화를 만들어 보는데, 계획 단계에서 생각해 볼 점은 다음과 같다.

- 어떤 교훈을 전달할 것인가?
- 그 교훈을 잘 나타내기 위해서는 어떠한 주인공(어떤 동물, 무생물)이 필요한가?
- 어떻게 이야기를 전개시킬 것인가?

④ 초고(first draft)를 쓰고 짝과 바꾸어 읽고 서로 내용과 언어적인 면에서 피드백을 주도록 한다.
⑤ (선택사항) 학생들의 작품을 그림까지 곁들여 학급 신문 형식으로 낼 수 있다.

4) 학생 작품의 예

The Octopus and the Angelfish (고급 수준)

The octopus prefers to stay at the bottom of the ocean. She hides in the crevices of the rocks. She squirts black ink at her enemies. She seems disagreeable and contemptible.

The Angelfish is very cheerful. He is very colorful, but he is also pretentious. One day, the angelfish traveled to the bottom of the ocean. There, he saw the octopus who was hiding in a hole in the rock. The angelfish presumed that the octopus was dangerous, so the angelfish left the bottom of the ocean. The octopus was very sad. He thought that the angelfish was very beautiful. Because the angelfish was curious, he traveled to the bottom of the ocean again. This time the octopus wasn't in a crevice of a rock. She was walking on the ocean floor. She was crying.

"Why are you crying?" asked the angelfish, curiously.

"Because I don't have any friends. Everyone thinks that I am dangerous, " the octopus said.

"You hide in the crevices of rocks all the time, " the angelfish responded.

"I'm not hiding. I'm just shy."

"I'm sorry, " the angelfish said, "Next time, I'm not going to assume the worst. Anyway, will you be my friend?"

"Of course, I thought you would never ask." (White, 1995, p. 176)

5) 다음은 시의 형식을 빌린 것이다.

The Weeping Willow (중급 수준)

Why, weeping willow
Are you crying?
What has happened?
Are you sad?
What are you doing
With your life?

I am the weeping willow
I cry because
It is my penance.
But, why this penance
Have you a sin
With God?
Yes, I have sinned
But I was not
Always a tree.
I was a man
Who was a sinner
This is my penance.
God said "No!"
But I disobeyed
Now, I have all the pain
I must forever weep. (White, 1995, p. 177)

사실 위의 작품은 미국 초등학생들이 쓴 것으로 언어적인 면에서 보면 우리나라 영어 학습자보다 수준이 높다. 그러나 비교적 언어 수준이 낮은 학생들도 자신들의 수준 범위 안에서 충분히 우화를 쓸 수 있다고 본다.

다음은 우리나라 유아들을 위해 우화를 쉽게 써놓은 것의 예이다. 학생들은 이러한 모델을 읽고 자극을 받아 자신의 글을 쓸 수 있다.

The Ant and the Grasshopper

In the country, there lived an ant and a grasshopper.

The grasshopper loved to play all day long. But the ant worked hard, and had no time to play.

"Come play with me!" the grasshopper said.

"I can't. I have to work," the ant said.

The grasshopper played many games. But the ant worked very hard. The leaves on the tree changed to beautiful colors...red, orange, yellow and gold.

Still, the grasshopper played from morning until evening. And still the ant worked hard all day.

Soon, the leaves were all gone, and snow fell on the ground. The ant was warm and happy in his home. But the grasshopper was cold and hungry.

The grasshopper went to the ant's home. "It's cold outside!"

The ant saw the grasshopper through the window. "Come in!" the ant said.

"I'm hungry, " the grasshopper said.

"I will give you some food, " the ant said.

"I played all the time. Now I don't have any food."

The spent the winter in the ant's home. And in spring, they both worked.

(Re-written by Eric Prochaska & Young-in Moon)

The Lion and the Mouse

One day, there was a lion sleeping under a blueberry tree.

A mouse was playing in the grass and saw the blueberries. The mouse wanted to eat the blueberries. So he climbed on top of the lion's head to reach the tree.

At that moment, the lion woke up!

"Who is standing on my head?" the lion growled. The lion caught the mouse. The mouse was very scared.

"I am the king of the forest!" the lion roared.

"Please, don't eat me!" the mouse said, "If you let me go, I can help you someday."

"You? You are a tiny mouse!" the lion laughed, "How can a mouse help the strong lion?"

The lion laughed very hard, and let the mouse go.

The next day, the lion was hungry. The lion smelled some food. But it was a trap! The strong lion tried and tried, but he could not get free. The mouse was playing in the grass and saw the lion. The tiny mouse wanted to help the lion.

Just then the mouse had a good idea.

"I will help you," the mouse said.

"You? You are so small! How can you help me?" the lion asked.

"I am strong!" the lion said, "But I am trapped. How can a tiny mouse help me?"

The mouse started to chew the rope. He chewed and chewed and chewed and chewed!

Soon, the lion was free.

"You did help me!" the lion said.

"Yes, because you did not eat me," said the mouse.

"Thank you!" said the lion.

"You're welcome," said the mouse.

So the strong lion helped the tiny mouse. And the tiny mouse helped the strong lion. They became good friends.

(Re-written by Eric Prochaska & Young-in Moon)

7. 효과적인 영작문 평가를 위한 문항의 개발

쓰기는 작가와 독자의 의사소통을 위한 행위라는 점에서 화자와 청자의 의사소통을 위하여 발화를 하는 행위와 유사점이 많으나, 작가와 독자를 둘러싸고 있는 환경이 화자와 청자를 둘러싸고 환경과 다른 점 또한 많다. 따라서 이러한 유사점과 상이점이 평가에 정확히 반영이 되어야만 학생들의 영작문 능력이 정확하고 타당하게 평가될 수 있다고 하겠다. 쓰기와 말하기의 가장 큰 차이점은 언어사용의 정확성과 논리의 엄밀성이다. 첫째, 화자는 시간적, 공간적으로 청자와 동일한 공간과 시간에 위치하게 되므로 화자와 청자 사이에 의미에 대한 협의가 가능하지만, 쓰기에서는 작가와 독자가 대부분의 경우 서로 다른 시간과 공간에 위치하게 되므로 의사의 전달이 일방적일 수밖에 없다. 이러한 일방적인 의사의 전달은 의사소통의 실패에 대한 책임을 전적으로 작가에 묻게 되는 바 이러한 점에서 작가는 언어사용에 대하여 정확성을 요구받을 수밖에 없을 것이다. 또한 화자와 청자 사이의 대화에서는 화자의 발화의 길이가 상대적으로 쓰기에 비하여 짧고 또한 청자의 이해를 점검하면서 대화가 이루어지는 특징이 있으나, 쓰기의 경우는 대개 다수의 단락을 이용하여 말하기에 비하여 상대적으로 복잡한 내용을 독자의 이해를 점검하지 못한 상태에서 이루어져야 하기 때문에 독자가 작가의 의도를 파악하는 데 큰 어려움이 없을 정도의 논리의 투명성과 치밀성이 요구된다 하겠다.

쓰기를 평가하는 방법은 크게 두 가지로 분류할 수 있다. 첫째는 학생들의 글을 직접적으로 평가하는 직접적인 평가방법이고 다른 하나는 작문의 여러 요소의 각각을 평가하는 간접적인 평가방법이다. 직접적인 평가방법의 경우 평가에 대한 객관성을 담보할 수 있는 단점이 있으나, 작문을 여러 요소로 나누어서 평가하는 데서 발생하는 작문에 대한 전체성(wholeness)의 파괴를 피할 수 있다. 전체성이란 글을 하나의 분리할 수 없는 대상으로 생각하여 만일 작문의 요소를 인위적으로 분리하여 각각의 요소에 대하여 평가를 한다면 글이 지니고 있는 전체적인 효율성에 대한 평가는 불가능하다는 견해이다. 이와는 반대로 간접적인 평가방법에서는 각각의 항목에 대하여 개별적인 평가를 함으로 평가의 객관성을 상당히 보장받을 수는 있으나, 글의 전체성을 파괴하므로 글이 독자와의 의사소통을 위한 메시지로서의 전체적인 유창성과 효율성에 대한 평가가 불가능하다. 이러한 직접적인 평가방법과 간접적인 평가방법의 장단점을 고려하여 볼 때 이 두 가지의 평가방법이 서로에 대하여 상호보완적인 기능을 수행할 수 있으므로 이 두 가지 평가방법을 적절히 혼합하여 사용함으로써 평가의 타당성과 객관성을 동시에 추구할 수 있을 것이다.

1) 직접적인 영작문 능력의 평가

직접적인 영작문 평가란 대개 자유 주제 혹은 특정 주제를 제시하고 그에 따라 학생들이 작성한 글을 평가하는 것을 말하는데 미국 ETS(Educational Testing Service)에서 주관하는 TOEFL 시험의 한 부분으로 시행되고 있는 Essay Test가 우리가 잘 알고 있는 예 중의 하나라고 하겠다. 직접적인 영작문의 평가가 학생들의 영작문 능력을 정확하게 평가하기 위해서는 학생들의 영작문 능력을 충분히 발휘하는 것을 가능하게 하는 주제의 선정이 필수적이라고 하겠다. 학생들에게 주어진 주제가 너무 어렵거나 생소한 경우에는 학생들의 정확한 영작문 능력을 이끌어낼 수 없다. ETS에서 예시한 아래의 주제는 주제에 대한 이러한 조건들을 만족시키고 있다고 할 수 있겠다.

[주제 1]

It has been said, "Not everything that is learned is contained in books." Compare and Contrast knowledge gained from experience with knowledge gained from books. In your opinion, which source is more important? Why?

[주제 2]

A person you know is planning to move to your town or city. What do you think this person would like and dislike about living in your town or city? Why? Use specific reasons and details to develop your essay.

위에서 예시한 작문의 주제들은 학생들의 상식이나 경험을 이용하여 쉽게 해답이나 의견을 이끌어낼 수 있을 뿐더러 학생들의 주장을 논리적으로 설명하도록 요구하고 있다. 또한 교사는 학생들의 가지고 있는 지식이나 관심을 유도하여 영작문에서 적절히 표현하도록 유도하여야 한다. 이에 대한 방법의 하나로서 교사들은 학생들이 평가를 실시하기 무렵에 타 교과목에서 학습하고 내용을 파악하여 학생으로 하여금 영작문에서 표현하도록 하여 학생들이 영작을 하는데 있어서 느낄 수 있는 주제와 관련된 지식의 부족에 관한 문제점들을 피해야 한다.

교사들이 영작문에 대하여 직접적인 평가를 하는데 있어서 느끼는 또 하나의 문제점은 학생들의 작문을 어떻게 객관적으로 평가를 하느냐 하는 점이다. 아래에서 예시된 평가기준은 ETS가 TOEFL에 포함된 영작문 시험의 평가기준이다. ETS의 기준에 의하면 학생들은 영작문 시험에서 최저 0점에서 6점 만점까지를 얻을 수 있다. 이 기준표의 가장 큰 문제점은 학생들의 글을 한정된 분류항목에 의하여 채점하는 관계로 평가가 과학적인 기준에 의하지 않고 채점자의 주관적인 견해에 결정적으로 좌우된다는 점이다. 예를 들어 학생들의 작문이 아래와 같은 요건을 충족할 경우 6점 만점이 주어질 수 있다:

(1) 작문 과제에 대하여 효과적으로 대처하며
(2) 구성과 논리의 발달이 잘 이루어져 있으며
(3) 생각이나 요점을 설명하기 위해 적절하고 명확하게 세부사항을 설명하고 있으며
(4) 영어의 사용에 있어서 일관된 능력을 보여주고 있으며
(5) 다양한 구문 및 적절한 어휘를 사용할 능력을 보여주고 있다.

위의 다섯 개의 평가 항목은 모두 다 채점자의 주관적인 견해에 결정적으로 의존하고 있으며 특히 처음 두 항목은 이러한 경향이 두드러지게 나타나고 있다. 평가에 있어서 객관성의 최대 확보라는 한국의 교육적인 현실을 고려할 때 평가기준이 더욱 더 구체적이고 광범위해야 할 것으로 보인다. 또한 ETS에서 2인의 채점자가 하나의 작문을 교차 채점하는 것과 같이 다수의 채점자에 의한 교차 평가를 하여 평가의 공정성을 제고하는 것도 직접적인 평가를 실시하는데 있어서 교사가 고려해야 할 사항 중의 하나이다.

6 points	5 points	4 points
- effectively addresses the writing task - is well organized and well developed - uses clearly appropriate details to support a thesis or illustrate ideas - displays consistent facility in the use of language - demonstrates syntactic variety and appropriate word choice	- may address some parts of the task more effectively than others - uses details to support a thesis or illustrate an idea - displays facility in the use of the language - demonstrates some syntactic variety and range of vocabulary	- addresses the writing topic adequately but may slight parts of the task - is adequately organized and developed - uses some details to support a thesis or illustrate an idea - demonstrates adequate but possibly inconsistent facility with syntax and usage - may contain some errors that occasionally obscure meaning

3 points	2 points	1 points
- inadequate organization or development - inappropriate or insufficient details to support or illustrate generalizations - a noticeably inappropriate choice of words or word forms - an accumulation of errors in sentence structure and/or usage	- serious disorganization or underdevelopment - little or no detail, or irrelevant specifics - serious and frequent errors in sentence structure or usage - serious problems with focus	- may be incoherent - may be undeveloped - may contain severe and persistent writing errors

이러한 ETS의 평가 방법의 대안으로 학생들의 작문을 놓고 작문의 각각의 요소에 대하여 개별적으로 평가한 다음 개별적인 점수의 합을 구하여 점수의 합계로 학생들의 작문 능력을 판단하는 방법이 있을 수 있다. Spandel & Stiggins(1990)는 영작문에 관련된 요소를 내용, 구성, 작가의 주장, 어휘 선택, 문장의 흐름, 문법 등의 기계적인 요소의 여섯 개 분야로 나누고 각 항목 당 5점 만점씩을 배정해 그 점수의 합으로 학생들의 영작문 능력을 평가하고 있다. 이러한 방법은 각 항목, 각 점수에 대하여 세밀한 설명을 함으로서 채점에 있어서 구체성을 ETS 방법보다 확보할 수 있고 여러 명의 채점자가 상호 채점을 할 경우 채점에 대한 객관성을 제고할 수 있다. 하지만 작문의 요소들을 인위적으로 나눔으로 인하여 작문의 전체적인 면에 대한 평가는 일부분 손상을 입을 수밖에 없다.

2) 간접적인 영작문 능력의 평가

간접적인 평가란 학생들에 작문을 직접 시키는 대신에 작문에 필요한 기술만을 별도로 측정하여 학생들의 영작문 능력을 간접적으로 추정하는 평가 방법을 말한다. 간접적인 평가 방법의 경우 평가의 타당성에 심각한 손상을 입지만, 평가의 객관성을 확보할 수 있고 학생들의 작문을 직접적으로 채점하는 것에 대한 여러 가지 불편한 점을 피할 수 있는 장점이 있다. 이러한 간접적인 평가를 하는 데 있어서 교사가 고려해야 할 사항은 간접적인 형태의 영작문 능력의 평가라 할지라도 직접적인 형태의 평가를 지향하여야 한다는 점이다. 예를 들어 문법 혹은 논리적인 능력을 평가하는 데 초점을 맞추어 평가를 실시한다고 할 때, 단지 초점을 맞춘 능력만을 요구하는 것이 아니라 다른 능력들도 함께 발휘하도록 요구함으로써 학생들의 종합적인 영작문 능력이 간접적인 평가형태에서도 드러날 수 있도록 하는 평가 문항의 개발에 노력을 기울여 평가의 타당성을 최대한 확보하여야 한다.

대표적인 간접 평가의 한 유형은 국어로 된 문장을 제시하고 이를 영어로 번역하는 형태이다. 이러한 형태의 영작문 평가는 학생에게 구문 및 어휘 능력을 요구하고 있는 바, 만일 영역을 하는 데 필요한 구문 및 어휘가 이미 학습이 된 상태라면 이는 단순히 학습내용을 기계적으로 옮기는 능력을 요구하는 것에 지나지 않는다. 더욱이 교사가 학생들이 특정 구문과 특정 단어를 사용하여 국어를 영역하는 것을 예상할 지라도 학생들이 그 예상대로 답안을 작성할 것이라는 보장이 없다. 예를 들어 교사가 학생들이 "양심이 있는 사람은 누구라도 그 법안에 반대할 것이다."라는 문제에 대하여 'whoever'를 사용하여 작문을 할 것이라고 예상할지라도 학생들은 그 문항에 대하여 다음과 같은 문장들로 다양하게 반응할 수 있다는 점을 기억해야 한다.

(1) Whoever have conscience will object to the bill.
(2) Anyone who have conscience will oppose the legislation.
(3) Anybody with conscience will oppose the bill.

다시 말하면, 학생들이 교사가 예상한 표현을 사용하지 않고 작문을 하였으나 문제에서 제시된 의미를 충실히 구현하였을 경우, 교사가 원하는 표현을 사용하지 않았다는 이유만으로 학생들을 차등을 두어 평가하는 것은 논리에 맞지 않다. 이러한 영역 문제의 경우 교사는 의미 구현에 대한 표현의 다양성을 인정해야 할 뿐만 아니라 학생들이 의미를 창조하는 과정에서 배제되어 있다는 점에서 바람직한 평가 문항이라고는 할 수 없다. 이러한 국어의 영역 문제보다는 학생들이 그들 스스로의 의미 및 표현 방법을 선택하게 하는 문제를 출제하는 것이 학생들의 작문 능력을 보다 타당성이 있게 평가하는 것이 될 것이다. 예를 들어 위에서 말한 구문과 의미를 기대하는 문제를 출제하는 경우 교사는 단순히 국문을 영역하라고 하는 대신 다음과 같은 문제를 출제함으로서 학생들에게 의미 및 표현 선택에 대한 권한을 부여하여 영작문 평가에 대한 타당성을 기대할 수 있을 것이다.

The Congress is planning to pass a law which allows everybody to go to college. What kind of people do you think will oppose the law?

이러한 문제는 학생들에게 의미 및 표현 방법을 선택할 수 있는 권한을 부여하고 있으며 또한 학생들에게 작문에 대한 문맥(context)을 제공함으로서 영작문의 능력에 대한 평가로서 더 많은 타당성을 단순한 영역문제보다 확보하고 있다고 하겠다.

적절한 어휘 혹은 어휘의 정확한 형태를 빈칸에 적어 넣는 문항도 우리가 자주 접하게 되는데 이는 근본적으로 학생들의 문법 능력을 평가하자는 문제이지 작문 능력을 평가하는 문제는 아니다. 예를 들어 아래에 제시된 첫 번째 문제의 경우 학생들은 동사 "play"의 정확한 형태를 그리고 두 번째 문제의 경우 적절한 전치사를 적어 넣는 문제인데 이러한 종류의 문제를 작문 평가 문항과 혼동해서는 안 될 것이다. 학생들의 기본적인 영작문 능력을 평가하고자 할 경우에는 아래에 제시된 문제보다는 예를 들어 "What sport do you enjoy?" 혹은 "What contribution should everybody make?"같은 질문을 평가 문항으로 제시함으로서 학생들에게 아래의 문항에서 평가하고자 하는 문법 능력뿐만이 아니라 학생들에게 의미를 창조하는 능력도 함께 요구할 수 있다고 하겠다.

* I enjoy __________(play) tennis.
* Everybody should contribute ________ building a better community.

마지막으로 개별적인 문장에 대한 학생들의 작문 능력뿐만이 아니라 단락 혹은 전체적인 글을 구성하는 능력도 영작문 평가에 포함되어야 한다. 예를 들어 논리적인 문장의 순서 혹은 문장과 문장 사이를 연결하여 주는 연결어, 그리고 단락의 주제문 등을 적절히 기술할 수 있는 능력은 영작문 능력의 평가에 있어서 빠뜨릴 수 없는 중요한 항목이므로 반드시 영작문의 학습 및 평가에 포함되어야 한다. 영작문 학습 및 평가가 궁극적으로 지향하는 점은 영어를 사용하여 논리적이고 효과적으로 생각이나 의사를 전달하는 것이라는 것을 교사는 항상 기억하여야 한다.

제6장 문법 지도 적용

1. 문법 지도의 동향

요즘 외국어 학습 동향은 기존의 문법·번역식(Grammar-translation) 교수법을 지양하고, 실제 언어 사용 상황에서 효과적으로 영어를 구사할 수 있는 능력을 기르는 이른 바 의사소통 능력(communicative competence)을 함양하는 것을 주요 학습목표로 제시하고 있다.

그렇다고 의사소통 기능을 중시한다고 해서 실제적으로 문법을 완전히 무시하는 것은 물론 아니다. 우리나라와 같은 EFL(English as a Foreign Language) 상황에선 기존의 구조주의적 접근 방식(Structural approach)과 의사소통 기능 개발에 중점을 두는 의미-기능 중심 접근 방식(Notional-functional approach)을 다 포괄하는 소위 '구조-기능적(structural-functional)' 접근방식을 구성하는 데 역점을 두어야 할 것이다. 이러한 절충주의적 방식(Eclectic approach)은 이론이나 실제에서 유창성(fluency)과 정확성(accuracy)에 모두 유념한다는 면에서 적절한 것으로 보여진다.

미국에서 의사소통 중심의 교수법이 한참 유행하던 때에 문법 학습을 배제하고 의사소통 기능 함양에만 중점을 두는 것에 대한 비판의 목소리가 높았던 적이 있다. 말하기 학습에서 문법 학습을 배제하고 의사소통 기능 개발과 유창성만을 강조했을 경우, 일상 영어(survival English) 수준의 영어 구사 능력은 갖게 되지만, 사회의 각 기관에서 종사하는데 요구되는 이른 바 고급 영어 능력 수준에는 크게 못 미친다는 것이었다. 즉 아무리 유창하게 영어를 말할 수 있다 하더라도 정확도가 많이 떨어지게 경우 사회적 생산성 면에서는 미흡한 수준의 영어 능력에 머무르게 된다는 점이 지적된 것이다.

물론 이는 우리와는 상황이 전혀 다른 ESL(English as a Second Language) 상황에서 논의된 것이었지만, 우리의 경우에는 문법의 중요성은 어느 정도 인지되어야 할 것 같다. 특히 우리나라와 같은 EFL상황에서는 지속적인 언어 습득 자료(language input)의 부족으로 인하여 부정확한 영어가 언어 습득 초기 단계에 화석화(fossilization)될 가능성이 높다고 볼 때, 문법 학습은 언어 습득에 정확도를 기한다는 면에서 어느 정도 필요할 것이라고 생각된다. 이러한 면에서 장기적으로는 말하기 학습에서 의사소통 기능 위주의 교육과정에 알맞은 실용 영문법의 연구 및 적응이 필요할 것이고, 실용 영어 유형을 제시해 주는 실용 영문법과 관련된 학습 활동을 말하기 학습에 효과적으로 통합하는 방법의 연구 및 제시가 필요할 것이다.

오래 전에 미국에서 의사소통 중심의 교수법이 한참 유행하던 때에 문법 학습을 배제하고 의사소통 기능 함양에만 중점을 두는 것에 대한 비판의 목소리가 높았던 적이 있다. 말하기 학습에서 문법 학습을 배제하고 의사소통 기능 개발과 유창성만을 강조했을 경우, 일상 영어(survival English) 수준의 영어 구사 능력은 갖게 되지만, 사회의 각 기관에서 종사하는데 요구되는 영어 능력 수준에는 크게 못 미친다는 것이었다. 즉 아무리 유창하게 영어를 말할 수 있다 하더라도 정확도가 많이 떨어지게 될 경우 사회적 생산성 면에서는 미흡한 수준의 영어 능력에 머무르게 된다는 점이 지적된 것이다.

2. 문법 지도의 당위성

오늘날 외국어 교육의 목적은 언어 환경의 변화에 부응하여 '그 언어의 사용을 통한 의사소통'이 주류를 이루고 있다. 따라서 외국어 교수방법에서도 '의사소통 중심의 교수법'이 대세를 이루고 있는 상황이다.

의사소통 중심 교수법은 학습자의 의사소통능력 향상을 목적으로 하며, 학습자의 의사소통 욕구를 바탕으로 실제 상황에 근접한 언어 환경에서 언어의 사용을 강조하며 정확성보다는 유창성을 더 중시하면서 교실에서의 실천 방법으로 해당 외국어에 매우 능숙한 교사(highly competent speakers of the target language)가 해당 외국어만을 사용하는 수업으로(the target language is the only or the principal means of communication in the classroom), 학생들이 의미 있는 의사소통 활동(meaningful communicative activities)에 많이 참여하게 하며 문법이나 구조적인 연습이나 학습을 배제하며(linguistic form is not focused on, or the structure of the target language is not taught explicitly) 교과서보다는 실제적인 사물(authentic materials)을 수업 자료로 이용하도록 하고 있다.

위와 같이, '의사소통 중심 교수법'은 외국어 교육의 목적을 '의사소통'이라는 쪽으로 전환하면서 그에 적합한 교수방법을 제시하고 있는 것인데, 여기서 논란의 대상이 되는 하나는 전통적인 문법 학습을 최소화하거나 매우 소홀하게 다루고 있다는 것이다. 이와 관련해 이미 우리보다 먼저 '의사소통 중심 교수법'을 시도하고 있는 유럽 여러 나라의 외국어 교실에서 나타난 문제점과 교사들의 반론을 Wolff(1994)의 연구 보고에서 살펴보면 다음과 같다.:

1) Foreign language teachers have problems with the principle of using only the target language in the classroom. Many of them claim that the mother tongue must be used, *especially when difficult grammatical questions are being dealt with*. This is related to the second problem.
2) Foreign language teachers in general are convinced that learning a foreign language cannot take place without explicitly focusing on grammar. They claim that second language acquisition in school cannot be compared to the acquisition of a second language in natural contexts or the acquisition of one's mother tongue. The few teaching hours per week, they say, necessitate a systematic approach with respect to the grammatical system of the foreign language.
3) Practical language teachers are even more skeptical with respect to the principle of replacing grammatical exercises by communicative activities. Grammar must not only be explained, they say, it must also be practiced.
4) Many language teachers are very doubtful about the efficiency of group

work. They believe that the teacher should always be in full control of what happens in the classroom, that he or she should be the only one to decide what should be done next. This attitude has, of course, something to do with teachers' feelings about their own value, but it can also be related to the fact that most teachers have not been prepared, during their own training, to handle group work.

5) The principle that authentic materials should play a central role in the foreign language classroom is also seen negatively by many practicing teachers. *They are convinced that textbooks have at least one incontestable advantage: they offer a linguistic progression as regards grammar and the lexicon.* Authentic texts, they argue, have different levels of difficulty and thus cannot contribute efficiently to the language learning progress. They often add that using authentic texts means additional work for the teacher, since he or she has to choose the texts and prepare them before they can be used in the classroom.

위에서 보듯이 '의사소통 중심 교수법'의 교실 적용에서 문법 학습을 소홀히 하는 교수 방법이 핵심적인 불합리한 방법으로 강력한 저항을 받고 있다. 명시적이고 뚜렷한 문법 학습 없이는 외국어 학습은 가능하지 않으며, 학교에서의 외국어 학습은 자연스런 상황에서의 외국어 습득이나 모국어 습득 과정과는 비교될 수 없으며, 학교에서의 한정된 주당 외국어 수업 시수로 가르쳐야 하는 환경에서는 문법 체계와 관련된 체계적인 학습방법이 반드시 필요하다는 것이다. 결국 그 외국어가 사용되는 환경에서 그 외국어를 학습하는 상황이 아니라면 '문법 학습'은 해당 외국어 습득을 위한 필수적인 과정이고 또한 효과적인 작업이라는 것이다. 이는 우리 한국에서의 외국어 교육에서 일본어나 프랑스어를 가르치면서 문법 학습을 제외한다면 과연 그 언어학습이 제대로 이루어질까를 생각해 보면 되는 이치이다. 우리의 영어 학습이 ESL(English as a Second Language) 환경도 아닌 EFL(English as a Foreign Language) 환경에서 유럽에 비해 교사들의 외국어(영어) 구사능력이 많이 떨어지는 열악한 우리나라의 영어교육 환경을 생각한다면 '문법 가르치기'의 문제는 이보다 훨씬 더 신중하게 다루어져야 할 일이다.

Brown(1994)도 문법에 대하여 다음과 같이 말하고 있다.:

> *Judicious attention to grammatical form, especially in adult classroom, is not only helpful, if appropriate techniques are used, but essential to a speedy learning process.*

영어를 일상어로 사용하면서 배우는 가장 자연스러운 학습 환경(natural context)인 캐나다에서의 경우도 외국인을 위한 대학 부설 어학연수원(language school)의 각 과정에서 문법은 반드시 가르치고 있으며, 중, 고등학교의 이민자 학생들을 위한 ESL class 에서도 문법은 가르치고 있고, 캐나다 이민국이 지원하는 이민자들을 위한 영어 학교에서도 문법은 교육과정의 중요한 한 부분으로 가르치고 있다.

또 하나, '의사소통 중심 교수법'이 지향하는 것도 언어 사용에서의 유창성을 중시하기는 하지만, 궁극적으로는 정확성을 겸비하는 언어사용을 목표로 하고 있으므로 문법 가르치기를 사실상 무시하는 것은 아니라는 것이다. 의사소통 기능을 향상시키기 위한 '수단'으로 문법은 필요하다고 보는 것이다. 따라서 위의 여러 경우를 종합해 볼 때 우리나라의 영어 학습에서 문법은 가르쳐야 한다는 당연한 결론에 도달하게 된다.

3. 영문법 지도의 두 가지 접근법

영문법뿐만 아니라 무릇 모든 학문을 접근하는 데는 2가지 접근방법이 있다. 첫째는 귀납적 접근방식(Inductive approach)이고, 다른 하나는 연역적 접근방법(Deductive approach)이다.

1) 귀납적 접근방식: 다양한 경험이나 사례를 바탕으로 하나의 원리를 터득하는 방법이다. 쉽게 말하면 우리가 우리말을 습득할 때나, 원어민이 영어를 습득할 때 자연적으로 이루어지는 행동양식이다. 흔히 영어를 잘하려면 원어민이 구사하

는 환경과 똑같은 환경에 노출되도록 권장하고 있다. 이때 학습자들은 반복성과 노출성의 극대화에 의해 무의식적인 반복적 연습 하에 그들의 문법구조를 이해하고 터득하게 되어 의사소통이 가능한 완벽한 문법구조를 생성하게 된다. 그리고 유사한 환경에 따른 반복적 연습에 의해 그러한 문법 구조를 내재화하여 하나의 언어체계를 구축하게 된다.

2) 연역적 접근방식: 제시된 하나의 모범 규칙이나 형태를 먼저 인지하고 그것과 똑같은 여러 기존의 실례들을 통해 문법을 학습하는 방식으로 수학적으로 말하자면 이미 증명된 공식인 정리를 통하여 관련된 문제를 푸는 방식인 반면에, 귀납적 접근방식은 여러 가지 사례나 자료를 통해 공식을 만들어가는 다시 말해, 정리를 구축해가는 방식이다.

언어학적으로 이 두 가지 방법은 각각의 장점과 특징이 있으므로 이 둘을 기술적으로 잘 운용만 한다면 기대 이상의 효과를 얻을 수가 있다. 일반적으로 학력이 높은 학생들은 연역적으로 접근하는 것이 시간적으로 경제적이고 효율적인 반면에, 학력이 낮은 학생들은 확실한 장기 기억을 위해 귀납적인 방법이 좋지만 한 가지 단점은 시간적인 부담이 크다는 것이다. EFL 상황에선 언어의 자연적 노출이 적으므로 원어민의 습득과정이라고 볼 수 있는 귀납적 방식을 전적으로 따르기에는 역부족이다. 때문에 규칙을 먼저 인지하고 그것을 반복적인 학습에 의해 습관화 시켜 준원어민에 가까운 규칙을 내재화시켜 이 규칙을 바탕으로 새로운 규칙을 모방과 유추에 의해 발견하고 습득해나가는 전략이 가장 타당하다고 생각 된다. 이는 교도적 귀납적 접근방식(Guided inductive approach)과 규칙인지 습관형성 접근방식(Cognitive-code habit formation approach)의 효율적인 활용 전략으로 결국 원어민들이 모국어에 대해 가지고 있는 심리적 실제(psychological reality)를 구축하는 계기가 될 것이다.

4. 의사소통 언어 교수법(Communicative Language Teaching)과 영문법 교육

대략 90년대 중반부터 우리나라의 대학에서 주로 시작된 의사소통 언어 교수(Communicative Language Teaching: 이후 CLT)은 그 이전에 성행하던, 문법 중심의 영어 교육에서 탈피하여, 의사소통중심의 영어교육을 지향하는 영어 교육 방법론의 대명사가 되었다. 이것은, 미국에서 80년대에 쇼비뇽(Savignon)에 의해 주창된 의사소통 접근법(Communicative approach)이 당시 새로운 주류를 이루고 있었다는 사실과, 우리나라에서 정부차원에서 주도한 세계화 정책과 맞물려 급속도로 우리나라에 확산되어서 지금은 거의 모든 대학에서 원어민 강사가 적은수의 학생들을 대상으로 하는 영어 교육 프로그램을 운영하고 있고, 중, 고등학교와 초등학교에까지 확대되었다. 여기에 나이어린 미취학 아동에서 성인에 이르는 학습자를 대상으로 하는 사교육기관의 프로그램까지 고려한다면, 지금은 그야말로 원어민에 의한 CLT지상주의가 도래되었다고 해도 과언이 아닌 듯싶다. 그 비용과 학생들이 쏟아 넣는 시간적 투자를 생각하면, 우리의 영어교육방법에 대해서 심각하게 생각하지 않을 수 없다. 그러나 우리나라가 이렇게 CLT에 심취해 있는 동안 미국의 제2 언어습득학자들과 교육자들은 CLT의 문제점을 지적하고, 새로운 형태의 문법 및 전반적인 언어형태에 관한 교수방법을 연구하게 되었다. 그들이 지적하는 문제점은 대화중심의 영어교육에서는 교사와 학생이 의미에 치중하는 언어사용을 하게 되고, 이것은 언어형태의 정확성을 습득하는 데에는 그 효과에 한계가 있다는 것이다. 마이클 롱(Michael Long)을 선두로 학자들이 제시한 해결방안은 '형태 집중(Focus on form)'이라고 하는 학습자 안에서 일어나는 현상이다. 이 글에서는 이들이 말하고 있는 형태 집중이란 무엇이며, 이것이 어떻게 우리 현실에 적용될 수 있는지에 대해서 검토 해 보기로 한다.

1) 형태 집중의 배경과 정의

16세기 또는 그 이전, 세계 어느 곳에선가 외국어를 배우기 시작했을 때부터, 문법과 번역을 통한 외국어 학습과 언어를 의사소통에 직접 사용함으로서 언어를 배우는 학습 방법에 대한 두 가지 상반된 믿음이 있었다고 한다. 이미 죽은 언어인 고대 희랍어나 라틴어를 배우는 데에 있어서는 후자의 경우가 불가능했고, 문법을 배운 후, 그것을 문헌읽기에 응용하는 방법이 외국어 학습의 주요방법이었을 것이다. 이 과정은 까다로운 문법을 문헌 해독에 적용함으로써, 고도의 지적 훈련을 겸한, 또는 언어습득보다는 이와 같은 지적 훈련을 더 우위의 목표로 둔 외국어 학습 방법이었다고 한다. 그것은 언어를 어떤 규칙체계로 보고, 분석과 이해의 대상으로 보았기 때문에 물리학의 법칙을 연구하고, 응용문제를 푸는 것과 별반 다름이 없었을 것이므로 지적 훈련을 하기에 아주 좋은 과제였을 것이다. 그 반대 입장은 살아있는 언어를 제대로 구사하는 것을 목표로 한 방법으로 모국어와 같은 능통함을 갖는 것을 목표로 한다. 그러다 보니, 어린이가 모국어를 배우듯이 직접 그 언어를 사용하지 않고는 안 될 것이라는 입장이다. 굳이 전자를 문법-번역식 교수 방법(Grammar-translation method), 후자를 직접식 교수 방법(Direct method)라고 이름 붙이지 않아도 외국어 학습이 있어온 인류 역사에는 이 두 가지 극단적인 학습방법을 시계추 운동처럼 오락가락했다고 해도 크게 틀리지 않을 것이다. 교수법과 제2언어 습득의 이론이 그렇다고 해서 정확하게 제자리걸음 하고 있다고는 말할 수 없지만, 대개의 경우 문법에 대한 두개의 극단적인 입장사이에서 어느 한쪽으로 치우쳐 있기 마련이다. 최근의 예를 보아도 규칙 인지(Cognitive code) 교수법 또는 인지 접근방식(Cognitive approach)이 CLT이전에 미국에서 한동안 환영을 받았다는 사실이 이와 같은 경향을 대변한다.

그러면 CLT는 어떠한가? CLT는 80년대 촘스키(Chomsky)가 언어를 언어내적 규칙구조로 규정하는 데에 대한 비판적인 입장을 가진 델 하임즈(Dell Hymes)로 시작된 사회언어학적인 언어의 정의에 입각해서 언어능력은 실제 의사소통에 사용되는 더욱 광범위한 능력과 지식을 요구한다고 주장했다. 언어 능력(Linguistic competence)이 아닌 의사소통 능력(<ommunicative competence)의 구성 요소(예 문법적(grammatical), 담화적(discourse), 사회언어학적(sociolinguistic), 전략적(strategic) 들은 실지 의사소통을 통해 습득된다는 주장이 CLT의 핵심이다. 그러므로 CLT는 사회언어학의 주장을 언어 교육에 도입한 교수법으로서, 사회언어학이 언어 습득에 관한 설명이 미약한 점이 그대로 CLT의 교수법으로서의 약점으로 반영되었다고 해도 좋을 듯하다. 다시 말하면, 사회언어학에서는 언어가 언어자체

의 내적 구조보다는 언어가 사회 문화적 현상, 또는 담화의 현상에 의해 그 구조와 쓰임새가 결정된다고 믿고, 사회문화적, 담화의 경험이 없이는 이러한 언어 능력이 습득되기 어렵다고 주장하지만, 구체적으로 그러한 경험이 어떠한 과정을 거쳐서 어떠한 형태로 학습자에게 내재화되는 지에 관해서는 언급이 없다. 언어의 교수 방법은 언어가 어떻게 어떤 형태로 습득되는지에 따라 결정되는 것이어야 한다. 그러나 이러한 부분에 대해 습득 이론이 결여되어 있는 CLT는 많은 의사소통을 시키라는 것 말고는 구체적으로 교수 방법론에 어떠한 제안을 하지 못한다. CLT 이전에 제안된 문법 교육을 배재한 또 하나의 교수법은 크라쉔(Krashen)의 자연식 접근방식(Natural approach)인데, 이 교수법은 촘스키(Chomsky)가 주장하는 타고난 언어 습득 능력에 의존해야 진정한 습득이 이루어진다는 이론에 그 근본을 두고 있다. 이론의 옳고 그름을 떠나서 자연적 접근방식은 습득 이론을 바탕으로 하고 있으나, CLT는 습득 과정에 대한 심리언어학적 설명이 빈약하다. 결과적으로 CLT는 무엇부터 어떻게 가르치거나, 학생들에게 노출시켜야 할지를 제시하지 못한다.

그러면 현장에서의 CLT를 보자. 대학의 경우, 어떤 주제나 과업을 주고, 목표어를 사용하여 과업을 수행하도록 한다. 주제나 과업을 정하는 것은 개개의 강사의 몫이며, 대개는 학생들에게 그 주제가 친밀한 정도, 내용에 있어서 요구되는 사고의 복잡한 정도, 또는 과업 수행에 예상되는 어휘나 구조의 난이도 등을 고려한다. 과업 중에 학생들이 생산하는 형태적인 오류에 대한 지침 역시 CLT가 제공하지 않지만, 담당 강사는 이 때, 형태적인 오류에 대한 지적을 함에 있어서 다양한 선택의 폭이 있다. 즉, CLT는 이론적으로 제시하지 않지만, 담당 강사는 이와 같은 점을 고려하지 않을 수 없으며, 이러한 여러 가지 난이도의 문제는, 학생들의 인지능력과도 결부되어 있는 것이고, 그런 점에서 각각의 강사는 자기만의 이론으로 선택을 하게 될 것이다. 결론적으로 말하면 CLT는 보완되어야 하며, 그 보완을 강사 개개인의 이론에 맡겨서는 안 될 것이라는 것이다.

이러한 CLT의 문제점, 즉 형태에 대한 강사의 선택의 폭에서 어떤 선택을 해야 하는가의 질문에 대한 대답이 형태 집중이라고 소개하기로 한다. 형태 집중은 의사소통중심의 언어 활동 중에 학습자가 의미와 형태에 동시에 집중하는 현상이라고 정의할 수 있다. 의사소통은 언어 형태보다는 다분히 의미에 집중하는 자연스러운 언어 사용 형태이다. 다시 말하면, 우리는 의사소통 중에는 우리가 가지고 있는 언어적, 비언어적인 모든 정보를 동원해서 언어가 전달하는 의미파악에 몰두하고, 그 의미에 어떤 형태가 사용되었는지를 곧바로 잊게 된다. 우리가 이해하고 난 어떤 구절도 정확하게 재생산 하지 못하고, 의역화(paraphrasing)하는 현상이 이를 뒷받침해 준다. 그러나 이러한 언어 사용 중에도 형태에 대해서도 집중을 해서, 그 의미를 담는 그릇인 해당 형태를 자신의 기억 속에 저장해야 습득이 일어날 것이라는 주장이 형태 집중 이론이다. 형태 집중은 CLT의 기본 틀 즉, 언어는 의사소통을 통해서 습득된다는 주장을 견지하면서, 의사소통의 어떠한 과정이 습득으로 연결되는지에 대한 이론적인 가정을 하고 있는 것이다. 그리고 그 가정은 형태에 대한 부분이어서 전적으로 형태적인 부분을 도외시했던 CLT에서 형태적인 면을 보충하는 역할을 한다.

그러면 의미중심의 언어 활동인 의사소통 중에 형태에도 동시에 집중하는 것이 가능한가? 형태 집중을 연구하는 학자들은 가능하다고 믿는다. 의사소통 중에 학습자가 습득하지 않은 어휘나 구조가 입력(input)에 있어서 대화 장애가 일어났을 때, 학습자는 그 새로운 형태-의미의 조합에 주의를 기울일 수밖에 없다. 습득을 위해서가 아니라 당장에 일어난 의사소통장애를 해결하기 위함이다. 롱(Long)은 이와 같은 대화의 부분을 '의미 조율[협상](meaning negotiation)'이라고 정의하고, 이러한 대화의 부분이 학습자가 형태 집중을 하게 되는 부분이라는 것이다. 이 때, 원어민 대화 상대자는 형태-의미의 조합을 명시적으로도 할 수 있고 암묵적으로도 할 수 있다. 학습자에게 어떠한 방식이 더 도움이 될지에 대한 대답은 이론적으로 제시하지 못한다. 그러나 형태에 대한 학습자의 주의집중은 이와 같이 의미와 함께 동시에 이루어져야 하며, 형태가 분리 독립되어 다루어지는 종래의 문법위주의 교수법은 지양되어야 한다는 CLT의 기본 입장을 고수하고 있다. 그러므로 형태 집중의 이론에 의하면, 의미 조율이 일어나도록 의사소통의 주제, 과업이 선정되어야 하고, 오류에 대한 처치는 의미 협상의 형태를 갖추어야 한다는 것이다.

이렇게 볼 때, 형태 집중 이론이 언어 교수법의 시계추 운동의 반복 형태(pattern)에 적용되는 형태로의 귀환이라고 할 수 있을까? CLT의 형태에 대한 무조건적인 배격을 수정하고, 형태에 대한 새로운 처리 방법을 제시 했다는 점에서 반대방향 - 형태 지상주의- 으로 조금 움직여 나갔다고 할 수도 있으나, 형태 집중 이론 어디까지나 의미중심 언어 활동의 틀 안에서 이루어지는 과정이기 때문에 형태 교육으로의 귀환이라고는 말할 수 없다. 그러므로 형태 집중 이론은 이론적으로 빈약한 CLT에 심리언어학적 이론정립의 실마리를 제공하며, 한편으로는 형태에 대한 새로운 해석을 제안하고 있다. 따라서 CLT가 형태 집중 이론으로 보완되면, 문법을 포함하는 언어 형태에 대한 교수법이 포함된 의사소통 능력과 문법적 정확성을 함께 배양할 수 있는 교수법으로 자리 잡을 수 있을 것이다.

2) 교육 현장과 형태 집중 이론

이 글의 서두에서 언급한 바와 같이 우리나라에서 지금 CLT에 대한 선호도는 압도적이다. 우리나라에서 특히 공교육의 현장에서 CLT의 실행가능성(feasibility) 그 효율성에 대해서 검토해 보기로 하자. 우선 가능성에 대해서 생각해 보자. 대학교와 각급의 사교육기관에서 강사의 대부분을 차지하는 원어민 강사들은 CLT를 위해서 존재한다. 즉, 각종 매체나 교육용 다매체(multimedia)가 여러 수준의 입력을 제공한다 해도 직접 원어민과의 상호 작용을 통한 목표어 사용이 필요하기 때문에 원어민 강사들을 우리는 선호하는 것이고, 그것이 바로 CLT가 추구하는 것이다. 그런데 원어민교사의 수급이 원활하지 않은 공교육의 현장은 다르다. 최근의 6, 7차 교육과정에 의하면, 한국인 교사도 CLT를 지향하는 교수법을 사용하도록 권장하고 있으나, 여기서는 최초에 CLT가 주장된 환경이 ESL 환경임에 입각해서 원어민 교사를 전제로 한다면, 초, 중, 고등학교에서는 CLT자체가 가능한가에 대한 의문이 일지 않을 수 없다(한국인 강사도 CLT를 할 수도 있겠으나, 그에 대한 현실적인 검토는 여기서 언급하지 않기로 한다.). 형태 집중 이론이 CLT가 소홀히 하는 문법 및 형태에 대한 부분을 보완한다 하더라도, 그것은 일단 CLT가 현실적으로 가능할 경우이다. 또한 학습자의 관점에서 보면, CLT는 자연적 접근법(Natural approach)과는 달리 학생은 처음부터 출력을 생성할 수 있도록 유도된다. 명시적인 문법 교육은 지양하는 한편, 입력과 출력이 모두 영어로 되어야 하고, 학생들의 출력도 많이 장려되고 있다. 문제는 이것이 가능한가 하는 점이다. 초등학교의 경우, 극히 적은 양의 목표어를 다루어도 좋다는 가정 하에 기본적인 CLT를 시행할 수도 있겠지만, 중 고등학교에서 목표로 하고 있는 영어 의사소통 능력은 ACTFL의 말하기 능력 수준으로 치면, 전체 10등급 중에서 4-6등급에 해당하는 중간 수준(intermediate level)하며, 이는 의사소통 자체에는 큰 장애가 없는 수준이다. 그러나 학생들의 출발점은 그보다는 현저히 낮은 수준이다. 이들에게 CLT를 시행하며, 거기에 보조적으로 사용되는 형태 집중 이론만 가지고는 목표 수준에 근접하는 것이 가능한 지에 대한 검토가 필요하다. 이와 같은 현실은 두 번째 질문인 이것이 가장 효과적인 교수 방법인가에 대해서 묻고 있다. 즉, 이러한 현실을 직시할 때, 우리나라에서 중, 고등학교에서 CLT에 영어 교육의 많은 부분 의존하는 것이 얼마만큼 효과적인가에 대해서 의문을 제기된다. 앞장에서 CLT의 이론적 취약점을 논의했고, 우리나라 현실에서의 문제점을 지적했다. 더구나 CLT가 미국에서 영어를 배우는 ESL 학습자를 대상으로 했다는 점에서 이것을 그대로 도입하는 데에 다시 한 번 검토를 해야 할 것이다. 우리에게 CLT 위주의 교육이 최선의 선택인지 생각해 볼 필요가 있을 것이다. 대학교에서 비교적 CLT가 성공적으로 이루어지는 것은 학습자의 과거 학습량과도 관계가 있을 것으로 보인다. 90년대부터 시작된 대학에서의 CLT의 대상학생들은 중, 고등학교에서 CLT 위주로 학습한 학생들이 아니지만, CLT를 대체로 성공적으로 받아들인 것으로 생각된다. 그렇다면, 이전의 학습량이 결코 많다고 할 수 없는 중 고등학교 학생에게는 좀더 복합적인 방법을 사용할 수도 있을 것이다. 형태 집중은 CLT의 틀 안에서 형태나 문법에 대한 교수 가능성을 시사하고 있지만, 우리나라의 EFL 학습자를 위한 교수법은 우리가 연구 개발해야 할 것으로 생각된다. 우리에게 분명한 것은 과거의 문법위주의 교육이 우리가 원하는 언어능력 배양에 실패했고, 아무도 그러한 과거의 방법으로 되돌아가고 싶어 하지는 않을 것이다. 그렇다고 영어권 국가에서 ESL 학습자를 위해 개발되는 교수법을 그대로 도입하는 것도 재고해야 할 것으로 생각된다. 예를 들어, 우리에게는 우리에게 맞는 변형된 CLT라든지 변형된 형태 집중이라든지 또는, 시계추의 반복 운동 궤적 중에 어느 지점에서 균형을 잡아야 할지 우리만의 연구가 있어야 할 것이다. 유행하는 교수법 뒤에는 좀 더 근본적인 이론들이 있다. 이론에 바탕을 두면서 우리에게 맞는 교수법을 개발하는 것은 우리의 몫으로 생각되며, 여기에서 현장 교사들의 경험과 목소리는 매우 중요하다. 현장 교사들과 연구자의 실험정신이 합쳐질 때, 우리나라 EFL 학습자를 위한 이론과 교수법이 도출될 것이다.

5. 말하기 학습을 위한 실용 영문법

문법은 ESL 및 EFL 교과 과정의 주요 부분으로 많은 관심을 받아 오기도 했지만 종종 문법-번역식 교수법(grammar-translation method)의 잔재로 간주되어 온 것이 사실이다. 하지만 영어 교육에 관계되는 많은 연구에서 지적되고 있는 바와 같이, 문법은 의사소통 기능 위주의 교육과정을 보완하는 역할을 할 뿐만 아니라, 그의 중요한 한 부분(component)을 구성할 수도 있다.

크라쉔(Krashen)같은 학자는 문법의 역할이란 언어 습득(acquisition)에 실질적인 공헌을 하지 못하는 '문법성 감시 기능(monitor)'에 그친다고 주장하고 있지만, 실제로 다양한 '의식 고양 (학습) 활동(consciousness-raising activities)'이 뒷받침된다면 문법 학습은 영어 학습자의 의사소통 능력을 기르는 데 중요한 역할을 수행할 수 있다는 점이 지적되어 온 바 있다.

물론 여기서 말하는 문법은 단순히 기존의 전통 문법을 의미하는 것은 아니다. 실제 언어 사용 측면을 좀 더 잘 설명해 줌으로써 학습자의 영어 학습에 효과적으로 사용될 수 있는 실용적인 성격이 강한 문법일 것이다.

그렇다면 말하기 학습과 관련하여 의사소통 기능 위주의 교육과정에 효과적으로 통합될 수 있는, 소위 말하기 학습을 위한 실용 영문법은 어떠한 성격의 문법으로 이해할 수 있을까?

첫째, 실제 말하기 맥락에서의 언어 형태, 의미 및 기능을 체계적으로 기술하고 설명할 수 있는 문법으로 이해할 수 있을 것이다. 따라서 종래의 규범 문법(prescriptive grammar)이 갖고 있는 경직된 문법 규칙의 개념에서 벗어나 담화 맥락에서 일정하게 혹은 자주 관찰되는 유형을 파악하여 기술하는 성격을 갖게 될 것이다.

둘째, 문장 단위 중심, 문어 위주의 문법은 아니어야 할 것이다. 물론 전통 문법 중에서 실제 사용되는 영어(authentic English)의 유형을 잘 제시하고 있는 부분은 선택적으로 수용해야 할 것이지만 근본적으로 구어 영어(spoken English)의 일반적인 구조와 관련하여 설명을 제시하는 성격을 갖게 될 것이다. 예를 들어 문어에서는 문장 단위에 기반을 둔 문법을 이야기할 수 있는 것처럼, 구어에서는 절이나 구로 구성되는 짧은 억양 단위(intonation unit) 및 화자간의 말하기 차례(turn)에 기반을 둔 문법을 구성해 볼 수 있을 것이다.

셋째, 의사소통 기능의 함양을 목표로 하는 만큼 실제 사용되는 영어 분석에 기반을 둔 의사소통 기능 항목을 제시할 수 있어야 한다. 사과, 초청, 문의, 거절, 승낙, 강조 등 의사소통 항목은 실제 자연스럽게 사용되는 맥락을 고려하고 각 상황에서 자주 사용되는 언어 형태의 기능과 관련하여 체계적으로 제시되어야 할 것이다.

넷째, 의사소통 기능이란 화자와 청자 간의 상호 반응 맥락(interactional context)을 포함하는 개념이니만큼, 언어 사용을 통해 나타나는 화자의 정의적(affective)인 태도를 함께 고려하는 문법이 될 것이다.

이 밖에도 여러 가지 중요한 사항이 논의될 수 있겠지만, 영어 말하기 학습 현장에서 이러한 성격의 실용 영문법은 제시 단계(presentation)에서 학습자들을 위한 '확장 기술(extended description)'로 통합되어 사용될 수도 있을 것이며, 좀 더 전문적이고 자세한 형태로 교사 지침용 문법서(reference grammar)와 같은 '응집 기술(concentrated description)'로 사용될 수도 있을 것이다. 또한 이와 같은 항목을 제시 단계뿐만 아니라, 과업 완수 활동(task-based activities) 등을 통해 의사소통 활동과 연결시키는 작업이 중요하리라는 것은 두말할 필요가 없다.

이러한 성격의 말하기 학습을 위한 실용 영문법은 앞으로 계속 연구되어 나가야 하겠지만, 현재 나와 있는 여러 실용 영어 중심의 교사 지침서와 문법서를 효과적으로 사용할 수 있으리라고 본다. 중요한 것은 적절한 맥락을 고려하지 않고 문장 단위로 분석, 제시하는 기존의 문법 학습 방식을 지양하고 실제 언어 사용 맥락을 고려하는 방향으로 문법이 연구되고 기술되어야 한다는 것이다. 이러한 면에서 영어를 가르치는 우리들로서는 계속적인 관찰과 연구를 통해 영어가 일상 대화 상황 등에서 실제로 어떻게 사용되는 가에 대하여 언어적인 감각과 언어 분석의 시각을 길러 나가는 것이 중요할 것이다. 즉, 기존의 정적인(static) 문법 지식에 의존하기보다는, 한 걸음 더 나아가 산 영어, 실제 사용되는 구어 영어를 경험적으로(empirically) 관찰하고 분석하는 훈련을 끊임없이 해 나감으로써 동적인(dynamic) 시각에서 구어 영어 문법의 체계성을 이해하고 발견해 나갈 수 있으리라 믿는다.

6. 문법 지도 전략

전통적인 '문법 가르치기'에서 우리가 비판해야 할 부분은: 첫째, 실제 사용과는 거리가 먼 매우 어렵고 지엽적이고 예외적인 문법사항들을; 둘째, 언어 사용과는 거리가 먼 지식으로서; 셋째, 지나치게 많은 시간을 낭비하면서 가르쳐 오지 않았느냐 하는 것이다.

그러면 어떻게 가르칠 것인가? 문법이 그 자체로 학습의 목적이 되어서는 안 되며 장기적으로 영어를 완전하게 숙달하기 위한 수단의 하나로 가르쳐야 한다. 그러기 위해 첫째, 의사소통을 위해 활용도가 높은 문법규칙들을 중심으로 실제 사용가치가 있는 문법사항들로 범위와 수준을 한정해야 한다. 영어권 국가에서 외국인들을 가르치기 위해 가장 많이 사용되는 평판 있는 문법교재 정도의 수준이면 평균적인 학생들에게는 충분할 것으로 본다. 아니면 현실적으로 소위 일컫는 고등학생용 '기본 영문법' 수준에서 걸러진 내용을 중, 고등학교의 각 학년 수준에 맞게 지도해 나가면 되지 않을까 생각한다.

둘째, 문법을 언어사용과 직접 연계되도록 가르치라는 것이다. 우리나라의 교실수업에서는 보통 문법규칙에 대한 설명(explanation)만이 중심이 되고 약간의 지필 연습문제가 따르는 것이 전부인 경우가 많다. 이는 문법 규칙의 사용을 위한 내재화에 기여하지 못하고 지식에 머무르게 할 가능성이 높다. 문법 규칙에 대한 설명과 함께 그 규칙을 이용한 언어사용이 이루어지도록 해야 한다. 문법 설명에 이어지는 학습과정으로 의사소통 능력을 기르는 데 목표를 둔 연습단계(communicative exercises)와 학습한 문법 규칙을 실제 의사소통 활동(communicative activities)으로 이어지도록 학습활동을 구성해야 한다. 그래서 언제나 교실에서의 연습과정과 활동과정이 '유의미하고 의사소통적(meaningful and communicative' 하도록 배려하는 일이 중요하다. 브라운(Brown, 1994)은 문법 수업을 위한 기술을 다음과 같이 제시하고 있다.:

> *For the appropriate grammar focusing techniques, Brown indicates that the techniques:*
> *- are embedded in meaningful, communicative contexts.*
> *- contribute positively to communicative goals.*
> *- promote accuracy within fluent, communicative language.*
> *- do not overwhelm students with linguistic terminology.*
> *- are as lively and intrinsically motivating as possible.*

7. 의사소통을 위한 영문법 지도 방법

Eskey(1983)가 지적한 점이 상당히 가슴에 와 닿는데, 그에 의하면 "만일 학생들이 형식(form)을 배우면 의사소통은 저절로 될 것으로 우리는 믿었었다. 그러나 지금은 학생들이 의사소통하는 방법을 배우면 형식을 습득하는 것은 저절로 될 것으로 믿는 것 같다." 그의 말은 실제로는 형식을 습득하는 것이 저절로 되지 않음을 지적하고 있는 것이다. Pienemann(1984)도 "문법을 가르치기를 포기하는 것은 단순화된 형태의 중간 언어가 화석화되는 것을 허용하는 것이다."라고 결론지었다. 사실 정확한 언어를 그리고 사회언어학적으로 적절한 언어를 구사하는 것이 의사소통의 중요한 부분임을 생각한다면, "문법을 가르치는 것"은 학생들로 하여금 "언어의 형식을 정확하게, 의미 있게, 그리고 적절하게 사용하도록 도와주는 것"이다.

따라서 손쉽게 문법 교육에 의사소통이 원활치 못한 모든 책임을 돌려서는 안 될 것 같다. 오히려 진정한 의사소통 기능의 신장을 위하여 문법은 본연의 위치를 찾아야 하지 않을까 한다.

그러면 문법 교육을 어떻게 해야 할까? 지금까지 해 왔던 것처럼 언어의 규칙의 나열에 불과한 것이 아닌, 의사소통 기능에 초점을 맞춘 문법 교육을 생각해 보자.

문법의 여러 요소들을 다루는 다양한 활동을 통하여(competitive games, cognitive games, problem solving 등) 문법 자체가 재미있고 언어에 숙달되도록 돕는 수단으로 일관성 있게 가르치도록 해야 할 것이다.

1) 예를 들어, 형용사의 최상급에 관한 문법수업을 하는 경우, 비교급에 관한 공부는 이미 전 시간까지 선수학습이 되어 있어야 한다. 먼저 교사는 학생들이 많이 사용하는 형용사들을 충분히 칠판에 소개하고 '-est'를 붙여 최상급을 만드는 규칙 설명과 이의 의미를 설명한다. 그리고 몇 가지 불규칙 변화에 대한 것은 뒤이어 따로 일부를 소개한다. 그리고는 문법 교재를 바탕으로 재구성한 연습 문제지에서 문장을 통해 그 속에서 형용사 최상급 변화를 사용해 보도록 하고, 그 문장의 의미를 말하도록 한다. 물론 설명은 천천히 모두가 잘 이해하도록, 그리고 연습문제를 하는 동안에는 교사가 돌아다니며 활동을 관찰하고 필요한 도움을 주는 기술을 발휘한다. 그 다음 단계로 교사는 짧은 시간을 이용하여 'What is *the highest* mountain in the world?'와 같이 형용사 최상급이 사용된 문장을 사용하여 학생들에게 퀴즈활동을 하며 학생들과 어울렸다. 그리고 다음 단계에 이르러서는 교사는 학생 전체를 키 순서로 서게 한 후 'the tallest' 와 'the shortest'를, 몸무게 순서로 서게 한 후 'the heaviest'와 'the lightest'를, 나이 순서로 서게 하고는 'the oldest'와 'the youngest'를 학생들이 실제로 느끼며 배우게 하는 것이다. 그리고 수업이 끝날 때에는 한 사람씩 자신과 관계가 있거나 자신의 생각으로 만들어 낸 형용사 최상급이 포함된 문장 하나씩을 교사 앞에 와서 말하게 하고 합격한 사람만 교실을 나가게 하고 실수가 있는 사람의 경우는 다시 기회를 주어 완성한다.

2) 학생들에게 주어가 3인칭 단수이고 시제가 현재일 때 동사에 's'를 붙이는 것을 연습시킨다고 하면, 학생들을 4-5명 정도가 한 조가 되도록 하여 학생들에게 자기가 잘 아는 사람이 아침에 일어나 제일 먼저 하는 것이 무엇인지 생각해 보도록 한 후에, 한 학생이 한 문장을 이야기하고 손을 책상 위에 얹어 놓으면, 그 다음의 학생이 앞에 말한 학생이 's'를 붙이지 않았을 경우 손등을 가볍게 치는 식으로 벌을 주고, 자기가 말하고 싶은 문장을 이야기하고, 앞의 학생 손등 위에 손을 얹고 하는 식으로 계속해 나가다가, 그 다음 자기가 잘 아는 사람이 두 번째로 아침에 일

어나 하는 일을 얘기하도록 할 수 있을 것이다.

3인칭 단수인 주어에 시제가 현재인 경우 동사에 'ｓ'를 붙이는 것을 처음 배울 때는 어휘가 다양하지 않을 것이므로 어느 정도 어휘가 좀 늘었을 때 재순환형태(recycling)로 이 게임을 할 수 있을 것이다.

3) 또 학생들에게 과거와 과거 완료 등을 가르친다고 하면, 세 명의 학생을 앞으로 나오도록 해서 선생님이 그린 그림을 보고 학생 A가 과거 시제로 묘사를 하면(예 He went skiing.) 학생 B는 이 일 이전에 일어난 일을 (예 He had bought a new pair of skis.) 그리고 학생 C는 그 다음에 일어날 일을 (예 He was going to ski.) 적절한 문법을 사용하여 묘사하도록 할 수 있을 것이다. 4명이 한 조가 되도록 하여 한 명은 그림을 그리도록 하고 나머지 세 명은 앞에서 한 것처럼 시제(tense)와 시상(aspect)에 맞게 그림을 묘사하도록 한다면 의사소통기능과 함께 자연스럽게 문법을 익히도록 도울 수 있을 것이다.

4) 그리고 만일 학생들에게 가정법을 가르친다고 하면 가정법을 만드는 방법을 설명해 준 후, 다음과 같은 문장을 주고 학생들에게 완성해 보도록 할 수 있을 것이다. 즉 "If people had eyes in the backs of their heads, then they would / might / could / would have to ...." 학생 개개인이 상상력을 사용하여 10개 정도의 문장을 만들어 보도록 한 후, 제일 잘된 문장을 발표하도록 해 볼 수 있을 것이다(Rinvolucri & Davis, 1995).

5) 진행형 수동태(be being pp)를 교도적 귀납적 접근방식(Guided-inductive approach)으로 지도하는 방식은 다음과 같다. (우선, 진행형과 수동태는 이전에 학습했다.)

진행형 ______ = be + 동원ing ______ = ... 을 행하고 있다
수동태 = ___ be + p.p = ... 행해지다
+)____
진행형 수동태 = be being p.p = ... 행해지고 있다

위의 수학적 도해를 하기 전에 현재진행형을 나타나는 문장 예들을 10개 가량,

수동태를 나타내는 문장 예들을 10개가량 학생들의 숙제를 통해 얻은 것을 엄선하여 칠판에 적어준다. 이는 전시 학습으로부터 교도적 귀납적 접근방식과 규칙인지 습관 형성 방식(Cognitive-code habit formation approach)에 의해 학생들이 이미 학습한 문법들이다. 다음에 이번 시에는 진행형수동태를 학습하겠다고 주지시킨다. 그리고 칠판에 적혀있는 문장들 중 학생들 수준에 가장 잘 맞는 예문들을 각각(진행형과 수동태) 미리 선정한다. 다음에 위의 도해를 학생들에게 질문하며 칠판에 작성해본다. 예를 들면 다음과 같다: 학생들이 숙제로 해온 문장들을 통해 현재진행형은 어떻게 표현하는 가를 질문해본다. 학생들이 대답하면 공식을 위처럼 칠판에 적는다. 다음에 수동태도 똑같은 방법으로 질문하여 칠판에 공식을 적는다. 다음에 좌변과 중간, 우변을 합산하라고 해본다.(예예 진행형 더하기 수동태는? 진행형 수동태입니다. be 더하기 '공란'은? 그냥 be입니다. be를 동원ing에 대입하면? being이 됩니다. '공란' 더하기 P.P.는? 그냥 P.P입니다. 맨 오른쪽 우변을 더해 우리말로 잘 표현하면? ...행해지고 있다 입니다.) 그 다음에 아까 칠판에 적어 놓은 각각의 문장을 통해 진행형수동태를 만들어 보라고 해본다. 과업이 끝난 후에 그 결과를 검사해본다. 이 과정에 be부분과 p.p 부분은 문장에 따라 변하지만(변수), being은 변하지 않는다(상수)는 것을 스스로 이해하게 한다. 이런 과정에 학생들은 인지적 이해와 다양한 예를 통한 습관 형성을 통해 진행형수동태를 자연적으로 이해하여 규칙을 내재화 시키게 된다. 마지막으로 숙제로 진행형수동태가 들어있는 문장을 10개씩 적어오라고 한다.

몇 가지 예에 불과하지만, 이처럼 학생들이 문법 규칙을 단순 암기하거나 무의한 연습을 계속 반복하는 것이 아니라, 스스로 생각하여 문장을 만들어 보고, 말하고 싶은 것을 올바르게 표현해 보도록 도와줌으로써 의사소통 능력을 증진시키는데 문법이 기여하도록 할 수 있을 것이다. 물론 개별 교실 상황에 따라 적용점에 어려움이 많겠지만 신교육과정에 따른 영어교육 본연의 목적의 효과적 달성을 위하여 기울이는 교사의 노력은 충분히 가치가 있으리라 생각한다.

제7장 어휘 지도 적용

1. 어휘 연구의 최근 동향 및 효과적인 어휘 교수법

최근에 들어 영어교육의 초점이 "형식(form)"에서 "기능(function)이나 의미(notion)"로 옮겨감에 따라, 그 동안 영어의 구조나 문법에 비해 상대적으로 소홀히 취급되었던 어휘에 대한 관심이 점차 증가하고 있다. Wilkins(1972)는 의사소통에 있어서 어휘의 중요성을 강조하면서 외국어 학습에 있어서 어휘력 신장의 필요성과 어휘력을 신장시킬 수 있는 효과적인 교수법이나 학습방법 개발의 필요성을 역설하였다.

그 동안 어휘에 관련된 연구는 주로 읽기 중에 발생하는 '부수적인 어휘 학습'(incidental vocabulary learning)에 관한 것들이었다(Krashen, 1989; Nation, 1990). 대부분의 교사들은 어휘를 가장 효과적으로 습득하는 방법은 읽기를 하면서 문맥 속에서 모르는 단어의 의미나 기능을 파악하는 것이라고 믿고 있다. 이러한 믿음은 다음과 같은 근거에 바탕을 두고 있다. 우선, 문맥은 습득하고자하는 단어의 심층적인 의미와 쓰임새를 잘 보여준다. 즉, 단어의 습득은 그 단어의 정의적인 뜻만을 습득하는 것을 의미하지는 않으므로 문맥을 통해서 단어의 적확한 쓰임새를 학습하는 것이 중요하다는 것이다. 또한, 모르는 단어의 의미를 문맥을 활용하여 유추하는 과정을 통해, 단어의 습득이 더 용이해진다는 것이다. 마지막으로, 가르치기에는 배워야할 단어가 너무 많으므로 광범위한 읽기 활동을 통해 새로운 단어를 습득하는 것이 가장 바람직하다는 것도 부수적인 어휘 학습의 효용성을 주장하는 사람들이 자주 언급하는 점이다.

그러나 1990년대 이후로, 많은 어휘 연구가들은 그 동안 가장 바람직한 어휘 학습 방법으로 인식되어온 부수적인 어휘 학습의 한계 및 문제점에 대해 언급을 하기 시작하였다. 우선 연구가들이 지적하는 부수적인 어휘 학습의 가장 큰 단점은 읽기를 통해서 습득될 것이라고 기대되는 많은 단어들이 사실은 독자에 의해서 무시된 채 그냥 넘어가는 경우가 많다는 점이다. 그 이유는 독자들은 주어진 글을 이해하기 위해서 그들이 중요하다고 생각하는 단어들의 의미만을 추론하려고 할 뿐, 그 외의 단어들에는 거의 관심을 두지 않기 때문이다(Hulstijn, 1993). Paribakht & Wesche(1997)는 학생들과의 구두 인터뷰를 통해서, 학생들이 글을 읽는 동안에 부딪히게 되는 모르는 단어 중에서 약 반 정도를 그냥 무시하고 지나간다는 점을 보여주었다.

부수적인 어휘 학습의 또 다른 단점은 독자들이 읽기를 하는 중에 모르는 단어가 나와 그 의미를 추론해야 할 때, 종종 그 의미를 잘못 추론하는 경우가 상당히 많다는 것이다. 그 주된 이유는 우선 학습자의 영어 능력이 부족한데서 기인할 수도 있고, 특정 단어의 주변에 있는 문맥이 단어의 의미를 추론하는 것을 어렵게 만들 수도 있다는 점이다. 글을 읽는 도중에 발견하게 되는 모르는 단어의 의미를 추론하도록 했는데, 사전을 사용하게 했음에도 불구하고, 피험자들이 적은 단어의 삼분의 일 정도가 그 의미가 잘못 추론된 것들이었다.

부수적인 어휘 학습의 또 다른 단점은 문맥으로부터 모르는 단어의 의미를 성공적으로 추론했다는 사실이 반드시 그 단어의 습득으로는 이어지지 않는다는 점이다. 부수적인 어휘학습의 효과를 지지하는 사람들의 주장이나 믿음과는 상반되게 독자들은 일단 모르는 단어의 의미가 성공적으로 추론된 후에는 그 단어를 좀 더 오래 기억하기 위해서 별다른 인지적 활동을 하지 않는다는 것이다. 물론 모르는 단어의 의미가 문맥의 도움을 받아 성공적으로 추론되고, 또 그 단어가 글을 읽는 중에 빈번히 등장한다면, 의도적으로 그 단어를 외우려고 하지 않아도 자연스럽게 습득될 수 있을지도 모른다. 그러나 많은 어휘연구 결과에 따르면, 어떤 특정 단어가 우리의 장기 기억 속에 보존되기 위해서는 최소한 10번에서 12번 정도 그 단어에 노출되어야 한다고 한다(Saragi et al., 1978).

마지막으로 자주 언급되는 부수적인 어휘 학습의 단점은 단지 문맥으로부터 모르는 단어의 의미를 추론하는 방식으로만 어휘를 습득하는 것은 EFL 상황에서는 상당히 비효율적인 방법이라는 점이다. 영어가 일상적인 의사소통의 도구로 사용되는 ESL 상황에서는 읽기 도중 노출된 새로운 어휘가 일상생활을 하는 중에 여러 담화 상황에서 반복적으로 등장하는 경우가 많으므로 자연스럽게 어휘가 부수적으로 습득될 기회나 확률이 많다. 그러나 영어에 대한 노출이 적은 EFL 상황에서는 이러한 부수적인 어휘 습득이 자연스럽게 일어나는 것을 기대하기 어렵다.

따라서 많은 연구가들은 EFL 상황에서는 읽기를 통한 어휘 학습을 하되, 습득하고자 하는 목표 단어들을 체계적으로 가르치는 것이 부수적인 어휘 습득 방법보다 더 효율적인 방법이 될 수 있다는 점을 인식하기 시작하였다(Coady, 1997).

최근까지, 부수적인 어휘 학습의 단점을 보완하려는 연구가 다양하게 이루어졌는데, 이러한 연구들은 모두 읽기를 근간으로 하되, 좀 더 의도적으로 목표 어휘들이 원활하게 습득될 수 있도록 하는 방법을 강구한 것이었다.

우선, 읽기 자료를 그냥 주는 것이 아니라 읽기 자료의 옆이나 아래 공란에 핵심 단어의 중요 의미를 제공해 주는 것이다. 이러한 부가적 어휘목록(marginal gloss)의 효용성을 뒷받침해 주는 연구는 모두 어휘 목록을 읽기와 함께 제공받은 집단이 그렇지 않은 집단보다 목표어를 훨씬 더 잘 습득했다는 연구 결과를 제시하고 있다. 특히 목표어의 뜻을 모국어로 제시하는 것이 목표어로 제시하는 것 보다 더 효과적이다.

Laufer & Shmueli(1997)는 단어와 단어의 뜻만을 제시했을 때, 단어를 그 단어가 사용되는 한 문장 속에서 제시했을 때, 단어를 긴 글 속에서 제시했을 때, 본래 사용된 문장에 추론을 용이하게 하기 위해 단어의 동의어 등을 첨가해서 제시했을 때의 네 가지 방법이 어휘 습득에 미치는 영향을 조사하였다. 연구 결과, 단어를 그 단어가 사용되는 문장 속에서 제시했을 때, 학습자들의 어휘 습득이 가장 높았고, 그 다음으로는 단어와 단어의 뜻만을 적어서 제시했을 때가 단어를 기억하는데 긍정적인 영향을 미쳤다. 단어를 긴 글 속에서 제시하는 것과 단어의 의미의 추론을 용이하게 하기 위해 동의어 등을 첨가해서 제시하는 것은 위의 두 방법에 비해서 효과적이지 못한 것으로 드러났다. 이러한 연구 결과는 새로운 단어 및 그 의미를 기억하여 습득하기 위해서는 학습자들이 그 단어에 대한 의식적인 집중과 관심이 절대적으로 중요하고 필요하다는 점을 단적으로 보여준다.

부수적인 어휘 습득 방법을 보완할 수 있는 또 다른 일련의 방법들은 글을 읽은 후에 그 글에서 등장하는 새로운 단어들을 선별하여 그 단어들을 이용한 수업 활동을 하는 것이다. Paribakht & Wesche(1997)는 목표 단어가 포함되어 있는 두 가지 종류의 글을 읽은 집단보다 글을 읽은 후에 목표 단어에 대한 일련의 활동을 한 집단이 단어 기억 테스트에서 훨씬 더 좋은 성적을 보여주었다는 연구 결과를 제시하고 있다. 그들은 읽기 활동 후에 일련의 어휘 보강 활동을 하는 것은 학습자들로 하여금 새로운 단어의 다양한 의미나 통사적, 음운적인 정보를 접하게 함으로써 더욱더 효과적인 어휘 습득이 가능해진다는 점을 주장하였다.

그러나 다양한 읽기 후 어휘 활동 중에서 과연 어떤 유형의 어휘 증진 활동이 가장 어휘 습득에 효과적일 것인가에 관한 연구는 그렇게 많지 않다. 그러나, Stahl & Fairbanks(1986)은 'Depth of processing(심층처리)'이라는 개념에 근거하여 다양한 어휘 활동을 개발할 수 있다는 점을 언급하고 있다. 심층처리 혹은 'Mental effort hypothesis(노심 가설)'는 원래 Craik & Lockhart(1972)에 의해서 주장되었다. 그들의 주장에 따르면, 기억(retention)을 얼마만큼 잘하느냐 하는 문제는 정보가 어떤 수준에서 처리되었는가에 달려 있다. 다시 말해, 어떤 정보를 처리하는데 있어서 아주 피상적이며 간단한 인지적 절차가 필요했다면, 그 정보가 장기 기억에 남을 가능성은 그렇게 크지 않다는 것이다. 반대로 어떤 정보를 처리하는데, 더욱 깊은 의미적, 인지적 과정을 거쳤다면 그 정보가 나중에 기억될 가능성이 그만큼 높아진다는 것이다. 이들이 주장하는 바를 뒷받침해 주는 연구는 상당히 많이 있다(Jacoby, Craik, & Begg, 1979; Tyler, Hertel, & McCallum, 1979).

이러한 개념은 어휘 연구에 많이 활용되었는데, Hulstijn(1992)은 새로운 어휘에 관련된 어휘력 증진 활동이 인지적으로 다단계의 과정을 요구할수록 기억에는 더 도움이 된다는 연구 결과를 제시하고 있다. 보다 구체적으로 이러한 개념을 어휘 습득 분야에 활용한 연구가 Craik & Lockhart(1972)에 의해 실행되었다.

심층처리 등급(Depth of processing scale)에 근거하여 세 가지 유형의 어휘 활동 자료를 만들 수 있는데 우선, 첫 번째 어휘 활동 유형은 읽기 중에 등장한 새로운 어휘를 나열하고 그 어휘의 정의에 해당하는 곳에 연결하는 것이다. 이 때 새로운 어휘의 정의는 피험자들의 모어로 제시된다. 이와 같은 짝 연상 학습(Paired-associate learning) 활동은 심층 처리 가설(Depth of processing hypothesis)에 의하면 가장 인지적인 단계가 낮은 것으로 새로운 단어의 의미가 장기 기억에 저장될 가능성이 가장 낮은 활동 유형이다. 두 번째 어휘 활동 유형은, 왼편에 새로운 단어의 정의를 목표어로 제시하고, 오른편에 공란을 둔 후 읽은 본문에서 그 각 정의에 해당하는 단어를 찾아서 쓰는 활동이다. 이러한 활동은 첫 번째 활동에 비해서는 좀 더 깊은 인지적 과정을 거친다는 가정 하에 만들어진다. 마지막 세 번째 활동은, 읽기에 등장한 단어가 쓰일 수 있는 새로운 문장을 주고 각 문장에 들어갈 단어를 본문에서 골라서 쓰는 것이다. 심층 처리 등급에 따르면 세 번째 활동이 가장 인지적으로 복잡한 절차를 요구하는 활동이고, 그만큼 장기 기억에 남을 가능성이 많다.

이러한 가설에 근거해 환경에 관한 글을 읽게 한 후, 그 글에서 등장하는 어려운 신출어를 10개를 골라 어휘 목록을 통해 일정한 기간 동안 학습하게 한 후, 세 집단으로 학생들을 나눈 후 위에서 언급한 세 가지 유형의 활동을 해 보았을 때, 세 번째 유형의 활동을 한 학생들의 새로운 어휘에 대한 기억이 가장 좋았고, 그 다음으로는 두 번째 활동을 한 학생들, 그리고 다음으로는 첫 번째 활동을 한 학생들 순이었다.

이러한 결과로 미루어 볼 때, 읽기를 통해 어휘를 접하도록 한 후 하게 되는 후속 어휘 증진 활동에서는 가능하면, 단순한 단어/정의 짝짓기 식의 활동이 아니라, 그 단어를 활용하여 새로운 상황에 사용해볼 수 있고, 적용해 볼 수 있는 활동을 하는 것이 어휘 습득에 효과적이라고 할 수 있겠다. 예를 들어, Craik & Lockhart(1972)가 제시한 유형의 어휘 활동이외에 다음과 같은 활동들을 수업 시간에 활용해 볼 수 있겠다.

1) 새로운 단어를 활용하여 일련의 대화를 만들어 짝과 함께 연습해 보기
2) 새롭게 배운 단어를 개인적인 경험이나 사전 지식과 연결하여 문장 만들어 보기. 예를 들어 일련의 사람의 성격을 나타내는 형용사를 배웠을 경우 자신이 알고 있는 사람들과 연결하여 문장을 만들어 보기
3) 새로운 단어를 활용하여 의미망을 만들어 보기(동의어, 반의어, 숙어 등)
4) 새로운 단어가 많이 쓰일 수 있는 쓰기 과제나 토론 과업 주기(예

consume이라는 단어가 나왔을 때, 어떤 특정한 시기의 특정 상품의 소비를 나타내는 그래프를 주고, 그 그래프에 대해서 짝과 함께 이야기 해보게 하기 → consume이외에 파생어의 사용도 유도하기)

5) 기억에 좀 더 명확히 남도록 하기 위해 단어를 연상할 수 있는 그림을 함께 제시하는 방법
6) 사전을 활용하여, 새로운 단어의 여러 가지 쓰임새에 대해 공부하고 그 단어가 쓰일 수 있는 여러 가지 문장을 적어두게 하기

위에서 제시한 활동 외에 수업 시간에 학생들에게 제시해 볼 수 있는 방법은 "핵심어(keyword)"를 활용한 단어 암기법이다. 핵심어를 활용한 단어 암기법은 기억을 보조적으로 도와주는 암기법(mnemonic techniques) 중의 하나로써 우선 암기해야 할 외국어 단어와 소리 혹은 철자 면에서 유사한 단어를 모어에서 찾은 후 그 두 단어를 의미적으로 연결시켜서 암기하는 것을 말한다. 예를 들어, 영어를 모어로 하는 일본어 학습자가 "좋아하다"라는 뜻을 가진 일본어 단어를 익힐 때, 모어인 영어에서 그 단어의 발음과 유사한 단어인 "ski"를 찾아낸 후, "I like ski."라는 식으로 연결시켜 암기하는 것이다. 이렇게 단어를 암기한 학생은 일본어로 "좋아하다"라는 단어를 보거나 들으면, 바로 이 문장을 연상함으로써 그 단어의 의미가 "좋아하다"라는 뜻임을 쉽게 기억해낼 수 있게 된다는 것이다.

이 방법은 겉으로 보기에 상당히 복잡하고 비효율적으로 보이지만, 많은 학자들은 이 암기 방법이 단어의 철자 및 발음과 그 단어를 모어로 번역한 의미만을 기계적으로 반복해서 외우는 방법(예 friend/frend/ n. 친구) 보다 새로운 단어의 의미를 단기 기억 및 장기 기억 속에 오래 보존시키는데 훨씬 더 효과적이라는 연구결과를 제시하고 있다(Atkinson, 1975; Pressley, Levin, & Delaney, 1982; Wang & Thomas, 1995).

이러한 여러 가지 방법과 함께 수업 시간을 통해 같은 단어를 다양하고 의미 있는 맥락 속에서 가능하면 여러 번 접하게 하는 것이 무엇보다도 중요하다. 동일한 단어를 우리 머리속에 여러 번 저장하고 꺼내 쓰는 과정을 통해 그 단어의 의미가 우리의 뇌리에 더욱더 강하게 새겨질 가능성이 높아지기 때문이다.

2. 효과적인 어휘 지도 방안

1) 어휘 학습 지도의 중요성

어휘가 문장을 이해하거나 위사소통을 하는 데 중요한 역할을 하기 때문에 지도하는 방법을 생각하지 않을 수 없다. 어떤 의미에서 보면 별도로 단어를 지도한다는 것을 이상히 여길지 모르지만 문법적인 지식이 부족하다고 해도 어휘에 관한 지식이 풍부하면 문장을 이해하서나 의사소통을 하기가 훨씬 쉬울 수도 있다. 어휘에 관한 지식은 이해전략과 마찬가지로 구어와 문어를 이해하는 데 중요한 역할을 한다. 많은 어휘를 인식하고 구두로 표현하는 언어 사용자는 성공적인 reader가 될 수 있는 많은 기회를 가진 셈이 된다. 글을 이해한다는 것은 저자가 쓴 글을 독자가 사용된 단어들 간의 독특한 결합에 의미를 부여하지 않는다면 일어날 수 없으며, 의사소통의 절차는 저자와 독자가 마음속에 유사한 가치를 가지고 있지 않으면 일어날 수가 없다. 따라서 교사는 학습자에게 풍부한 어휘 지식을 지니도록 학습시켜야 하고, 언어의 4가지 기능 영역(듣기, 읽기, 말하기, 쓰기)에서도 어휘 지도를 소홀히 한다면 그 영역의 효율적인 학습 목표 달성이 어려울 것이다.

그러면 교사는 학생들에게 어떤 어휘를 선정하여 학습활동을 시킬 것인가? 교사는 배정된 시간에 교육 목표에 도달할 수 있는 어휘를 골라야 하되 항상 머릿속에 빈출도(frequence), 분포(range), 유용성(availability), 적용 가능성(coverage)등을 머릿속에 두고 학습 상황에 맞는 어휘를 선택해서 교육해야 한다.

2) 어휘 지도 전략

어휘를 지도하는 방법은 다양하다. 어원을 중심으로 지도하는 방법, 암기를 중심으로 하는 방법, 의미를 중심으로 하는 방법들이 있으나 그 방법들을 알아보기 전에 먼저 효과적인 지도 전략을 정리해 보면 다음과 같다.

(1) 단어를 의미 있는 상황 속에서 소개한다.
(2) 학생의 주의를 집중시켜 새로운 단어에 관심을 갖도록 해야 한다.
(3) 학생에게 문맥 속에서 단어의 뜻을 먼저 추측해 보게 한 뒤 사전을 찾아

확인하도록 지도해야 한다.

(4) 학생이 단어를 정확하게 발음하도록 한다.

(5) 배운 단어를 dialog, discussion, speaking practice, writing practice에서 사용하도록 한다.

(5) 교재 이외의 각종 매체 속에서 볼 수 있는 새로운 단어에 항상 관심을 갖도록 자주 관련시켜 언급해야 한다.

3) 어휘 지도 방법

(1) 극화(Dramatization): 많은 동사와 명사를 행동이나 몸짓으로 이해시키는 방법

예) sleep, walk, open, shake hands, shoot 등

(2) 그림 카드(Picture Card): 전치사나 신체의 여러 부분을 이해시킬 때 그림으로 이해시킨다.

(3) 상징(Symbol): 한 단어를 상징하는 그림을 통해서 뜻을 이해시키는 것, 단어의 뜻을 상징하는 것을 보여주고 단어의 뜻을 말한 다음 또 다른 낱말의 뜻을 상징하는 기호 또는 그림을 보이면서 단어를 이해시킨다.

(4) 연상 기법(Association Method): 학생들에게 친숙한 배경 지식을 활용하여 낱말의 뜻을 연상하게 하는 방법으로, 'irregular'라는 단어를 가르치기 위해 'baseball'→'hit'→'irregular bound'라는 clue를 주면 야구에 관심이 있는 학생들은 'irregular'를 쉽게 '불규칙적인'의 뜻으로 이해하고 비교적 오래 기억할 것이다.

예) 학생들에게 친숙한 배경 지식(스포츠 중심)과 지도 가능한 어휘:
① 농구: defence, offence, throw, basket, floor, cheer, three-second 등
② 야구: squeeze, drag, base, irregular, control, pole, board, field, MVP 등
③ 배구: spike, attack, receive, serve, block, rotate, back, interfere, toss 등
④ 권투: pound, trunk, straight, hook, glove, title, judge, umpire 등
⑤ 축구: slide, wing, post, advantage, sudden, death, head trick 등

⑥ 기타: lane, slope, pole, target, shoot, post, sudden death 등

(5) 범주화 기법(Category method): 단어들을 같은 범주(category), 즉 조직적인 정리 관계를 이미 결정된 기준에 맞추어 설명하는 것이다. 다시 말해 낱말의 기능이 같거나 종류가 유사한 것으로 분류하는 방법으로, analogy(유추), denotation-connotation(지시적-함축적 의미), homonyms(동음이의어), homophones (동음이철어) 등을 통해 활용할 수 있다.

예 1) 아래 낱말을 plant, animal, bird, mammals, insect, fish별로 분류해 보자.

(squirrel, deer, tuna, honeybee, chicken, turtle, pine tree, worm, frog, fern)

plant	animal	bird	mammals	insect	fish
pine tree, fern	squirrel deer, tuna, honeybee, chicken, tuttle, frog	chicken	squirrel, deer	honeybee, worm	tuna

예 2) 아래 빈 칸을 채우시오.

① lead - pencil: ink - (*pen*)
② stream - river: sea - (*ocean*)
③ plane - metal: book - (*paper*)
④ refrigerator - cold: oven - (*hot*)

예 3) 다음 밑줄 친 단어의 뜻은?

① The tree in our back yard was struck by lighting. [지시적 의미: 나무]
② Grandpa built a shoe tree for my bedroom closet. [함축적 의미: 신장(boot tree)]

(6) 문맥 활용 기법(Context Method): 낱말의 뜻만을 알고 있다고 해서 문장의 뜻을 완전히 이해한다고는 할 수 없다. 낱말의 뜻은 문맥에 따라 변화하기 때문이다. 그러므로 문맥을 통해 어휘를 추측해 내는 훈련이 중요하다. 그 방법은 첫째 글의 주제를 통해서, 또는 발췌문과 윤곽을 말하는 개요(outline)를 통해서, 둘째, 담화

속에 있는 다른 낱말들을 통해서 셋째, 문법적 구조가 많은 단서들을 갖고 있으므로 문맥을 통해서 모르는 단어의 의미를 추측 할 수 있다.

예 1) 문맥(context)을 이용해서 새로운 단어를 가르칠 때 사용되는 절차 1:

① 대화, 문장, 또는 단락을 읽고 새로운 단어를 화이트보드(white board)에 쓰게 한다.
② 학생들로 하여금 단어의 뜻을 추측해 보게 한 다음 그것을 해당 단어 아래에 내려적는다.
③ 나열한 것 중 문맥에 가장 적합한 것을 선택해 보게 한다.
④ 학생들로부터 적절한 답이 나오지 않으면 그 단어가 들어 있는 다른 쉬운 문장을 제시해서 단서를 찾게 한다.
⑤ 사전을 찾아 정확한 단어의 뜻을 선택하도록 한다.

예 2) 문맥(context)을 이용해서 새로운 단어를 가르칠 때 사용되는 절차 2:

① 가르칠 교재를 분석한 후 문맥 단서(context clue)를 이용해서 가르칠 단어를 선택한다.
② 가르칠 단어마다 의미 단서를 포함하고 있는 두 개의 문장을 준비한다.
③ 단어를 문맥 단서 없이 칠판에 나열하고, 학생들에게 그 뜻을 써 보게 한다.
④ 준비한 문맥 단서를 보여주고 뜻을 써 보게 한다.
⑤ 각자가 쓴 답을 가지고 왜 그런 담이 나왔는가를 토의한다.
⑥ 사전을 찾아 정확한 단어의 뜻을 선택하도록 한다.

(7) 사전 찾기 방법(Dictionary Method): 문장을 읽을 때 모르는 단어가 나오면 즉시 사전을 찾아 문장의 내용에 적합한 뜻을 선택하는 방법으로 학습자들이 자주 사용하는 방법이지만, Gipe(1979)의 실험에 의하면 이 방법이 문맥 활용 방법(Context method)보다 훨씬 비효과적이라고 말한다. 학생들이 모르는 단어의 뜻을 추측할 기회를 박탈한다는 점과 기억 측면에서 효과가 훨씬 떨어진다는 점에서 문맥 활용 방법보다 못하다. 따라서 학습할 단어가 많을 때나, 학습자 혼자 공부하는

경우에는 먼저 문맥 활용 방법에 의해 모르는 단어의 뜻을 추측해 보게 한 뒤, 사전 찾기 방법으로 확인하는 단계를 반드시 거치도록 지도해야 한다. 아울러 대입수학능력시험에서도 출제된 바 있듯이, 고등학교의 중위권 이상 수준의 학생들에게는 영영사전(English-English dictionary)의 사용을 권장해야 할 필요가 있으며, 실물투영기(OHP)나 컴퓨터 등을 통한 사진 사전(photo dictionary)의 활용이 장황한 어휘 설명보다 훨씬 효과적일 수도 있다.

(8) 핵심어 기법(Keyword Method): 앞의 것들이 새로운 단어의 이해하려는 방법이라면 이것은 기억을 위한 기법으로, 기억하려는 영어 단어와 음이 같거나 비슷하나 우리말을 핵심어로 정하고 영어 단어의 뜻을 심상으로 연결하여 쉽게 회상할 수 있게 하는 기법이다.

예)
① wound: 잘못 ; 부상 → 체육대회에서 잘못하여 **부상**을 당했다.
② tongue: 텅 ; 혀 → **텅** 빈 교실을 보며 선생님께서 **혀**를 찼다.
③ hail: 헤일 ; 우박 → **우박**이 **헤일** 수 없이 많이 쏟아진다.
④ internal: **터널 내부**의 공기는 매우 탁하다.

이 활동의 장점들은 다음과 같다.

① 반복 연습, 그림 사용하기, 동의어와 같은 기법보다 낫다.
② 명사뿐만 아니라 동사, 형용사, 추상명사 등도 가르칠 수 있다.
③ 성인뿐만 아니라 아이들에게도 적용할 수 있다.
④ 교사의 도움 없이 학생들이 스스로 할 수 있다.

(9) 단어 구축하기(Word Building): 새로운 단어의 어원, 동의어(sufficient: One hour is *enough.*), 반의어(empty: This bottle is *full.*), 부정 접두어(mis-, un-, de-, a-, anti-, ...), 접미어(-ful, -ness, -ity, -ion, -ing, ..)를 이용하거나 품사의 변형 등을 통해서 파생어를 최대한 많이 만들어 보는 연습이다. 중학교 3학년 또는 고등학교 1학

년 이상의 단계에서 활용하는 것이 바람직하다.

예)

① create(v.): creation(n.) - creator(n.) - creative(a.) - creature(n.)
② imagine(v.): imagination(n.) - imaginative(a.) - imaginary(a.)
③ friend(n.): friendship(n.) - friendly(a.)
④ able(a.): ability(n.) - unable(a.) - enable(v.)

(10) 기능 문장 생성 지도(Possible Sentences Lesson)

새로운 낱말들과 익숙해질 수 있도록 하여 유의적인 문맥 속에서 이용될 수 있도록 하는 전략이다. 이것은 사전에 읽기 연습 과정에서 그리고 어휘 지도에서 동시에 이용될 수 있다. 이러한 활동은 학생들이 음성언어와 문자언어 상에서 반복해서 어휘를 사용할 수 있도록 한다. 여기서는 4 단계를 거쳐 진행한다. 이 전략은 새 용어가 이미 알고 있는 용어와 혼합돼 있을 때 더 효과적이다.

① 텍스트나 구절의 새 단어들을 칠판에 나열한다.
② 나열된 단어들 중 2개 단어를 선택하여 문장을 만든다.
③ 2단어를 이용해서 쓴 문장을 학생들이 읽는다.
④ 학생들이 문장들을 평가한 다음 새로운 문장들을 생성할 수도 있다.

4) 어휘 지도 시 교사가 가져야 할 기본 사항

(1) 학생들이 알고 있는 어휘는 청해력 및 독해력과 밀접한 관련이 있다.
(2) 문맥을 통해서 어휘를 익히는 것이 낱말의 뜻을 정의하는 것보다 더 효과적이다.
(3) 학생들이 가지고 있는 배경 지식을 이용하는 것이 기억 측면에서는 매우 효과적이다.
(4) 한 단어의 뜻만을 개별적으로 암기하는 것보다는 의미 있는 word set로 연결해서 암기 하는 것이 훨씬 효과적이다.

(5) 읽기 활동을 할 수 있는 어휘력과 말하기 활동 및 쓰기 활동을 할 수 있는 어휘 간의 간격(gap)을 줄이도록 하고, 말하기 활동 및 쓰기 활동 지도 시에도 단어 지도를 체계적으로 실시해야 한다.

(6) 새로운 어휘 지도를 언제 해야 하는가? 도입 단계의 어휘 지도에 대해서는 찬반으로 나뉘어져 있다. 어려운 어휘로 인해 주의력이 산만해질 수 있고, 새로운 어휘 제시와 글 속에서 그 어휘를 다시 읽는 시간이 짧기 때문에 강화 효과가 있다고 주장하는 사람은 찬성하고 있지만, 학생 스스로 글의 맥락을 통해 새로운 어휘의 의미를 추측할 수 있는 기회를 박탈한다는 점과 수업이 어휘 지도에 치중되고 전체 학습의 진행이 부드럽지 않아는 점에서 반대하는 사람도 많다. 따라서 어휘의 사전 지도 선택 여부는 학생 간의 격차, 어휘의 난이도, 학생들의 단어 인지(word recognition) 능력에 따라 교사 스스로가 결정해야 한다.

5) 어휘 학습 지도 절차

(1) 듣기 관련 내용을 학습할 때

① 대화 내용 듣기(1차) → ② 들은 내용 중 모르는 단어 말하기 → ③ 교사가 칠판에 그 단어를 쓰기(단어의 정확한 철자가 나올 때까지) → ④ 대화 내용 듣기 (2차) → ⑤ 단어 확인 및 그 단어 의미 추측해 보기 → ⑥ 교사는 칠판에 그 단어의 뜻 쓰기(단어의 적절한 정의가 나올 때까지) → ⑦ 대화 내용에 알맞은 뜻 선택하기 → ⑧ 대화 내용 듣고 이해하기(강화)

(2) 읽기 관련 내용을 학습할 때

① 본문 내용 읽기 → ② 모르는 단어 밑줄 치기 → ③ 모르는 단어 말하기 → ④ 교사가 칠판에 그 단어를 쓰기 → ⑤ 그 단어 의미 추측해 보기 → ⑥ 교사는 칠판에 그 단어의 뜻 쓰기(단어의 적절한 정의가 나올 때까지) → ⑦ 문맥에 알맞은 뜻 선택하기 → ⑧ 본문내용 다시 읽기(강화)

* ⑥ 단계에서 학생으로부터 적절한 정의가 나오지 않으면, 그 단어의 뜻을

알려 주는 단서가 있는 좀 더 쉬운 문장을 제시한다.

(3) 말하기 관련 내용을 학습할 때

① 대치 연습 문장 말하기 → ② 모르는 단어 말하기 → ③ 교사가 칠판에 그 단어를 쓰기 → ④ 그 단어 의미 추측해 보기 → ⑤ 교사는 칠판에 그 단어의 뜻 쓰기(단어의 적절한 정의가 나올 때까지) → ⑥ 문맥에 알맞은 뜻 선택하기 → ⑦ 대치 연습 문장 다시 말하기(강화)

(4) 쓰기 관련 내용을 학습할 때

- 듣고 빈 칸 완성하기:

① 듣기 (1차) → ② 들은 내용 중 모르는 단어 말하기 → ③ 교사가 칠판에 그 단어를 쓰기 (단어의 정확한 철자가 나올 때까지) → ④ 듣기(2차) → ⑤ 단어 확인 및 그 단어 의미 추측해 보기 → ⑥ 교사는 칠판에 그 단어의 뜻 쓰기(단어의 적절한 정의가 나올 때까지) → ⑦ 들은 내용에 알맞은 뜻 선택하기 → ⑧ 듣고 빈 칸 완성하기

- 통제 영작하기:

① 우리말에 해당되는 영어 단어 찾아 쓰기 → ② 교사가 칠판에 그 단어를 쓰기(단어의 정확한 철자 및 해당 어휘. 군(word set)이 나올 때까지) → ③ 문맥에 알맞은 word set 선택하기 → ④ 영작한 문장 읽어보기(강화)

3. 어휘적 연어(Lexical collocation)를 통한 효율적인 어휘 지도 방안

어휘 지도에 대한 많은 방법들이 학자들과 현장교사들에 의해 제시되어 왔지만 학교 현장에서 어휘 지도는 '바로 이 방법이다.' 할 정도는 없는 것 같다. 학생들의 개인별 수준을 고려하여 어휘 지도 방법이 달라져야 하며 학급 구성원들의 개인적

성향에 따라 효율적인 방법이 달라 질 수 있기 때문이다. 수준에 관계없이 많은 학생들이 이전의 어휘 지도 방법에 비해 더 효율적이라 생각하고 실제로 어휘 사전 평가와 사후 평가 후속 평가에서 실제 어휘 향상도가 뚜렷한 어휘적 연어 활동중심으로 소개하고자 한다. 연어[뭉칫말]란 두 개 이상의 단어가 결합하여 하나의 의미를 나타내므로 완전하지 않더라도 영어 읽기, 쓰기, 말하기, 듣기에도 매우 효율적이다.

'문법적 연어'란 주요어인 <동사, 명사, 형용사>가 <전치사나 문법적 구조인 부정사나 절>이 결합되어 있는 구이다. 반면, '어휘적 연어'란 전치사 부정사 종속절을 포함하지 않고 명사 형용사 동사 부사의 서로의 결합으로 이뤄지며 대표적인 유형이 <명사+명사>, <형용사+명사>, <동사+명사>, <동사+부사> 또는 <부사+형용사>다. 여기에서는 문법적 연어에 비해, 사전 평가에 비해 사후 평가와 후속 평가에서 어휘 향상도가 훨씬 높은 어휘적 연어 활동을 중심으로 기술하고자 한다.

1) 어휘적 연어(lexical collocation)의 활동예시

(1) 그룹 편성 및 역할

영어 성적을 고려하여 조를 편성 운영한다. 반별로 전년도 영어 종합성적 순위에 따라 한 조에 4명씩 ㄹ 자형으로 돌려 조를 편성하여 조별 성적이 엇비슷하여야 한다. 또한 양성을 균형 있게 배치한다. 반 인원수에 따라 1~2개조는 5명으로 편성한 경우도 있다. 조원이 4명인 경우는 집단 지도자(group leader) 1명, 비서(secretary) 1명, 웹사이트 관리자(web master) 1명, 탐구자(explorer) 1명으로 역할을 분담한다. 조원이 5명인 경우는 탐구자의 역할을 2명으로 한다. 집단 지도자의 역할은 조를 대표하여 발표를 하며 비서는 조원들이 논의하고 조사한 것을 기록하며 웹사이트 관리자는 정리된 자료를 홈페이지에 올리는 역할을 하고 탐구자는 필요한 자료를 수집하여 제공하는 역할을 한다.

(2) 어휘적 연어 활동예시

여기에 활용되는 활동들은 원어민 교사와 함께 협동 수업을 하는 교과서의 한 종류의 영어독해(English Readings) 지도시 읽기 부문(Reading)에 나오는 관련어휘나 유형을 학생들의 수준에 맞게 구성한 것이다.

① 활동 1: <명사+명사> 연어 만들기

<명사+명사>의 어휘적 연어가 될 수 있는 어휘를 A에 제시하여 주고, B에 두 단어가 결합될 수 있는 말을 쓰게 한다. 처음에는 개인별 활동시간을 주고 다음에 조별 활동을 하게 한다.

A

baby, birth, contact, effect, grass, greenhouse, holiday, hostel, control, lens, mark, opener, package, roots, sitter, fever, tin, trade, hay, youth, etc.

B

baby sitter, contact lens, youth hostel, birth control/birthmark, grass roots, greenhouse effect, trademark, tin opener, holiday package/package holiday, etc.

② 활동 2: 한국어와 영어의 <명사+명사>의 유사점과 차이점 찾기

<명사+명사>의 A, B, C, D어휘적 연어 유형에서 한국어와 영어의 유사점과 차이점을 찾아보게 한다. AC의 경우는 한국어와 영어가 어순과 의미면에서 유사점이 많은 반면, B의 경우는 한국어와 어순이 일치하지 않고 반대인 경우이고, D의 경우는 한국어는 소유격의 의미가 없으나 영어에서는 소유격 표시를 통해 "명사's 명사"를 나타내고 있다. 조별로 학생들이 이런 차이점을 찾아내도록 조별 활동을 시킨다. 아래의 표는 가능한 일부 예들이다

A	B
신발 끈: shoelace 목걸이: necklace 민요: folklore 복사기: photocopier[copying machine] 쓰레기통: trash can	생활비: cost of living[living cost] 수면 부족: lack of sleep 상다리: leg of the table 사직서: letter of resignation

C	D
고깃배: fishing boat 수영장: swimming pool 식중독: food poisoning 산불: forest fire	주주 총회: shareholder's meeting 교사 면허증: teacher's license[teacher license] 오늘 신문: today's paper 여행자 수표: traveler's check 오늘밤 공연: tonight's performance 여성복: women's clothing

③ 활동 3: <명사+명사> 핵심어 찾기

두 단어 중에서 핵심 단어(head word)(전체 구의 특성을 결정하는 특성을 지님 핵심적인 단어)를 찾아보게 한다.

alarm clock	blood donor	heart attack	tea bag
answering machine	bus stop	phone book	windshield
assembly line	credit card	reference book	windshield wiper
bank account	handcuffs	shoes horn	youth hostel
sales tax	identification card	computer program	food processor
blood test	birthday card	pop star	parking lot

④ 활동 4: 한국어의 영어와 <같은 말>과 <다른 말>

사전을 활용하여 한국어를 영어로 바꿔보게 한다. 그리고 같은 한국말을 영어로 바꿀 때 차이점을 이해한다. 한국어에서는 '실(室)'의 의미가 영어에서는 'room, hall, laboratory, office'로 바뀐 이유를 생각해 본다. 한국어에서의 '장(場)'의 의미가 'court, course'로 바뀜을 안다.

한국어 (K)	영어 (E)
미용실	beauty parlor[salon]
회의실	conference room

교실	classroom
거실	living room
침실	bedroom
화장실	rest room
전시실	exhibition hall
과학실	laboratory
(백악관)집무실	Oval Office
테니스장	tennis court
골프장	golf course

⑤ 활동 5: <형용사+명사> 연어 학습 활동

idea
heavy

idea 앞에 올수 있는 형용사와 heavy 다음에 올 수 있는 명사를 조별로 발표하게 한다. 다음에 사전을 이용하지 않고 써보게 한다. 다음에 사전을 이용하여 써보게 한다. 아래의 표는 가능 한 예들은 나열한 것이다.

a new, an old, a silly, an usual, a nice, a bright, a brilliant, a clever, a great, a fresh, a very interesting, a very good, a fixed, a clear, a confused, an original, a mad, etc.
+ idea
heavy +
breakfast, smoker, drinker, fine, rain, rainfall, snow, responsibility, ash, toilet, accent, girl, sound, machinery, schedule, etc.

⑥ 활동 6: <동사와 명사> 연어 학습활동<1>

A에 나오는 동사와 B에 나오는 명사 중에서 서로 연어를 이룰 수 있는 말을 조별로 써보도록 한다. 연어가 애매한 것은 사전을 통해 찾아보도록 하고, 원어민보조교사와 영어교사가 서로 조별로 지도를 한다. 조별 발표를 하도록 하고, 최종적으로 C의 표를 제시해 준다. 'ride, catch, board'의 <동사>가 'the bus, the plane, the train, a bike'의 <명사>와 적절한 결합인지 여부는 영어원어민을 통해 설명해 준다.

A (동사)
watch, wear, make, catch, ring, boil, play, ride, board, answer, etc.

B (명사)
the plane, television, an egg, the piano, money, the bus, the phone, a jacket, a bell, a bike, etc.

C (동사+명사)
watch television / wear a jacket / make money / catch the bus / ring a bell / boil an egg / play the piano / ride a bike / board the plane / answer the phone, etc.

⑦ 활동 7: <동사와 명사> 연어 학습활동<2>

(<동사+명사> 연어 학습활동에서 <적절한 동사 찾기> 활동)

특정 동사(A)들과 어울리는 명사(B)들을 제시하고 조별로 적절한 동사를 찾도록 한다. 그리고 <동사+명사>의 의미를 제시하게 하고, 원어민보조교사를 통하여 그 의미를 제시한 후, 영어교사가 그 의미를 다시 제시하여 준다. 그 다음에는 학생들에게 <동사+명사>가 들어가는 문장을 써보게 한다. 아래의 표는 가능한 실제 예들이다.

특정동사 (A)	적절한 명사(B)
answer	the door, the phone, a call, the question, a riddle, the purpose, etc.
keep	a diary, journal, record, an account, one's word, a secret, a dog, etc.
...	...

⑧ 활동 8: <동사와 명사> 연어 학습활동<3>

수업시간에 학생들에게 다음과 같이 <우리말>을 제시한 후 <공통점>을 관찰하도록 한다.

T: 농구하다, 결정하다, 수술하다, 질문하다, 산책하다에서 공통점이 무엇입니까?
S: 우리말의 끝에 '~하다'로 끝납니다.
T: 그럼 다음에 제시하는 우리말에 해당하는 영어를 쪽지에 써보세요.
S: 농구하다( ), 질문하다( ) 산책하다( ), 설거지 하다( ),
방문하다( ), 약속하다( ) 등.
T: 잘 모르는 단어가 있으면 함께 찾아보고 비교해보세요.

그런 다음 명사와 결합하는 동사를 고르도록 유인물(handout)을 나누어 준다. 각 팀의 학생들은 조별활동을 통해 제시된 우리말의 연어 중에서 명사에 해당되는 단어를 찾아낸다. 또한 쪽지에는 이미 학생들이 알고 있는 동사를 선택하고 제시한다. 학생들에게 명사를 A란에 무작위로 주고, B란의 동사와 결합 가능한 명사를 쓰도록 했다. 아래의 표는 실제 가능한 예(o)들이다

<동사+명사> 연어 학습활동

nouns verbs	basketball	a decision	the dishes	a operation	a question	a walk
do			o			
take						o

make		o				
have				o	o	
play	o					
ask					o	

⑨ 활동 9: <동사와 명사> 연어 학습활동(make & do)

연어로 쓸 수 있는 <특정 동사(B)>중 일부(make, do)를 제시하고 그 동사들과 <어울리는 명사(A)>들을 선택해보도록 한다.

<table>
<tr><td>A</td><td colspan="2">progress, business, harm, a speech, one's best, a will, a mistake, fun of someone, the garden, a good job, a complaint, the shopping, arrangements, a favor, a bargain, the washing-up, repairs, the beds, a fuss, one's duty, someone a good turn, an exercise, a nuisance of oneself, an effort, one's hair, an impression, homework, an examination, etc.</td></tr>
<tr><td rowspan="2">B</td><td>Make</td><td>Do</td></tr>
<tr><td>예) make progress ...</td><td>예) do homework</td></tr>
</table>

4. Textbook내에서 연어 활동

여기에 사용된 내용은 한 중학교 교과서를 실제 국내 영어 교사가 원어민 교사와 함께 협동 수업 했던 것이다.

처음에는 개별 활동을 통해 '어휘적 연어'와 '문법적 연어'라는 용어 사용을 배제하고 학생들이 생각하는 두 단어 이상이 서로 자연스럽게 결합되는 말을 찾아 원을 그려 보게 한다. 다음은 조별로 서로 비교해 보게 하고 다음에는 조별로 조사한 것을 발표 하게한다.

The Internet helps the students who use it to gain skills necessary for success in school. By using computers, children develop readiness skills, such as recognition of the alphabet, numbers, and colors, at a much earlier age than the last generation. Computers create an interest in learning that teachers alone cannot accomplish.

Some children live in the same place all of their lives, but by using the Net they can have adventure after adventure without leaving their seats. On the Internet, children can pilot spaceships, watch undersea adventures, talk to kids across the nation, and look up books in the biggest library in the world just by hitting a few keys on the keyboard.

Students need Internet access to succeed in life and to get good jobs. By getting on-line at an early age, students will gain skills and knowledge that will help them grow with the technology. Some parents are afraid to allow their children to use the Internet because there are negative images about what is available on-line. However, if the parents guide them properly, the Internet offers children far more advantages than disadvantages.

1) 연어 상자(Collocation Boxes)

사전을 가지고 'skills'라는 명사와 결합 할 수 있는 동사를 찾아 적어 보게 하고, 'use'라는 동사와 결합할 수 있는 명사를 적어 보게 한다.

gain/acquire/develop/learn/master: 기술을 익히다 hone: 기술을 연마하다 demonstrate/display/show: 솜씨를 보이다	skills	use	one's legs/ears/eyes/brain/force Latin/words/phrases computer/Internet/telephone

2) 연어 쌍 연결하기(Matching Collocation Pairs)

A와 B와 결합 할 수 있는 말을 C에 적어 보게 한다. 처음에는 개인별로 적어 보게 다음에는 조별로 비교 한다. 조별로 정리하여 수업시간이 끝날 때 제출하게 한다.

A	B	C
gain	skills	gain skills
use	computers	use computers
develop	readiness skills	develop readiness skills
create	an interest	create an interest
have	adventure	have adventure
pilot	spaceships	pilot spaceships
watch	undersea adventure	watch undersea adventure
get	on-line	get on-line
recognize	the numbers	recognize the numbers
accomplish	learning	accomplish learning

3) 공간 메우기(Gap Filling)

아래에 주어진 <보기> 속의 단어들을 이용하여 문맥에 맞게 빈칸에 써넣는다.

The Internet ( ) the students who use it to ( ) skills ( ) for success in school. By using computers, children ( ) ( ) skills, such as ( ) of the alphabet, numbers, and colors, at a much earlier age than the last ( ). Computers ( ) an interest in learning that teachers alone cannot ( ).

<보기> accomplish, develop, create, gain, helps, necessary, generation, recognition, readiness

Some children ( ) in the same place all of their lives, but by ( )ing the Net they can ( ) adventure after adventure without ( )ing their seats. On the Internet, children can ( ) spaceships, ( ) (

) adventures, talk to kids across the nation, and look up (   ) in the biggest library in the world just by (   )ing a few keys on the keyboard.

<보기> have, live, pilot, watch, leave, hit, undersea, biggest

Students (   ) Internet (   ) to succeed in life and to (   ) (   ) jobs. By (   )ing on-line at an (   )age, students will (   ) skills and knowledge that will help them grow with the technology. Some parents are afraid to allow their children to (   ) the Internet because there are (   ) images about what is (   ) on-line. However, if the parents (   ) them properly, the Internet offers children far more advantages than disadvantages.

<보기> guide, get, need, access, use, negative, available, early, good, gain

4) 비슷한 연어 유형 찾기

유형으로 주어진 것(A)과 비슷하게 이어지는 연어(B)들을 찾아본다. 아래의 표는 실제 가능한 실례들의 보기이다.

유형(A)	비슷한 유형 찾아보기(B)
strong tea, a rough estimate: <형용사+명사>	necessary skills, earlier age, last generation, same place, undersea adventures, biggest library, good jobs, negative images, available online
make a mistake: <동사+명사>	gain skills, use computers, create an interest, have adventure, pilot spaceships, watch undersea adventures, look up books, hit a few keys, need Internet access, get good jobs, get online, gain knowledge, use the Internet, offers advantages/disadvantages, helps students

bees buzz/sting/swarm, blood circulates: <명사+동사>	the Internet helps, students use, children develop, computers create, children live, children can pilot-watch- talk-look up, students need, students will gain, parents are afraid, parents guide, the Internet offers
deeply absorbed, closely acquainted: <부사+동사> affect deeply, appreciate sincerely: <동사+부사>	guide properly

제8장 발음 지도 적용

1. 의사소통의 발음 교육

의사소통이 효과적으로 이루어지기 위해서, 화자(speaker)는 의사를 정확하게 전달해야 하고 청자(hearer)는 화자의 말을 정확하게 이해할 필요가 있는데, 여기서 의사소통의 기본을 이루는 것은 음(phone)이다. 그래서 영어 의사소통에서 자신감을 갖기 위한 첫 단계는 영어 발음에 자신감을 갖는 것이다. 발음 습득은 보국어 습득과정에서도 알 수 있듯이 언어 습득의 가장 기초적인 과정이며 구체적이고 상대적으로 쉽다. 그럼에도 불구하고 영어 의사소통 활동에서 발음으로 말미암아 스트레스를 받는 것은 영어 음에 대한 이해가 부족하거나, 영어의 조음 방법에 익숙하지 않거나, 발음 교육이 음소나 단어 중심으로 이루어져왔기 때문이다. 이 글에서는 영어와 국어의 음운 체계와 발음상의 특징에 대한 비교를 토대로 의사소통 능력 향상을 위한 영어 발음 교육의 방향을 제시하고자 한다.

2. 영어 음에 대한 이해

외국어로서 영어를 익히는 한국인이 범하기 쉬운 오류를 염두에 두고 영어 음운 체계와 발음상의 특징을 논하고자 한다.

1) 영어 음운 체계의 특징

(1) 영어의 음운 체계는 24개의 자음과 20개의 모음으로 구성되어 있다. 영어의 모음은 기본모음 12개와 이중모음 3개, 그리고 이로부터 파생한 음들로 구성되며 학자에 따라 수와 표기 방법에 있어 약간씩 의견을 달리한다.

영어의 자음: [p, t, k, f, θ, s, ʃ, ʧ, b, d, g, v, ð, z, ʒ, ʤ, m, n, ŋ, l, r, h, w, y]
영어의 모음: [iy, i, e, ey, æ, uw, u, ow, ɔ, ɔy, ʌ, ɑ, ay, aw, ə, ɝ, ɚ, iɚ, ɛɚ, uɚ]

(2) 음운 체계는 언어에 따라 다르다. 한 언어에서 의미의 차이를 가져오는 음을 음소(phoneme)라 한다. 음소를 구분하는 가장 간단한 방법은 '최소 쌍(minimal pair)'이다. 예를 들어, 'pat'과 'bat'은 어두 자음만 다를 뿐 [_æt]로 발음되는데, 어두 자음 [p]와 [b]에 의해 의미가 구분되므로 영어에서 이 두 자음은 음소이다. 이와 같은 비교를 통해 'fat, vat, cat, sat, hat, mat, rat'의 [f, v, k, s, h, m, r]도 음소임을 확인할 수 있다.

(3) 영어답게 말하기 위해서는 음소뿐 아니라 이음(allophone)도 습득해야 한다. 이음은 음의 차이가 의미적 변별 기능을 갖지 못하는 음들을 말한다. 예를 들어, 'pie, spring, sip'의 [p]음은 음절내의 위치에 따라 약간씩 다르게, 'pie'의 [p]음은 국어의 'ㅍ'처럼 기식음(aspirated) [p?]로, 'spring'의 [p]음은 국어의 'ㅃ'처럼 경음 [p']로, 'sip'의 [p]음은 'ㅂ'처럼 [p]로 발음된다. [p?, p', p]음은 국어의 음운 체계에서는 각기 다른 음소이지만, 영어에서는 의미적 변별기능이 없으므로 모두 [p] 이음들이다. 이음들은 비록 의미적 변별기능이 없다 해도 언어의 특성을 나타내므로 발음 교육에서 다루어져야 한다.

(4) 영어에는 무성 장애음 [p, t, k, f, s]에 대응하는 유성 장애음 [b, d, v, ð, z]이 있다. 국어도 무성 장애음이 유성음사이에 올 때 유성음으로 발음되지만 의미적 변별기능이 없어 이음으로 간주한다.

(5) 영어의 [r]은 음소이지만 국어에서는 [l]의 이음이다. 보다 중요한 차이점은 국어는 [r]음이 음절 초에 오는 경우가 없지만, 영어의 경우 자음 [r]은 음절 초에만 오며 모음 다음에 오면 모음의 일부로 인식된다.

(6) 영어의 [t]는 국어의 [t]와 조음점이 다르다. 국어는 혀끝이 윗니 뒤에 위치하는 치음이지만 영어는 혀끝의 위치가 잇몸에 위치한다.

(7) 영어의 [y]와 [w]는 모음 앞에서는 자음으로, 모음 다음에서는 모음으로 인식된다.

(8) 영어의 이중모음은 국어의 이중모음과 구조가 다르고 조음 방법이 다르다. 영어의 이중모음은 'Vowel(모음) + Glide(활강음)'의 구조이다. 영어에서 이중모음은 시작하는 음에서 다음 음으로 옮겨가듯 발음한다. 예를 들어, 영어의 [ay]는 [a]음을 충분히 발음하면서 [i]음으로 옮겨가는 느낌으로 발음한다.

2) 영어 음절 구조의 특징

(1) 영어는 음절 구조가 국어와 다르다. 국어의 최대 음절 구조(maximum syllable structure)는 CVC[Consonant(자음)+Vowel(모음)+Consonant(자음)]이다. 국어에서는 음절초와 음절말에 각각 최대 한 개의 자음밖에 올 수 없다. 그러나 영어는 음절초와 음절말에 두개 이상의 자음이 올 수 있다. 'black, brown, flint, film, sport, scream'은 모두 1음절어이다. 발화시간은 한 음절에 여러 개의 자음이 올 때에도 자음이 하나 일 때와 같다. 한 개의 좌석에 두세 사람이 앉아있는 것처럼 음절초와 음절말의 자음군은 혼합음(blending)으로 한 음처럼 발음된다. 따라서 불필요한 '으'나 '이'를 넣지 않도록 한다.

(2) 이중모음이 있는 음절의 발화시간은 단모음이 있는 음절보다 길다. 이중모음은 한사람이 두개의 좌석에 걸터앉은 것처럼 단모음보다 길게 발음한다. choice, eye, hour는 1음절어다. 국어 모음의 영향으로 두개의 모음으로 분리해서 인식하지 않도록 한다.

(3) 영어는 동일 자음이 겹쳐올 때 한번만 발음한다. 'summer[s∧mər]'를 '섬머'로 발음하지 않도록 한다. 이와 같은 현상은 구에도 적용되는 데, 'black coffee'는 [blæk][kɔfi]보다 [blæ kɔfi]가 더 자연스럽다.

(4) 영어의 [n]과 [l]은 모음이 없이 음절을 이룰 수 있다. 'cotton[k^k∧tn], button[b∧tn], battle[bætl]'에서 [n]과 [l]을 성절자음(syllabic consonant)이라 한다.

3) 영어 음운현상의 특징

(1) 영어와 국어의 비교에서 가장 두드러진 차이점은 영어는 강세중심으로 발화 시간이 결정되는 언어[강세 박자 언어](stress-timed language)라는 점이다. 반면에 국어는 음절을 단위로 발화 시간이 결정되는 언어[음절 박자 언어](syllable-timed language)다.

(2) 일반적으로 강세어(stressed word)는 명사, 형용사, 동사, 부사를 포함하는 내용어(content word)다.

(3) 영어에는 어강세(word stress)와 더불어 문강세(sentence stress)가 있다. 'I met THE Tiger Woods.'에서처럼 특정인을 지칭하고자 할 때는 기능어(function word)인 'the'도 강세를 받을 수 있다. 상황에 따라, 화자의 의도에 따라 강세가 주어진다는 것이 영어의 특징이다.

(4) 비강세어(unstressed word)는 강세어를 중심으로 자연스럽게 약화되거나 축약되고 때론 탈락되는 현상으로 이어진다. 그 결과 'out of[outa], want to[wana]. don't you[dontcha], I've got to[I've gota], what do you?[wadya]에서처럼 여러 개의 단어가 한 단어처럼 뭉쳐서 발음되기도 한다.

(5) 영어는 징검다리 건너듯 강세어를 중심으로 발화가 이루어지면서 강세어와 비강세어가 강약의 리듬을 형성한다.

(6) 영어 발화의 또 다른 특징은 억양(intonation)이다. 억양은 리듬, 음의 강약, 고저, 속도와 어우러져 발화의 의미를 결정한다. 따라서 의사소통을 효과적으로 하기위해서는 강세와 억양에 대한 훈련도 필요하다.

3. 영어 발음 교육의 방향

1) 발음 습득에 관한 가설

(1) 일반적으로 외국어로서 영어를 습득하는 어려움을 결정적 시기와 연관 지어 생각하는 경향이 있다. 결정적 시기 가설(critical period hypothesis)은 언어습득이 가능하다고 가정하는 일정한 시기가 있으며 이 시점을 지나면 언어 습득 능력은

소멸되어 언어 습득이 불가능하거나 어렵다는 가설이다. 그래서 사춘기를 지나 성인이 되면 외국어를 원어민처럼 유창한 발음을 구사하기 어렵다고 주장한다. 여기서 결정적 시기는 태어나서 사춘기에 이르기까지의 기간을 말한다. 그러나 최근 신경학 연구 결과는 언어습득에 있어서 결정적 시기의 가설이 타당하지 않으며, 모국어를 습득할 때와 동일한 과정으로 외국어를 습득할 수 있음을 보여준다.

(2) 언어 습득에 최적의 시기가 있다는 주장을 긍정적으로 뒷받침해주는 견해가 절대음감 능력에 관한 이론이다. 절대음감의 능력이 발달하는 시기는 태어나서 음에 대한 변별력이 최고조에 이르는 2-3세를 지나 음감이 완성된다고 보는 6-8세까지이다. 이 시기에는 음에 대한 수용의 폭이 넓어 외국어의 발음도 거부감 없이 모국어처럼 습득할 수 있다는 가설에서 출발한다. 그러나 절대 음감 능력은 언어 습득을 위한 충분조건이라 할 수 있다. 그리고 유아기에 음에 대한 변별력은 다양한 음악활동을 통하여도 개발될 수 있는 능력이다.

(3) 사춘기 이후의 학습자가 영어 발음 습득에 어려움을 겪는 것은 단순히 언어 습득의 최적기라고 가정하는 결정적 시기(Critical period)를 지났기 때문이라고 볼 수 없다. 영어 학습 환경이 모국어를 습득할 때와 같이 조성되고, 학습자가 모국어 학습할 때와 같은 노력과 시간을 들인다면 영어도 모국어처럼 구사할 수 있을 것이다. 물론 사춘기 이후의 학습자가 영어를 습득하는 것이 유아기에 모국어 습득하는 것과 동일 할 수는 없다. 첫째, 학습자가 영어 습득을 학습과정으로 의식한다. 둘째, 모국어를 토대로 외국어를 분석하려는 간섭현상이 있다. 모국어를 습득하는 과정을 관찰하면 어린이는 완전히 습득할 때까지 같은 것을 되묻는데, 이와 같은 반복 활동을 무의식적으로 한다. 그러나 사춘기 이후의 학습자는 사고력이 발달되어 있고 지적 수준이 높아서, 시간과 노력과 언어적 환경이 구비된다면 모국어를 습득할 때보다 더 효과적으로 영어를 습득할 수 있다.

(4) 학습자의 발달 단계에 따른 차이는 있다할지라도 외국어와 모국어의 발음을 습득하는 원리는 동일하게 설명될 수 있다. 학습자가 언어 환경에 충분히 노출되면 학습자는 언어 자료를 토대로 일차적인 원리를 도출하고 이를 새로운 언어 자료에 도입할 것이다. 이와 같이 귀납적 방법과 연역적 방법을 반복하면서 발음의 원리를 습득한다고 가정할 수 있다.

2) 영어 발음 교육의 방향

(1) 발음 학습의 목표는 주어진 상황에서 화자와 청자 상호 간에 발화를 이해할 수 있는 단계까지 발음을 습득해야 한다. 유창성에 중점을 두도록 하라는 것은 영어발음의 특성을 간과하라는 의미는 아니다. 원어민과 같은 정확성을 기대할 수 없다 해도, 상대방이 이해할 수 있는 수준까지 영어답게 말할 수 있도록 학습이 이루어져야 한다.

(2) 영어 발음 습득이 의사소통의 기본을 이루도록, 실제적 학습(authentic learning), 내용중심 학습 (content-based learning), 상황중심 학습(situated learning)의 형태로 이루어져야 한다. 학습자 수준에 맞는 뉴스, 영화, 드라마 등을 듣고 발음을 연습한 후, 등장인물 중심으로 대본을 나누어서 실연해보는 것도 한 방법이다.

(3) 듣기-말하기-읽기-쓰기의 언어 기능과 연관하여 학습이 이루어지도록 한다. 듣기 중심의 전신반응 교수법으로부터 발표(presentation)까지 학습자 수준에 따라 의사소통 활동이 단계적으로 이루어지도록 한다.

(4) 교사 일방적으로 발음 규칙을 설명하는 방식을 지양하고, 학습자 스스로 발음 규칙 또는 원리를 터득할 수 있도록 충분한 영어발음 자료를 준비하여 제시한다.

(5) 발음 교육에 있어서 유의할 점은 학습자의 심리적 측면이다. 사춘기가 지난 학습자가 영어 발음 습득이 어렵다고 느끼는 것은 학습 과정을 의식하기 때문이다. 또 나이가 들수록 학습자는 반복 학습을 싫어한다. 반복을 의식하지 않고 즐겁게 반복할 수 있는 방법을 개발 활용해야 한다. 학습자가 싫증을 느끼지 않도록 시, 노래, 챈트, 말 잇기 게임을 활용하여 학습하도록 한다. 더불어 오류에 집착한 나머지 심리적으로 위축감을 느끼지 않도록 학습 분위기를 조성해야 한다.

발음을 정확하게 이해하고 습득하면, 영어에 대한 자신감을 갖게 되어 심리적 안정감을 가지고 의사소통 활동에 능동적으로 참여할 수 있다. 이를 위해서는 영어 발음에 대한 이해, 영어 조음 방법 습득, 그리고 의사소통중심의 발음 학습이 이루어져야 한다. 교사는 학생들이 발음 학습과 더불어 의사소통 기술을 습득할 수 있도록 수업활동을 계획하고 관리해야 한다. 동시에 교사는 영어 발음 원리에 대한 이해를 토대로 시범을 보일 수 있어야 하며, 실제적 학습, 상황중심 학습, 내용

중심 학습이 이루어지도록 자료를 준비해야 한다.

4. 발음 교수

1) 영어 소리의 강약 (stressed sounds)

영어는 한국어와 다르게 율동적이며 리듬이 있다. 영어는 한 문장 안에 소리가 강한 단어와 소리가 약한 단어로 구성이 되는데, 문장 안에서의 강약을 문장 강세라고 한다. 소리가 강한 단어를 '강세 언어(stressed words)'라고 하고, 소리가 약한 단어를 '비강세 단어(unstressed words)'라고 하는데, 특징은 아래 도표와 같다.

강 (stressed)	약 (unstressed)
소리의 길이가 길다.	소리의 길이가 짧다.
힘을 주어 강하게 발음한다.	힘을 빼고 약하게 발음한다.
억양을 높인다.	억양을 낮춘다.

즉, 강세가 있는 소리는 같은 음절수라도 길게 발음한다. 그러면서 힘을 주어 강하게 소리를 내는데, 대부분 소리의 억양을 높인다. 그와 대조적으로 강세가 없는 나머지 소리는 같은 음절수라도 짧게 발음하고, 소리를 약하게 억양을 낮추어 얼버무린다.

문장 안에서 소리가 강한 단어는, 의미를 나타내는 '내용어(content word)'이다. 문장 안에서 소리가 약한 단어는, 단어 자체가 어떤 의미를 독립해서 나타내지 않고, 다른 단어들과 합하여 문장을 형성하는 기능을 가진 '기능어(function word)'이다.

강 (stressed)	약 (unstressed)
내용어(content word)	기능어(function word)
명사, 동사, 형용사, 부사, 지시사, 소유대명사, 재귀대명사, 의문사	조동사, be 동사, 관사, 전치사, 대명사, 접속사, 인칭대명사

예를 들면, "I am glad."라고 하면, 'glad'(형용사)만 의미를 나타내는 내용어이다. 대명사 'I'와 be동사 'am'은 그 자체의 의미는 중요하지 않은 기능어들이다. 따라서 "I am glad."에는 내용어가 하나뿐이므로 당연히 glad에 강세가 있다.

예) I am glad.

2) 의미에 따라 변하는 영어소리의 강약

영어에서는 한 마디 의미를 나타내는 한 토막말은 대개 평균 6단어로 되어 있다. 이 한 토막말에는 일반적으로 문장의 끝에 오는 내용어에 가장 강한 강세가 오게 되는데, 이것을 '정보 초점(information focus)'라고 한다.

예) That is quick.

'quick'이 문장 맨 끝에 오는 내용어로 가장 강한 강세가 가는 '정보 초점'이 된다.

그런데, 상황의 의미에 따라서 '정보 초점'이 되는 단어가 바뀔 수 있으며, 이런 문장 강세의 위치의 변화에 따라서 문장의 의미가 바뀌게 된다.

예) I am glad. (기쁘구나.)
I am glad. (정말 기쁘고말고.)
I am glad. (다른 사람은 몰라도 나는 기쁘구나.)

예) I always go by plane. (비행기로 항상 가요.)
I alwaysgo by plance. (예외 없이 항상 비행기로 가요.)
Ialwaysgo by plane. (다른 사람은 어떤지 몰라도 저는 항상 비행기로 가요.)

예) I can read the newspaper. (신문 읽을 수 있어요.)
I can read the newspaper. (신문 정말 읽을 수 있어요.)

일반적으로 한국어는 가장 중요한 내용어가 문장 앞에 오고, 영어는 가장 중요한 내용어가 문장 끝에 오는 경우가 많다.

예) 한국어: **점심** 먹었니?
영어: Did you have lunch?

영어는 명령문을 제외하고는 문장 강세가 문장 맨 앞에 한번 오는 것을 피하기 위해서 내용어가 없이 '의문사 + be + 인칭대명사?' 형식인 경우는 전체 뜻을 나타내기 위해서는 예외적으로 'be 동사'에 문장 강세를 준다.

예) What is it?
When was it?
Where is it?
Who is she?
How was it?

상황에 따라서 정보 초점이 바뀌는 다른 경우를 보면, 상대방의 말을 반복해야 할 경우 상황을 반영하는 경우가 있다. 즉, 상대방이 "How are you?"라고 했는데, 응답으로 자기도 "How are you?"라고 할 때에는 "댁에서는 어떻게 지내십니까?"라고 한다. 이런 경우는 비교 또는 대조하는 강조 용법에 따라 정보 초점이 바뀌는 경우이다.

예) A: Howare you?(어떠세요?)
B: Okay, thanks. How are you?
(좋아요, 고마워요. 저는 좋은데 댁은 어떠세요?)
A: Pleased to meet you.(만나서 반가워요.)
B: Pleased to meetyou.(저도 댁을 만나서 좋군요.)

3) 호흡 집단(breath group)

영어의 리듬을 살려서 자연스럽게 한 토막말을 할 때, 약 2초 동안 평균 6개의 강약 단어를 말한다. 평균 6개의 한 토막말을 '호흡 집단(breath group)'이라고도 한다. 사람은 무엇인가를 말하는 동안 계속해서 생존을 위한 숨을 쉬어야 한다. 숨을 한번 들이쉬고 내 쉬는데 보통 걸리는 시간이 2-3초 걸린다. 그러므로 사람은 말을 할 때 2-3초에 한 번씩 쉬어야 하며, 이 2-3초 동안 한 토막말을 하는데, 한 토막 말 속에 단어가 두 개, 세 개, 또는 일곱 개가 될 수도 있다. 한 토막 말속의 단어들은 서로 이어져서 하나의 토막말로 소리를 낸다. 그리고 하나의 토막에는 하나의 개념(idea unit)을 형성한다.

한 토막말 중에서 중심이 되는 단어에 가장 강한 문장 강세가 붙는다. 대부분 문장 끝에 오는 내용어에 가장 문장 강세가 온다. 아래 예문의 3개의 문장 각각은 단어의 수는 다르지만 각각의 문장이 하나의 토막말로 숨을 쉬면서 말하기 때문에, 각각의 문장을 말할 때 걸리는 시간은 2-3초로 비슷하다.

예) I can'tsee.
I can'tsee the numbers.
I can'tsee thenumbers from here.

4) 영어 리듬 강약 연습

영어 한 토막말은 문장 강세가 있는 하나의 단어를 중심으로 분명히 발음하는 내용어들과 짧고 약하게 얼버무리는 강세가 없는 기능어들로 구성된다. 그런데다가 분명히 발음하는 내용어인 문장 강세가 있는 단어에도 강약의 소리들이 섞여 있다. 그래서 결국 영어 토막말은 대개가 강-약이 서로 교체하는 형식을 가지게 된다. 그러므로 강세가 있는 단어와 강세가 없는 단어로 나누어서 영어의 리듬을 살려서 발음을 하는 연습이 매우 중요하다. 강약의 리듬을 살려서 발음하는 연습을 하지 않으면, 영어 단어의 개별 발음이 정확하더라도 국어책을 읽듯이 영어를 읽거나 발음하게 된다.

다음 예문의 문장에 표시된 것처럼 일반적인 문장도 문장 강세를 생각하면서 말하는 연습을 꾸준히 해야 한다. 예문의 굵게 표시된 부분은 소리의 길이가 길고, 강하고, 억양을 높여서 말하는 내용어이고, 글자가 굵으면서 밑줄 친 부분은 가장 강하게 발음해야 하는 '정보 초점'이다. 강조되지 않은 부분들은 강세가 없는 기능어이다. 이 부분들은 짧고 약하게 얼버무려 넘어가자. 그러면 한 토막말 영어가 강-약이 이어지는 율동(rhythm)을 만들게 된다. 이 문장 강세를 중심으로 한 토막말 전체를 2-3초 내에 강-약을 교체시키는 율동을 살려서 말하는 연습을 꾸준히 많이 해야 한다.

예) It is a very beautifulanimal.
It has yellow and blackstripes.
And it is verydangerous.

예) It is akind of food.
And we get it from a chicken.
It can be white or brown.
And you can cook it in many differentways.

예) You needthis to buythings.
If you have a lot, then you are rich.
If you havenone, then you are poor.

5) 청취력 향상

청취는 단순히 소리를 듣는 것만은 아니다. 들려주는 소리를 바르게 들어야만 내용 이해가 잘 될 것은 당연하다. 그러나 소리를 들을 때에 우리의 뇌는 다음 두 가지를 진행한다. 첫째, 강세가 있는 소리들만 주로 들어서 그것으로 의미를 추측한다. 즉, 들려주는 소리 중에 강세가 있는(stressed) 소리만 잘 들린다. 나머지 강세가 없는(unstressed) 부분들은 우리 귀에 들리지 않거나, 들려도 너무 짧고 약하게 얼버무려서 무슨 소리인지 식별이 어렵다. 따라서 강세가 있는 소리만 들어서 그것으로 의미를 추측한다. 다행히 강세가 있는 소리는 모두 의미가 있는 내용어이므로 강세가 있는 소리만으로 의미 추측이 별로 어렵지 않다.

예를 들면, 아래 예문에서 강세가 있는 부분은 내용어인 'beautiful'과 'animal' 뿐이다. 일상 대화에서 우리 귀에는 이 부분만 분명히 들린다. 나머지 기능어인 'It', 'is', 'a' 는 거의 들리지 않는다. 그러면 우리는 내용어 'beautiful', 과 'animal'만 가지고 이 문장의 의미를 추측하는 것이 가능하다. 왜냐하면 우리 귀에 잘 들리지 않는 기능어인 'It', 'is', 'a'는 의미 형성에 중요하지 않기 때문이다.

예) It is a beautifulanimal.

둘째, 강세가 있는 부분들만 들어서 의미를 추측하자마자 우리는 문장 전체의 표현을 '재구성'한다. 위 예에서 'beautiful'과 'animal' 만 듣고, 우리는 'It', 'is', 'a'를 삽입해서 "It is a beautiful animal"이라고 생각한다. 물론 때로는 본래의 표현과 다르게 의미가 '재구성' 될 수도 있다. 만일 강세가 있는 부분들을 들으면서 추측한 의미가 본래의 의미와 크게 다르면 문장의 '재구성'이 힘들거나 의미가 엉뚱해진다.

청취는 바로 이 두 가지가 핵심이다. 소리를 들으면서 이 두 가지를 잘 할 수 있는 연습이 필요하다. 영어 토막말 표현들을 보고, (1) 의미가 있는 단어에 강세를 주어서 말하고, 나머지는 짧고, 억양이 낮고, 약하게 얼버무린다. (2) 강세를 주는 단어들을 서로 연결시켜 보면서 의미를 추측한다. 그런 의미 추측이 청취력을 향상시켜 준다. 문장 전체를 '재구성'하는 기능은 의미의 추측을 확인시켜 준다. 따라서 위의 (1), (2) 연습을 하면서, (3) 문장 전체를 다시 읽어서 의미 추측에 문제가 없었는가를 확인하는 연습을 더 하는 것이 좋을 것이다.

5. 미국 영어 발음 규칙

구체적으로 영어 발음 법칙에는 어떤 것들이 있는지 살펴보면 다음과 같다. 일견해 보아도 영어 또한 우리말이 가지고 있는 많은 법칙을 공유하고 있다는 것을 알 수 있을 것이다.

1) 영어 법칙 유형들

- 모든 언어가 그렇지만 영어 또한 우리말의 규칙[문법]과 비슷한 많은 점을 가지고 있다.
- 모음 약화 발음(schwa), 연음(linking), 동화현상(assimilation), 이화현상(dissimilation), 강자음(fortis: [k][s][p][t]), 약자음(lenis: [b][g][j][z].), 경음화 현상,

구개음화, 동음생략, front-focusing language(앞 음 탁립현상), 자음접변(순행동화, 역행동화), 장모음, 단모음, 비음화(nasalization), 절음법칙(성절촉음), 강세박자언어(stress-timed language), 기능어/내용어(function words/contents words), 노력의 경제(economy of efforts), spoonerism, 자음 충돌 회피현상, 모음충돌회피현상(hiatus), 활음조(euphony)현상, 격음조(cacophony)현상, 전/후접어(proclitic/enclitic), 축약(contraction), 자음+자음=앞 자음 생략현상, 자음+모음= 연음현상(liason) 등.

-이러한 법칙들은 아래에 나열된 규칙유형에 따라 예를 들어 설명할 것이다.

2) 자음/모음 전개도

영어 발음도 구강 내와 이와 입술, 성대 등을 이용하여 발화하게 된다. 조음 위치와 조음 도구[방법]에 의해 어떻게 발음이 생성되는 가를 다음 자음/모음 일람표 및 전개도를 보고 숙지해볼 필요가 있다:

예) [d]와 [n]이 조음 위치가 같기 때문에 이웃하여 있을 경우는 하나만 발음된다(동음생략 현상). 예 send: [쎈ㄷ]←[쎈드]가 아님(아래의 규칙참조)

3) 자음 일람표

조음위치→ 조음방법↓		양순음	순치음	설치음	치경음	경구개음	연구개음	성문음
폐쇄음		p b			t d		k g	
마찰음			f v	θ ð	s z	ʃ ʒ		h
폐찰음						tʃ ʤ		
비음		m			n		ŋ	
유음	설측음				l			
	중간음				r			
과도음(반모음)		w				j		

* 앞의 발음은 무성음(voiceless), 뒤의 발음은 유성음(voiced)이다

(1) 조음위치에 의한 분류:

- 양순음: 닫힌 두 입술이 열리며 나는 소리 예 pub, barb, moon, wool
- 순치음: 윗니를 아랫입술에 살짝 대고 발음함 예 fox, valley
- 설치음: 혀끝을 위·아래 이 사이에 살짝 내밀었다가 입안으로 가져가며 내는 소리 예 mouth, other
- 치경음: 혀끝을 윗니를 감싸고 있는 잇몸에 살짝 붙였다가 떼며 내는 소리 예 tool, dove, sea, zoo, nag, little, wrong
- 경구개음: 입천장의 중간부분으로부터 나는 소리 예 sure, vision, cheer, judge, young
- 연구개음: 입천장 뒷부분으로부터 나는 소리 예 king, gong, tong
- 성문음: 목젖부분으로부터 나는 소리 예 house

(2) 조음 방법에 의한 분류

- 폐쇄음: 파열음이라고도 하며 음이 파열하며 나는 소리 예 pub, barb, tool, dove, king, gong
- 마찰음: 구강내 혀나 입천장 또는 이 사이로부터 소리가 마찰되어 비교적 길게 나는 소리 예 fox, valley, mouth, other, sea, zoo, sure, vision, house
- 폐찰음: 마찰되어 소리가 나되, 짧게 닫히며 나는 소리 예 cheer, judge,
- 비음: 코를 통해 나는 소리 예 moon, nag, tong
- 유음: (1) 설측음: 혀를 입천장에 한 붙였다가 떼며 내는 소리 예 little
  (2) 중간음: 경우에 따라 혀끝을 안으로 말아 입천장에 닿을 정도하고 내는 소리 예 wrong
- 과도음: 반모음이라고도 하며 자음과 모음의 중간소리 예 wet, young

4) 모음 전개도

혀의 전후 위치 → 혀의 상하 위치↓	Front(전설음)	Central(중설음)	Back(후설음)
High(고음)	i: i		u: ω
Mid(중음)	e ε	∂ ə Ә[ər] ∧	o
Low(저음)	æ	a	ɑ ɔ

* 위의 표는 발음을 입안의 혀의 위치를 측면으로부터 보아 나타낸 것이다.

-i: [이:]: 입의 앞, 윗부분으로부터 나는 소리이며 비교적 길게(:) 소리가 난다. 예 feed

-i[이]: 짧은 [이]소리 빨리 잘못 들으면 [에]에 가깝게 들린다. 예 beet

-e[에]: 입을 중간 벌리고 앞으로부터 나는 소리 예 bet

-ε[에<...<애]: [에]보다는 크게, [애]보다는 작게 입을 벌리고 나는 소리 예 fair

-æ[애]: 입의 앞, 아랫부분으로부터 내는 소리 예 fad

-∂[으]: 강세가 없거나 이웃하는 음절에 강세가 오면 약화된 발음(schwa)이 되거나, 사라지는 소리 예 metal

-ə[어]: 'e'자를 거꾸로 그리고 뒤로 뒤집어 놓은 형태로 우리말로 '어'에 가까운 소리. 예 album

-ər[어ㄹ]: '어'발음에 뒤에 혀를 튕겨주는(입천장에 달락말락하며 뒤로 구부리는 모양) 일종의 탄음으로 발음한다. 특히 미국영어가 많다. 예 bird

-∧[어<...<아]: 입의 중앙부분으로 나는 소리로 [어]를 낸다고 입을 벌리고 [아]처럼 소리를 낸다. 예 above

-a[아]: 턱을 취대한 내리고 입의 중앙 아래쪽으로부터 나는 소리 예 balsam

-u[우:]: 입을 오므리며 길게 입의 안쪽, 위로부터 나는 소리 예 full

-ω[우]: 입의 뒤, 윗부분으로부터 비교적 짧게 내는 소리 예 food

-o[**오**]: 입을 최대한 동그랗게 모으고 입의 뒷부분 중간 위치로부터 나는 소리 예 omit[오(우)밋]. rf) 영어에선 철자 o가 '오'로 발음되는 경우는 매우 드믈다.

-ɔ[**아**>...>**어**]: 'c'자를 옆으로 뒤집어 놓은 형태로 입안의 가장 깊고 낮은 아래(식도부분)로부터 나는 소리. [아]를 낸다고 입을 벌리고 [어]처럼 소리를 낸다. 예 all

5) 규칙 유형들: 중요한 것은 철자(spelling)가 아니라 발음(sound)상으로 분석해 보아야 한다. 특히, 사전에 명기된 발음도 문장에 따라 달라지므로 문장을 통해 법칙을 숙지해야한다. 참고적으로, [f], [v], [Θ], [ð], [l], [r], [Θ=ər] 등은 우리말에는 발음이 없기 때문에 편의상 각각 [프], [브], [쓰], [드], [르], [뤄][뢰], [어-ㄹ]로 표기했으며 약한 자음 발음 '으'라는 모음을 빼고 그냥 자음만 표기했다(예 noise[노이ㅈ]). 아울러 아래의 발음들은 뉴스나 기타 브리핑과 같은 경우나 빠르게 표현할 때 나는 소리를 원칙으로 주로 미국식 발음(American pronunciation)을 위주로 했으며, 천천히 발음을 정확히 할 경우(articulation)는 이렇게 소리가 나지 않을 수도 있다는 것을 사전에 말해둔다.

-**규칙** 1: ... reduced their...[**리두스데어**ㄹ]: [-d]와 [th-]의 발음 중 하나가 생략되어 [리두스데어ㄹ]로 들린다. 단어 두개가 이웃해 자음으로 끝나고 자음으로 시작할 때, 영어는 front-focusing language(**앞 음 강조현상 언어**)이기 때문에 끝 자음을 거의 소리 내지 않고 다음 단어의 첫 자음을 강하게 소리 낸다. 예 economists say: [이커너미스트스 세이]가 아니라 [이카너미ㅅ쎄이] cf) end them: [엔뎀]: 비슷한 음가가 이.웃하여(앞 음 탁립현상)과 **연음현상**(liason or linking)(**꽃이→꼬치**)에 따라 [엔드 뎀]이 [엔뎀]이 된다

-**규칙** 2: ... six straight...[**씩스트레잇**]: [식스]의 [스]와, [스트레이트]의 [스]가 이어 발음 될 때는 앞 단어의 [스]가 생략되어 [씩스스트레잇]하지 않고 [씩스트레잇]으로 발음된다. 일종의 **동음생략**이라고 할 수가 있다. [s]가 단어 앞에 오거나 단어 끝에 올 때는 **경음화**(forti)현상이 일어나

[ㅅ]가 아니라, [ㅆ]로 발음된다. 예 six[씩쓰]

-**규칙** 3: ... strong arms...[**스뜨롱 암**ㅈ]: [s] 다음에 [p], [t], [k]같은 발음이 다음에 앞에 오면 [p], [t], [k]가 각각 **경음화**(fortis) 되어 [ㅃ], [ㄸ], [ㄲ]처럼 발음이 된다. 때문에 [스트롱 암ㅈ]가 아니라, [스뜨롱 암ㅈ]처럼 발음 된다. 예 spook[스뿍]. star[스따ㄹ]. 특히 [p]발음은 앞에 모음이 오고 뒤에 설측음 [l]이 올 경우 경음화된다. 이런 현상은 이런 발음들이 구강으로부터 바람만 내보내 발음의 편리를 위해 두 번 째 자.음을 경음[된소리]으로 발음하는 것이다. 예 people[피쁠], cf) 한편 맨 마지막 [t]발음 앞에 **비음(콧소리)**(nasal)인 [n]이 오면 경음화 되어 [ㄸ]가 된다. 예 pont[폰뜨]

-**규칙** 4: luminate pants[**루미네이트 팬**ㅆ]: 영어는 한곳에 몰아 세 개의 자음이 오는 경우가 드물다(예외: strong처럼 [str...]이 겹칠 경우). 보통 자음은 거칠기 때문에 인간의 본능적으로 발음상 부드럽게 하려는 속성이 있기 때문에 되도록 줄여 발음하려는 경향(**노력의 경제**: economy of efforts)이 있다. 때문에 pants가 [팬트스] 또는 강하게 [팬츠]하지 않고 [팬ㅆ]처럼 발음한다[**중간자음생략**]. 예 sports[스포ㄹㅆ] cf) upwards [어풔ㄹㅈ], 또는 [업워ㄹㅈ]처럼 발음하지, [어풔드즈]나 [업워드즈]라고 발음하지 말라. 이처럼 발음하기 위해서는 혀의 위치를 빨리 이동시켜야 하는 데 발음하기가 힘들면 [d]를 생략하고 'upwars'단어를 발음한다고 생략하면 된다.

-**규칙** 5: ... sneaked into...[**스닉--띤뚜**]: 과거형이나 과거분사형의 ed는 문장 속에선 잘 안 들리는 경향이 있다. 그리고 ...ked[크트]가 다음의 into[인투]와 이어발음(**연음법칙**)되기 때문에 [스니크트 인투]또는 아니라 [스닉--띤뚜]처럼 발음 된다 cf) sneak into: [스니크 인투]가 아니라 [스니--킨뚜] 예 have been at odds[해비넛아ㅈ] rf) 과거분사에 붙는 -ed는 무성음(voicelss)으로 끝나는 동사인 경우 무성음인 [트]로 발음되고, 유성음(voiced)으로 끝나는 동사인 경우 유성음 [드]로 발음된다. 이는 일종의 **동화현상**(assimilation)이라도 볼 수가 있다. 그러나 -t로 끝나는 동사는 [트]로 발음되지 않고 -t가 탁음이고 거친음이기 때문에 부드러운 소리를 만들기 위해 중간에 [이]발음이 삽입된다. 예 wanted[원티드][원이드]

-**규칙** 6: yellow tree[**옐로우 츄리**]: [t]나 [d]다음에 [r]이나 또는 반모음 [j]가 올 경우 겹쳐 발음나는 일종의 **구개음화(같이→가치)** 현상이 나타난다. 때문에 [옐로우 트리]가 아니라 [옐로우 츄리]처럼 들린다. 예 subsidiary: [썹쓰디어리]가 아니라 [썹쓰져리]가 된다. ..bsid...의 [씨]가 [쓰]가되는 것은 이 모음위에 강세가 오지 않기 때문에 **약화된 발음**(schwa)([이]→[으])이 되기 때문이다.

-**규칙** 7: sequel[**씨꾸얼**]: 이처럼 [ue]를 발음할 때 [u]와 [e]를 분리하여 발음한다고 생각하면 쉽게 들릴 것이다. 모음에 나타나는 일종의 **분음현상**(diaeresis)[예 naive: 나아이브(나이브가 아님)]을 상기하면 이해가 된다. 예 quota[꾸오타] rf) -qu-의 [ㅋ]는 [ㄲ]로 **경음화**(fortis)되었다. 예 nipper[니빠ㄹ] cf) breaking(**음의 분열**): 단모음이 다음에 오는 자음의 영향을 받아 이중모음으로 되는 일 예 arm→earm. crasis(모음축합): 어미음과 어두음이 결합하여 이중/장모음이 되는 현상.

-**규칙** 8: prefer[**프리퍼**ㄹ]: 발음을 빨리하다보면 [펄퍼ㄹ]처럼 단어안의 소리들이 자리를 **바꾸어 발음되는 현상**(metathesis)이 일어난다. 이 단어에선 [r]과 [e]가 위치를 달리하여 perfer라는 단어소리처럼 들린다. platoon [플래투운]→[퍼투운]

-**규칙** 9: finally[**파인리**]: 보통 [파이널리]라고 발음되는 이 단어가 빨리 발음될 때는 뒷 모음 [-a-]를 생략하고 읽는 경우가 많다. 강세가 앞음절 [-i-]에 오기 때문에 뒷 발음 [-a-]는 [어]가 약화되어 [으]에 가까워지다가(**일종의 schwa현상: 약화된 발음 현상**) 결국은 소리가 사라지는 현상이 된다.

-**규칙** 10: conservatives[**컨써**ㄹ**버리브**ㅈ]: 자음과 자음사이에 [t]가 [r]로 **유음화**[glide] 되어 중간음적인 특징을 띠고 있다. 일종의 **활음조**(euphonyy) 현상이라고 보여 진다. (우스개 소리지만 여자 둘 사이에 있으면 남자가 힘을 못 쓴다. 때문에 여성화되는 것도 가능(유유상종).
예 water[워러]

-**규칙** 11: six-year-old[**씩쉬어오울**ㄷ]: six의 끝소리 [s]가 다음에 나오는 반모음 [j]를 만나 [ʃ]로 **동화(자음접변**의 **순행동화**: progressive assimilation)되어 소리가 난다.

-**규칙** 12: just[**저스ㅌ**]: **단어 끝이 자음인 경우**에는 특별히 강조하거나 느리게 발음하는 경우를 제외하고는 **강하게 발음하지 않는다**. 다시 말해, 입모양만 살짝 형성한 채 넘어간다. 이는 무성음인 경우 특히 그렇다. 예 foot[푸ㅌ]. 그러나 유성음인 경우는 발음하는 경우가 많다. 예 food[푸-드] 예 friend[프랜드]

-**규칙** 13: recipe[**뤠써피**]: -e-에 강세가 오면 [e]로, 뒤에 오는 -i-가 강세가 오지 않기 때문에 [ə]로 발음되는 것이 일반적이다. 예 vanity[베너티]. rf) 일반적으로 약화되는 방법은 **[에]**→**[으]**, **[이]**→**[으]** 또는 **[어]**→**[으]**가 된다. cf) fashion model[패션모델]이 아니라, [패션 마들] 또는 빠르게 발음하면 [패션마를]이 된다.

-**규칙** 14: seeks[**씨이익**ㅆ]: **장모음**[i:]은 입을 옆으로 크게 벌려 장모음 소리[이--]를 내다. **단모음** [i]는 잎이 약간 좁아지며 **거의 [에]발음**에 가깝다 예 six: 이 단어의 발음은 [-i-]가 단모음이기 때문에 언뜻 들으면 [스]와 비슷하게 들린다.

-**규칙** 15: Would've[**우드**ㅂ]: **전접어**(anteclitic)이라 하여 've'는 거의 소리를 내지 않는다. 이렇게 **축약**(contraction)되었다는 말은 중요하지 않다고 보는 것이다. 때문에 굳이 강하게 발음할 필요가 없다. 예 I had better→I'd better[아이ㄷ베러] I've got to[아이ㅂ가러]: 실제로 I[아이]는 [아ㅇ]처럼 끝 말음을 약화시켜 발음된다. cf) **후속어**(proclitic): 뒤의 단어에 붙어 강세가 오지 않는 단어 예 to go([**투**(강한발음)고우]→[**터**(약화된 발음은 **[트]**에 가깝다)고우] 예 I have to go to the museum.: 아(이)해브트고(우)러ㄷ뮤지음←아이해브투고우투더뮤지엄(x)

-**규칙** 16: live up to[**리법투**]: 천천히 발음하면 [리브업투]가 되겠지만 긴 문장 속에선 빠르게 발음되면 전자처럼 소리 난다. 특히 영어발음에선 [v]를 포함한 **마찰음**(fricative)이 모음과 만나면 대부분 **연음**(liason)이 되는 데 크게 생각하면 일종의 **활음조 현상**(euphony)이라고 볼 수가 있다.

-**규칙** 17: [ch]는 말에 따라 [k], [tʃ], [ʃ]로 다양하게 발음된다. 보통 **불어** [ʃ]로 발음되고(예 champaign), 기타 **영어**로부터 온 단어는 [k]나(예 chord), [tʃ]로 (예 champion)로 소리가 난다. rf) celtic[셀틱]: 고대영어의 대

부분은 c가 [k]로나지만 현대영어식 발음은 [s]로 난다.

-**규칙** 18: smooth out[**스무-다웃**]: [스무드 아웃]하지 말고 [무]를 길게 끌다가 [다웃]이라고 짧게 내 는다. 이처럼 **모음으로 시작하는 전치사가 나오면 앞 단어에 연음시켜 발음**하는 습관을 길러야 한다..

-**규칙** 19: sides[**싸이즈**]: 단수인 side는 [싸이드]처럼 들려 마지막 [드]가 약화 되는데, 복수인 sides인 경우에는 [-s]와 함께 섞여 [싸이드즈]처럼 발음되지 않고 [싸이ㄷ즈]처럼 발음이 된다. ㉥ clothes[클로우ㄷ즈→클로우즈 rf) [싸이드스]처럼 되지 않는 것은 단수 side가 끝 발음이 유성자음(voiced consonant)이기 때문에 **순행 동화현상**(progressive assimilation)에 의해 같은 유성자음인 [즈] 발음이 오는 것이다(일종의 **유성음화현상**이라고 봄). 이런 식으로 이해하면 단어의 복수발음이 [스]인가, [즈]인가 쉽게 구분할 수가 있다. ㉥ packs[팩스] malls[멀즈]

-**규칙** 20: bug[**버그**]: 실제로 이 발음은 [-g]발음이 부드러운 편이기 때문에 끝이 흐려져 [버ㄱ]처럼 발음되며 약간의 여음을 준다. 반면, buck같은 단어는 [-k]발음이 목구멍으로부터 막혔다가 터지는 듯 한 **폐쇄 파열음**(stop explosive)이기 때문에 길게 가지 못하고 바로 발음이 끊긴다. rf) 일반적으로 무성음이나 자음은 짧고 파열되는 경향이 있고 유성음이나 모음은 길게 늘어지는 경향이 있다.

-**규칙** 21: laboratory[**래버**ㄹ**토뤼**][**러바**ㄹ**토뤼**]: 분명 발음기호(phonetic sign)상으로는 5음절화 하여 [**래**버뤄토뤼]처럼 되어 있지만 실제 발음에선 축약되어 [래버토뤼]처럼 들린다. 이는 **강세의 위치에 발음이 영향을 받기 때문이다**. 다시 말해 제 1강세(primary accent)가 오는 부분 lab-이 가장 분명한 조음(articulation)을 구성해 강하게 발음이 되고 다음 -ra-부분은 상대적으로 약하게 발음이 되거나 [-r-]이 모음사이서 발음이 안된다. 또는 -bor-에 제 1강세가 오는 경우 그와 이웃하는 앞부분 -la-와 -ra-는 상대적으로 약화된다. 때문에 빨리 발음하면 [러**바**ㄹ토뤼]가 되는 것이다. rf) 영어는 Stress-timed language(**강세박자언어**)이기 때문에 강, 약, 강, 약처럼 파도타기(wave surfing)형태를 취해 율동적인(rhythmical) 특징을 가지고 있다.

-**규칙** 22: aside[**으싸이드**]/[(**어**)**싸이드**]: 영어는 **강세를 따라 대부분의 힘을 투여하는**

언어이다. aside의 제1강세는 [-i-]에 오기 때문에 상대적으로 [a-]는 발음이 약화된다. 때문에 강한 발음인 [어]가 될 수가 없고 약화되어 일종의 schwa**현상**이 되어 [으]처럼 발음된다. 예 appreciate[으프**리**쉐이]/[ㅇ프**리**쉐이]←[**어**프리쉬에이트]라고 하지 말 것 rf) 접두어(prefix)인 경우는 보통 강세가 오지 않는다.

-규칙 23: months[**먼쓰**]: 이 단어는 끝이 유사 발음이며, 무성자음인 [-th-]와 [-s]가 이어 왔다. 그러므로 [먼쓰쓰]라고 발음하면 안된다. 무성자음은 대부분 귀에 거슬리는 소리(cacophony)를 가지고 있어 **동음생략 또는 유사음 생략**([th]**와** [s]**는 모두 마찰음**(fricative) 의 법칙을 거쳐 앞에 있는 [-th-]가 거의 발화가 되고 끝의 자음 [-s]는 앞의 발음에 묻혀 발음이 안되는 경우가 있다. 일반적으로 이렇게 **같은 유형의 발음군이 한 군데에 올 때 보통 앞의 발음을 강하게 해주고** 뒤의 발음은 약하게 해준다. 이 또한 넓게 해석하면 front-focusing sound(**앞 음 강조현상)법칙**이라고 볼 수가 있다.

-규칙 24: inappropriate[(**이너)프로프리에이**트]: 이 단어의 제1강세는 [-ppro-]에 온다. 때문에 [인어프로프리에이트]라고 발음하지 않는다. rf) 영어의 **접사**(surfix)(가령, 접두사(prefix), 접미사(profix) 같은 단어에는 제1 강세가 오지 않는다. 때문에 약하게 발음이 되어 빨리 발음 될 때는 없는 단어처럼 들리어 전제적으로 의미에 혼란을 가져올 수가 있으니 유의해야 한다.

-규칙 25: mostly[**모슬리**]: 단어 중 무성음인 [-st-]의 [t]가 자음과 자음사이에 생략되어 [모슬리] 정도만 발음된다. 일종의 **자음 충돌 회피현상**(hiatus)으로 한군데 3개의 자음이 오지 않는다는 법칙에 따르는 것이다. 이는 또한 거친 자음의 소리를 최소한 줄여 부드럽게 발음한다는 **활음조현상**(euphony)과 맥을 같이 한다. 예 restless[레슬리스]-[레슬레스]가 아니다. 강세가 [레-]에 오기 때문에 접미사[-less]는 약화되어 [리스]처럼 발음된다. 예 honestly[어니슬리]--[어니스틀리]라고 하지 말 것. attempt [어템프트]([m]과 [p]는 같은 조음 장소(양순음)에 있기 때문에 하나를 약하게 발음하게 되기 때문이다. 예 tests[테스트스]

-**규칙** 26: to her[**투어**ㄹ]: her의 [h-] 발음되지 않아 [투허ㄹ]하지 않고 [투어ㄹ] 한다. 특히 **인칭대명사의 him이나 his의 [h-]는 발음을 약하게 내는 경향 (인칭대명사는 대표적인 기능어에 속함)**이 있어 유의해야 한다. 예 hit him[히림]: [히트힘]은 절대 안되고 **연음과 발음이 약화되어** [히림]처럼 들린다. cf) hit them[히름]/[힛뎀]-[히트 뎀]하지 말 것.

-**규칙** 27: Modonna[**마다나**]: [마돈나]라고하면 이해를 못한다. 영어의 **이중자음** (double consonants)은 하나로 취급하여 한번만 발화한다(예 summer [써머]). 그리고 이 단어의 제1강세는 [-don-]에 오기 때문에 [오]나 [어]보다 강한 발음이 되어 [아]에 가까운 발음이 된다. 이렇게 **영어는 강세의 위치에 따라 발음이 달라져**(supra segmental) **전혀 이해되지 못하는 단어가 되어** 학습자를 당혹스럽게 만든다.

-**규칙** 28: top-of-the-line[**타퍼더라인**]: 이처럼 **하나의 단어처럼 쓰이는 구**(phrase)에선 of**의** [v]**발음이 종종 탈락**이 되어 위의 발음처럼 된다. 예 What kind of dinner is it?[왔카너디너이짓?]처럼 발음되고, 빠르게 발음할 때 rf) kind of[카인드 어브]하지 말고 [카너]처럼 발음한다.]

-**규칙** 29: point of view[**포이너뷰**]: point에선 [-t]는 발음되지 않는 경우가 많은데, [n]과 [t]가 발음되는 입안의 위치가 같기 때문에 [t]발음이 앞의 [n]발음으로 **동화(역행동화**: regressive assimilation)되기 때문이다((엄격히 말하면 이 부분은 세 가지 법칙이 해당된다. 1)동일위치 조음어 생략, 2)끝 자음 비발성 현상, 3)위에서 이미 언급한 앞 음으로의 묻힘 현상(동화현상) 등). 예 mountain[마운-은]/[마운튼]→[마운틴]처럼 발음하지 않는다. cf) 조음위치가 같은 [d]와 [l]이 옆에 있으므로 wildlife는 [와이라잎]으로 발음되어 [d]음이 생략된다. forgotten[포ㄹ갇은]: [-tten]부분의 [n]앞에 오는 [t]발음은 입으로 내는 소리가 아니라 코로 내는 소리인 데, [got-]을 발음하고 남아있는 공기를 코로 [응]하고 내뱉듯이 발음한다. 예 butto.n: [벋은] 이러한 현상을 **성절축음(일명**, glottal stop**(성문폐쇄음) 마디를 이루어 빠르게 내는 소리-우리나라의 절음법칙(예 옷안)**-라고 하기도 한다.

-**규칙** 30: enter[**엔터**]/[**에너**]: [n]과 [t] 발음되는 입안의 위치가 같아 음절이 강세를 받지 않는 경우 [t]가 앞의 [n]의 발음으로 동화된다. 예 center[세

너]: 유성음 [n]과 강세 없는 모음 사이에 오는 [t]는 [n]으로 동화되어 **(역행동화)** 유성음화된다. 예 center[센터]가 cenner[세너]처럼 발음된다. 일종의 **비음화**(nasalization) 현상이라고 볼 수가 있다.

-**규칙** 31: think about it[**씽커바우릿**]: **단어 간의 연음이 일어나는 대표적인 구**(phrase)로 think의 [k]가 about의 [a]와 연음되어 [커], about의 [t]발음이 강모음 [au]와 뒤에 나오는 it의 약모음 [i]사이에 약하게 발음되어 [디]나 더 약화된 연음이 되어 [리]가 된다. 당연히 **단어 끝의 마지막 거센 자음 it의 [t]는 약하게 빨리 끝난다.**

-**규칙** 32: fuel oil[**퓨어**][**오어**]: 사전식 발음은[퓨얼][어일] 하지만 앞처럼 실제로 발음되는 것은 단어 끝에 오는 [l]발음은 'dark [l]'이라 하여 'love'나 'live'처럼 단어 앞에 오는 'clear [l]'과는 다른 발음이다. 예 film[피음] milk[미으ㄹㅋ], bulls[부우우ㅈ]: [불즈]할 것 같지만 [l]음이 명쾌하게(clear) 나오지 않고 **탁한 소리가 되어**(dark) 입천장에 닿지 않고 나는 소리다. cf) luck[룩]: 이 때의 [l]은 입천장에 붙었다 떨어지는 clear [l]이다. 마찬가지로 [오어일]도 [-o-]는 강하게 나고, 다음의 [-i-]은 강세가 오지 않기 때문에 약화되어 schwa인 [으]에 가까운 [어]소리가 되고, 마지막 [ㅣ]은 dark [ㅣ]이다. 때문에 [오어]처럼 소리가 난다.

-**규칙** 33: in support of[**인 써포ㄹ어ㅂ**]: 앞의 전치사 in과 뒤의 전치사 of는 **기능어**(function words)이라 발음이 명확하게 나지 않는다. 때문에 잘못 들으면 전체 표현이 한 단어인 것처럼 들린다. 가장 잘 들리는 발음은 support의 강세가 있는 [-por-]부분이다. 이처럼 영어는 **문맥에 때라 문장구조에 따라 강조점이 달라지기 때문에 단어**(word)**냐, 구**(phrase)**냐에 따라 발음이 달라질 수가 있다**(이는 **구강세**(phrase stress), **어강세**(word stress)와 관련이 깊다).

-**규칙** 34: dissident[**디씨든**ㅌ]: [n]과 [t]가 **조음 위치가 같기 때문에** 그리고 단어의 마지막 자음은 약하게 발음하는 경향 때문에 마지막 [t]는 잘 안들린다. 예 demand[디맨ㄷ] rf) 강세가 앞에([di-]) 왔기 때문에 제 2강세는 [-dent-]에 오고 제 3강세는 [-ssi-]에 오게되어 강, 약, 강 형태가 된다.

-**규칙** 35: importance[**임포**ㄹ**든스**]: [임포ㄹ턴스]가 아니다. 강세음절 [-por-]의

뒤에 오는 음절 [-tan-]의 모음 [a]가 [으]로 약화되어 발음되고 그 전후의 [t]발음과 [n]발음이 만나게 되는 데, 이때 [t]발음이 강하게 나지 않고 코를 통해 나는 [응] 소리에 가깝게 [d]로 발음이 된다. 비유컨데, 영어발음에는 물리학이나 경제학처럼 **'질량 보존 법칙'**과 **'한계효용 체감의 법칙'**이 있다. 예를 들어, 100이라는 에너지가 있을 때, 어느 부분에 50이라는 에너지를 쓰면 상대적으로 다른 부분은 20 또는 30으로 감소된다(질량 보존 법칙). 다시 말해 50, 50, 50 등으로 될 수가 없는 것이다. 때문에 강한 발음 옆에는 상대적으로 약한 발음이 될 수 밖에 없다(한계효용 체감의 법칙).

-**규칙** 36: bread and butter[**브레든 버러**]: **두 단어를 잇는 기능어인 접속사** and**는 연음이 되어 앞 단어의 받침처럼 들리는 것이 빈번**하다. and(기능어)라는 말이 bread에 붙어 한 단어처럼 발음나는 **전접어**(anteclitic)라고 볼 수가 있다. [브레드 앤드 버터], [브레드 앤 버러] 다 가능하지만 실제 미국인들은 그런 식으로 발음하는 것이 거의 없다는 것이다. 예 kind of cute[카너큐ㅌ]

-**규칙** 37: bottom line[**바름라인**][**바름라인**]: 강세가 bot-에 오기 때문에 -tom의 발음은 [텀]이 아니라 [튿]이 되고, **파열음 [t]가 모음사이에 오면 유음화 현상이 일어나** 최종적으로 [름]이란 발음이 된다. 예 water[워더][워러]

-**규칙** 38: have to[**해프** ㅌ]: have to의 경우 일상대화체에선 [해브ㅌ]보단 [해프ㅌ]처럼 발음되는 경우가 많다. **[v]가 [t]의 영향을 받아 무성음이 되었기 때문이다**(**무성음화** 내지는 **동화현상**(progressive assimilation: **순행동화**)이다.

-**규칙** 39: cattle[**캐를**]: [t]발음이 뒤의 [l]음의 영향을 받아 **유음화** 된다 예 rattle[들] battle[배를] 이것은 [t]와 [l]이 **똑같은 조음위치**이기 때문에 일종의 같은 유성음으로 변하는 **동화현상**(progressive assimilation: **순행동화**)이다.

-**규칙** 40: new release films[**뉴 륄리**ㅈ **피음**ㅈ]: 원래 **자음은 모음이 있어야 발음이 되는 데**(CV=Consonant+Vowel), [l], [m], [n]은 모음이 없어도 음절로 발음이 된다. 예 middle[미들] label[레이블] rf) [l]이 단어 속 모음 다음이나 맨 마지막에 올 때는 dark [l]이 되어 명확한 발음이 나지 않는다. 예 milk[미으ㄹㅋ] deal[디이으ㄹ]

-**규칙** 41: slogan[슬로우근]: [-lo-]는 [로우]로 발음되는 **이중모음**(diphthong)이며 **장모음**(long vowel)이다. 때문에 강세가 오므로 **상대적으로 에너지를 빼앗겨** 뒷 음절 [-gan]은 [건]이 아니라 약화되어 [근]에 가깝게 소리가 들린다. 예 socket[싸킷]([소켓]이라고 모든 모음을 강하게 발음하지 않는다), racket[라킷] metal[메들][메를] medal[메들][메를]

-**규칙** 42: lukewarm[루크웜]: 일반적으로 **자음**+u+**자음**+e**로 구성된 단어의** [u]**는** [유]**로 발음**된다(예 mute[뮤트]. cute[큐트]. 그러나 이때의 발음은 예외가 되어 [류크]가 아닌 [루크]이다. rf) super[영: 슈퍼][미: 수퍼]

-**규칙** 43: allure[**얼루어**ㄹ][**얼뤄**]: 단 빨리 발음할 때는 [-lure]의 모음인 [-u-]가 [워]에 가깝게 발음되는 데, 앞의 [-l-]과 뒤의 [-r-]의 영향을 받아 [우]가 이 발음들과 비슷한 소리 생성지인 반모음 [j]가 첨가 되어 [워]처럼 소리가 생성된다. 일종의 **동화현상**(assimilation)이다.

-**규칙** 44: partners[**파홋너**ㅈ][**파**ㄹ**너**ㅈ]: [파트너]라 아니라 [t]가 [n]의 영향을 받아 약화되어 [파홋너ㅈ]처럼 들린다. 일종의 **역행동화**(regressive assimilation)라고 볼 수가 있다. 이 외에 [t]사이를 약간 떨어져 발음해야 하는 데 때문에, [파ㄹ트너]하지 않고 위처럼 발음하는 것이다.

-**규칙** 45: civil liberties[**씨블 리버리**ㅈ]: civil의 **강세가 없는** [-vil-]의 [-i]는 [어]나 [으]로 발음되고(아울러, 단모음화 되고), liberties의 [t]는 [r]로 발음되어 **유음화**된다. 예 activities[액티**버**티즈]

-**규칙** 46: It's the sixth[**잇츠더씩쓰**ㅅ][**잇스더씩쓰**ㅅ] sixth는 분명히 six와 달리 [th]소리가 있음에도 불구하고 [th]음이 거의 들리지 않는다. 청취로부터 sixth와 six를 구별하는 방법은 six[**씩쓰**] **발음이후 매우 잠깐만이라도 휴지**(pause)**가 있는지** 알아보는 것이다. 휴지가 있으면 sixth가 된다.

-**규칙** 47: about[(으)바웃]: [a]에 **강세가 없는 대신 약간의 휴지가 있어** [(으)바웃]으로 소리가 난다. [a]로 시작하는 전치사의 이런 발음에 익숙해지면 청취력이 향상된다. 예 across[(으)크러-스] along[(을)렁] around[(으)롸운ㄷ] - 일종의 schwa현상이다. 참고적으로 영어발음의 **접두어**(prefix)**나 접미어**(suffix)**에는 강세가 오지 않는다.**

-**규칙** 48: uncovered[은커버ㄹㄷ]: 접두어 [-un-]은 강세가 없어 [은]으로 발음

된다. 맨 끝의 [-d]는 뒤에 오는 부정관사 [a]와 연음돼 [더]로 들린다. 예 uncovered a fact[은커버르 더팩트] rf) **접.사(un)와 뒤에 어떤 단어도 오지 않을 때 과거형, 과거분사** [ed]는 **보통 약화**된다.

-**규칙** 49: said it would[**세듯웃**]: 'say+**대명사**+**조동사**'**조합은 거의 언제나 매우 빠르게 발음**돼 각별한 주의를 해야 한다. [세릿] 또는 [세딧]처럼 발음된다고 볼 수 있으나 it는 기능어에 해당하기 때문에 약화되어 [이]가 [으]로 발음됨으로 [세듯]처럼 된다, 기능어인 would의 마지막 발음[d]는 소리를 약하게 내는 규칙([t]또한 마찬가지)에 따라 [우드]인데 빠르게 발음하면 위처럼 붙여 [웃]처럼 소리를 낸다.

-**규칙** 50: pirate[**파이럿**]: [**파이어롸잇**]이 아니다. 발음기호상으로는 [-i-]가 [아이어]처럼 발음되어 3중모음이지만, 실제 발음에선 [아이]처럼 2중모음로 간소해진다. **자음이 3개오는 것을 싫어하는 것**처럼 **모음도 3중모음은 되도록 멀리하려고 하는 것**(economy of effort: **노력의 경제**)이 인간의 본성(human nature)이다.

-**규칙** 51: godsend[**갓쎈**]: [-nd]로 끝나는 단어는 사전에 나오는 발음과는 달리 마지막 [d]발음이 생략된다. 이는 [n]과 [d]음이 같은 조음위치기 때문에 **동음생략현상**으로 그런 것이다[둘 다 **치경음**(alveolar)이다].

-**규칙** 52: handpicked to[**핸픽투**]: 한 단어에 세 개의 -ndp-라는 consonant(자음)가 오기 때문에 가운데 자음인 [d]가 생략되고 전치사 to앞의 [ed]도 [t]와 비슷한 음가이기 때문에(**같은 조음위치에 있는 무성음들**) 잘 들리지 않는다(일종의 **동음생략** 현상).

-**규칙** 53: are accused of[**아르큐-즈더**ㅂ]: accused의 첫 음절 [a]는 **강세가 오지 않으므로 약화**되어버리고, 앞에 오는 are단어에 숨어있던 음가 [r]에 영향을 받아 **연음**(linking)이 된다. 물론 are 다음의 단어가 자음으로 시작되면 [r]음이 연음이 더 되지 않는다.

-**규칙** 54: go to[**고우러**]: 모음 사이의 [t]는 **플랩**(flap: **탄음**)화되어 우리말의 [ㄷ]나 [ㄹ]처럼 발음된다. 예 digital[디지를] rf) 또는 quoata[쿠오라]: 유성음과 모음사이의 [t] 또한 플랩현상이 발생하여 [d]또는 [r]과 유사한 소리로 변한다. **모음**(vowel)**은 모두 유성음**(voiced)**이라고 볼 수가 있다**.

-**규칙** 55: oblivion[**업리뷔언**]: 둘째 음절에 강세가 있으며 [ob-]를 한 번에 발음

하고 [-livion]을 발음하기 때문에 잘 듣지 않으면 [b]음이 들리지 않는다. rf) **강세가 오지 않는 발음은 빨리 발음되고, 축약해 발음하는 경향**이 있으며 **강세가 오는 발음은 좀 더 명확하고 길게 발음되는 경우**가 있다. cf) obvious: 강세가 첫 음절에 오기 때문에 [어브뷔어ㅆ]처럼 발음해야 원칙이나 [b]와 [v]의 조음위치가 비슷하기 때문에 [b]가 발음이 안나고 [어뷔어ㅆ]처럼 많이 발음된다.

-**규칙** 56: proprietary[**프러파이트리**]: 자음이 세 개가 올 때와 마찬가지로 이 단어도 원래는 [-riet-]가 [롸이어트]처럼 발음되어 [아이어]라는 세 개의 모음이 동시에 온다. 때문에 **'노력의 경제'** 또는 **'앞 음 탁립현상(prominence)([아이]에 강세가 오고 다음의 [어]에는 강세가 오지 않으므로 약화되거나 생략된다)'**이라는 법칙에 의해 [아이]처럼 줄어든다.

-**규칙** 57: virtual[**버츄얼**]: [r]사운드가 전혀 들리지 않는다. cf) **영국식 영어**는 흔히 볼 수가 있는 경우인데 **[r]사운드를 약하게 발음하거나 바로 앞의 모음을 길게 발음**하는 경우가 있다. 다음 [t]가 [u]에 영향을 받아 반모음[j]가 개입되어 **구개음화**되어 [츄]가 된다.

-**규칙** 58: this Tuesday[**디스 츄스데이**]: [t]발음이 앞의 무성음 [s]와 부딪혀 [디스 튜스데이]가 아니라 [디스 츄스데이]가 된다. 일종의 **구개음화** 현상내지는 **이화현상**(dissmilation.)이다. tree[츄리]: [t]와 [r]이 같은 조음위치에 있으며 [r]발음을 하기 위해서는 입을 [t]발음보다 크게 벌려야 하기 과정에서 [츠리]가 [츄리]가 된 것이다. true[츄르]

-**규칙** 59: kids[**키-즈**]: 이 발음은 keys[ki: z]만큼 장모음은 아니지만, **단모음도 뒤에 유성음이 오면 길게 발음되는 경향**이 있다. 이는 **유성음이 무성음보다 상대적으로 길게 소리가 나기 때문이**다. 일종의 **동화(순행동화)**현상이라고 할 수가 있다.

-**규칙** 60: points have been[**포인첩빈**]: 여기의 have는 일종의 기능어로 쓰이기 때문에 보통 [ev]정도만 발음된다. 연음 결과 궁극적으로는 [포인첩빈]처럼 들린다. 간혹 어떤 원어민은 [-s]와 다음의 조동사이며 기능어인 have의 [에]발음과 연결하여 [포인쎄빈]처럼 발음하기도 하는데 이는 -nts의 가운데 자음을 생략하고 have의 [h-]가 약화되어 발음되지 않기 때문이다. rf) 영어에선 철자 **'o'가 [오]로 발음이 나는 경우는**

거의 드물다. 철자 “o”는 [오우], [어], [아] 정도로 발음된다. **기능어는** 특별한 경우(의미전달 상 중요한 경우를 제외하고)는 **거의 강하게 발음하지 않는다**.

-**규칙** 61: you're going to[**여어**-ㄹ**고너**]: 문장 속의 you는 [유]라고 정확하게 발음하지 않는다. 거의 [여]처럼 들리며 going to는 [고너]로 연음이 된다. [-ing]와 [t-]는 이웃하여 자음이 세 개가 연속되며, 이 과정에서 가운데 자음인 -g가 생략되고 같은 조음위치인 [n]과 [t]에서 비음의 영향을 받아 [t]가 약화되어 [n]이 뒤의 모음과 겹쳐 [너]가 되는 것이다. rf) 그러나 **정확하게 정보를 전달하거나 강조하기 위해서는 [고잉투]처럼 정확하게 발음한다**는 것을 잊지 말아야한다.

-**규칙** 62: look around and eat[**루커라운드닛**]: **같은 주어를 갖고 동사와 동사를 연결하는 기능어의 하나인 접속사 and는** 앞 단어와 **연음**되어 [앤] 또는[은]처럼 들리거나 구어체에선 **생략**하기도 한다. 예 Go and get it[고은게릿]

-**규칙** 63: times as fast as[**타임즈 애즈패스트즈**]: 두 번째 나오는 as는 [애]발음이 약해져 [애즈]아닌 [으즈]에 가깝다.(참고적으로 **앞의 as는 지시부사**이고, **이어 나오는 as는 접속사 내지는 전치사**이기 때문에 **기능어라 약하게 발음**된다) rf) as ...as구문에선 [애즈] ... [애즈]식으로 또박또박하게 발음하는 경우는 거의 드믈다(중요한 정보는 그 사이 오는 형용사 내지는 부사이기 때문에 상대적으로 약하게 발음된다고 보면 된다)는 것을 미리 알아놓아야 한다.

-**규칙** 64: aluminum ago: **을루미넘 (으)고우**]: [알류미늄 어고우]가 아니다. 이유는 [al-]에 **강세가 오지 않아 약화**(schwa)가 되어 [**을**]에 가깝고, ago의 [a-]또한 **강세가 없으므로** [어]가 아니라 [**으**]에 가깝게 된다.

-**규칙** 65: ... film[**피음**]: [l]과 [m]이 충돌(발화 생성지가 같다)하여 [l]음이 dark [l]이 되어 입천장에 붙지 않고 발음된다. 원래 **기본적으로 자음은 모음이 있어야 되는 데**(C+W), [l], [m], [n]은 **모음 없어도 음절**(syllable)**로 발음**이 된다. 예 fuel oil[퓨어 오어]

-**규칙** 66: helpful[**헬풀**]: [p]와 [f]는 **비슷한 음가**(**조음 방법이 같은 파열음이며 폐쇄음**)의 발음이므로 각각의 발음을 모두 살려 [헬프ㅎ풀]하지 않고 생략하여 [헬플]로 발음된다. rf) 이처럼 **조음위치**(place of articulation)

뿐만 아니라 **조음 방법**(way of articulation)이 같아도 **동음 생략**이 되는 경향이 있다.

-**규칙** 67: big enough for[**비기너퍼**ㄹ]: 잘못하면 for 때문에 enough의 [f]가 겹쳐지고 자칫 [beginner for]로 들릴 수가 있다. 때문에 들리는 거처럼 이해하고자 했는데 **논리적으로 말이 안 될 때는 문맥이나 전 후 내용의 도움을 받는 것이 중요**하다. 이는 듣기활동이든, 읽기활동이든 **문맥**(context)이나 **의미단위**(sense group)를 통해 이해하라는 기본적인 철칙을 대변해주는 것이다.

-**규칙** 68: produce[**프로쥬**ㅅ]: [d.u]의 [d]소리가 모음 u[ju]앞에 와 **구개음화**되어 [쥬]로 발음한다. rf) 또 다른 구개음화현상의 실례들은 다음과 같은 것이 있다. 예 dry: [쥬라이] try[츄라이-[d]/[t.]와 [r]은 조음 위치가 같다(일종의 **같은 자음 충돌회피현상**: hiatus)이다.]

-**규칙** 69: looking at her[**루끼내러**]: 전형적인 **미국식 빠른 발음**이다. 현재진행형 어미 [-ing]는 in[인]으로 처리하고(이런 경우는 특히 **팝송의 가사**에 확연한 데, 그 이유는 **박자**(beat)**를 지키기 위함**이다.) [-k-]가 **경음화[된소리]** 되어 [ㄲ]로 발음한다. at her도 **유음화**(liquid)되어 **연음**(linking)된다.

-**규칙** 70: appetite to spend[**애퍼타이터 스** ㄷ]: appetite의 마지막 소리인 [ㅌ]와 to의 첫소리인 [ㅌ]가 **중복되며 한번 만 발음**(**동음생략**)이 된다. 문법적 지식이 없다면 [appetite spend]로 잘못들을 수가 있다. 이처럼 **문법적 지식도 청취에 많은 공헌**을 한다는 것을 알아야 한다.

-**규칙** 71: sponge[**스빤쥬이**]: sp로 시작하는 소리는 [ㅃ]에 가깝게 발음이 나고 (예 strong [쓰뜨롱]), 보통 **마지막의** [ㅈ]**발음에 받침을 붙이지 않고** [ㅈ] **발음만 살리는 데**, 이렇게 하면 **[지]**(**마찰음**: fricative)**보다 빠르게 발음하는 [쥬이]**(**파찰음**: affricate)**처럼 들린다**.

-**규칙** 72: bout of[**바-더**ㅂ]: [ou]의 원래 발음인 [아우]가 빨리 발음되어 [아]에 가깝게 발음된다. 이는 **이중모음**(diphthong)**인 경우 둘 중에 강하게 발음되는 쪽이 있기 때문**이다. 이러한 것을 **전설모음화현상**(falling diphthong)이라고 부른다(다시 말해, [아]발음이 [우]발음보다 앞의 소리다). rf) geology[쥐알러지]: **후설모음화현상**(rising diphthong)으로 geology의 [-eo-]가 [ia]으로 이중모음화되지만 [i]보다는 [a]가 강화되어 [i]가 약하

게 말음 되는데, 결론적으로 입을 크게 벌리는 쪽으로 기울게 마련이다. cf) I've[아(이)ㅂ] kind of[카인더ㅂ]/[카(이)너] sort of[소어ㄹ터ㅂ]/소어러]

-**규칙** 73: a pair[**어페어**ㄹ]: **영국영어**는 [r]소리를 내지 않고 그 **앞의 모음을 길게 내는 습성**이 있다. rf) water[워터--]: 영국영어는 조음을 분명히 낸다. spelling [-o-]발음은 **미국영어**에는 [o]로 발음되는 경우가 거의 없고 [ʌ], [ɔ], 또는 [ə](**어**) 중에 하나로 발음되지만, **영국영어**는 [**오**]로 발음된다. 예 not[노트]

-**규칙** 74: exhaust emission[**에그죠스미션**]: 끝 자음 [t]는 발음이 안 나고 다음 단어의 첫 모음 [e]가 강세가 오지 않기 때문에 생략되는 경향이 있다. 다시 말해 [에그죠스트에미션]이나 [에그죠스테미션]이나 에그죠세메션]처럼 발음나지 않는다. rf) 특별한 이유가 없으면 단어 끝의 무성자음(voiceless consonant)이나 강세가 오지 않는 모음(unstressed vowel)은 발음이 잘 안되거나 약화되는 경향이 농후하다.

-**규칙** 75: producer[**퍼-r 듀서**]: 빠르게 진행되는 뉴스에서는 단어의 철자가 뒤바뀌어 발음되는 경우가 많다. 특히 [r]발음이 그런데 이는 **발음의 편리상 일어나는 현상**이다. 다시 말해, producer가 porducer처럼 발음이 된다. rf) 일종의 **자위전환**(metathesis)현상으로 원래의 단어였던 brid가 bird가 되었다.

-**규칙** 76: at least noise[**리**ㅆ**노이**ㅈ]: 자음이 -stn-처럼 세 개가 연속적으로 겹쳐 나올 때 **중간 자음** [t]가 탈락되고 있다. 때문에 least를 less나 lease로 혼동할 우려가 있다. 예 most controversial[모ㅆ컨츄러버셜] cash flow[캐쉬로우]

-**규칙** 77: weighing[**웨이잉/웨인**]: 뉴스나 빠르게 발음할 때 또는 음악에서 박자를 맞출때 -ing**는** [g]**가 탈락되어** [잉]**이 아니라** [인]**으로 발음**될 때가 많다. 때문에 잘못 들으면 way in으로 혼동할 수가 있다. 그러나 듣는 과정에 문맥으로 알 수가 있다. 예를 들어, 뒤에 eight ton이라는 표현이 나오면 weighing이라는 것을 알 수가 있다.

-**규칙** 78: allegedly[**레즐리**]: 강세를 받지 못한 a-**가 발음되지 않고** 있다. 예 assesses[쎄씨ㅅ], appreciate[프리세이ㅌ] rf) -dly, tly는 [t]나 [d]가

탈락되면서 [(을)리]를 재빠르게 말음하면 편하다. 이는 [d]나, [t]가 다음에 오는 [l]과 같은 조음위치에 있기 때문에 발음의 편의상 생략되기 때문이다. 예 recently[리슨(을)리]

-**규칙** 79: forthrightly[**포쓰롸 리**]: -th와 -r-을 연속적으로 발음하기 어려우므로 forth와 righty를 두 단어로 나눈 듯이 발음하고 있다. 이는 발음을 강조하기 위해 모음에서의 **분음현상**(diaeresis)을 자음에서 일어나는 원리와 같다. 다시 말해, 이 경우에는 연속적으로 자음이 세 개가 온다고 해 가운데 자음[th]을 생략하지 않는다. rf) **분음현상**(diaeresis): 음절 분해, 분음(分音); 분음 부호(나란히 놓인 두 모음이 따로따로 발음됨을 나타내는 부호. 예 coöperate, naïve의 ··).

-**규칙** 80: subsidiaries[**썹씨디어**ㅅ]: sub-를 [써브]처럼 길게 늘이지 말고 **[썹]하면서 한 단어처럼 발음**하도록 한다. 그러나 천천히 명쾌한 발음이 필요할 때는 [써브]라고 발음할 수가 있다. 예 nickname[네임/니크네임]

-**규칙** 81: finally[**파인리**]: [파이널리]라고 발음되는 이 단어를 빨리 발음할 때는 뒷 모음 -a-: [어]를 생략하고 발음하는 경우가 많다. 이유는 [-n-]과 [-l-]과 같은 조음위치에 있어 **동음생략**이 되고, 이미 [fin-]에 제 1강세가 오기 때문에 [-ally]의 [얼리]는 [을리]로 되었다가 [-n-]가 함께 생략되어 [파인리]가 되는 것이다.

-**규칙** 82: welcomed him[**웰컴팀**]: [웰컴ㄷ]의 [ㄷ]음과 [힘]의 [ㅎ]음이 연음되어 [ㅌ]로 소리 난다. 다시 말해, [웰컴드 힘]이나 [웰컴딤]이 아니라 [웰컴팀]으로 소리나는 이유는 종종 자음 -h-가 묵음으로 소리가 나지 않는 경우가 있기 때문이다. whale: [훼일]이 아니라 [웨일]

-**규칙** 83: soothes[**수-** ㅈ]: th와 s가 연이어 나오는 어려운 발음이다. [수-우드즈]처럼 마지막 -es**를 따로 발음하지 않고** [ㅈ]**소리만 살짝 발음**한다. 예 clothes: [클로우드즈]가 아니라 [클로우ㅈ]

-**규칙** 84: sports[**스포**ㄹ**쓰**][**스포**ㅊ]: 앞의 발음은 자음이 세 개 겹치는 경우 가운데 자음이 발음되지 않는 법칙에서 비롯되었고, 뒤의 발음은 [t]발음과 [s]발음이 같이 겹쳐 발음되어 [츠]로 되기 때문이다. rf) 일반적으로 무성자음이 단어의 맨 마지막에 올 때 보통 소리가 약화되거나 안 나지만 위의 단어는 복수 형태이므로 어느 방법으로든지 소리를

내주어야 한다.

-**규칙** 85: scientists say[**싸이언티ㅅ 쎄이**]: 3개 이상의 자음(-sts)은 종종 중간음이 생략되거나 거의 소리가 안난다. 이는 일반적으로 자음은 소리가 강하기 때문에 부드럽게 하기위한 인간의 본성이기 때문이다. 예 empty: [엠티], waist coat[웨이스코트], postpone[포우스포운], attempt[어템트], asked[에스크트] cf) months: [먼쓰스]가 아니라 [먼쓰]에 가깝다. 예 youths[유쓰]

-**규칙** 86: sneaking[**스니이킹**]: 원래처럼 발음하면 [스니이킹]이지만 빠른 속력으로 발음하면 [스 잉]처럼 들린다. exactly를 [이그잭틀리]라고 할 수도 있지만 빠르게 발음하면 [이그 을리]라고 하는 것과 똑같은 이치이다. 우리나라의 **절음법칙[성절촉음] [성문폐쇄음**: glottal stop]에 해당한다.

-**규칙** 87: probably[**프라버블리**]: 사전상의 발음은 [프라버블리]이지만 실제미국인들은 마치 [프라블리]처럼 발음하는 것처럼 보인다. 일종의 tautology(동음어생략)현상이라고 볼 수 있는데, 노력의 경제(economy of efforts)라는 인간의 본능적인 태도라고 볼 수가 있다.

-**규칙** 88: boosts[**부슷츠**]: -st로 끝나는 단어들은 [스트]처럼 들리지 않고, [슷트]처럼 거의 [슷]부분만 들리다시피 한다. 그러므로 boost도 [부슷트]도 들리는데 boosts의 경우네는 [부슷츠]처럼 -s 발음이 어느 정도 묻어있음에 유의해야 한다.

PART III

The Miscellany of English Teaching and Learning

Culture, Evaluation, etc.

제1장 영어교육과 문화

1. 언어와 문화

언어와 문화는 불가분의 관계이며, 외국어로 의사소통을 원활하게 할 수 있는 능력을 기르기 위해서는 해당 외국어가 사용되는 사회의 문화에 대해 충분히 이해하고 있어야 한다는 점은 여러 연구를 통해서 주장되고 입증된 바 있다. 국내에서도 최근 영어를 통한 의사소통 능력을 기르기 위해서는 영어권 문화에 대한 교육이 이루어지는 것이 중요하다는 인식이 높아졌다.

문화 교육을 영어 교육의 한 부분으로 보는 취지를 살리려면 학교의 영어 수업에서 문화 교육도 함께 이루어지는 것이 필요하다. 현재 영어 교육 여건에서는 영어 수업 중에 문화 교육을 실시하고자 할 때 별도의 교재나 학습 자료를 이용하기는 어려우며, 기존 영어 교과서의 내용을 이용하는 것이 현실적이라고 생각된다. 이는 현재 학교에서 이루어지는 영어 교육이 수업 시간의 대부분을 영어 교과서의 내용을 다루는 방식으로 진행될 수밖에 없으며, 문화 교육을 위해 영어 수업 시간에 사용하도록 개발된 공식적인 교재도 아직 없고, 문화 교육을 할 수 있을 만큼 영어권 문화에 대해 숙지하고 있는 교사도 그리 많지 않기 때문이다.

이런 관점에서 생각해 볼 때, 영어 교과서의 내용을 이용해서 문화 교육을 하고자 한다면, 어떤 목표를 성취하기 위해서 무엇을 가르쳐야 하고, 교과서의 어떤 내용을 이용해서 가르쳐야 하며, 어떤 방식으로 가르쳐야 할지에 대해 생각해 보는 것이 필요하다.

그러나 다음의 언어와 문화의 사전적 의미로 볼 때, 언어와 문화가 인간의 느낌과 사고의 반영이라는 점을 간과해서는 안 될 것 같다. 즉, 역시 인간 사고의 산물인 문화는 언어와 밀접한 관계가 있다는 것을 고려해야 한다는 것이다.

1) 언어(language):

(1) the system of human expression by means of words
(2) particular system of words, as used by people or nation
(3) a system of signs, movements, etc, used to express meanings or feelings

2) 문화(culture):

(1) the customs, beliefs, art, music, and all the other products of human thought made by a particular time
(2) artistic and other activity of the mind, and the works produced by this

2. 타문화 이해 과정

외국어 학습자들의 목표 문화 습득과 관련하여 Omaggio Hadley(1993)는 외국어 학습자들이 다음과 같은 과정을 통해 타문화를 이해한다고 하였다.

1) 1단계: 관광 여행에서 얻은 지식과 같이 목표 문화에 대하여 피상적으로 고정 관념을 갖는 단계로서 학습자는 목표 문화에 대하여 이국적이고 경이적이며 신비롭다는 환상적인 인식을 한다.
2) 2단계: 자국 문화와 목표 문화사이의 중요하고 미묘한 차이점을 인식하고, 목표 문화를 믿을 수 없고 비합리적인 것으로 인식한다.
3) 3단계: 목표 문화에 대하여 지적인 분석을 할 수 있는 단계로서 이제 목표 문화를 믿을 수 있는 것으로 인식하고 목표 문화권 사람들의 시각에서 이해할 수 있다.
4) 4단계: 문화적 몰입(immersion)을 하여 목표 문화를 목표 문화권 사람들의

시각에서 감정이입을 하여 음미할 수 있다.

교사는 궁극적으로는 학생들이 위의 4단계 중에서 목표 문화에 대한 편견이나 고정 관념을 가지지 않고 성숙되고 객관적으로 이해 할 수 있는 셋째 단계에 이를 수 있도록 체계적으로 지도할 필요가 있다. 또한 목표 문화에 대한 지나친 동경이나 우리나라 문화에 대한 지나친 우월의식(ethnocentrism)을 갖는 것도 지양해야 할 것이다. 문화 교육의 궁극적인 목표로서 Seelye(1984)는 다음의 7가지를 들고 있는 데, 이는 우리의 학교 현장에서도 시사하는 바가 큰 것으로 생각된다.

1) 해당 문화권의 사람들은 자신들의 신체적, 심리적인 욕구를 충족시키기 위하여 그 사회에서 허용되는 방법을 사용하고 있다는 것을 이해하여야 한다. 즉, 문제를 해결하기 위하여 자신들이 최대한 그리고 최상으로 할 수 있는 방법을 선택했다는 것을 인식하여 목표 문화권 사람들의 시각에서 그 문화를 이해하도록 하여야 한다.
2) 연령, 성, 사회적 계층, 거주지들과 같은 사회적인 변인들은 한 사회의 구성원들이 말하고 행동하는 양식에 영향을 미친다는 것을 이해해야 한다.
3) 학생들은 해당 문화권의 사람들이 일상적인 상황에서 어떻게 행동하는 지를 이해해야 한다.
4) 학생들은 해당 언어에 내포되어 있는 문화적, 함축적인 의미를 이해할 수 있어야 한다.
5) 문화적인 상대성을 이해하여 해당 문화를 과잉 일반화하지 않도록 한다.
6) 학생들은 도서관, 대중 매체, 개인적인 관찰 등을 통하여 해당 문화에 관한 정보를 찾고 조직화할 수 있는 기술을 보여야 한다.
7) 학생들은 해당 문화에 대하여 지적 호기심을 갖고 해당 문화권 사람들에 대하여 감정이입을 할 수 있어야 한다.

3. 영어권의 문화 이해

언어학자 훔볼트(Humboldt)는 "언어 간의 다른 점은, 소리와 기호의 다른 점이 아니라 세계관의 다른 점" 이라고 쓴 적이 있다. 이런 주장은 사피어-워프

(Sapir-Whorf)의 언어 상대성에 관한 가설(linguistic relativity hypothesis)에까지 이어지고 있다. 촘스키(Chomsky)가 주장하는 언어의 보편성에도 불구하고 어떤 언어는 다른 언어와 너무나 다르다는 것이 사실이다. 우리가 영어를 하나 배우고 나서 이내 발견하는 것은 새로 배운 영어를 가지고 우리가 표현하고자 하는 의미내용을 십분 표현할 수 없다는 것과 우리의 표현이 그 언어의 원어민 화자에게 쉽게 받아들여지지 않는다는 것이다. 우리는 오래지 않아 그 원인이 문화적 다른 점 때문에 오는 것임을 깨닫게 될 것이다. 영어의 문법과 어휘를 통달하더라도 그 언어가 대표하는 문화를 모르고는 의사를 충분히 소통할 수 없다. 그러면 이제는 문화가 무엇인가? 문화는 한 공동체에 있는 대부분의 사람들이 동의하는 지식, 의미, 상징 등의 체계이다. 사실 문화에 포함되는 것은 우리의 삶 전체이다. 인간은 서로 비슷한 생활을 영위하고 있으므로 모든 문화가 비슷해야 할 터인데도 다르다고 하는 것은 가치의 중요성의 차이 때문일 것으로 추정된다. 우리에게 옳고 그른 것이 다른 문화에서는 반대일 수 있기 때문이다. 우리가 가장 소중히 여기는 것을 다른 문화에서는 별로 대수롭지 않은 것으로 취급할 수 있다. 더 구체적으로, '정의(justice)'의 개념을 놓고 보아도 강대국이 가지고 있는 정의의 개념과 약소국이 가지고 있는 정의의 개념이 서로 다르다는 것을 우리는 경험을 통하여 잘 알고 있다.

1) 영어권 문화의 단계별 지도

문화 지도는 문화적 양상의 이해만이 아니라 효율적인 의사소통을 위해서도 필요하며 학습자의 연령과 수준에 따라 다른 방법을 사용할 수 있다. 영어권 문화를 다룰 수 있는 과정을 Rivers(1981)는 6가지로 제공하고 있다.

(1) 연속 제시 과정
영어권 문화에 관한 모든 면을 교재, 전시, 토론, 영화, 슬라이드, 지도 등 시각 기재를 사용하고 개인적으로 연구 과제를 주어 발표하게 한다.

(2) 대조 학습 과정
시각 자료, 시청각 자료를 이용하여 한국 문화와 영어권 문화를 대조하게 한다.

(3) 학제적 과정

영어권 문화와 역사, 지리, 사회, 예술, 철학 등에 관하여 학습자들이 다른 교과에서 배운 내용을 발표하게 한다.

(4) 대화 중심 과정

영어권 사람들과 직접 대화를 하거나 역할극, 토론 등을 한다.

(5) 문학 중심 과정

넓은 의미의 문학으로 소설, 시, 민속, 동화들을 읽게 한다.

(6) 영화 과정

영어로 제작된 시청각 자료, 영화 등을 보고 영어권 문화의 생활에 관한 전반적인 양상을 이해하도록 한다.

2) 영어권 문화 교육을 위한 교사의 태도

문화라는 광범위한 내용을 교과서에서 모두 언급하기에는 불가능 할 것이다. 그러므로 주어진 시간에 주어진 장소에서 문화에 관한 폭넓은 내용을 흥미롭고 효율적으로 가르치기 위해서는 교사들의 특별한 노력이 필요할 것이다.

(1) 교사는 확고한 가치관과 문화관을 가질 필요가 있다. 모든 문화는 똑같이 정당하며 어떠한 문화이건 존중받을 가치가 있다. 그러므로 교사는 어떤 문화의 우월성을 지도하는 것이 아니라 개관적인 이해를 도와야 할 것이다.

(2) 교사는 꾸준히 자기 개발을 위해 노력할 필요가 있다. 문화 인류학적 지식을 습득하고 문화에 대한 자료와 정보를 수집해야 한다. 국제화 시대에 맞추어 도시에는 원어민 강사가 있는 외국어 학원들이 즐비하고 다양한 통신수단의 발달은 안방에서 바로 미국이나 영국 등의 문화를 직접 경험 할 수 있는 기회를 제공하고 있다. 영어와 함께 배우게 되는 새로운 문화는 학생들에게 호기심을 유발하여 학습 의욕을 높일 수 있다.

(3) 교사는 학생 개개인에 대한 관심을 갖고 교수·학습 방법에 대한 연구하는 자세가 필요하다. 영어와 함께 배우게 되는 새로운 문화는 학생들에게 호기심을 유발하여 학습 의욕을 높일 수 있다.

4. 효율적인 영미 문화 지도의 내용 및 방법

외국어 교육에서의 문화 지도와 관련하여 많은 학자들은 "외국어 학습은 곧 문화 학습이다."라고까지 하며 외국어 교육에서의 문화 교육의 중요성을 강조하고 있다. 만약 우리나라 학교 현장에서 영어를 가르치는 궁극적인 목표가 영어를 사용한 자연스럽고 유창한 의사소통 능력의 신장이라면 이는 분명히 언어적인 능력 이외에 문화 간 소통 능력을 신장시키기 위한 문화 학습을 포함하여야 한다. 왜냐하면 외국인과의 대화를 효율적으로, 그리고 성공적으로 유지하려면 단순한 언어적인 지식 이외에 영미인들이 언제, 어떻게 악수를 하며, 대화 시 어느 정도 거리를 유지해야 하는 지, 대화를 어떻게 유지하고 끝내는 지에 관한 문화적인 지식이 필요하다.

국제화 시대에 발맞추어 7차 개정 교육과정에서는 문화 항목을 새로이 부각시키고 있는 데, 구체적으로는 다음과 같은 내용을 다루도록 하고 있다. 첫째, 의사소통에 필요한 영어권의 생활양식과 언어문화, 둘째, 영어권 문화에서 받아들여지는 의사소통의 예절, 셋째, 영어권에서 문화적으로 적절한 언어적, 비언어적 행동 양식, 넷째, 영어권 문화에서 연령에 적합한 활동, 다섯째, 문화의 다양성 인식, 여섯째, 영어권 문화와 우리 문화의 언어적, 문화적 차이의 인식, 일곱째, 영어권 문화의 이해를 통해 우리 문화의 특징을 올바르게 이해하기 등을 지도한다. 일반적으로 문화라고 하면 역사, 지리, 제도, 문학, 예술 작품, 음악 등과 같은 'big C'와 일상생활과 관련한 관습, 생활양식, 언어적·비언어적 행동양식, 사고방식 등을 포함하는 'little c'로 나눌 수 있다. 학교 현장에서 'big C'와 'little c' 중 어느 유형의 문화에 더 비중을 두어야 하는 지에 관하여는 논란이 많다. 오늘날 의사소통 중심 교수법의 등장으로 목표 문화권에서 보편화된 언어적·비언어적 행동 양식에 초점을 둔 'little c'에 관심을 더 기울이게 된 것이 사실이지만 좀 더 시야를 넓게 보고 언어습득이라는 궁극적인 목표를 생각해볼 때 스키마적인 관점을 살려 big C까지 관심을 기울이는 것이 바람직하다고 본다.

교사는 문화 학습도 영어 학습과 마찬가지로 뚜렷한 목적을 가지고 세심하게 계획하는 것이 바람직하며 가급적 영어의 네 기능과 통합하여 주제중심 (theme-based)

으로 수업을 실시하는 것이 학생의 동기를 유발할 수 있고 더욱 효과적인 수업이 된다. 또한 이미 교과서의 앞·뒤에 제시되어 있는 삽화, 그림, 사진 등과 같이 목표 문화를 소개하는 자료들을 수업에 활용하는 것도 학생의 흥미를 유발시키는 한 방법이다. 가령, 교사는 교과서의 그림이나 사진을 보여주고 학생들로 하여금 이전에 본 적이 있거나 방문한 적이 있는 지, 없다면 무엇이고 어느 곳인지 추측을 하게 하는 활동을 하여 학생들의 호기심을 자극할 수도 있을 것이다. 이외에도 다음과 같은 활동을 통하여 문화 지도를 체계적으로 할 수 있다.

영어 교육에서 문화면을 지도하는 방법은 크게 둘로 나눌 수 있다. 그 하나는 듣기, 말하기, 읽기, 또는 쓰기 등에서 접하게 되는 문화면을 그 때마다 수시로 지도하는 부수적 지도이고, 다른 하나는 문화면의 지도를 위한 시간을 따로 내어 체계적인 교재를 계획적으로 다루는 지도이다. 전자의 경우, 양과 체계의 부족함은 있지만 언어와 문화가 통합적으로 다루어지고 매우 자연스럽게 문화 재료가 학습될 수 있는 장점이 있다. 후자의 경우는 비교적 풍부하고 체계적인 내용이 계획적으로 지도되는 장점이 있으나 언어와 연관 지어 학습되지 않기 때문에 언어 교육보다는 문화 교육과 같은 느낌을 갖게 할 수 있다. 또한 비교적 많은 시간을 필요로 하기 때문에 언어 훈련에 지장을 줄 수 있을 뿐 아니라, 언어의 이해를 위해 수시로 필요한 문화적 설명을 효과 있게 할 수 없다는 결점이 있을 수 있다. 결론적으로 문화 지도의 두 방법이 각각 장단점이 있기 때문에 학습의 환경과 여건 등에 비추어 양쪽이 적절하게 조화된 상태에서 최대의 효과를 얻을 수 있도록 하는 것이 바람직할 것이다.

일반적으로 영어 교육의 여건상 영어 수업과 병행되는 문화 교육은 영어교과서를 이용해서 이루어지는 것이 현실적이다. 따라서 문화 교육을 하려면, 영어교과서의 어떤 부분을 이용해서 무엇을 다루어야 할 것인가에 대해 생각해 볼 필요가 있다.

영어교과서 내용 중 문화 교육을 위해 사용될 수 있는 부분은 크게 세 가지를 들 수 있다.: 첫 번째 부분은 듣기나 말하기 학습을 위해 제시되는 대화이고, 두 번째 부분은 읽기나 쓰기 학습을 위해 주어지는 지문이다. 세 번째 부분은 문화에 대해 설명을 별도로 제시하는 부분이다.

언어적, 비언어적 의사소통 방식에 대한 문화 교육을 내실 있게 하기 하려면, 대화가 제시되는 부분을 이용해서 문화 교육을 할 때, 무엇보다도 비디오나 CD-ROM을 함께 이용해서 대화 장면을 보여 주면서 표정, 시선, 손짓이나 몸짓과 같은 비언어적 의사소통 방식에 대해 설명하는 것이 중요하다. 아울러, 억양, 표현, 말투, 대화 전개 방식, 말에 응대하는 방식 등과 같은 언어적 의사소통 방식이 상대, 상황, 주제에 따라 어떻게 사용되는 것이 적절하거나 부적절한가에 대해 설명하는 것이 필요하다. 한편, 지문이 제시된 부분은 글 유형에 따른 내용 전개 방식, 담화 구조, 글을 쓰는 사람과 독자의 연령이나 성, 그들의 사회적 관계에 따른 문체의 적절성에 대해 설명하는 것이 필요하다. 그 외에, 대화나 지문 내용이 영어권이나 우리 문화에서 사용되는 의사소통 방식에 대한 것인 경우 이를 이용해서 해당되는 의사소통 방식에 대한 문화 교육이 가능하다.

생활 양식에 대한 문화 교육을 위해서는, 대화 부분의 경우, 대화가 진행되는 장소나 상황에 대한 설명, 그리고 그런 장소나 상황에서 적절하다고 여겨지는 행동이나 의복 등 생활 양식에 대해 설명하는 것이 필요하다. 또한 영어권이나 우리나라의 생활 양식에 대한 대화나 지문은 그런 내용을 이용해서 문화 교육을 하는 것이 가능하다.

마지막으로, 문화에 대해 설명을 별도로 제시하는 부분은 제시된 내용에 따라 해당되는 의사소통 방식이나 생활 양식에 대해 구체적으로 보충해서 설명해 줌으로써 문화 교육을 할 수 있다.

구체적인 영어 교육과 병행한 문화 지도 유형은 다음과 같다.

1) 문화 캡슐(culture capsule)

이 방법은 양 문화 간에 현저한 차이를 나타내는 내용을 간단하게 기술한 다음 차이를 알 수 있도록 그림이나 행동으로 제시하는 방법이다. 아울러 간단한 이해도 질문(comprehension question)을 던진 뒤에 학습자들 간에 토론을 하도록 한다. 문화적 차이를 비교함으로써 학습자는 외국 문화가 자국 문화와 어떻게 다른가를 알게 될 뿐만 아니라 외국 문화를 통하여 자국 문화를 깊이 이해할 수 있는 장점이 있다.

우리나라 문화와 목표 문화의 관습 중 대조적인 것을 골라 짤막하게 이야기를 만든다. 학생들로 하여금 전체적으로 우리나라 문화와 목표 문화의 차이점을 아는 대로 말하게 한 후 그룹별로 차이점 중 한가지씩을 골라 관련된 사진, 실물, 그림 등을 가지고 와서 문화적 차이점에 대한 설명을 쓰도록 한 후 발표해보도록 할 수 있다.

<문화 캡슐의 예>

칭찬에 대한 반응의 차이를 다음과 같이 제시해 보았다(Levine, Baxter, & McNulty, 1987, pp. 17-21).

**Situation: John is a teacher in an adult school class in the United States. After class, he is speaking to Su-mi, one of his students.*

John: Su-mi, your English is improving. I am pleased with your work.
Su-mi: (looking down) Oh, no. My English is not very good.
John: Why do you say that, Su-mi? You're doing very well in class.
Su-mi: No, I am not a good student.
John: Su-mi, you're making progress in this class. You should be proud of your English.
Su-mi: No, it's not true. You are a good teacher, but I am not a good student.
John: (He is surprised by her response and wonders why she thinks her English is so bad. He doesn't know what to say and wonders if he should stop giving her compliments)

**Questions:*

(1) Why do you think her English is not good?
(2) Why do you think that Su-mi looks down when she says, “Oh, no. My English is not very good.”?
(3) Why is John surprised when she says, “No, it's not true. I am not a good student.”?

위 문제를 풀게 한 후 다음 글을 통해 위의 글과 차이를 비교하게 한다.

John: Su-mi, your English is improving. I am pleased with your work.
Su-mi: (making eye contact) Thank you. I have learned a lot in this course.
John: You're doing well and I can really see progress.
Su-mi: I enjoy studying English. I do homework every night.
John: I can see that. Keep up the good work.
Su-mi: I'll try. You're a good teacher. You have helped me a lot.

우리문화에서는 칭찬을 받으면 겸손의 표현으로 "아닙니다." 등의 부정의 말을 먼저 하거나 쑥스러워 고개를 숙인다. 그러나 미국 문화에서는 칭찬에 대해 "Thank you."라고 받아들여 긍정적인 반응을 한다. 또한 미국 문화에서는 대화를 나눌 때는 상대방의 눈을 응시해야 한다는 것을 주지시킨다.

2) 문화 동조(Culture Assimilator)

이 방법은 문화 간의 이해를 돕기 위해 고안된 것으로, 처음에는 사회 심리학자들이 외국 문화에 잘 적응할 수 있도록 하기 위하여 개발한 방법이다. 먼저 외국 문화에 관한 내용 중에서 오해가 일어나는 짧은 문장의 내용을 학습자로 하여금 묵독을 하게 한 다음 4개 정도의 질문을 던진 후 학습자가 각 질문에 따라 답을 선택했을 때 어느 것이 옳고 어느 것은 그르다는 사실을 가려주어 외국문화를 충분히 이해하도록 하는 것이다(신용진, 1985).

목표 문화권의 사람과 우리나라 사람과의 상호 작용에서 오해나 갈등이 생길 수 있는 상황을 제시하고 학생들로 하여금 이러한 상황에서 적절한 언어적·비언어적 행동은 무엇인지 고르도록 한다.

<문화 동조의 예>

*In an American Restaurant(박상옥, 1985, p. 501).

Su-mi arrived at a small town of the U.S. from Seoul. She was so hungry that she went into a restaurant. Upon entering, she was shown to a table by a waitress. It was very crowded and many people were having dinner there. Soon the waitress brought her a menu. She was very pretty and kind when she asked her with smile what she wanted to order. Because she was not familiar with American food, she ordered fried shrimp, salad, and a glass of milk. After she finished the meal, the waitress again politely and kindly asked her the kind of dessert she wanted to order. She was so full that she said she did not want any more. In a minute, the waitress put the bill on the table and said, "I hope you enjoyed the dinner." Su-mi replied, "Yes, I enjoyed it very much. Thank you." She soon paid the amount of money the bill indicated at the front desk and left the restaurant in the good feeling. Next evening, Su-mi visited the restaurant again for dinner. It was less crowded than yesterday. She waited for the waitress to take her order for a while. At last she came to her table after she served the other two customers who came after Su-mi. Su-mi looked at her and smiled. Surprisingly, the waitress did not respond with the same polite attitude as yesterday. She asked her to order bluntly and she did not even say, s"I hope you enjoyed the dinner." Su-mi was very upset when she paid money to the cashier.

이 글을 읽게 한 다음, 다음과 같은 문제를 제시하여 답을 찾도록 한다.

**Which of the following explains most accurately the waitress' changed attitude?*

(1) Su-mi did not order the dessert yesterday.
(2) Su-mi did not leave a tip yesterday.
(3) The waitress did not feel good today.
(4) The waitress worried about the decreased number of customers.

문제를 풀게 한 다음 A, B, C, D 각각의 경우를 토의하여 어느 것이 가장 옳은 답인가를 찾을 수 있도록 유도한다.

You chose A. This is not the right answer. Though Americans generally enjoy dessert after the main dish, they are not necessarily required to have one at every dinner. Moreover, if that had been the problem, she would have changed her attitude right after the incident. Reread the passage and choose another answer.

You chose B. This is the correct answer. In America, you are generally expected to leave about 15 percent of the bill in small change on the table as a tip for the person who has served you in a restaurant. So Su-mi should have left the tip to show her thanks for her service.

You chose C. This answer is incorrect. What the waitress has to do is to serve the customers well. The way she feels is not likely to affect her responsibility to the customers, unless the customer really did something wrong to her directly. Reread the passage and make another choice.

You chose D. This answer is incorrect. Worrying about the number of customers is the manager's concern, not the waitress'. Her job is to serve the customers in a pleasant manner and to attract them to come back. If she does not give good service, there will be even fewer customers. Reread the passage and choose another answer.

3) 문화 방백(Culture Aside)

이 방법은 가장 많이 사용되는 것으로 사전에 계획을 세워 지도하는 것이 아니고 가르치고자 하는 구절 속에 문화를 가르치고자 하는 내용이 나오면 어떠한 것이라고 간단히 설명하는 것이다(신용진, 1985). 필요성이 있을 때만 하는 것이므로 수업 전반에 걸쳐 사용될 수 있으며 교재의 내용이나 어휘가 문화에 관련될 때마다 설명될 수 있기 때문에 대개의 교사들이 이 방법을 사용하고 있다. 그러나 이 방법은 수업 전반에 걸쳐 부수적으로 행해지기 때문에 체계적이지 못한 단점이 있다.

<문화 방백의 예>

교수·학습 과정에 생일날 선물을 주는 장면이 나오면 다음과 같이 간단히 설명해 준다. 우리나라 사람들은 선물을 주면서 예의의 표시로 “It's nothing.”

이나 “This isn't very nice.” 등의 말을 하지만, 영·미국인들에게 선물을 줄 경우에는 그 대신 “Here's a present for you. I hope you like it.” 등의 말을 사용하는 것이 더 적절하다. 그리고 미국인들은 선물을 받자마자 바로 풀어보는 것을 좋아하며 선물을 주는 사람은 받는 사람의 미소를 보고 싶어 하고, 받는 사람은 준 사람에게 바로 고마움을 표현하고 싶어 함으로 단지 고마움만 표시한 채 선물을 내려놓는 것은 예의바른 행동이 아니라는 것도 덧붙인다.

4) 청각-운동신경 반응(Audio-Motor Unit)

이 방법은 원래 청취 능력을 향상시키기 위하여 고안되었는데 문화를 학습하는데 적절한 방법이기도 하다. 어떤 문화적인 요소들을 교사나 테이프의 명령을 듣고 행하도록 하는 것으로 문화 지도와 듣기 훈련을 동시에 할 수 있다.

이것은 Asher(1982)의 TPR(Total Physical Response)에서 말하는 ‘명령과 반응(command and response)’의 경우와 흡사하다. 그러나 TPR의 방법과 큰 차이는 교사가 구두로 명령을 하면 학생이 즉각 행동하는 것이 아니고 교사가 명령을 한 다음 교사 스스로가 몸짓, 무언극, 얼굴 표정 등을 지으면서 명령의 내용을 학습자에게 보여준다. 학생은 교사의 구두 지시를 들은 다음 그에 따른 교사의 반복적인 행동을 관찰하고 스스로 행동에 옮긴다(신용진, 1985).

<청각-운동신경 반응의 예>

s음식점에 들어갔을 때 음식을 먹는데 필요한 물건들을 가지고 먹는 방법에 대하여 교사가 시범을 보인 후 교사의 명령에 따라 행동하게 하는 것이다(신용진, 1985: 412-413).

준비물: fork, napkin, meat, knife, plate, table, glass, wine, bread

You are in a restaurant.
Pick up your napkin.
Unfold it.
Put it in your lap.

Pick up your fork with your left hand.
Pick up the knife with your right hand.
Cut a piece of meat.
Put it in your mouth.
Chew it and shallow it.
Leave the fork and knife on the plate.
Leave your hands on the table.
Pour yourself a glass of wine.
Take a sip.
You want some bread. Break off a piece.
Eat it.
Pick up the bill.
Look at it.
Take out your wallet.
Pay the bill.
Leave a tip.
Leave the restaurant.

위 문장들을 교사가 구두 지시를 통해 실제 행동으로 보여준다. 그리고 교사가 구두 지시를 하면 학생들이 행동으로 실행하도록 하고, 다음에는 학생들이 스스로 구두 지시를 하며 실행해 보도록 한다. 그리고 이 내용을 이해했는지를 확인하기 위해 다음과 같은 질문들을 던져 본다.

Questions:

(1) What do most Americans seem to do before meal?
(2) How do most Americans eat meat?
(3) How do most Americans eat bread?
(4) Where do most Americans put their hands when not in use?
(5) What do most Americans drink at the meal time?
(6) What do most Americans have for dinner?

5) 신문과 잡지를 이용한 문화 지도

신문 활용 교육(NIE=Newspapers In Education)의 일환으로서 영미 문화를 가르치기 위하여 신문과 잡지를 사용할 때 신문과 잡지의 모든 부분을 한 번에 가르치려 하기보다는 매시간 다른 면을 소개하는 것이 바람직하다. 또한 학생들로 하여금 신문과 잡지의 기사를 읽고 제목을 추측하게 한다든지, 광고란을 읽고 필요한 정보를 찾는 활동 등을 할 수 있다. 언어의 네 기능을 통합하기 위하여 신문과 잡지의 고민 상담(Agony Column)난을 읽고 난 후 학생들로 하여금 소그룹으로 해당 문화권 사람들의 주된 고민거리는 무엇이며 왜 그러한 문제를 가지고 고민하는 지 영어로 토론해보도록 할 수 있다. 그리고 다시, 고민 상담난의 편지에 답장을 쓰도록 하여 듣기, 읽기, 말하기, 쓰기 기능을 자연스럽게 통합 할 수 있다. 또한 신문과 잡지의 TV 프로그램 시간표를 읽고 우리나라 TV의 방송 프로그램과 AFKN(American Forces Korean Network)이나 외국의 위성 채널의 방송 프로그램을 비교, 대조해보는 활동도 학생들이 흥미를 느낄만한 활동이다.

신문과 잡지는 교과서에 나타나지 않은 최근의 문화 정보 등의 요소를 포함하고 있으므로 효과적으로 이용하면 가치가 높다. 가령 우리 주변에서 손쉽게 구할 수 있는 The Korea Herald, The Korea Times, Newsweek 등의 신문과 잡지에 있는 만화, 스포츠란, 일기예보, 광고, TV program, 그림 등을 자료로 이용할 수 있다(신용진, 1985). 교과서에 나타나지 않은 많은 문화의 양상을 보여주는 것이 신문과 잡지이다. 교사는 학생들에게 외국의 신문과 잡지에서의 한 부분을 그에 상응하는 학생들의 모국어로 된 신문과 잡지의 것과 비교하도록 시킨다. 사용하기에 좋은 것들은 제목, 광고, 편집후기, 스포츠, 만화, 일기예보 등에서 찾을 수 있다. 또한 신문과 잡지의 광고는 아직 사전에 나타나 있지 않은 유용한 새로운 어휘를 잘 가르쳐 줄 수 있다.

<신문 활용의 예〉

우리나라 신문의 일기 예보와 미국 신문의 일기 예보를 대조해 보면 문화적인 차이점을 발견할 수 있다. 먼저, 일기 예보에는 지도가 함께 제시되므로 그 나라의 주요 도시 등도 알 수 있으며 계절에 따른 각 나라에서의 기온이나

날씨의 특징이 다르다는 것을 알 수 있다. 예를 들어 우리나라는 비교적 전국에 걸쳐 사계절이 뚜렷하게 구분되지만, 미국은 지역마다 날씨와 기후가 크게 다르다는 것을 알 수 있으며, 우리는 섭씨(Celsius/Centigrade)로 기온을 표시하는데 미국에서는 화씨(Fahrenheit)로 표현한다는 차이를 알 수 있다. 그리고 스포츠 난을 활용하면 그 나라 사람들이 어떤 스포츠를 좋아하고 즐겨하며 우리나라에서 즐겨하는 스포츠와는 어떻게 다른지 비교해볼 수 있다.

<신문 속 광고 활용의 예〉

For wearing the costume the kids made.
For letting "Boo!" scare you every time.
For enduring 2 hours of "Just one more house."
I'll make the last house the best house.
It's time for a treat(EBS 교육방송, 1999: 10).

이 광고를 보면 할로윈 데이(Halloween Day)에 아빠가 아이들을 위해 엉성하게 만들어진 공룡 복장을 하고 "Trick or treat!"를 외치며 아이들과 함께 동네를 도는 모습을 연상할 수 있다. 그런 자상한 아빠를 위해 마지막에 우리 집으로 돌아왔을 때 맛있는 음식을 대접하겠다는 식품 광고이다. 교사는 이러한 광고를 이용하여 우리나라 학생들에게 생소한 할로윈 데이의 풍습 등을 설명해 줄 수 있다.

6) 속담이나 격언의 활용

영어 속담이나 격언을 가르칠 때 표면적인 의미 설명에만 그치지 말고 그 격언이나 속담에 함축되어 있는 문화적인 의미도 탐구해보도록 한다. 즉, 속담과 격언들로부터 영미 문화권의 대표적인 가치관, 신념 등을 추론해보는 활동을 할 수 있다. 또는 우리나라와 영미 문화권에서 흔히 사용되는 특정 주제에 관련된 격언, 속담들을 몇 가지씩 찾아보고 이를 비교해본다.

7) 영화의 활용

영화들은 그 나라의 문화와 생생한 생활 영어 표현들이 담아 있는 영어권 문화 이해 자료의 거대한 창고들이다. 간접적으로 문화 체험할 수 있는 다양한 상황, 다양한 사람들에 의한 다양한 의사 전달 내용 등 많은 자료들이 내포되어 있다. 이러한 영화를 활용한 영어권 문화이해 수업은 본시 학습 보조 자료뿐만 아니라 특기적성시간이나 재량 활동 시간에도 주 교재로 사용할 수 있겠다.

(1) 영화를 활용한 영어 교육의 장점

영화를 수업 자료로 활용하면 현실의 생활 표현과 가까운 실용적인 문장들을 습득할 수 있고 사회, 문화적 체험을 자연스럽게 습득할 수 있을 것이다. 구체적으로 말하면 다음과 같은 장점들이 있다.

① 영화 속의 대화는 그 언어를 사용하는 사람들이 실생활을 재현하는 상황에서 서로의 의사를 전달하기 위한 도구의 역할을 한다. 학습자는 이러한 대화를 통하여 자신이 배우고자 하는 언어를 사용하는 사람들을 만나고 그 사람들이 이루는 사회를 직접 체험하는 것에 버금가는 효과를 얻을 수 있다.

② 교실 안에서 교사와 학습자는 서로 자신이 관찰한 것과 느낀 소감을 토론함으로써 일방적인 아닌 의미 있는 대화를 가질 수 있다.

③ 영화 속의 대화에는 수많은 담화 전략(discourse strategy)뿐만 아니라 구체적인 구문의 화용적 쓰임새가 들어 있는 학습자의 의사소통 능력 향상에 도움이 된다.

④ 영화를 통한 언어 학습을 통하여 영화상에 나타나는 여러 가지 문화적 요소들을 감 지해내고 이를 소화함으로써 서로 다른 문화적 배경을 가진 사람들이 만났을 때 있을 수 있는 충돌이나 갈등을 예상하고 실제 상황에 대처할 수 있는 능력을 기를 수 있다.

영화에서 대화 장면, 생일 파티 장면, 할로윈, 부활절 의식 장면 등과 같이 특정한 부분을 5분 정도 보여주고 어떠한 화제에 관해서 이야기하는 지, 어떻게 서로를 소개하는 지, 대화를 할 때 어느 정도 거리를 유지하는 지 등과 같은 문화적인 요소를 관찰하도록 한 후 소그룹으로 관찰 내용을 비교, 토론해 보도록 한다. 또는 5분 정도의 영화의 한 부분을 소리가 나지 않도록 하여 보여주고 학생들로 하여금 영화에 등장하는 인물들이 누구인지, 인물들 간의 관계, 장소, 무엇을 하고 있는 지 등을 추측해보도록 한다. 다음 소그룹으로 나누어 각자 추측한 것을 이야기해보게 한 후 다시 영화를 보여 주고 실제 대사와 비교해보도록 한다.

영화는 외국에 나가지 않고도 가장 실감나게 타문화를 느낄 수 있는 효과적인 매체이다. 교사는 영화를 보기 전 간략히 영화를 소개하고 중점적으로 보아야 할 부분을 미리 제시하면 좋다. 학생들은 대사를 들으면서 동시에 영상을 통해 시각적인 단서를 얻을 수 있으며 감정적인 반응을 할 수 있고 목표 언어를 사용하는 자연스러운 환경을 볼 수 있다. 또한 영화는 다양한 주제와 소재를 갖고 있기 때문에 학생들에게 동기를 유발할 수 있고 색다른 경험을 제공할 수 있다.

구체적으로 영화를 활용한 단계별 지도 방법은 다음과 같다.

(2) 영화를 활용한 단계별 지도 방법

영화를 선정하고 지도할 때 반드시 고려해야 할 점은 교사가 그 내용을 충분히 이해하고 있는 영화이어야 하며 학습자가 그 내용에 흥미를 가질 만한 영화이어야 한다는 점이다. 영화를 활용하여 다음과 같이 단계별로 지도할 수도 있다.

① 배경 이해
단락의 내용을 짐작할 수 있는 몇 개의 질문을 학습자에게 제시한다.

② 줄거리 잡기
영화를 감상한 후에는 학습자가 단락의 내용을 전체적으로 생각해 보고 구체적인 느낌을 정리하는 기회를 갖도록 연습 문제를 제시하여 조별 학습을 하게 한다.

③ 구체적인 내용 이해
전체적인 내용을 파악하게 한 후에는 학습자가 단락 속에서 나타나는 구체적인 사건이나 인물간의 관계를 중심으로 대화의 내용을 익히고 표현을 학습하도록 한다.

④ 집중 청취
학습자는 대본을 읽으면서 학습한 단락의 내용을 다시 청취한다. 비디오를 통한 감상이 아니라 오디오를 통한 청취가 되도록 한다.

⑤ 마무리와 숙제

수업을 마칠 때에는 그 날 학습한 내용을 총정리 해주고 구체적인 표현과 화용적, 문화적 언어사용을 학습할 수 있도록 숙제를 부여한다.

8) 만화의 활용

영어 학습자들은 영미 문화권에서 통용되는 유머를 완전히 이해하는 데 어려움을 겪는 경우가 많다. 만화는 유머를 담고 있는 경우가 많고 실생활에서 사용되는 구두 언어, 문법 등을 학습할 수 있는 유익한 자료이다. 교사는 영어 수업 시간에 만화를 활용하여 말하기나 문화를 가르칠 수 있다. 예를 들어, 문화적인 주제를 담고 있는 신문의 만화를 오려낸 후 복사를 하여 두 명의 학생들에게 같은 만화를 나누어준다. 이 때, 한 학생이 갖게 되는 만화는 앞의 절반만 대화가 있고 다른 학생은 나머지 절반만 대화가 있어서 두 학생이 서로 부족한 정보를 메우기 위해 상호작용을 하도록 한 후 원래의 만화 대화와 비교해보고 만화에 나타난 문화적인 주제를 추론해본다.

9) 민요, 팝송의 활용

노래 가사의 사회·문화적인 의미를 음미해보는 활동으로서 이를 위하여 교사는 문화적인 주제를 담고 있는 민요나 팝송을 선택한다. 이 때, 학생들이 흥미를 느끼고 따라 부를 수 있는 친근한 멜로디를 갖고 있는 노래를 선택하는 것이 바람직하다. 교사는 학생들에게 팝송을 들려 준 후 학생들로 하여금 노래의 분위기를 가장 잘 나타내는 낱말을 보기(tempting, happy, lonely, melancholy...)에서 고르도록 하고 특정한 낱말을 고른 이유를 설명하도록 한다. 다음으로 팝송을 한 소절씩 듣게 한 후 낱말이나 문장을 써보게 하여 가사의 의미를 이해시킨다. 마지막으로 팝송을 다시 여러 번 듣게 한 후 팝송에 나타나 있는 문화적인 주제에 관하여 그룹별로 토론해보도록 한다.

학생들의 어학 실력을 향상시키기 위해서 뿐만 아니라 문화 이해 증진을 위해서 노래를 자주 사용할 것을 추천한 사람은 Taylor(1980)이다. 그는 특히 초급 과정을 지난 단계에서 노래를 자주 사용할 것을 권하고 있는데, 그 이유로는 학습자의 단어와 문법 실력이 간단한 가사를 이해하게 할 수 있고, 듣기 능력에도 도움을 주며 지루한 문형 연습에 지쳐 있는 학습자에게 신선함을 줄 수 있고 그 문화에 대한 통찰력이 유용하기 때문이라고 말하고 있다. Rivers(1981, p. 331)도 "Every culture has a rich repertoire of songs which are authentic, attractive, and a pleasure to sing." 라고 말하며 노래와 문화와의 밀접한 관계를 설명하고 있다.

<노래 활용의 예>

초기 단계에서는 다음과 같은 노래를 이용하여 학생들에게 영어권 문화에서 나타내는 동물들의 울음소리가 우리의 것과 다름을 인식시키고 수업에 흥미를 줄 수 있다.

Old McDonald Had a Farm

Old McDonald had a farm E-I-E-I-O
And on his farm he had some chicks, E-I-E-I-O
With a chick, chick here and a chick, chick there
Here a chick, there a chick, everywhere a chick, chick
Old McDonald had a farm E-I-E-I-O

Old McDonald had a farm E-I-E-I-O
And on his farm he had some cows, E-I-E-I-O
With a moo, moo here and a moo, moo there
Here a moo, there a moo, everywhere a moo, moo
Old McDonald had a farm E-I-E-I-O

10) 실수담 소개

문화 간 갈등이나 문화에 대한 무지로 생긴 실수의 경험 등을 수집하여 소개하고, 실수의 이유를 학생들이 스스로 찾아 말해 보게 한다. 다른 문화에 대해 가지고 있는 지식, 가치관, 자세, 신념 등의 일부를 서로 교환할 수 있는 기회를 제공해 주며, 실수의 일화가 보통 재미있기 때문에, 교육의 효과가 대단히 높을 것으로 추정된다(이완기 & 차경환, 1999).

<실수담 소개의 예〉

코 풀기와 트림 - 어떤 게 더 야만인?

뉴욕에 있을 때 미국인 친구와 함께 식당에 갔는데, 식사 도중 그 친구가 코를 푸는 것을 보고 놀란 적이 있었다. 한국에서는 상대방 면전에서 코를 푸는 행동은 지극히 실례되는 일로 여기고 있기 때문이다. 미국인 친구의 그러한 행동을 어떻게 받아들여야 할지 나는 한동안 당황스러웠다. 나와 식사하는 일이 즐겁지 않기 때문에, 이를 간접적으로 표현하느라 코를 푼 게 아닌가 싶었던 것이다. 식사가 즐겁지 않느냐고 물어 봤더니, 그 친구는 좀 의아해했다.

식사가 끝난 후, 나는 조금 전에 왜 그런 질문을 하였는지 설명해 주었다. 그러자 그 친구 말이, 미국에서는 장소에 상관없이 코 푸는 일을 자연스럽게 받아들이기 때문에 식사 도중에 코를 풀더라도 상대방에게 결코 실례가 되지 않는다는 것이 아닌가.

한편 이와 마찬가지로 한국에서는 식사 후 트림하는 일이 상대방에게 실례가 되지 않는다. 식사 대접을 위해 손님을 식당에 초대했을 때 식사 후에 혹 트림을 하더라도 우리는 이를 자연스럽게 받아들인다. 왜냐하면 '트림'은 '배가 부르다', 또는 '식사가 좋았다'는 의미로 간주할 수 있기 때문이다. 그러나 미국에서는 식사 후 트림을 하는 건 오히려 실례라고 여기고 있다. 아마도 그런 행동을 한다면 '야만인'이라는 딱지가 붙을지도 모르겠다(이상빈 & Rhodman, 1997, p. 230).

제2장 평가의 실제

교육이 있는 곳에는 평가가 있고, 평가가 있는 곳에는 다음과 같은 질문이 있다.

- 왜 평가하나? (Why do we test?)
- 언제 평가하나? (When do we test?)
- 어떻게 평가하나? (How do we test?)
- 무엇을 평가하나? (What do we test?)

1. 평가의 목적

"왜 평가하나?"에 대한 물음은 곧 평가의 이유와 목적을 말한다. 평가는 학습 자체를 향상시키고, 목표 달성을 확인하는 작업이며, 교수 방법의 개선을 위한 진단으로서 교육과정의 필연적인 한 단계이다.

Harris(1969)는 외국어 평가의 목적을 다음과 같이 좀 더 자세히 진술하고 있다.

1) 수업 준비를 위해 즉, 학습 가능 여부를 알기 위해
2) 등급별 반 배치에 필요한 학습자의 능력을 판단하기 위해
3) 각자의 특유한 장단점을 진단하기 위해
4) 학습자의 적성을 측정하기 위해
5) 학습 목표에 대한 학습자의 달성도를 측정하기 위해
6) 수업 효과를 측정하기 위해

2. 평가의 시기

"언제 평가하나?"에 대한 대답은 확정되어 있는 것은 아니다. 상식적으로 알려진 시기라면, 중간 고사(mid-term examination)와 기말 고사(end-term examination, final) 시기가 있다.

평가의 시기를 수업 과정의 단계에 따라서 본다면, 대체로 다음과 같이 3단계로 구분된다.

1) 수업 시초

이때는 보통 진단 평가(diagnostic evaluation)가 실시된다. 이는 수업 시초에 학생의 시발 행동과 선행 능력을 측정하여 그에 부합하는 배치와 수업을 투입하고자 하는 평가이다. 이는 학습자의 전반적 실체 즉, 지능, 동기, 흥미, 성격 등을 파악하여 학습 가능 여부를 사전에 진단하고, 성취 수준을 향상시키기 위한 예견과 계획 수립에 그 목적을 두고 있다.

2) 수업 도중

이때는 주로 형성 평가(formative evaluation)가 실시된다. 이 평가는 수업 도중에 점검한 학습 성과를 피드백(feedback)으로 하여 교과 내용, 교수 학습 개선 및 적절한 교정을 해주는 것이다. 이를테면, 학교에서 몇 시간의 수업이 끝난 다음, 그것에 대한 달성도를 알아보기 위해 비교적 짧게 그리고 자주 실시하는 간단한 검사이다.

3) 수업 종료

이때는 대체로 총괄 평가(summative evaluation)가 실시된다. 이것은 일련의 학습 과제가 모두 끝난 다음에 목표 달성의 여부를 판단하고, 다음 학습 단계에 대한 의사 결정을 하기 위한 평가 방법이다. 이를테면, 내용이 많으나, 빈도는 드물게 실시하는 중간고사, 기말 고사, 일제 고사, 학력고사 등이 총괄 평가에 속한다.

3. 평가의 내용

"무엇을 평가하나?"에 관한 질문은 곧 평가의 내용을 말한다. 한마디로 말한다면, 영어과 수업 목표로 설정된 것에 따라 학습된 모든 것이 고루 평가되어야 할 것이다. 즉, 영어의 언어적 체계와 문화적 양상이 평가된다. 언어적 체계에는 언어의 4기능을 측정하기 위해, 음성, 체계, 문법 체계, 어휘 체계, 의미 체계가 평가된다. 언어는 문화에 깊이 내포되어 있기 때문에, 목표어의 문화에 대한 이해는 곧 언어 이해에 도움이 될 뿐 아니라, 동시에 언어 이해가 결국 문화 이해의 수단이 되기 때문에 문화에 대한 이해가 평가 대상이 될 수 있다.

영어에 대한 사고(thinking)를 측정하기 위해서는 그 언어에 대한 개념과 추리 능력 등을 평가하게 된다. 영어에 대한 지식(knowledge)을 측정하기 위해서는 주된 아이디어(main ideas)와 내용 표본(content samples) 능력 등을 평가하게 된다. 그 외에도 태도 및 가치관의 변화 등이 평가될 수 있다. 사고나 지식을 평가하기 위해서는 현재의 학습에 필요한 이전의 능력, 즉 선수 능력(prerequisites)이 측정되기도 한다. 태도 및 가치관의 변화 측정은 최종 목적(terminal goal) 달성도로 확인할 수 있다.

영어 학습의 평가 방법은 영어 수업의 목표 및 내용과 일치해야 한다. 평가 목표가 언어학적 능력인 언어에 관한 부분적 지식을 측정할 것인가, 아니면 언어의 전체적인 숙달을 측정할 것인가에 따라 평가의 내용은 달라져야 한다. "결국 평가의 내용은 양방적 의사소통에 요구되는 언어적 또는 언어 외적 모든 요소를 포함하는 것임과 동시에 통합 평가에 의해서 더욱 잘 측정할 수 있는 것으로 이해할 수 있다."(최용재, 1993)

4. 평가의 방법

평가의 유형으로는 분리식 고사(discrete-point test)와 통합식 고사(integrative test)가 있다.

분리식 고사는 한 번에 한 가지 기능(skill), 한 가지 양상(aspect), 그리고 한 가지 성분(component)으로 분리하여 항목별 시험 문항으로 평가하는 방법이다. 분리식 고사는 영어 교육적 측면에서는 Lado(1961)가 언어의 제반 요소와 제반 기능을 분리해서 테스트할 것을 주장한 데서 비롯한다. 분리식 고사는 특히 구조주의 언어학과 구두·청각 교수법(Audio-Lingual Approach)의 영향으로 활성화되었다. 영어 수업에서 분리식 고사는 발음, 어휘, 문법, 의미 등 각 언어적 요소의 분리된 언어 능력을 측정하는 고사이다.

분리식 고사 문항 작성은 보편적으로 다음과 같다.

1) 선다형 고사(multiple-choice test)

(1) Many likes to <u>look after</u> her children.에서 밑줄 친 부분과 뜻이 같은 것은?
① take care of ② look for ③ keep watch ④ look behind

(2) rich의 반대말은?
① bad ② poor ③ fine ④ sad

(3) wholesome과 비슷한 말은?
① healthy ② difficult ③ handsome ④ famous

(4) 다음 문장에서 ever의 위치가 가장 적당한 것은?
① Have you seen ever a lion?
② Have ever you seen a lion?
③ Have you seen a lion ever?
④ Have you ever seen a lion?

(5) 동사의 시제 변화가 틀린 것은?
① eat - eated - eated
② put - put - put
③ drive - drove - driven
④ travel - traveled - traveled

2) 단답형 고사(short question-answer 1test)

단답형 고사는 완성형 고사(fill-in-blank test)와 마찬가지로 학습자가 답을 직접 써야한다는 점에서 언어의 표현력을 측정하는 방법이다. 단답형 문항은 대개 질문에 대하여 한 단어로 대답하거나, 한 단어로 답란을 채우도록 한다. 그러나 때로는 두 개 이상의 단어, 구, 단문으로 대답할 수 있다. 단답형 고사는 문항별로 각각 독립된 형태의 문항을 만들 수 있고, 단락별 또는 대화 등에서 만들 수도 있다. 다음은 단답형 고사를 위한 문항 작성의 한 예이다. (괄호 안의 것은 대답이다.)

(1) Can you help me? (Sure.)
(2) Let's go outing. (OK.)
(3) May I use your eraser? (Yes, you may.)
(4) Are you hungry? (No, I'm not.)
(5) Do you like fish? (A little.)
(6) Where do you live? (In Seoul.)
(7) How did you come here? (By bus.)
(8) What time is it? (Ten.)
(9) What's the day of the week today? (Sunday.)
(10) Who is the first president of the U.S.? (George Washington.)

3) 진위형 고사(true or false test)

진위형(true or false form) 고사는 한마디로 옳고 그름을 판단하여 T(true) 또는 F(false)를 ( ) 안에 써 넣는 시험이다. 이것은 객관식 고사(objective test)에 속하며, 인지 능력 시험 방법이다. 진위형 고사의 문항 작성은 대체로 다음과 같다.

(1)
① Three plus five equals eight. (T)
② There are four seasons in Korea. (T)
③ Cheese is made from fruit. (F)
④ We taste with our tongues. (T)

⑤ Oxygen and hydrogen make tree. (F)

(2) John likes dogs. He doesn't like cats. He has a dog. It's a dog. It's a white dog. It's small and pretty. He likes it very much. The dog likes John very much, too.

① John likes cats and dogs. (F)
② John has a cat. (F)
③ John's dog is not black. (T)
④ John's dog is very big. (F)
⑤ John and his dog like each other. (T)

'분리식 고사'라는 용어를 처음 사용한 Carrol(1968)은 분리식 고사의 문제점을 비판하면서, 통합식 고사를 옹호하고 있다. 그에 의하면 일반적인 언어 상황에 있어서 언어 사용은 언어의 모든 측면을 필요로 하기 때문에, 의사소통 상황에서 전체적인 언어 기능(global language skills)이 총괄적으로(as a whole) 평가되지 않으면 안 된다는 것이다. 통합식 고사는 언어의 기능이나 숙달을 총체적으로 한꺼번에 평가하는 종합식 방법이다. 다시 말하면, 통합식 평가는 기능 및 구성 성분의 특정 요소에 국한하지 않고, 언어의 전체적인 숙달을 측정하기 위해, 한 번에 두 가지 이상의 언어 기능 및 의사소통 기능을 동시에 측정하는 것이다.

화용론적 기대 문법 이론(a pragmatic theory of expectancy grammar)에 입각하여, 통합식 평가를 지지하고 있는 Oller(1976)는 이상의 두 가지 평가 방법을 다음과 같이 비유하고 있다.:

> "분리식 고사 문항은 마치 일련의 분명한 표적들을 목표로 조준된 소총의 탄환들인 반면에, 통합식 고사는 부정확하게 조준된 상태로 표적의 언저리에 던져진 하나의 수류탄과 같다."

교육 평가에서 좋은 평가 도구가 되는 조건으로 타당도(validity), 신뢰도(reliability),

객관도(objectivity), 그리고 실용도(usability) 등을 들고 있다. Davies(1978)에 의하면, 타당도와 신뢰도가 분리식 고사나 통합식 고사에 다 같이 존재할 수도 있고 존재하지 않을 수도 있다. 언어 능력(linguistic competence) 측정을 위해서는 통합식 고사가 타당도와 신뢰도가 다 없으며, 의사소통 능력(communicative competence)을 측정하기 위해서는 분리식 고사가 타당도와 신뢰도가 다 있다는 실험 보고를 하면서, 분리식 고사와 통합식 고사의 절충을 모색하고 있다.

그러나 언어적 기능을 습득하는 영어 학습의 초보 단계에서 기본적인 어휘나, 문법 학습 정도를 알아보는 언어 능력의 검사를 하는 경우는 분리식 평가 방법에 의해서 시험 문항을 작성해도 무방할 것이다. 의사소통 능력 고사나 전반적인 언어 유창력 고사의 문항 개발을 할 경우에는 영어 학습의 초보 단계에서도 통합식 평가가 바람직할 것이다.

의사소통 능력을 측정하기 위해 통합식 고사를 채택해야 할 그 정당성은 다음과 같다.

1) 통합식 고사는 언어 교육의 질적 향상을 위한 토대로 기여할 수 있다.
2) 통합식 고사는 사용되는 언어가 평가될 수 있는 문맥을 제공한다. 즉, 배경, 화제, 역할, 관계, 말의 기능이 의사소통이 일어날 수 있도록 내장되어 있다.
3) 언어란 총체적 과정으로 이루어지기 때문에, 언어를 통합적 방법으로 평가할 수밖에 없다.

전체 언어 접근법(Whole Language Approach)의 일환으로 사용될 수 있는 통합식 평가 방식의 종류는 다음과 같다.

(1) 문제 해결식 고사(problem-solving test)
(2) 화용론식 고사(pragmatic test)
(3) 미로식 고사(maze test)
(4) 규칙 빈 칸 메우기 고사(close test)
(5) 오류 인지 고사(error-recognition test)

(6) 독후 빈 칸 메우기 고사(lecturette test)

(7) 독해력 고사(reading comprehension test)

(8) 청취력 고사(listening comprehension test)

이상의 것들 외에도 받아쓰기 고사(dictation test), 구술 면접 고사(oral interview test), 그리고 논술 고사(essay writing) 등이 있다.

제3장 수업 연구의 필요성

"Success depends upon effective planning."이란 말이 있다. 이것은 계획 또는 설계를 조직적으로, 치밀하고, 정확하게, 그리고 효과적으로 짜 놓았을 때 성공한다는 뜻이다. 수업의 경우도 마찬가지다. 학교 교육에서 가장 비중이 크다고 여겨지는 것은 교사와 학생의 상호 관계에서 이루어지는 직접적인 학습 활동이다. 학습 활동이 적극적으로 그리고 효과적으로 이루어지기 위해서는 철저한 사전 계획이 필요하다.

수업이란, 기성품으로서 주어진 교재를 학습자에게 단순히 전달하는 것만이 아니고 무엇을 어떻게 가르칠 것인가 하는 뚜렷한 교육 목적의식과 그에 합당하고 실천 가능한 방법을 교사가 스스로 모색하거나 연구 및 선택하여 실천하는 교육의 중핵적인 활동이다. 즉, 교사의 확고한 교육관과 지도 역량에 따라 이루어지는 창의적인 활동에 의해서 수업이 이루어진다.

건축가가 하나의 건물을 세우기 위하여 먼저 건축 설계도를 작성하는 것, 아군이 적군과 싸워 이기기 위해서 사전에 작전 계획을 치밀하게 작성하는 것, 선장이 험한 바다를 항해하기 위해 치밀하게 작성된 항해도를 가지고 항해하는 것과 마찬가지로 교사도 한 시간의 수업을 위해서는 치밀하게 계획된 학습 지도 계획을 세워야 한다. 이와 같이 치밀하게 세워진 계획안을 학습 지도안이라 한다.

교사는 이러한 학습 지도안을 평상시 수업에 적용하게 된다. 진행 과정에서 보완이 필요할 경우도 있으나 내용 중 일부를 삭제 또는 수정하는 경우도 있다. 그런

데 때로는 이러한 수업이 일상적인 일처럼 여겨져 타성주의(mannerism)에 빠지기 쉽다. 이를 예방하기 위해서 새로운 정보를 추구하고, 창의적이고 미래지향적인 학습 지도 방법을 찾아 수업을 개선하는 노력이 필요하며, 그러한 방법의 하나로 공개 수업이나 연구수업(demonstration)이 있다. 교사의 연구 결과를 반영한 수업을 공개함으로써 자기도취나 자기모순에서 벗어나 수업을 참관한 다른 선생님들로부터 새롭고 창의적이며 발전적인 이론과 교수 방법 등을 듣게 되어 이후의 수업 계획에 좋은 참고 자료로 삼게 된다. 그러므로 수업 연구는 절대적으로 필요한 것이다.

1. 수업 연구 계획

일반적으로 수업 연구 계획안은 교사가 어떠한 수업 모형을 사용할 것인가에 따라 진행 과정과 내용상에 차이가 있다. 여기서는 일반적으로 많이 이용되고 있는 Glaser(1962)의 모형에 따라 설명하고자 한다. 모형의 구체성은 첫째, 교수 목표, 둘째, 사전 평가, 셋째, 수업 절차, 넷째, 평가로 구분된다. 그러나 이들은 독립적인 것이 아니고 각 단계마다 환류효과(feedback)가 이루어져서 각 단계에서 얻어지는 정보는 전 단계의 산출(output)을 평가하고 수정하는 자료로 사용되어야 한다.

수업 연구 계획 단계를 수업지도 절차(procedure)라 한다. 수업 지도 절차는 도입, 복습, 전개, 정리 및 과제로 구분된다.

1) 도입(Introduction, Classroom Atmosphere)

교사는 필요한 교재와 학습 자료 등을 가지고 수업을 시작한다. 정해진 수업 시간에 효율적으로 지도하기 위해서는 수업 분위기를 조성해야 한다. 먼저 출석을 확인한 뒤, 학생의 출결석에 관하여 묻거나 학생과 인사하는 과정에서 반드시 교실 영어(Classroom English)를 사용한다. 수업의 시작에서 수업이 끝나고 과제를 부과할 때까지 간단하고 필요한 내용은 교실 영어를 사용하는 것이 바람직하다.

도입 단계에서는 인사, 출석 확인 외에 날씨 등을 묻고 말하여 영어 수업을 한다는 분위기를 만들어 주어야 한다. 때로는 영어 노래를 부르게 함으로써 영어 학습 분위기를 고조시켜 주기도 한다.

도입 단계에서 진행되는 내용을 간단히 설명하면 다음과 같다.

(1) Greeting: 수업 시간에 따라 Good morning[afternoon] every student[boys and girls]. 등으로 인사하고, 날씨를 물을 때는 How's the weather? What's the weather like? 또는 It is sunny today, isn't it? 등 간단한 영어로 말한다.
(2) Roll-calling: 출석을 부를 때는 이름을 직접 부르거나 학생 번호에 따라 Number one, two, three 등으로 부르기도 한다. 학생의 대답은 Yes, Sir; Present, Sir; Here, Sir; I'm here, Sir. 등 다양하게 대답하도록 한다. 학생이 결석하면 Who is absent today?, Is anyone absent today?, What's the matter with 학생 이름?, 학생 이름, You are present. Why were you absent yesterday? Did you have a headache? 등의 표현으로 물어본다.
(3) Song: 학생들의 수준에 따라 영어 노래를 부르게 하고, 동사나 구문을 지도할 때는 해당 영어 노래를 부르게 한다.

2) 복습 단계

2～3분에 걸쳐 도입 단계가 끝나면 전 시간에 배운 내용을 중심으로 복습한다. 복습에 필요한 시간은 일정치 않으나 복습을 꾸준히 실시하는 경우와 그렇지 않은 경우는 수업 효과 면에서 상당한 차이가 있다. 전 시간에 학습한 내용 중 중요한 어휘 및 구문은 다시 한 번 확인할 필요가 있다. 이 단계에서 체계 있게 지도하면 독해력 지도에서 강조하는 사전 지식(prior knowledge)을 축적해 주는 결과를 가져다 준다. 교사들이 복습 단계를 실행하지 않는 경향은 바람직하지 못하다. 복습에 소요되는 시간은 적어도 5분은 할애해야 한다.

3) 전개(Development)

한 시간의 수업 중에서 가장 많은 시간을 필요로 하는 단계로, 수업의 핵심을 전개하여 학생들이 학습할 수 있도록 폭넓게 수업 내용을 다루어 주는 단계이다.

학습 목표가 정해졌다고 가정할 때, 도입 단계가 끝나면 학습 목표를 설명하기도 하나 대부분 전개 단계에서 그 시간에 강조할 내용을 집약하여 목표를 정하고 학생들에게 학습 목표를 설명해 준다. 교사와 학생들의 협의에 의해서 학습 목표를 정하는 것이 이상적인 방법이지만 현실적으로 어려움이 많다. 그리고 목표 진술도 조건, 준거, 행동 명을 구체적으로 제시하는 것이 원칙이나 간단하게 줄여서 칠판에 쓰거나 말하기도 한다.

목표를 진술할 때는 학습자의 행위에 따라 관찰 가능한 성취나 성과, 성취의 조건, 성취의 기준에 따라 진술하는 원칙을 따르는 것이 중요하다. 다시 말하면, 교사 중심의 학습 목표가 아니고 학생 중심의 학습 목표이어야 한다. 그리고 분명한 것은 단원의 목표는 포괄적인(vague) 데 비해 본시 학습 목표는 명시적(specific)이어야 한다. 이 말은 학생들이 학습 목표에 따라 행동화 할 수 있어야 한다는 것이다. 한 시간의 수업에서 학생들 대부분이 쓴다, 읽는다, 말한다, 구분할 수 있다, 나열할 수 있다, 대의를 말한다, 20자 이내로 요약한다, 각 문단의 주제문을 말한다 등 학습 목표의 이해에 따른 표현 단계가 성립되어야 한다는 것이다.

한 시간의 수업에서 학습 목표 설정이 가장 중요하기 때문에 진술할 목표에 대한 유의 사항을 열거한다.

(1) 교사의 활동을 수업 목표로 진술하지 말 것
(2) 수업 과정을 진술하지 말고 학습 결과를 진술할 것
(3) 단원 목표로 진술할 내용을 세부 수업 목표로 진술하지 말 것
(4) 두 가지 이상의 학습 결과가 나오도록 진술하지 말 것
(5) 세부적으로 목표를 진술한다고 해서 한 시간의 수업 목표로 3가지 이상 진술하지 말 것

학습 목표 진술에 이어 진행할 내용은 학습 내용을 사전에 설명하는 것이다. 내용에 따라 생각 인터뷰와(idea preview)와 기능 인터뷰(function preview)가 있다. 내용을 구두로 먼저 요약하여 설명한 다음 설명한 내용을 중심으로 교사가 질문을 하여 학생들이 학습 내용을 개략적으로나마 이해하도록 한다. 이 단계를 실시하면 상향식 지도(bottom-up modeling)와 하향식 지도(top-down modeling)에 많은 도움

을 준다.

내용을 요약하거나 설명을 할 때 구두로 하는 것보다는 학습 내용에 알맞은 그림 자료들을 준비하여 이를 중심으로 설명하는 것이 학습의 진행을 더욱 원활하게 하며, 학생들의 흥미를 자극하는 데 더 효과적이다. 또한 무작위로 학생들에게 질문을 하여 학생들이 대답을 통해서 전체적인 내용을 파악할 수 있도록 한다. 이것은 학생들이 시각적 학습 양식을 통해서 학습하는 것을 좋아하기 때문이다. 이 단계에서 그림만이 아니라 여러 가지 학습 자료를 준비하여 사용해야 한다는 점을 강조하고 싶다.

이어서 상향식 방법에 따라 낱말을 지도할 때, 반의어, 동의어 지도는 물론 간단한 단문을 학생들이 만들어 보도록 한다. 문법 구조를 지도하려면 본문에 있는 내용을 우선적으로 이용한 다음, 몇 가지 예문을 제시하고 학생들이 이해하도록 한다. 구문의 지도는 반드시 이미 학습한 구문과 그 시간에 배울 내용을 비교해서 지도한다. 예를 들어, "I like to study English."의 구문을 지도하려면 먼저 "I like English."라는 문장을 제시하여 의미를 확인한 다음, 두 문장의 차이점을 학생들에게 물어 상호 관계를 설명해 준다. 상향식 방법에 의해 학습한 다음, 하향식 방법을 도입하여 상호작용식 방법(interactive modeling) 으로 결론을 내려야 한다.

단어나 구문을 지도할 경우에도 필요한 학습 자료를 제작하여 사용함으로써 학습의 효과를 극대화한다. 전개 단계에서 학습 자료의 사용은 필수적이다. 한편 전개 단계에서는 수시로 학생들에게 질문을 하여 진행 과정을 점검하고 보충할 내용을 준비하는 형성 평가도 한몫을 하게 된다.

4) 정리

학습 내용을 총체적으로 정리하는 과정으로 종합 평가를 실시하고 전개 과정에서 제시한 내용에 대해 어느 정도 이해하고 있는가를 확인하는 단계이다. 전개 단계에서 시간을 거의 다 사용했을 때는 정리 단계를 생략할 수 있으나, 그럴 경우에는 다음 시간의 복습 단계에서 확인해야 한다.

지금까지 네 단계, 즉 도입, 복습, 전개 및 정리 단계에 대하여 개괄적으로 설명을 했으나 네 가지 단계로 모든 수업이 끝나는 것은 아니다. 마무리 단계에서 다시 강조하는 것은 과제 부과이다. 한 시간 동안 학습한 내용으로 수업이 끝났다고 한다면 그 결과로 남는 것이 없게 된다. 학습한 내용(단어, 구, 구문, 대의, 주제)이 환류(feedback)되어 그것이 학생들에게 확고한 지식으로 남기 위해서는 과제 부과가 필수적이다.

수업은 교사 중심이 아닌 학생 중심으로 진행되어야 하므로 전개 단계에서 학생들이 상호 작용을 통해서 자기 의사를 표현하고 발표하며 토론할 수 있는 여건을 교사가 만들어 주어야 한다. 따라서 학습 내용을 재구성하여 학생들이 그룹으로 모여 자기의 의사를 개진할 수 있도록 해야 한다. 교사가 전체 학급으로 하는 경우에는 창의적인 수업이 될 수 없기 때문에 내용에 따라 수시로 짝 활동(pair work), 집단 활동(group work)로 활동하고, 때로는 지그소(Jigsaw) 학습이나 팀티칭(team teaching) 같은 방법을 동원할 수 있다. 또한 환경의 변화로 학습의 효과를 높이기 위해 OHP, 화상기, 멀티미디어 등을 이용한 학습, 그리고 학생들이 활동하기 쉬운 자석판을 이용한 학습 지도에도 많은 신경을 써야 한다.

2. 수업 지도 과정 모형[본문]

1) 본시 목표 설정: 구체적 목표 설정

(1) 학생 행동으로 기술한다.
(2) 내용과 행동을 포함한다.
(3) 학습 결과로 진술한다.

2) 도입

(1) 전 시간 복습(brush up)
(2) 본시 학습을 위한 준비 활동(warm up)
(3) 본시 목표 확인 및 동기유발

3) 전개

(1) 본문 요약 듣기
(2) 문단별 선정된 영화 장면 대사(film strip) 또는 TP자료 투입을 통한 듣기 활동
(3) 교사에 의한 시범 읽기(model reading)
(4) 새로운 표현 연습 및 점검(new expressions drill check up)
(5) 묵독 및 점검(silent reading/check up)
(6) 읽으며 중간 점검(Read/Stop)
(7) 진위 점검 연습(T/F drill)
(8) 무작위 선정 번역 연습(Random translation drill(Korean→English)
(9) 교사 후 읽기 활동(선택사항)(Reading after teacher(optional)
(10) (전체) 번역 활동(선택사항)(Translation into Korean(optional)
(11) 작문(Composition)
(12) 질문 만들기
(13) 극화자료(Dramatization)→구절자료화(클로즈 테스트 첨가)((Passage(cloze test)) 또는 구절자료화(Passage)→극화자료(Dramatization))

4) 평가

(1) 1분속도 평가
(2) 축어적/통합적 수준(literal/interpretative level) 평가
(3) 분리식/통합식(discrete/integrative) 평가

3. 수업 지도 과정 모형[대화문]

1) 본시 목표설정(본문 수업 시와 동일)
2) 도입(본문 수업 시와 동일)
3) 전개

(1) 대화문의 상황듣기

(2) 대화문 듣기

(3) 막대 그림(stick figure)이나 도표(chart) 보며 대화문 듣기

(4) 시범 읽기(model reading)

(5) 새로운 단어 및 숙어(new words & phrases) 숙지

(6) 대화(dialogue) 전체 연습

(7) 받아쓰기(dictation)

(8) 무작위 선정 번역 연습(한국어→영어)(Random translation drill(Korean→English)

(9) 교사 후 읽기 활동(선택사항)(Reading after teacher(optional)

(10) (전체) 번역 활동(선택사항)(Translation into Korean(optional)

4. 문학 스토리 "Elidor"를 활용한 교수·학습 지도안

1) Teaching & Learning Plan

(1) Students: High school Second Grade (50 Members of English & American Short Stories Study Club)

(2) Periods: 4 sessions

(3) General Objectives: The students can practice four linguistic skills through a variety of activities.

(4) Specific Aim: ①To let the students enhance listening fluency and speaking fluency through simple retelling

② To let the students summarize and sequence the story.

③ To let the students learn some words about emotions and rewrite the story

(5) Materials(or some teaching aids): A big paper for the map, some word cards, tape-recorder, some felt-tip pens, adhesives, some work sheets, some pictures or magazines, etc.

(6) Teaching and Learning Procedure 1:

Steps	Teaching Flow	Activities	Grouping			4 skills				Aids	Time
			L	S	I	L	S	R	W		
Intro-duct-ion	(Pre-reading activities)	T: lets the students tell their everyday life: school life vs. home life	o	o	o	o	o				
		Ss: describe their favorite teachers: physical appearance, character, taste, hobby, speciality, etc.		o	o	o	o		o	work sheet	30'
		Recall and summarize their good memory or bad memory with their teacher or close friend	o	o	o	o	o		o		
De-velop-ment	(While-reading activities)	T: plays the tape-recorder and then tells the story as a model speaker.	o			o				tape-recorder	
		Ss: listen to the story to make a story map and then draw the picture about the word on the cards in groups.	o	o	o	o				word cards	
		T: displays the pictures on the wall or on tables and sticks down the map on which a river was drawn.			o					pic-ture map	
		Ss: Predict what they can about the story looking at the pictures. In an other way, try to stand in the right another order of the story in a big circle holding their pictures.								pic-ture	50'
		T: collects the word cards and then gives them out to different students. Tell the story again.		o		o	o			word cards	
		Ss: try to make an arrangement according to the story.		o	o	o					
		T: sticks the pictures on the maps but doesn't stick down the boy and two little men.		o		o	o			pic-ture map	
		Asks for volunteers to retell the story, guided by the map and pictures.			o	o	o				
Con-clu-sion	(Post-reading activities) (1) Build up (2) Follow up	Ss: draw a map and picture and write the story in their book.			o				o		
		Encounter a high proportion of language parts(=prepositions and any other connectives) which might be beyond them and try to learn them. Fill in the blank with proper prepositions and connectives using the worksheet.		o	o			o	o	work sheet	20'

(7) Teaching and Learning Procedure 2:

Steps	Teaching Flow	Activities	Grouping			4 skills				Aids	Time
			L	G	I	L	S	R	W		
Intro-duc-tion	(Pre-reading activities) Brush-up	T: asks the contents of the story using the 5W1H questions.	o		o	o	o				10'
		Ss: respond by answering in full sentences or writing the summary.	o		o	o	o		o		
		T: prepares the map the students made in the previous lesson.								map	
De-velop-ment	(While-reading activities)	T: lets students retell the story. As the class reconstructs the story, he makes a flow chart of it.	o	o		o	o	o		flow chart	50'
		Ss: write down three most important moments in the story using some listing phrases(ie; in the school, by the river bank, etc. or in the school when the teachers hit him, etc,) for them and to compare their sentences with their neighbour's choice.		o	o				o	work sheet	
				o				o	o		
		T: asks students to write down how the characters felt at those various moments along with the flow charts. Mimes and uses facial expressions if they don't know.		o	o				o	work sheet	
				o	o	o		o		flow chart	
Con-clu-sion	(Post-reading activities) (1) Build up (2) Follow up (3) Varia-tion	T: divides the story into eight scenes and gives each scene to each group of 6.		o				o		strips	40'
		Ss: make some dialogues together and make up various gestures or facial expressions.		o		o	o	o	o		
		Dramatize their own scenes and so build up the whole story. Add some stories when they make the scripts for drama to make		o		o	o		o	work sheet	
		the story much more interesting. Draw and write their scenes on a large poster to		o				o	o		
		display in the room to understand the whole story. Try writing a plan		o	o			o	o	work sheet	
		to travel to some distant or unknown country.	o			o		o	o		
		T: lets the students discuss pro & cons about punishment: spanking	o	o		o	o	o	o		
		Ss: try writing a story using their fantastic dream that they dreamt before and display it on the wall.	o		o			o	o	work sheet	

2) 문학스토리 "Elidor"(원문 수록)

Once upon a time there was a boy in Wales, called Elidor. He didn't like school and didn't work very hard. When he learnt one thing, he forget another. The teacher was angry and beat him with a stick, but he learnt nothing.

One day Elidor was so unhappy that ran away! Elidor ran down to the river. He knew the river very well. He Knew all the best places to hide. Elidor hid by the bank of the river. Nobody could find him there.

He thought, 'I'll stay here until teatime. They will look for me. They will be very worried and they will be sorry, really sorry, because they were so unkind to me.'

The evening came and it began to grow dark. Elidor stayed by the bank above the river. I won't go home tonight. I'll stay here all night. They will be really worried.

Eildor stayed all night and all the next day. They he decided to stay by the bank the next night as well and all the next days! He stayed there for two days and nights. During the third evening two little men came to him. They were very small, only the height of Elidor's knee!

'What are you doing here? they asked him.

Elidor told them how unhappy he was because the teachers beat him.

'Oh, in our land children are always happy and nobody beats them. Why don't you come with us?

So Elidor agreed to go with them. The two little men walked along the bank of the river until they came to a large hole. They walked into the hole and Elidor followed them; he crawled on his hands and knees. Elidor crawled for a long way. At last he saw some light ahead of him and then he came out into a new land of were cutting the corn. The farmers were the same size as the two little men who were with Elidor. The farmers' horses were as big as dogs. The two little men took Elidor to the king's palace. The king was very kind. 'Of course you can stay in my land. And you can play with my sohn.

the prince.'

Elidor played with the prince; they play with a golden ball.

At last Elidor wanted to go home to see his mother. 'Of course you can go, Elidor!' said the king, 'You can come and go as you wish.'

So Elidor went across the fields and through the hole, to the river and then home to his mother. She was very pleased to see him.

After some time Elidor went back again to the land of the small people to play with the prince. He often went to the land of the little people.

Elidor told his mother about that world and all the gold that was there.

'Oh, Elidor, you know we are very poor. Bring some gold back with you next time.' Elidor didn't want to take any gold from the little people but he wanted to help his mother.

The next time he played with the prince he took the golden ball and ran across the fields. The two little men ran after him, 'Elidor, come back. Come back! Don't take the golden ball!'

Elidor ran across the field, through the hole, to the river and back home. The two little men ran after him. Elidor opened his mother's door and he fell into the kitchen. He dropped the ball and the two little men shouted 'Elidor!'. They took the ball and then ran away and down to the river.

Elidor ran after them but he would not catch them. He went to the river but he could not find the hole! He looked and he looked for hours but he could not find it anywhere.

Elidor came the next day and the next but he could not find the hole. He never found it again.

Many years later, when Elidor was an old man, people sometimes asked him about the land of the little people. Tears came to his eyes when he remembered what he had done and what he had lost.(one written Gerald of Wales in 1191)

3) A Survey Analysis of the Target Students

General information about the survey

This survey was conducted to identify the student's basic behaviors or basic needs for the English class and to make the lesson fit to them. This survey was given to thirty eight 1st high school students.

Survey Results

(1) Interests in English

	very interesting	interesting	so so	boring	very boring	Total
Answer	6	10	15	5	2	38
%	15.79	26.32	39.47	13.16	5.26	100

42% of the students designated for the survey are somewhat interested in English, and 18% of them are not. These results shows that their English proficiency can be improved depending on the teacher's attitude to their teaching and the students.

(2) Favorite or the most confident English skill area.

	vocabulary	grammar	speaking	listening	reading	writing	Total
Answer	2	0	5	12	16	3	38
%	5.26	0.00	13.16	31.59	42.11	7.88	100

As expected, they are most interested in reading, and listening is next. This suggests that this result is attributed to the SAT(Scholastic Ability Test)-oriented educational system in Korea.

(3) Preferred activities in team teaching

	song/chant	game	ICT	skit	simulation	the others	Total
Answer	6	8	7	8	8	1	38
%	15.79	21.05	18.42	21.05	18.42	2.63	100

It can be considered that students prefer more active task like games and realistic activities like computer-based activities, simulation or skit. This indicates that the learning activities should be more deliberately designed to simulated the real life.

(4) Preferred Learning Types in Team teaching

	whole class	group	pair	individual	the others	Total
Answer	20	10	6	2	0	38
%	52.63	26.32	15.79	5.26	0.00	100

As expected, whole class learning type is most preferred. The next is group work, the third is pair. and the last type is individual. For ideal group work, more interesting and less stress-giving activities are recommended.

(5) Degrees of collaborative activities between the KT and NT

	KT-centered	NT- centered	half-half	flexible	Total
Answer	5	6	17	10	38
%	13.16	15.79	44.74	26.32	100

Most students want half-half-taught activities. So first of all the KT and NT are considered to cooperate their teaching consistently. But the second most answer is flexible; therefore, the teachers need to teach their students differently according to the situation, topic, theme, etc.

(6) Favorite English-related Areas

	song	drama	computer	film	literature	the others	Total
Answer	8	8	12	6	3	1	38
%	21.05	21.05	31.59	15.79	7.88	2.63	100

This survey finds that the student's interest areas vary in every respect. Computer-related area tops the list, which is the influence of the IT era. The survey result indicates that it can be effective to relate the student's interests to learning English.

4장 영어과 수준별 교육과정

1. 수준별 영어 교육

상대론적 인식론에 의거한다고 할 때 학습자들에게 교육의 기회를 평등하게 제공한다는 것은 물질적이고 절대론적 지식론에 의거한 똑같은 양의 지식들을 똑같은 방법에 의해 모든 사람들에게 전달할 수 있는 기회가 같아야 한다는 것이 아니라 개인에게 유의미적으로 지식을 구성할 수 있는 교육적 상황과 내용을 제공하는 것이 공평한 것으로 인식되므로 양적인 '평등'의 개념은 질적인 '적합성'의 개념으로 바뀌게 된다.

'수준별 교육과정'의 내재적 의미는 구성주의에 입각한 새로운 교육적 패러다임으로 효과적으로 학업 성취를 높이려고 하는 것에 중점을 두기 때문에 개별화 및 학습자 중심의 교육으로 전환되어야 하므로 기존의 획일적인 학습 내용보다는 학습자에게 유의미한 학습 내용과, 결과 중심적이던 학습 활동보다는 과정 중심적 학습 활동으로 이루어져야만 된다는 교육 지향점을 강조하였다.

구성주의적 교육 패러다임의 바탕은 단순히 학습자의 학습 능력만을 강조하는 것이 아니라 제 7차 개정 교육과정 총론의 다음과 같은 언급 즉, "논리, 언어, 과학 중심의 세계관으로부터 감성, 이미지, 문화 중심의 세계관으로 변화되는 21세기를 대비하기위한 교육 개혁으로"에서 쉽게 찾을 수 있다.

2. 개별화 학습을 통한 수준별 영어교육

영어 교과에서의 수준별 교육은 개인의 능력 차를 고려한 교수·학습을 강조하기보다는 개인의 특성(individual difference)을 고려한 학습의 방향 제시가 그 주류를 이룬다. 우리나라의 경우 ESL과는 다른 EFL 상황에서의 영어 교육이기 때문에 학습자의 능력을 고려하는 것보다는 학생의 학습 동기, 언어 습득 적성, 개인의 인지 성향에 따른 교수·학습 방법의 차별적 적용과 밀접한 학생의 개인차를 고려한 학습을 중요하게 생각하는 것이다.

Skehan(1989)에 따르면 개인차와 외국어 습득에는 밀접한 연관 관계가 있는데 다음의 여섯 가지를 꼽고 있다.

1) 개인의 인지 성향(외향성과 내향성, 환경에 영향을 받는 정도와 받지 않는 정도, 연역적 성격과 귀납적 성격, 장 의존(field dependance), 장 독립(field independence)은 대체적으로 외국어 습득 향상도와 특별한 상관관계가 없지만 실수에 대한 두려움(risk taking)은 외국어 능력 향상과 관계가 많다.
2) 학습자 동기는 외국어 습득 정도와 긍정적으로 높은 상관관계를 보이지만 동기와 학습 수준의 원인 결과 관계는 아직 뚜렷하게 밝혀진 것이 없다.
3) 언어 적성은 외국어 습득과 긍정적 상관관계를 보이므로 학습자들의 외국어 학습적성이 언어 습득과 학습에 많은 영향을 미칠 수 있다.
4) 지능 지수가 높은 학생은 자신의 진도 조절 및 개별 학습이 더 효율적이고 지능 지수가 낮은 학생은 교사에 의한 지도 조절과 전통적인 학습 방법이 더 효율적이다.
5) 지능 지수가 높은 학생은 학습 내용의 순서와 상관없이 높은 습득률을 보이나 지능 지수가 낮은 학생들은 학습 내용의 순서가 일정해야 효과적이다.
6) 숙련된 학습자는 암시적 혹은 명백한 학습 방법 모두에 대하여 높은 습득률을 보이나 초보자는 암시적 학습 방법 상황 하에서는 낮은 향상도를 보인다.

Skehan(1989)이 주장한 것처럼 개인의 특성에 따라서 외국어 습득 및 학습의 결과가 좌우된다고 했을 때, 수준별 교육에서는 학습자의 학습 능력에 따른 특성을 고려하여 수준별 수업(teaching across proficiency levels)을 진행할 수 있다.

보충 학습을 위한 하위 반 학생들은 두 가지 유형으로 분류되는데 학습하려고 하지만 능력이 모자라 학습 시간이 오래 걸리는 유형이 있고, 학습할 능력은 있지만 학습 동기가 충만치 않아서 노력을 하지 않는 유형이 있다. 이처럼 표면상으로는 동일한 하위 그룹의 학습자들이지만 이들의 학습 효과를 증진시키기 위한 방법은 달라야 할 것이다. 학습의 동기가 있지만 능력이 모자라는 학습자들에게는 기초 교육을 강화하고 학습 내용을 단계적으로 작은 단위로 나누어 가르칠 필요가 있으며, 자주 이해의 정도를 파악해야한다. 학습자의 자아에 대한 개념을 함께 발달시킬 수 있도록 될 수 있으면 학습의 어려움을 덜 느낄 수 있는 자기의 수준을 찾아 주는 것이 급선무이다. 한편, 학습하고자 하는 노력이 부진한 학생들을 위해서는 학습 규칙을 강조하며, 개인의 특성을 파악하여 학습자의 흥미를 유발할 수 있는 학습 과제를 선택하여 주는 것이 좋다.

심화 학습은 교육과정의 심화 과정 목표를 학습하는 것과 기본 학습을 중심으로 좀 더 발전된 학습을 하는 것을 의미한다. 다시 말하면, 기본 학습 내용에다 다음 단계의 학습 내용을 덧붙이는 것이 아니고 그 단계, 그 시간의 학습 내용을 중심으로 나선형으로 내용을 구성하고 활동을 다양하게 하는 것이라고 생각하면 된다.

영어의 경우 심화 학습은 기본 학습보다 정확성, 유창성, 속도, 자연스러운 의사 전달, 감정이입 등이 강조되며, 자신감을 가지고 의사소통을 하는 모든 학습 활동이 다 심화 학습의 성취 목표가 된다.

3. 교육 현장에서의 수준별 교육과정 운영 방안

수준별 교육과정이 교육현장에 적용될 때 고려해야 할 여러 가지 다양한 사항들 중에서 가장 원론적인 사항을 다음의 네 가지로 제시하고 그 구체적인 적용 방안을 제시하고자 한다.

첫째로, 수준별 교육과정이 제대로 이루어지기 위해서는 우선 교육 대상인 학습자의 수준을 정확하게 측정해야 하고, 이러한 측정을 토대로 학습자들을 수준별로 나눌 때 그들이 겪을 수 있는 심리적 어려움을 이해해야 한다. 여러 학습자들의 수준을 한 번에 정확하게 판단하는 것은 쉽지 않다. 그러므로 학습자들의 수준을 가능한 한 정확하게 파악하기 위해서는 여러 단계의 배치 고사(placement test)를 실시하는 것이 보다 정확한 수준을 측정하는데 도움이 될 것이다. 그런데 모든 과목 또는 일부 주요 과목(예 국어, 영어, 수학)의 총점이나 평균을 기준으로 한 교과(영어 교과)의 수준별 과정을 나누는 것은 바람직하지 않다. 전체적인 성적이나 일부 교과에서의 성적이 반드시 영어 교과의 성적과 비례하지 않는 경우가 훨씬 많기 때문이다. 즉, 영어 교과의 수준별 교육과정은 영어 교과의 성적만을 토대로 나누어져야 할 것이다. 또한 편성 단계가 가능한 한 세분화되어서 다양한 능력의 학습자가 가장 적합한 단계에 편성될 수 있어야 한다. 이 때 유의할 것은 일방적인 학교 행정과 교사편의 위주로 반을 편성하기보다는 학습자와 학부모의 의견을 충분히 반영하여 학습자의 학습 활동이 최대한도로 이루어질 수 있도록 가능하면 학습자의 심리적 안정을 도모하는 반편성이 이루어지도록 해야 한다.

중학교 1학년부터 고등학교 1학년의 시기는 감수성이 예민하고 정체성이 확립되는 시기로서, 자아 탐색이나 방황 등이 시작되면서 기존의 학교와 사회 규율에 반발하기도 하는 소위 사춘기 시절의 핵심이라고 볼 수 있다. 이로 인해 어떠한 형태이든 영어 성적에 따라 수준별 수업을 실시하게 되면, 교수·학습 지도상의 여러 문제점 이외에 학생의 심리와 관련된 적응 곤란, 열등감, 산만함 등의 문제점이 있을 수 있다. 따라서 보다 효과적인 수준별 수업이 이루어지기 위해서는 교사의 지도를 받아들이는 학습자가 심리적으로 안정될 수 있는 수업 분위기를 조성할 필요가 있다. 이러한 수업 분위기를 조성하기 위해서 교사는 교과관련 능력의 측정 외에 학습자의 정의적·인성적 특성에 대한 정보를 수집해서 학습자들을 수준별로 배치할 때 보조 자료로 사용할 수 있다. 즉, 설문이나 면접을 통해 자신이 맡고 있는 학생들의 심리적·정의적 발달 단계상의 특성과 인성 유형에 대해 충분히 이해하게 된다면, 그들의 지적 능력뿐만 아니라 정의적 능력에 맞는 교수·학습 방법을 고안·실현시켜 지적 자극을 줌과 동시에 심리적 안정감을 유도해 낼 수 있을 것이다. 특히, 영어와 같은 외국어 학습 과정은 여러 가지 정의적·심리적 요소들이 학습과정에 영향을 미치는 것으로 알려져 있으므로, 과목의 특수성과 연계해서 학습자들의 다양한 특성을 이해하고 분석하려는 교사의 노력이 꾸준히 지속되어야 한다. 이러한 과정을 통해 교사와 학생들 간의 이해관계를 확립함으로써 수준별 수업이 가져다 줄 수 있는 학생들의 심리적 상처를 보다 체계적이고 전문적으로 치유할 수 있는 기회를 제공할 것이다. 이러한 교사의 역할은 특히, 보충반이나 부진반을 지도하는 교사들에게 더욱 필요하다. 이미 심리적으로 학습 의욕이 위축되어 있고, 자기비하의식까지 잠재되어 있는 학생들에게 교사는 끊임없이 성취 의욕을 자극시킬 수 있는 긍정적인 표현을 많이 사용하고, 자신감을 불어넣어 줄 수 있는 학습지도 기술이 필요하다. 그러므로 학생들의 지적 능력이 부족하다고 판단해서 교사 자신이 모든 수업 과정을 이끌어가려 하는 권위적인 자세를 지양하고, 학습자와의 상호협력 학습 체제를 형성하여 학생들 스스로 해결할 수 있는 적절한 학습 과제를 제공하고 학생들이 과제의 성취를 통해 자신감을 회복할 수 있게 하는 등의 세심한 배려가 필요하다. 또한 교사는 학생들의 학습 의욕을 고취시킬 수 있도록 적절한 동기를 부여함으로써 학습자들의 학습에 대한 정의적인 추진력을 이끌어낼 수 있다. 동기는 어떤 목표를 달성하기 위해 발휘하는 내적·외적인 욕구나 충동을 의미한다. 따라서 교사는 학생들의 성취동기를 유발시키기 위해 학습 목표와 결과를 확인시키고, 학습자 중심의 다양한 학습 활동을 통해 성공감과 자신감을 부여하며, 상과 벌을 적절히 활용하고, 협동과 경쟁을 효과적으로 적용할 필요가 있다. 특히, 영어 교과는 동일한 학습 목표 하에서도 다양한 방법의 교수·학습 지도가 가능하므로 교과서 중심으로 일괄적인 수업 운영을 하기보다는 학급 내 소집단 활동을 활성화하고, 학생들이 즐겁게 수업에 임하면서 자신감도 키울 수 있는 게임이나 노래, 영화 등의 다양한 학습 자료를 동원하는 것도 좋은 방법이 될 수 있다. 교사들이 학습자를 존중하면서 교과과정을 운영하고자 노력한다면, 수준별 수업으로 파생되는 학생들의 심리적 부적응 문제를 해결하는 데 큰 도움이 될 것이다.

둘째로, 학습자의 능력에 맞는 교수·학습 지도를 위한 지도 기술을 개발하는 것이다. 교사가 한 학년의 학생들을 일괄적으로 지도하는 방식과는 달리 교사가 대개 여러 단계를 지도하게 되므로, 각 단계에 적합하면서 차별적인 지도 기술을 개발하고 적용하는 것이 무엇보다도 중요하다. 그러나 현실적으로 각 단계에 맞는 교수·학습을 위한 여러 가지 교수 기법에 대한 연구가 충분히 이루어지고 있지 않은 상황에서 교사가 학습자의 능력에 맞는 교수·학습 지도 기술을 익히기 위해서,

교사는 우선 여러 가지 효율적인 교수 기법에 익숙해질 수 있는 다양한 기회를 활용해야 한다. 예를 들어, 대학을 비롯한 여러 교육 기관에서 주관하는 워크숍이나 여러 영어 교육 관련 학회에 청중으로 뿐만 아니라 발표자로 적극적으로 참여함으로써 실제적인 교육에 필요한 폭넓은 정보를 얻을 수 있고, 또한 교사 자신이 가지고 있는 정보나 기술을 다른 교사들과 공유할 수 있다. 이 외에도 같은 단계를 지도하는 교사 간에 서로의 의견이나 아이디어를 교환할 수 있는 토론모임을 정기적으로 열어서 좋은 교수·학습 지도 기법을 교환할 수 있고, 이러한 모임이 활성화되면 다른 학교 교사들과 공동 모임을 열어 정보 교류와 공유의 폭을 넓힐 수도 있다. 또한 가능하다면 정의적으로 부담이 없는 교사끼리 서로의 수업을 참관하는 기회를 가져서, 각각의 교사가 사용하는 교수 기법과 수업 진행에 대한 조정(monitor)과 비평(comment)을 해 줌으로써 그 교사가 사용하는 교수기법을 향상·발전시키는데 도움이 될 수 있을 것이다.

셋째로, 학습자의 수준에 적합한 학습 자료가 준비되어야 한다. 학습자의 능력과 흥미에 맞는 효과적인 수준별 수업이 이루어지기 위해서는 당연히 수준에 맞는 교수·학습 자료가 개발되어야 한다. 일단 단계형 수준별 교육과정의 운영을 위해서는 각 단계별로 전문 기관에서 제작한 교과서의 수준별 차등화가 이루어져야 한다. 교과서의 양도 현재와는 달리 과감히 축소하고 교사 재량으로 핵심 내용을 선정하도록 해서 지역과 학교, 학습자의 실정에 맞게 수준별로 학습 목표와 내용을 차등화하고 진도를 조정할 수 있도록 해야 한다. 수업 시간에 교사는 학습자의 수준과 성취 능력에 맞게 학습 과제의 양과 수준을 조정해서 제공해야 하는데, 이를 위해서는 심화반과 기초반의 학습 지도 과정에 대해 교사들이 일정한 원칙에 따라 일관성 있는 자료 제시와 함께 수업 지도가 이루어져야 한다. 보충 학습 자료라고 해서 단순히 난이도만 하향 조정할 것이 아니라 학습자가 부족한 부분을 간단한 진단 평가나 개인 면접을 통해 구체적으로 진단해서 보완해 줄 수 있는 실질적인 학습 자료가 되어야 하고 하위 집단일수록 자기주도적인 학습 기회와 개별화 학습을 제공할 수 있어야 한다.

교사가 학생의 수업 참여를 이끌어낼 수 있는 방법들 중에는 학습 보조 자료 제작 시에 학생들의 참여를 적극적으로 유도하는 것이다. 영어 과목의 경우 대화나 연극 등 실제적인 수업 활동을 위해서 많은 학습 보조 자료들이 필요하다. 이 때, 대화 연습을 위한 배경 그림을 학생들에게 그려오도록 하거나, 각 장면에 어울리는 소품 준비 및 단원별 영어 단어 카드를 작성한다든지, 영어 노래를 지도할 경우 학생들이 배우고 싶은 노래를 직접 녹음해 오게 하고, 가사를 정리해서 동료 학생들에게 배포하게 할 수도 있다. 이렇게 교수·학습 자료 제작 시에 학생들의 참여를 유도함으로써 학습자들을 수업에 보다 적극적으로 임하게 해서 수업의 주체가 바로 학생들 자신임을 느끼게 하고 영어교과 학습에 더 많은 관심과 흥미를 불러일으킬 수 있을 것이다.

수준별 수업은 그 본시 학습 과정도 매우 중요하지만 가정 학습의 중요성도 빼놓을 수 없다. 교사가 충분한 연구로 만들어낸 다양한 수준의 학습지를 통해 가정학습을 하면서 학생들은 자신의 능력을 평가하여 부족한 부분을 파악하고 그 부분을 보충하고자 노력할 수 있는 기회로 삼을 수 있다. 이를 위해 교재 외에도 단원별·수준별 학습 부교재를 개발해서 그 안에 수준별 과제를 담거나 심화 학습 및 보충학습 자료 그리고 기타 연습 자료를 실어서 학생들이 스스로 학습을 할 수 있도록 하기 위한 교재의 이원화가 필요하다. 물론 이러한 교재들이 교과 협의회를 통해 자체 개발되면 좋겠지만 여러 사정으로 인해 자체 개발이 어려울 경우에는 에듀넷이나 각종 교육 관련 컴퓨터 사이트를 활용해서 학생들에게 적절한 자료를 공급하는 것도 좋을 것이다. 또는 학습자에게 그들의 수준에 맞는 사이트를 선정해서 그 주소를 알려주고 그 사이트 안에서 그들이 해야 할 과제를 자세하게 안내해 주는 것도 좋은 방법이 될 수 있다. 최근에는 교실마다 교육 정보화를 위한 멀티미디어 시설이 갖추어져 있어서 이러한 자료를 학생들에게 보여주거나 제시하는 일은 그리 어렵지 않다. 또한 21세기형 교육에 맞게 교사 홈페이지나 전자메일 교환 등을 통해서 학습자의 다양한 의견을 수렴하고, 그들이 제출한 교육 자료를 평가한 후 잘못된 점은 수정해서 실제 수업에 반영하며, 또한 언제라도 학생들이 교사의 교수·학습 자료들을 다운로드받아서 다시 한 번 공부할 수 있는 기회를 부여하는 교육 정보의 공유화 노력도 필요하다고 본다.

넷째로, 표준화된 평가 체계가 정립되어 있어야 한다. 수준별 교육과정이 제대로 정착되기 위해서는 평가 문제가 반드시 해결되어야 한다. 기존에 이루어지던 평가는 수준에 의해 학생들을 나누어 놓았음에도 불구하고 평가 상의 여러 어려움들로 인해 획일적인 공통 내용만을 평가해 왔고, 이러한 공통 평가는 수업 과정에 부정적인 역류 효과(washback effect)를 미치므로 학생들의 불이익을 줄이기 위해 진도 나가기에 급급한 모습을 보이는 악순환이 되풀이 되어왔다. 제7차 개정 교육과정의 총론에서는 평가에 대해 학교와 교사는 학교에서 가르친 내용과 기능을 평가해야 하며, 학생이 학교에서 배울 기회를 마련해 주지 않고 학교 밖의 교육 수단을 통해서 익힐 수밖에 없는 내용과 기능은 평가하지 않도록 유의하라고 당부하고 있다. 즉, 평가는 학생들에게 가르친 내용을 토대로 이루어져야 한다는 것을 의미한다. 현재 우리의 수준별 수업의 평가에 대한 학생들의 신뢰도는 매우 낮다. 따라서 하루 빨리 타당한 평가 체계를 정립해서 평가에 대한 신뢰성과 객관성을 회복시켜야 한다.

4. 수준별 평가 방법

그렇다면 수준별 수업을 통한 평가 방법에는 어떤 것이 가능할지에 대해 고찰해본다.

첫째는, 기본 공통 내용 중심의 평가지를 활용하는 것이다. 이 방식은 이미 현재 교육현장에서 많이 사용되고 있는 방식으로, 심화 과정과 보충 과정에서 다루는 내용은 평가에서 제외하고 수업의 주요 내용인 기본 공통 내용을 중심으로 평가하는 것이다. 이 방식에 찬성하는 사람들은 기본 공통 내용 중심으로 평가를 해도 심화 과정의 학생들은 심도 있는 내용에 대한 학습에 참여하는 기회를 경험했다는 데 의의가 있고 기초반 학생들은 기본 과정을 이수함으로써 공통 학습 목표에 도달할 수도 있으므로 평가 시에 큰 무리가 없다고 주장한다. 하지만, 일부에서는 학습 동기 유발의 측면에서나 배운대로 평가를 해야 하는 수준별 수업의 의의를 살리지 못한다는 측면에서 반대 여론 또한 만만치 않다. 그러나, 교육과정에서는 심화나 보충 단계의 평가를 의무화하고 있지 않아서 기본 공통 내용 중심의 평가를 실시하는 데 있어서 직접적인 문제는 없는 것으로 보인다. 그러나 이러한 방식의 평가를 적용할 경우 공통 과정에 대한 학습이 충분하지 않을 수 있는 보충반 학생들에게 피해가 가지 않도록 학습 진도나 자료 제시 면에서 체계적인 지원이 이루어져야 한다.

둘째는, 혼합형 평가지를 활용해 공통으로 평가하는 것이다. 학생들이 배운 내용에 근거해서 평가를 실시한다는 원칙을 기본으로 하면서, 예를 들면 심화 과정에서 10~20%, 기본 (공통) 과정에서 60~80%, 보충 과정에서 10~20%를 제출하는 방식으로, 비율은 다양하게 조정할 수 있다. 하지만, 이 방식을 실시할 경우 기본 과정의 학생들은 수업시간에 배우지 못한 심화나 보충 과정의 내용도 평가받아야 하기 때문에 자칫 과외나 학원 수강 등의 부작용이 생길 수 있으므로 학생과 학부모의 반발이 예상된다. 따라서 이 방식을 채택하기 위해서는 모든 단계의 학습 내용에 대한 자료를 공개하고 학생들의 자율 학습 기회가 충분히 부여되어야 한다.

셋째는, 수준별 평가지를 활용하는 방안이다. 이는 수준별 교육과정의 의의를 살린 평가 방식으로 시행 방식으로는 다양할 수 있으나 여기서는 중심이 되는 세 가지 방법에 대해서 생각해 보기로 한다.:

1) 학습자의 해당 수준에 맞게 평가를 한 후, 상대 비교를 통해 평형점을 찾는 것이다. 즉, 학생들의 수준에 맞게 배운 내용대로 서로 다른 평가를 실시한 후에 소속 과정 명을 명시해 주고 성취한 점수나 평어를 기록해 주는 방식이다.

예) 10-a(심화반)-90 (10-a는 과정 명, 90은 원 점수)
9-b(기본반)-수{A/1} (9-b는 과정 명, 수{A/1}는 평어{A등급/1등급})

이러한 방식으로 평가를 할 때 주의해야할 것은 10-a단계[수준]의 90점{수에 해당}과 9-b단계[수준]의 수{90점에 해당}이 동일한 점수나 평어[등급]로 취급되어서는 안 된다는 점이다. 즉, 단계마다 점수와 평어[등급]의 차등화가 이루어져야 하는데, 각 단계별로 1구간씩 차등화를 시키자는 의견이 지배적이다:

예)

수준별 학급 유형	심화	기본	보충
평어	수[A][1]		
	우[A][1]	수[A][1]	
	미[A][1]	우[A][1]	수[A][1]

2) 공통 문항을 중심으로 각 수준을 조정하는 방식으로, 심화, 기본, 보충반의 평가지에 공통 문항을 일정 비율로 포함시킨 후, 공통 문항에서 나타난 학생들의 개인적 성취도의 차이에 근거해서 점수를 조정하는 방식이다. 다시 말해서, 공통 문항을 일정한 비율로 반영하면서 동시에 각 수준에서 배운 학습 내용도 일정한 비율로 반영하는 것이다. 이 때 출제된 문항의 비율대로 반드시 점수를 반영할 필요는 없다. 즉, 심화 평가지의 경우 공통 문항을 80%로 반영하고, 심화 학습 내용을 20%로 반영해도 된다. 일부에서는 심화 과정 이수 자격 기준이 기본과정의 80%를 이수하는 수준이라는 점과, 기본 학습과 심화·보충 학습의 시간 비율이 80: 20이므로 기본 학습 시간 비율인 80%를 이수하는 것을 고려할 때 다음의 예처럼 해 볼만 하다.

예) 문항 출제 비율 = 평가 비율
심화 평가지: 공통 문항(70%) + 심화 학습 내용(30%)
기본 평가지: 공통 문항(70%) + 기본 학습 내용(30%)
보충 평가지: 공통 문항(70%) + 보충 학습 내용(30%)
* 문항 출제 비율과 평가 반영 비율을 달리 해도 됨. 예) 80: 20

3) 심화, 기본, 보충 단계에서의 만점을 차별화하는 것이다. 각 단계별로 만점을 차별화한 후 일정 수준에 도달하지 못하면 일정 비율로 감점을 하도록 하여 자신의 수준에 맞지 않는 단계에서 수업을 받을 수 없도록 하는 평가 방식이다. 하지만 너무 높은 수준에서 학생들의 능력을 동등화시키고 있다는 단점이 있고, 심리적

측면에서 볼 때 기본 점수에서 성취 수준에 따라 일정 점수를 부여하는 것이 만점에서 점수를 깎는 것보다 더 바람직하다.

예) 심화 단계: 100점 만점으로 하고 50점 이하는 일정 비율로 감점 처리함.
기본 단계: 90점 만점으로 하고 40점 이하는 일정 비율로 감점 처리함.
보충 단계: 80점 만점으로 하고 실제 얻은 점수를 그대로 기록함 (감점 없음).

넷째는, 수행 평가를 적극적으로 활용하는 방안이다. 일반적으로 수행 평가에는 성실한 수업 참여도와, 여러 가지 과제나 테스트를 통한 학업 성취의 향상 정도, 그리고 그러한 학업 성취도의 향상 과정에 대한 교사와 학생 자신의 피드백이 포함되어야 한다. 수행 평가는 학생들의 학습 능력을 일회성으로 평가하는 것이 아니라, 학습의 참여도나 진척도 등을 다양한 방법으로 측정하여 학생들의 능력을 평가하는 방법이다. 이러한 과정을 통해 학업 성취도가 낮은 학생을 조기에 발견하여 학습 결손이 더 이상 발생하지 않도록 특별한 지도와 배려를 제공할 수 있다는 장점이 있다. 그러나 수행평가를 각 수준이나 단계별로 수행함에 있어서, 각 수준이나 단계간의 차등화 된 과제의 수준 차이가 객관적으로 드러나야 하며, 공통 과제를 제시하는 경우 어떻게 학습자의 수준 차이를 인정하면서 평가에 반영할 수 있을지에 대한 평가의 공정성에 대한 연구가 있어야 한다. 객관성과 공정성이 확보된다는 전제 하에서 수행 평가를 실시하는 것은 교수·학습 지도 시에 많은 도움을 줄 것이다. 특히, 영어 과목은 지필 고사의 단점을 극복하면서 의사소통 중심의 활동을 평가하는 과정에서 학생의 참여도를 증진시킬 수 있고, 일상생활 주변에서 쉽게 접할 수 있는 생활 영어를 활용한 과제 제시나 인터넷을 통한 다양한 영어 학습 자료를 동원해 수행 평가 자료로 활용함으로써 생생하고 실용적인 영어 수업에 큰 도움이 될 수 있을 것이다. 따라서 수행 평가의 반영 비율을 40% 이상으로 확대하여 다양하고 체계적인 세부 항목들을 통해 학생들의 실질적인 영어 학습 능력을 평가할 수 있는 자료로 삼아야 할 것이다.

수행 평가(40%)	총괄 평가(60%)	총계
1) 수업 참여도와 태도 (10%) 2) 수시시험 성적 결과 (10%) 3) 다양한 학습 과제 (10%) 4) 기타 항목 (10%)	다양한 수준별 평가지 활용	100%

그러나 위에서 언급한 이러한 평가 방법들은 결코 절대적인 것이 아니며, 학교와 교사, 학습자의 의견을 서로 조율해서 각 학교 사정에 맞는 가장 적절한 평가 방식을 선택해야 할 것이며, 가능하다면 이러한 평가 방식을 좀 더 체계적이고 효율적으로 정비하고 발전시킬 필요가 있을 것이다. 평가에서 중요한 점은 평가의 모든 자료들이 항상 공개되어 학생들이나 타학교의 교사들이 원한다면 언제, 어디서나 접할 수 있도록 정보 공유의 체계가 마련되어 있어야 한다는 것이다.

결론적으로 말해서, 수준별 교육과정을 효율적으로 운영하기 위해 교육현장에서 적용할 수 있을 것으로 생각되는 위의 모든 제안들은 결국 교사의 시간과 노력을 담보로 할 때 실현가능하기 때문에 수준별 교육과정의 도입으로 인한 교사의 과중한 부담 위에 또 다른 부담으로 작용할 것이 분명하지만, 중요한 것은 이 교육과정이 빠른 시일 내에 교육현장에 잘 적용되어 교육의 직접적인 소비자인 학생들에게 이 교육과정이 기치로 내건 교육 목적들이 효과적으로 달성될 수 있도록 교사와 학생, 학부모, 그리고 교육 관계자 모두가 노력해야 한다는 점이다.

제5장 수행 평가

1. 영어과 수행 평가 방향

수행 평가 실시 초기에 평가의 개념을 제대로 이해하는 데 어려움을 겪었던 것에 비하면, 이제 수행 평가에 대한 이해는 이제는 정착되었다고 본다. 수행 평가의 근본적인 목적은 그동안의 교사중심의 수업 내용에 대한 단순 결과물을 평가하는 단발형식의 객관식 내지는 서답형[서술형과 단답형] 형태의 정기고사를 지양하고, 학생중심의 지속적인 학업활동을 자극시키는 과정에서 단기적인 학습결과보다는 지속적이고 누가적으로 학습과정을 평가하여 결과적으로 장기적인 수업목표를 달성하는 데 있다. 그러나 중고등학교에서 상급학교 진학에 중요한 내신자료로 평가의 결과물이 중요한 교육현장에서 평가결과의 공정성 문제, 같은 주제에 대한 서술식 지필 평가인 경우 공정성 문제에 기인한 동시다발적으로 평가해야 하는 문제, 주관성의 많음으로 인한 평가 자체에 대한 타당도, 신뢰도 등 고려해야할 문제도 여전히 남아 있다. 이로 인해 학교 현장이나 교사들의 자발적 의사보다는 정책적인 요구에 따라 실시하고 있는 수행 평가는 교사에게 많은 부담감을 주고 있다. 이에 대해 한국교육과정평가원에서는 수행 평가를 실시하기 위해서는 단순히 평가 방법 및 절차만을 고려해야 하는 것이 아니라, 교육 목표 및 수업 방법도 동시에 고려해야 한다는 취지 아래 8단계로 이루어진 수행 평가의 시행 절차를 마련하였다(백순근 외, 1999).

1단계) 학기별 혹은 연간 '수업 및 평가 계획서'를 작성한다.

영어 과목 담당 교사들 간의 상호 협의를 거쳐 학기별 혹은 연간 수업 및 평가계획서를 사전에 작성하는 것이 필요하다. 이 수업 및 평가 계획서에는 교육 내용, 수업 방법, 평가 방법, 평가 시기 등이 포함되는 것이 바람직한데, 구체적인 예시는 다음의 [표]와 같다. 이 표의 교육 내용은 교육과정에 제시된 의사소통 기능을 중심으로 설정되었는데, 교실 현장에서는 학교별, 학생 선택별로 사용되고 있는 교과서의 내용으로 재구성할 수 있다.

<영어과 수업 및 평가 계획서>

학년별	1학년							
분기별	1/4분기		2/4분기		3/4분기		4/4분기	
교육 내용	1. 생각의 표현	2. 느낌의 표현	3. 친교 활동	4. 대인 관계 형성	5. 부탁 및 지시	6. 정보 교환	7. 의견 교환	8. 문제 해결
	가능, 소망, 의지, 확신, 추측	희로 애락, 감각적 느낌, 좋거나 싫음	인사, 초청, 대접, 칭찬, 격려, 사과, 변명	대화 시작, 소개, 감사	요청, 약속, 허락, 주의나 경고, 제안과 설득	사실 확인, 설명, 경험, 비교	의견 발표, 평가, 동의나 반대	물건 사기, 안내, 토론, 보고
	듣기, 말하기, 읽기, 쓰기							
교육 기간 (주차)	4	8	12	17	22	26	30	33
교수 방법	강의 토의	강의 발표	발표 토의	강의 토의	강의 발표	발표 토의	강의 토의	강의 발표
평가방법 (수행평가)	서술 30%	관찰 30%	역할극 30%	프로젝트 30%	논술 30%	구술보고 30%	토론 30%	포트폴리오 30%
평가방법 (선택형)	70%	70%	70%	70%	70%	70%	70%	70%
배점 (또는 %)	33.3	33.3	33.3	33.3	33.3	33.3	33.3	33.3
평가 시기 (주차)	5주차	9주차	13 주차	18 주차	23 주차	27 주차	31 주차	34 주차

※분기별로 100%를 설정하되, 수행형: 선택형 활용 비율은 30%: 70%로 함
※수행 평가는 해당 교육 기간의 수업 시간 중에, 선택형 평가는 중간, 기말 고사 형식으로 함

2단계) 가르치고자 하는 성취 기준을 구체화한다.

성취 기준이란 '교수·학습 활동에서 실질적인 기준 역할을 할 수 있도록 현행 국가 수준의 교육과정을 구체화하여 학생들이 성취해야 할 능력 혹은 특성의 형태로 진술한 것'이다. 즉, 성취 기준이란 교수·학습활동에서 목표로 삼을 교육 내용을 의미하는데, 성취 기준의 개념과 개발 절차는 한국교육과정평가원의 "국가 교육과정에 근거한 평가 기준 및 도구 개발 연구: 고등학교 공통영어"(이소영과 진경애, 1998) 보고서에 자세히 나와 있다.

3단계) 실제로 다양화, 전문화, 특성화된 수업을 진행한다.

수행 평가가 전제로 하는 수업은 종래의 일방통행식 강의 위주 방식이 아니다. 학생이 적극적으로 참여하고, 학생 상호간 또는 학생과 교사간의 협동을 기반으로 하는 수업이다. 따라서 토론법, 발표법 등의 다양한 방법들로 수업이 이루어져야 한다.

4단계) 성취 기준을 실제로 얼마나 성취했는지, 그 성취 정도를 파악하기 위한 평가 기준을 명확히 한다.

평가 기준이란 '평가 활동에서 실질적인 기준 역할을 할 수 있도록 특정 교육목표 및 내용에 대하여 학생들의 성취 정도를 몇 개의 수준(예 상, 중, 하)으로 나누고 각 수준에서 기대되는 성취 정도를 구체적으로 진술한 것'으로 정의할 수 있다. 지금까지 교수·학습 활동의 목표나 교육 내용이 곧 평가의 대상이라는 사고로 인해 평가 기준의 필요성을 거의 인식하지 않은 것이 사실이다. 하지만 현실적으로 학교현장에서 교수·학습 전체 과정 중에 평가에 할애하는 시간이나 노력을 고려해 볼 때, 평가 과정은 그 나름의 성격과 기준을 규명하여 실행되어야 한다. 즉, 교수·학습한 내용 전체를 모두 평가하는 대신 상위 개념이나 지식, 기능, 혹은 더 중요하다고 여겨지는 내용 요소 등을 평가할 수밖에 없는 현실적 필요성 및 평가의 효율성에 따라 성취 기준의 도달도를 판정해 줄 수 있는 평가 기준이 필요한 것이다. 이러한 평가 기준의 개념과 개발 절차에 대한 자세한 내용도 '국가 교육과정에 근거한 평가 기준 및 도구 개발 연구: 고등학교 공통영어'(이소영과 진경애, 1998) 보고

서에서 다루고 있다.

5단계) 적절한 평가 방법을 결정하고 적절한 평가 도구를 제작한다.

이 때 평가 과제 및 도구에는 문항(절차, 지문, 질문을 포함하여), 답지, 예시 답안, 채점 기준, 유의 사항 등의 요소들이 구체적으로 나타나 있어야 한다. 또한 수업 및 평가 계획서와 마찬가지로 세부 요소들 역시 평가 시행 이전에 작성하여야 한다. 특히, 예시 답안과 채점 기준 항목은 평가 과제 및 도구 개발 시에 작성하는 것이 부담스럽고 귀찮게 여겨질 수 있다. 때에 따라서는 미리 작성한 예시 답안과 채점 기준이 실제 평가 시에 학생들의 답안 작성 내용이나 수준에 따라 수정, 보완될 경우도 있기 때문에 사전에 이러한 항목에 대해 준비하는 것이 불필요하게 느껴질 수도 있다. 하지만 평가 과정 중에 수정, 보완이 필요하더라도 사전에 평가자의 경험이나 기대에 근거하여 예시 답안과 채점 기준을 설정해 놓는 것과 전혀 준비를 하지 않는 것은 다르다. 특히, 수행 평가의 특성상 신뢰도와 채점의 공정성에서 문제가 있을 수 있다는 점을 생각해 볼 때, 사전에 예시 답안과 채점 기준을 포함한 여러 세부 사항들에 대해 관심을 가지고 꼼꼼히 준비를 하는 것은 매우 중요하다.

6단계) 실제로 다양화, 전문화, 특성화된 평가를 실시한다.

'수업 및 평가계획서'에서 제시한 바와 같이, 학습 과정의 특성이나 평가 방법의 특성에 따라 특별히 평가 실시 기간을 두지 않고 수업이 진행되는 가운데 평가를 같이 실시할 수도 있다.

7단계) 채점 기준에 따라 채점을 하고, 그 결과를 보고한다.

수행 평가 과제나 도구들을 사용한 평가에 대하여 채점을 할 경우, 사전에 준비된 채점 기준에 따라 이루어져야 한다. 이 때 가능하다면 2명 이상이 채점에 참가하여 평균 점수를 구하는 등의 방법이 바람직할 것이다. 또한 주관적인 판단으로 인한 채점의 어려움이 예상되는 경우라면, 채점자들을 사전에 훈련하는 기회를 갖거나 채점에 관한 워크샵을 여는 등의 방법을 통해 채점의 일관성을 추구하는 노력도 필요할 것이다. 한편, 채점 후의 평가 결과는 가능한 한 수업 및 평가 계획서에 제시된 각 교육 내용별로 제시하여 주는 것이 학생들이 자신의 강점과 약점을 파악할 수 있도록 도와줄 것이다.

8단계) 평가의 결과를 교수·학습 활동에 피드백 한다.

학생의 평가 결과는 수업 및 평가 계획서를 작성하는 데 활용하는 등 교수·학습 활동에 이용되어야 한다. 특히, 수업 계획에서부터 평가 결과의 보고에 이르는 과정에서 내용이나 방법들을 수정, 보완, 개선하기 위해서 이러한 피드백은 지속적, 효율적으로 이루어져야 한다.

이상에서 살펴본 8단계의 수행 평가 시행 절차는 교수·학습과 평가의 연계성을 강조한 특징이 있다. 따라서 전통적인 교수·학습에 근거한 교실 수업에 수행 평가를 도입하여 실시할 때 나타나는 갈등 요소를 해결할 수 있는 대안을 제시한다고 할 수 있는데, 이는 바로 교수·학습 활동 이전에 수업과 평가를 모두 고려하여 이에 대한 통합적 접근을 하고 있다는 것이다. 교수·학습 과정에서 필요에 따라 수업과 수행 평가를 동시에 할 수도 있고(예를 들어, 포트폴리오의 경우), 혹은 수업과 수행 평가를 다른 국면에서 할 수도 있다. 이러한 차이에도 불구하고 이 모든 경우에 있어서 공통적으로 수행 평가는 반드시 수업 활동과 밀접히 연관되어야 하고, 수업 활동에서 다룬 내용과 기능을 담은 것이어야 한다. 즉, 수행 평가가 전혀 새로운 양식과 내용을 가진, 수업과 분리된 형태의 평가라는 무의식적, 의식적 태도 및 그에 따른 행동은 지양해야 함을 강조하는 바이다.

2. 영어과 수행 평가의 실제

현 외국어과 교육과정의 기본 방향은 개인차를 고려한 학생중심의 영어 교육, 의사소통 능력을 중시하는 영어 교육, 활동과 과업 중심의 영어 교육, 논리적 사고력과 창의력을 기를 수 있는 영어 교육 및 국가 발전과 세계화에 기여하는 영어 교육을 추구한다. 이제 우리나라의 영어 교육의 방향은 기존 문법이나 읽기 위주의 지식적 영어의 습득을 지양하고, 실생활에서 유용하게 쓸 수 있는 의사소통 능력 향상을 추구하고 있다. 그러나 교육과정에서 지향하고 있는 영어교육과정의 목표가 학교 현장에서 실현되기 위해서는 교과서의 내용, 일선 학교의 수업 경영 방향 및 현장 교사들의 준비와 기량이 함께 어우러져 성공적으로 이루어질 수 있는 데, 위의 요소들과 함께 교육과정의 목표를 실현시키는 구심점 기능을 하는 것이 평가라고 할 수가 있다.

평가는 특성상 일선 학교 및 학부모와 학생들에게 가장 큰 영향을 미치므로 학생 평가의 방향에 따라 교육의 목표가 성공적으로 실현된다고 해도 과언이 아닐 것이다.

타당도와 신뢰도의 문제는 평가의 가장 중요한 요소이면서도 학자들 간에 그 상대적 중요성에 대한 여러 견해가 있다. 대규모 인원을 대상으로 하는 평가는 신뢰도 확보가 상대적으로 수월한 반면 실생활에서 필요한 실용 영어의 평가 수단으로는 타당도가 떨어진다고 볼 수가 있다. 평가의 타당도 확보를 위한 다양한 노력 가운데 하나가 최근 많이 활용되고 이는 수행 평가이다.

수행 평가는 기존의 사지선다형 평가와 대조적으로 사지 선다형 평가를 제외한 모든 종류의 평가 방법을 지칭한다. 따라서 대안 평가(alternative test)라고 칭하기도 하고, 학생들의 활동을 중심으로 평가한다고 해서 활동이행[수행평가(performance test)][7]라 하기도 한다. 아울러 실생활중심의 자료를 사용한다고 하여 참 평가(authentic test)라고 부르기도 한다. 최근에는 일부 외국의 저명한 시험 출제 기관에서 말하기와 쓰기를 중심으로 면접 및 에세이 쓰기 등의 수행 평가를 개발해 실시하고 있다.

수행 평가는 명확히 제시된 성취수준에 근거하여 피평가자가 주어진 과업(task) 실제로 수행했을 때, 이를 이미 주어진 채점 기준에 의해 훈련된 평가자가 평가를 하는 활동이다. 수행 평가의 주요 특징은 다음과 같다.

---

[7] 이는 타 분야의 일반적으로 사전에서 '성능 검사', <심리>작업 검사(도구를 이용해서 하는 비(非)언어식 지능 검사) 등을 지칭하는 performance test와 구별되어야 함.

1) 수행 평가의 특징

(1) 구조화된 대답: 학생들은 대답을 구조화하고 확장된 대답을 하며 어떠한 활동에 참여하거나 산출물을 창조한다.
(2) 높은 수준의 사고력: 학생들은 대답을 구조화하거나 주관식 문제에 답하기 위하여 높은 수준의 사고를 한다.
(3) 실제성(authenticity): 학생들은 유의미하고, 도전적이며, 교실 속 학습 활동이나 실생활에서 일어나는 활동에 참여한다.
(4) 통합성: 수행 평가는 종합적 언어 능력을 측정하며 때로는 내용 분야의 지식과 기능을 통합한다.
(5) 깊이와 넓이: 단순히 정답을 가리는 과정이나 사지선다형 문항과는 달리 다양한 범위의 얕은 지식보다는 깊은 지식이나 기능을 측정한다.

수행 평가는 실질적 의사소통 능력을 평가할 수 있는 점에서 평가의 타당도가 높다고 할 수 있으며 학교 현장에서 실시되었을 때 의사소통 중심의 영어 목표를 달성하는데 좀 더 효율적인 방안이 될 것이다. 그러나 비교적 타당도가 높다고 할 수 있는 수행 평가가 국가적인 대규모 선발 시험에는 적절하지 않은 면도 있을 수 있는 데, 이는 채점의 주관성으로 인하여 신뢰도 확보가 어렵거나 현실성이 떨어질 수 있기 때문이다. 때문에 수행 평가가 효율적으로 실시되기 위해서는 무엇보다도 채점자간 신뢰도를 높이는 것이 가장 중요한 문제이다.

채점 기준표 혹은 평가 기준표는 학생들과 학부모에게 미리 공개하고 가급적 최대한의 신뢰도를 확보할 수 있도록 교사들 자체 워크숍을 통하여 말하기 평가자 훈련을 갖는 것이 바람직하다. 말하기 평가자 훈련은 학생의 평가 수행 활동, 예를 들면 인터뷰 장면을 녹음 한 녹음테이프 등을 틀어 놓고 교사들이 채점을 한 뒤 채점 결과를 공유하며 채점 근거에 대하여 토론과 합의의 과정을 밟는다. 교사 간 합의를 거친 뒤 채점 기준표가 완성되면 예비 시험(pilot testing)을 거쳐 평가자간 신뢰도(inter-rater reliability)를 지속적으로 체크하여 상관 계수가 0.8이상이 되도록 훈련과 테스트를 반복하는 것이 좋다.

2) 말하기 평가

영어과 수행 평가의 대표적인 것은 말하기와 쓰기 평가이다. 영어의 말하기 수행 평가의 예로 가장 대표적인 것이 구술 면접(oral interview)이다. 구술 면접에 쓰이는 채점 기준표에는 분석적 채점 기준표와 통합적 채점 기준표의 두 종류가 있으며 분석적 채점 기준표의 예를 살펴보면 다음과 같다.

<분석적 채점 기준표>

	1	2	3	4	5	6
말하기	구체적 사물의 이름을 말함	개인적이고 급박한 상황으로부터 말함	대화를 시작. 이야기를 재구성하거나 간단한 질문에 답함	설명이나 묘사를 통하여 대화를 시작하거나 지속함. 사회 상황으로부터 대화의 자신감을 보이고 교실 상황의 대화를 시작함	사회 상황과 교실 상황으로부터 지속적이고 연결성 있는 대화를 함. 오류로 인하여 대화에 지장을 주는 일이 없음	사회 상황과 교실 상황에서 자신감 있게 말함
유창성	단어와 구를 반복함	단어나 짧은 패턴을 사용하여 말함	다시 말하거나 단어를 찾기 위해 머뭇거리며 말함	때때로 머뭇거리며 말함	원어민과 같은 유창성으로 말하며 머뭇거림으로 인해 대화에 지장을 주는 일이 없음	유창하게 말함
구조			현재 시제만을 많이 사용함	복잡한 문장을 사용하고 문법 규칙을 지키지만 불규칙적 형태소에서는 오류가 많이 나타남	다양한 문장 구조를 사용하며 때때로 문법적 오류가 있음	다양한 구조를 습득하고 있음
단어		기능적 단어를 사용함	제한된 단어를 사용함	단어를 적절히 사용함. 때때로 단어 사용이 불규칙함	다양한 단어를 사용함	광범위한 단어를 사용하지만 원어민 수준에는 못 미침
이해	영어를 거의 이해하지 못함	단어나 구를 이해하지만 반복을 요구함	지속적인 대화에서 간단한 문장을 이해함. 반복을 요구함	교실 내 토의를 이해하지만 반복과 명확함을 요구함	대부분의 대화(교실내의 토의)를 이해함	교실내의 토의를 어려움 없이 이해함

위에 제시한 분석적 채점 기준표는 평가 요소의 각 항목별로 수준 및 그에 따른 설명을 제시하고 있다. 분석적 채점 기준표는 말하기 능력의 각 요소별로 수준을 평가하므로 피평가자의 장단점을 피드백하는 장점이 있다. 반면, 통합적 채점 기준표는 말하기의 각 요소보다 전반적인 의사소통 능력을 측정하므로 성취 평가(achievement test)보다는 숙달 평가(proficiency test)에 더 적합하다. 통합적 채점 기준표를 사용할 것인지 혹은 분석적 채점 기준표를 사용할 것인지의 문제는 학교나 교사가 선택할 수가 있으며, 중학교 수준의 비교적 숙달도가 떨어지는 초보 단계의 경우에는 분석적 채점 기준표를 사용하여 항목별로 학생들의 부족한 부분을 말해주는 것이 좋다.

3) 쓰기 평가

쓰기 평가는 문법적 지식[정확도], 논리성, 적절성, 글의 구조 등이 평가의 근간이 되어야 하며, 초보자의 경우는 구두점(punctuation)을 포함한 글쓰기의 관례 및 포맷(format) 등이 채점 기준에 포함되어야 할 것이다. 대표적인 쓰기 수행 평가의 하나가 '에세이 쓰기'로 말하기 평가와 마찬가지로 분석적 채점 기준표와 통합적 채점 기준표의 2가지 종류가 있으며 평가 문항 및 목적에 따라 다소 조정하여 사용할 수가 있다. 쓰기 평가 중 피평가자의 문법적 정확성을 측정할 수 있는 대표적인 수행 평가로 '편집하기(editing)'가 있다.

'편집하기'는 본문 내용을 주고 피평가자로 하여금 문법적으로 틀린 곳을 고쳐 쓰도록 하는 평가이다. '편집하기'를 통하여 측정하고자 하는 요소는 문법, 구두점, 철자 등이다. 쓰기 수행 평가로 활용할 수 있는 또 다른 평가로 '쓰기 전략 체크리스트'가 있다. '쓰기 전략 체크리스트'는 학생들이 쓰기에 필요한 전략을 익히고 활용하도록 하기 위하여 본인이 평가하도록 하는 방법이다. 그 예를 보면 다음과 같다.

<쓰기 전략 체크 리스트>

날짜: ____________________ 이름: ____________________

<표시법: A = 항상 사용함, S = 때때로 사용함, N = 거의 사용하지 않음>

1) 쓰기 과정
  (1) 쓰기 전에 사용하는 전략
    ① 주제들을 설정한다.( )
    ② 주제에 접근할 방법을 고려한다.( )
    ③ 쓰기를 하기 위해 주제에 토론한다.( )
    ④ 개요를 정한다.( )
  (2) 쓰기 전략
    ① 쓴 것을 검토한다.( )
    ② 적응 기술을 사용한다.(예 단어 빠트리기, 대용어 사용하기 등)( )
  (3) 쓴 후에 사용하는 전략
    ① 편집한다.(단어의 변화)( )
    ② 수정을 한다.(문자의 변화)( )
    ③ 다시 쓴다.(구성의 변화)( )
    ④ 다른 사람으로부터 피드백을 얻는다.( )
  (4) 응용과 관심도
    ① 즐겁게 썼다.( )
    ② 의사소통을 하기위해 사용했다.( )
    ③ 쓰기를 할 때 적극적으로 도움을 구했다.( )
    ④ 언어 예술을 제외한 다른 주제에 대해 써 봤다.( )
    ⑤ 쓰기에 대해 토론에 참가했다.( )
    ⑥ 다른 사람과 쓰기를 공유했다.( )
    ⑦ 다른 사람과 쓰기고치기를 했다.( )

수행 평가는 말하기와 쓰기뿐만 아니라 읽기와 듣기 분야에도 다양한 평가 방법과 채점 기준이 개발되어 학교 현장으로부터 적극적으로 활용할 필요가 있으며, 이를 통하여 획일적인 사지선다형 시험으로부터 벗어나 학교 영어 교육을 의사소통중심의 실제적 기능 습득의 장으로 이끌어야 좋다.

3. 영어과 수행 평가 문항 개발

평가의 목적에 따라 수행 평가의 개발 유형이 달라질 수밖에 없다는 전제하에, 중학교 영어 수업 현장에서 학습자들의 목표 언어에 대한 단순한 지식만을 평가하는 것을 지양하고, 과제 해결 과정에서 영어 구사력을 평가하기 위하여 수행 평가 도입의 필요성은 큰 의미를 갖는다. 따라서 일선 중학교 현장에서 사용 가능하며, 타당도, 신뢰도, 객관성이 확보된 수행 평가 문항의 개발이 현직 교사의 몫이 된 바, 듣기, 말하기, 읽기, 쓰기 수행 평가 개발의 개요와 더불어 실질적으로 개발한 4개 영역 수행 평가 문항을 소개하고자 한다.

1) 수행 평가 문항 개발의 개요

여러 유형의 수행 평가 문항을 개발함에 있어서 한국교육과정평가원에서 수행한 "국가 교육과정에 근거한 평가 기준 및 도구 개발 연구: 고등학교 공통영어"(이소영 외, 1998) 연구를 토대로 하여 중학교 영어과 평가 기준 및 도구 개발이 이루어졌다.

성취 기준을 개발할 때 이해와 표현 기능을 대영역으로, 이해 기능에 속하는 듣기와 읽기, 표현 기능에 속하는 말하기와 쓰기의 네 기능을 중영역으로 설정하였다. 대영역이나 중영역을 통합한 수준에서 성취 기준의 개발은 너무 포괄적이어서 성취해야 할 목표에 대해 좀 더 구체적이면서도 명료한 소영역으로 나누었다.

<영어과 교육 목표와 내용에 준한 대영역, 중영역, 소영역>

대영역	중영역	소영역
이해	듣기	- 소리와 의미 또는 문자의 관계를 이해하기 - 간단한 대화나 이야기의 내용을 이해하기 - 간단한 말의 세부 내용을 파악하기 - 간단한 질문이나 대답 또는 명령을 이해하기 - 관용 표현의 의미를 이해하기
	읽기	- 간단한 대화나 글의 중심 내용을 이해하기 - 관용적 표현의 의미를 이해하기 - 간단한 글의 세부 내용을 파악하기 - 글의 전개방식, 원인과 결과, 결론과 근거 등을 이해하기

<table>
<tr><td rowspan="2">표현</td><td>말하기</td><td>- 자연스럽게 발음하기
- 실물이나 그림을 보고 간단히 대화하기
- 말로 생각이나 느낌을 표현하기
- 주제나 상황에 따라 적절하게 의견을 교환하기</td></tr>
<tr><td>쓰기</td><td>- 들은 말을 받아쓰기
- 실물이나 그림을 보고 설명하거나 묘사하기
- 글로 생각이나 느낌을 표현하기
- 주제나 상황에 따라 적절하게 의견을 교환하기</td></tr>
</table>

2) 예시 문항 및 평가 도구의 개발

(1) 듣기 수행 평가

<table>
<tr><td>대 영 역</td><td>이해</td><td>중 영 역</td><td colspan="2">듣기</td></tr>
<tr><td>소 영 역</td><td colspan="4">관용적 표현의 의미를 이해하기</td></tr>
<tr><td>평가 영역</td><td colspan="4">듣기 평가, 부탁, 지시, 교환의 의사소통 표현을 이해하기</td></tr>
<tr><td>성취 기준</td><td colspan="4">생각의 표현을 이해한다.
느낌의 표현을 이해한다.
친교 활동의 표현을 이해한다.
정보 교환의 표현을 이해한다.
의견 교환의 표현을 이해한다.</td></tr>
<tr><td rowspan="3">평가 기준</td><td>상</td><td colspan="3">정보와 의견을 교환할 때 사용되는 표현을 이해할 수 있다.</td></tr>
<tr><td>중</td><td colspan="3">지시의 표현을 이해할 수 있다.</td></tr>
<tr><td>하</td><td colspan="3">지시의 표현을 이해하는 데 어려움을 겪는다.</td></tr>
<tr><td>문항 형태</td><td>실기형</td><td>수준구분</td><td colspan="2">상 / 중 / 하</td></tr>
</table>

[문항]

▷ 절차

① 학습자에게 녹음된 대화를 들려주기 전에 답지를 나누어준다.

② 학습자는 대화를 주의 깊게 듣고, 답지의 해당되는 칸에 체크한다.

▷ 지문

James: John, have you ever been to Japan?

John: No, I haven't. Have you?

James: No, I haven't. But I have been to Spain.

John: You are lucky. I want to go to Spain and Japan. I only went to France last year for summer vacation.

James: Really?

John: I heard Mary went to Austria last week for skiing.

James: What a good holiday for her!

[답지]

Have they ever been to	John	James	Mary
Japan?			
Austria?			
Spain?			
France?			

[답안]

Have they ever been to	John	James	Mary
Japan?			
Austria?			∨
Spain?		∨	
France?	∨		

[채점 기준]

상: 3개 모두 올바르게 체크함

중: 1～2개 칸에 올바르게 체크함

하: 모두 틀림

[유의 사항]

① 문제를 먼저 푼 학생이 답을 말하지 않도록 주지시킨다.

② 평가대상 학생집단의 청취력이 약한 경우에는 테이프의 녹음을 여러 번 들려 준다.

(2) 읽기 수행 평가

<table>
<tr><td>대 영 역</td><td>이 해</td><td>중 영 역</td><td>읽기</td></tr>
<tr><td>소 영 역</td><td colspan="3">간단한 글의 세부내용을 파악하기</td></tr>
<tr><td>평가 영역</td><td colspan="3">읽기 평가. 글의 세부내용을 파악하기</td></tr>
<tr><td>성취 기준</td><td colspan="3">대명사나 지시어가 가리키는 내용을 파악한다.
글을 훑어 읽고 특정 정보의 위치를 파악한다.
글을 선별하여 읽고 구체적인 정보를 찾는다.
낱말 및 표현의 의미를 이해한다.</td></tr>
<tr><td rowspan="3">평가 기준</td><td>상</td><td colspan="2">글을 읽고 사실적 정보와 상상을 구별할 수 있다.</td></tr>
<tr><td>중</td><td colspan="2">글에 나타난 사람, 시간, 장소 등의 구체적인 정보를 파악할 수 있다.</td></tr>
<tr><td>하</td><td colspan="2">글에 나타난 사람, 시간, 장소 등의 구체적인 정보를 파악하는 데 어려움을 겪는다.</td></tr>
<tr><td>문항 형태</td><td>실기형</td><td>수준 구분</td><td>상 / 중 / 하</td></tr>
</table>

[문항]

▷ 절차

① 학습자는 우선 활동 자료의 그림을 잘 관찰한다.

② 학습자는 묘사된 내용을 읽을 때, 인물에 관한 정보를 잘 알아낸다.

③ 묘사된 내용과 일치하는 인물을 가려내어 그 인물들 위에 이름을 쓴다.

▷ 지문

* Emma's got a round face like a doll.
  She's got big eyes, a small nose, and a lot of curly fair hair.
* Jane's got a long thin face and long dark wavy hair.

She often looks a bit sad.

* Polly's got dark curly hair and big eyes.
She wears glasses and usually looks cheerful.

[답지]

[답안]

[채점 기준]

상: 3개를 모두 맞춤

중: 1개에서 2개를 맞춤

하: 모두 틀림

[유의사항]

지문을 읽는 시간을 정해 두고 그 시간 내에 읽고 내용을 정리하도록 시간 관리를 철저하게 한다.

(3) 말하기 수행 평가

<table>
<tr><td>대영역</td><td>표 현</td><td>중 영 역</td><td colspan="2">말하기</td></tr>
<tr><td>소영역</td><td colspan="4">주제나 상황에 따라 적절하게 의견을 교환하기</td></tr>
<tr><td>평가 영역</td><td colspan="4">말하기 평가. 일상생활에 대하여 대화하기</td></tr>
<tr><td>성취 기준</td><td colspan="4">자신의 것이나 주변 사물에 대하여 묻고 대답한다.
자신이나 주변 사람에 대하여 묻고 대답한다.
현재 자신이나 주변에서 일어나는 일에 대하여 묻고 대답한다.
과거 자신이나 주변에서 일어나는 일에 대하여 묻고 대답한다.
미래에 자신이나 주변에서 일어날 일에 대하여 묻고 대답한다.</td></tr>
<tr><td rowspan="3">평가 기준</td><td colspan="2">상</td><td colspan="2">현재, 과거, 미래에 자신이나 주변에서 일어나는 일에 대해 묻고 답할 수 있다.</td></tr>
<tr><td colspan="2">중</td><td colspan="2">현재 혹은 과거에 자신이나 주변에서 일어나는 일에 대해 묻거나 답할 때 문법적 오류가 있다.</td></tr>
<tr><td colspan="2">하</td><td colspan="2">현재 자신이나 주변에서 일어나는 일에 대해 대화를 할 수 있으나 과거나 미래에 대한 표현은 못한다.</td></tr>
<tr><td>문항 형태</td><td>실기형</td><td>수준 구분</td><td colspan="2">상 / 중 / 하</td></tr>
</table>

[절차]

① 학습자는 한 세트(3장)의 그림을 받아 자세히 살펴본다.

② 학습자는 한 장을 더 그려 이야기를 만든다.

[활동 자료]

Picture 1

Picture 2

Picture 3

Picture 4

[예시 답안]

I went to the zoo last weekend with my family. There were many children and their parents. First, I saw a tiger in the jungle. He looked so strong and healthy. Then I enjoyed watching monkeys on the trees. I had lunch at the park. I came back home at 6 p.m. I was so tired and went to bed early that night.

[채점 기준]

구분	의사소통	유창성	문장구조	단어
상 (6-8점)	말을 시작하고 지속하는데 문제가 없다. 말을 할 때 자신감을 보인다.	때때로 머뭇거리면서 말한다. 자연스러운 발음을 구사하여 이해하기 쉽다.	복잡한 문장 구조를 사용한다.	적절한 단어를 사용한다.
중 (3-5점)	말을 일단 시작하여 어느 정도 끌어간다.	문장을 반복하거나 머뭇거리며 말한다. 부정확한 발음이 많아 이해하는 데 지장이 있다.	단어나 어미 등을 자주 생략한다.	제한된 단어를 사용한다.
하 (0-2점)	말하기를 주저한다.	한 단어 수준이나 간단한 문형만 사용한다. 발음이 너무 서툴러서 말을 이해할 수 없다.	문법적인 문장을 전혀 구사하지 못한다.	기능적 단어만 사용한다.

[유의사항]

① 그림을 선택할 때 필요한 어휘를 대충 짐작하고 정해야 한다.

② 특이한 상황의 그림보다는 일상에서 볼 수 있는 일반적인 것을 고를 필요가 있다.

③ 이야기의 흐름이 자연스럽도록 순서를 잘 정해야 한다.

④ 정해진 시간을 두고 활동하게 한다.

(4) 쓰기 수행형가

<table>
<tr><td>대영역</td><td>표 현</td><td>중영역</td><td>쓰 기</td></tr>
<tr><td>소영역</td><td colspan="3">주제나 상황에 따라 적절하게 의견을 교환하기</td></tr>
<tr><td>평가 영역</td><td colspan="3">쓰기 평가. 주제나 상황에 따라 적절하게 의견을 교환하기</td></tr>
<tr><td>성취 기준</td><td colspan="3">초대, 감사, 사과 양식의 글을 쓸 수 있다.
소개, 안내 등의 글을 쓴다.</td></tr>
<tr><td rowspan="3">평가 기준</td><td>상</td><td colspan="2">소개, 안내, 초대, 감사, 사과의 글을 오류 없이 정확히 쓴다.</td></tr>
<tr><td>중</td><td colspan="2">초대, 감사, 사과 편지 등의 글을 쓸 수 있으나 때로 문법적 오류가 있다.</td></tr>
<tr><td>하</td><td colspan="2">초대, 감사, 사과 편지 등의 글을 쓸 때 문법적, 논리적 오류로 인하여 이해하기 힘들다.</td></tr>
<tr><td>문항 형태</td><td>실기형</td><td>수준 구분</td><td>상 / 중 / 하</td></tr>
</table>

[문항]

당신은 현재 휴가 여행으로 런던에 가고 있습니다. 비행기가 히드로(Heathrow) 공항에 착륙하기 전에 당신은 착륙 카드(Landing card)를 작성해야 합니다. 주어진 카드를 작성하시오.

[활동 자료]

Landing card

Family name: First Name(s):

Date of Birth: Place of Birth:

Address in Britain: Signature:

[채점기준]

상: 정확하게 카드를 완성함

중: 70%에서 90%정도 작성함

하: 60%이하 작성함

(5) 포트폴리오(portfolio) 문항

수행 과제: 쉬운 이야기책을 읽고 줄거리와 느낌을 간단히 쓴다.

관련 학년: 중학교 1학년

관련 영역: 대영역–표현, 중영역–쓰기

수행 목표: 글을 읽고 줄거리 또는 개인의 느낌을 요약하여 간단히 쓸 수 있다.

[예시 평가 과제]

다섯 권의 쉬운 이야기책을 자유롭게 선택하여 한 학기 동안 읽고, 줄거리와 읽은 후의 소감을 쓰고, 결과물을 개인별 포트폴리오로 만드시오.

[평가 방법 및 절차]

① 파트너를 정하여 서로 점검할 수 있도록 한다.

② 학습자 스스로 자신의 목표를 정하도록 한다.

③ 교사는 수시로 학습자의 포트폴리오를 검토하여 피드백을 제공한다.

④ 교사는 포트폴리오 요약지(summary sheet)와 다정스러운 양친 편지 형식(parent letter)을 이용하여 학습자의 과업을 점검한다.

⑤ 마지막으로 교사는 총괄 평가(evaluation summary)를 하고, 포트폴리오 검토 노트(review note)를 작성해 둔다.

[채점 기준]

<table>
<tr><th colspan="5">포트폴리오 Check list</th></tr>
<tr><td>평가 일시</td><td colspan="4"></td></tr>
<tr><td>학습자이름</td><td colspan="4"></td></tr>
<tr><td rowspan="14">평가 내용</td><td>계획 수립 측면</td><td>상
(2점)</td><td>중
(1점)</td><td>하
(0점)</td></tr>
<tr><td>포트폴리오 계획서를 잘 만들었는가?</td><td></td><td></td><td></td></tr>
<tr><td>포트폴리오 계획이 다양한가?</td><td></td><td></td><td></td></tr>
<tr><td>포트폴리오 계획이 실천 가능한가?</td><td></td><td></td><td></td></tr>
<tr><td>구성 과정 측면</td><td>상
(2점)</td><td>중
(1점)</td><td>하
(0점)</td></tr>
<tr><td>포트폴리오를 잘 관리하였는가?</td><td></td><td></td><td></td></tr>
<tr><td>각 과제별로 작품을 구성하였는가?</td><td></td><td></td><td></td></tr>
<tr><td>시작과 끝을 비교할 때 향상되었는가?</td><td></td><td></td><td></td></tr>
<tr><td>포트폴리오 구성이 긍정적인가?</td><td></td><td></td><td></td></tr>
<tr><td>쓰기 결과 측면</td><td>상
(2점)</td><td>중
(1점)</td><td>하
(0점)</td></tr>
<tr><td>쓰기 결과물을 제출하였는가?</td><td></td><td></td><td></td></tr>
<tr><td>제출한 결과물의 질은 어떠한가?</td><td></td><td></td><td></td></tr>
</table>

※ 각 항목별로 총점을 낸 다음, 9로 나누어 기준에 따라 최종 평점한다.
* 상: 1.5이상 * 중: 0.5에서 1.5미만 * 하: 0.5미만

[유의사항]

① 학습자가 포트폴리오를 잘 관리하도록 한다.

② 포트폴리오는 학습 결과뿐만 아니라 과정도 평가할 수 있는 장점을 가진 방법이므로 계획 단계부터 최종 쓰기 산물까지 평가에 반영할 수 있도록 한다.

③ 학습자의 학습 동기와 관심을 유발하도록 한다.

제시된 성취 기준과 평가 기준을 기초로 하여 중학교 영어 과목을 대상으로 수행평가 문항을 개발하면서 논술형 및 서술형 문항의 개발은 지양되었고, 주로 실기형 문항의 개발이 이루어졌다. 그 이유는 중학교 학생의 능력과 수준을 고려할 때 글을 조직하고 구성하는 표현 능력이나 논리적인 일관성 등의 능력을 평가하는 문항은 제한적일 수밖에 없기 때문이다. 그렇다고 해서 일반적인 논술형 문항에서 기대하는 학습자들의 창의적이고 논리적 능력을 실기형에서 기대하기가 어렵다는 의미는 절대 아님을 강조한다. 또한 언어 기능별로 구분하여 수행 평가 문항을 제작하였는데, 앞으로는 각 언어 기능의 분리보다는 통합 평가에 비중을 두는 평가 문항과 평가 척도 개발 연구가 있어야 함을 아울러 강조하고 싶다.

|참고문헌|

강성우. (2004). 어휘접근법(Lexical approach)에 관하여. 바른영어교육, (9).

교육인적자원부. (1998). 초등학교 교육과정 해설(V). 서울: 대한교과서주식회사.

김귀석. (1996). 쓰기지도와 평가. 바른영어교육, (3), (5).

김규현. (1996). 효과적인 영어말하기 학습을 위한 제언. ________, (3), (5).

김기화. (2002). 의사소통중심의 발음교육. ________, (7).

김남순. (1999). 영어교사를 위한 Team teaching 운영 방안. ________, (11)

김영미. (1996). 읽기지도와 평가. ________, (3), (5).

김은아. (2000). *영어 학습 전략 및 동기와 영어 성취도에 관한 연구*. 부산대학교 석사 학위논문

김은주. (2000). 영미문화의 효과적인 지도방법. 바른영어교육, (9).

______. (2005). 과업 중심접근법에 기초한 영어말하기 지도 방안. ________, (1), (3), (5).

김정렬. (2002). 영어 교육론. 서울: 한국문화사.

김혜련(1996). "초등영어교육에 있어 문화지도." 초등영어교육 NO 2. 210 - 228

문영인. (2005). 여러 가지 쓰기 활동. 바른영어교육, (1), (3), (5).

박기표. (2005). 듣기지도시리즈. ________, (7), (9), (11).

박상옥. (1985). 영어교육에 있어서 문화지도. 홍대논총, 17, 487-511.

변영계(2005). 교수 · 학습 이론의 이해. 서울: 학지사

송미정. (2002). 어휘연구의 최근 동향 및 효과적인 어휘교수법. 바른영어교육, (9).

송영자 (2002). 영어과 수행평가 문항개발. ________, (9)

신동일. (2001). 말하기 평가과제 및 문항작성의 실제. ________, (7).

______. (2001). ACTFL-SOPI 체제가 한국의 영어 말하기 평가 현장에 적용될 때 나타나는 문제점 과 현실적 대안. 영어교육, 56, 2.

______. (2003). 중등 영어말하기 현장에서 요구되는 새로운 평가 개념. 바른영어교육. (9).

신용진. (1985). 영어교육공학 I . 서울: 예지각.

______. (1999). 중등학교 수업연구 계획. 바른영어교육, (5)

유네스코 한국위원회 & 교육인적자원부. (2001), *CCAP 2001활동 보고서.*
유 범. (2002). 영어수업과 병행하는 문화교육. 바른영어교육, (5).
유호열. (2001). 효과적인 영작문 평가를 위한 문항 개발. ________, (6).
윤경자. (1996), 학습자 중심의 영어교수학습 방안. ________, (5)
이상빈, & Rothman, E. (1997). 꼭 알아야 할 English rules 250. 서울: 디자인하우스.
이상숙. (2004). 올바른 발음교육. 바른영어교육, (11).
이소영. (1999). 수행평가 시행 절차. ________, (9)
이영식. (2001). 영어읽기 시험문제 작성의 실제. ________, (7).
이옥주. (1998). *영어학습동기, 학습전략사용 및 학업성적간의 관계.* 계명대학교대교 박사학위 논문
이완기. (1998). 초등 영어 교육론. 서울: 문진 미디어.
이완기, 정용주, 신재철, 조경숙, 김재혁, 나기연, 고경석, 부경순, 김광수, 김영민. (1998). 초등 영어 지도법. 서울: 문진 미디어.
이완기, 차경환. (1999). 초등영어 문화교육의 내용과 지도방법 연구. 영어교육, 54(1), 327-372.
이정원. (2005). 영어읽기지도를 위한 활동과업. 바른영어교육, (11).
이효웅. (1999). *영어 학습 태도 동기 및 책략과 성취도와의 상관관계.* 경북대학교 박사학위논문.
진경애. (1998). 영어과 수행 평가의 방향. 바른영어교육, (10)
최연희. (1999). 영어 쓰기 교육론. 김영숙 외 6인 (공저), 영어과 교육론: 이론과 실제 (pp. 593-697). 서울: 한국문화사.
최연희, 김신혜. (2004). 영어 쓰기 교육론. 김영숙 외 5인 (공저), 영어과 교육론: 교과 지도법 (pp. 97-198). 서울: 한국문화사.
한국교육과정평가원. (2006, 12월). 영어교육 혁신 방안 공개 세미나 자료집. 서울: 한국교육과정평가 원.
한진석. (1991). 의사소통을 언어교수 학습을 위한 이론과 실제. 충남교육연수원교재 (1정 연수).
함순애. (1996). 듣기지도와 평가. 바른영어교육, (3), (5).
현태덕. (1998). 효과적인 어휘 지도 방안. ________, (10)
Alderson, C. (1984). Reading: A language problem or a reading problem. In Alderson & Urquhart (Eds.). Reading in a foreign language. London: Longman.
Asher, J. (1982). Learning Another Language Through Action: The Complete Teacher's Guidebook(2nd ed.) Los Gatos, Calif.: Sky Oakes Production.

Atkins, R. (1975). 'RP and English as a World Language, ' ITAL, 13, 1, 69-72.

Bahns, J. (1993). Lexical collocations: A contrastive view. ELT Journal, 7(1): 56-63.

Brazil, D. 1995. A grammar of speech. Oxford: Oxford University Press.

Brown, H. D. (2001). Teaching by principles (2nd ed.). White Plains, NY: Longman.

______. (2001). Teaching by principles. White Plains, NY: Longman.

______. (2001). Teaching by principles: An interactive approach to language pedagogy (2nd ed.). White Plain, NY: Addison Wesley Longman.

______. (2000). *Principles of language learning and teaching.* (4th ed.). NY: Pearson Education.

______. (2000). Principles of language learning and teaching (4rd ed.). Englewood Cliffs, NJ: Prentice Hall Regents.

______. (1994). Teaching by principles. Englewood Cliffs, NJ: Prentice Hall Regents.

Brown, G. & Yule. G. (1983). discourse analysis. Cambridge Univ. Press.

Buck, G. (2001). Assessing listening. Cambridge University Press.

Bygate, M. (1999). Task as context for the framing, reframing and unframing of language, System, 27, 33-48.

Byrne, D. (1988). Teaching writing skills (New ed.). London: Longman.

______. D. (1986). Teaching oral English. Harlow: Longman.

Cambourne. (1979). Natural learning Model. London: Longman

Canale, M., & Swain, M. (1980). Theoretical bases of communicative approaches to second language teaching and testing. Applied Linguistics, 1, 1-47.

Carrasquillo, A. L. (1994). Teaching English as a second language. NY: Garland Publishing Inc.

Carroll, B. J. (1972). Defining language comprehension. In R. O. Freedle, & Carroll, B. J. (Eds.), Language comprehension and the acquisition of knowledge. New York: John Wiley and Sons.

Chastain, K. (1988). Developing second-language skills: Theory and practice (3rd ed.). Orlando, FL: Harcourt Brace Jovanovich, Inc.

______. K. (1971). The development of modern language skills. Philadelphia: CCD.

Choi, Y. H. (2002). FACETS analysis of effects of rater training on secondary school English teacher's scoring of English writing. Journal of The Applied Linguistics Association of Korea, 18(1), 257-292.

______. H. (2000). Effects of writing test tasks on learner performance and rating. English Teaching, 55(3), 217-245.

Coady, J. and Huckin, T. (1997). Second language vocabulary acquisition. Cambridge University Press.

Craik, F. & Lockhart, R. (1972). Levels of processing: A framework for memory research. Journal of Verbal Learning & Verbal Behavior, 11, 671-684

Crystal, D. (1995). The Cambridge encyclopedia of the English language. New York: Cambridge University Press.

Cumming, A. (1989). Writing expertise and second language proficiency. Language Learning, 39, 81-141.

Cummins, J. (1981). The role of primary language development in promoting educational success for language minority students. In Office of Bilingual Bicultural Education, California State Department of Education (Ed.), Schooling and language minority students: A theoretical framework (pp. 3–49). Los Angeles, CA: Evaluation, Dissemination and Assessment Center, California State University at Sacramento.

Davies, A. (1978). “Language Testing, ' Survey Article in Language Teaching Linguistics: Abstracts, 11, 3 & 4, 14.

Dornyei, Z. (2001a). Motivational strategies. Cambridge University Press.

______. (2001b). t*eaching and researching motivatin.* Longman

Dubin, F., Eskey, D. E., & Grabe, W. (1986). Teaching second language reading for academic purposes. Reading, MA: Addison-Wesley Publishing Company.

EBS 교육방송. (1999). TV 영어회화 (12월호). 서울: 홍익미디어.

Eisterhold, J. C. (1990). Reading-writing connections: Toward a description for second language learners. In B. Kroll (Ed.), Second language writing: Research insights for the classroom (pp. 88-101). Cambridge: Cambridge University Press.

Ellis, R. (2003). Task-based language learning and teaching. Oxford: Oxford University Press.

______. (1985). Understanding second language acquisition. Oxford: Oxford University Press.

Eskey, D. E., & Grabe, W. (1988). Interactive models for second language reading: Perspectives on instruction. In P. L. Carrell, J. Devine, & D. E. Eskey (Eds.), Interactive approaches to second language reading (pp. 223-238). NY: Cambridge

University Press.

Eskey, D. (1983) Meanwhile, back in the real world: Accuracy ad fluency in second language teaching. TESOL Quarterly, 17, 315-323

Ferris, D., & Hedgcock, J. C. (1998). Teaching ESL composition: Purpose, process, and practice. Mahwah, NJ: Lawrence Erlbaum.

Gardner, R., &Lambert, W. (1972). *Attitude and motivation in second language learning.* Rowley: Newbury House.

Gieve, S. (1999). Learning the culture of language: Intercultural communication and second and foreign language learning. The IATEFL Newsletter. Issue 18.

Ginsberg, M. B., & Wlodkowski, R. J. (2000). Creating highly motivating classrooms for all students. San Francisco: Jossey Bass.

Glaser, R. (1962). Psychology and Instructional Technology. Training Research and Education. Edited by Glaser, R. Pittsburgh: University of Pittsburgh Press.

Goodman, K. (1967). Reading: A psycholinguistic guess game. Journal of the Reading Specialist, May, 126-135.

Groot, P. (1975). Testing communicative competence in listening comprehension. In R. L. Jones, & B. Spolsky (Eds.), Testing language proficiency. Arlington, Virginia: Center for Applied Linguistics.

Gough, P. B. (1972). "One Second of Reading, " in Kavanagh and Mattingly, 331-358

Hadfield, J., & Hadfield, C. (1999). Simple speaking activities. Oxford: Oxford University Press.

Hammond, J. (1987). Oral and written language in the educational context. Paper presented at the 8th World Congress of Applied Linguistics, Sydney University.

Harris, D. (1969). Testing English as a Second Language, New York: McGraw Hill Book.

Hedge, T. (1988). Writing (Resource books for teachers). Oxford: Oxford University Press.

Hess, N. (2001). *Teaching Large Multilevel Classes.* Cambridge University Press.

Hill, J. and Lewis, M. (1999). LTP dictionary of selected collocations. Hove, England: Language teaching Publications.

Hinds, J. (1987). Reader versus writer responsibility: A new typology. In U. Connor &R. B. Kaplan (Eds.). Writing across language: Analysis of L2 tex. (pp. 141-152). Reading, MA: Addison-Wesley.

Hosenfeld, C., Arnold, V., Kirchofer, J., Laciura, J., & Wilson, L. (1981). Second language reading: A curricular sequence for teaching reading strategies. Foreign Language Annals, 14, 415-422.

http://www.kbsgmp.co.kr/tips/recipe (April 20, 2000.)

http://www toefl. org/cbscrsvc.html. Test scores and scoring Services for the computer-based TOEFL test.

http://www toefl. org/cbscrsvc.html. Writing Topics.

Hughes, A. (1989). Testing for language teachers. Cambridge: Cambridge University Press.

Hulstijn, J. H. (1993). When do foreign-language readers look up the meaning of unfamiliar words? The influence of task and learner variables. The Modern Language Journal, 77, 139-147.

Hyland, K. (20032). Second language writing. Cambridge: Cambridge, University Press.

Hymes, D. (1972). "The Ethnography of Speaking", pp. 13 - 53 in Gladwin, T. & Sturtevant, W.C. (eds), Anthropology and Human Behavior, The Anthropology Society of Washington, (Washington).

Hyun, Taeduck. (2004). "Improving communicative ability through English collocations". Presented at 'the 2004 Conference on English Education, Linguistics, Literature and Education' hosted by the Department of English, Keimyung University, Korea.

Jacoby, L. L., Craik, F. I. M., & Begg, I. (1979). Effects of decision difficulty on recognition and recall. Journal of Verbal Learning and Verbal Behavior, 18, 585-600.

Kaplan, R. B. (1966). Cultural thought patterns in intercultural education. Language Learning, 16, 1-20.

Klippel, F. (1984). Keep talking: Communicative fluency activities for language teaching. Cambridge: Cambridge University Press.

Klopf, D. W. (1995). Intercultural encounters: The fundamentals of intercultural communication (3rd Ed.). Englewood, CO: Morton Publishing Company.

Korea Unesco Cultural Exchange Services. (2001). *CCAP participant's handbook.*

Kosofsky, D. (1987). Common problems in Korean English. Seoul: Foreign Languages Center.

Krashen, S. D., & Terrell, T. D. (1983). The natural approach: Language acquisition in the classroom. Hayward, CA: The Alemany Press.

Lado, R. (1961). Language testing: The construction and use of foreign language tests. London: Longman.

Laufer, B., &: Shmueli, K. (1997). Memorizing new words: Does teaching have anything to do with it? RELCjournal28 (1), 89-108. Prince, P (1995). Second language vocabulary learning: The role of context versus translations as a function of proficiency. Modern Language journal, 80 (4), 478-493.

Lea, D. (Ed). (2002). Oxford collocations dictionary for students of English. Oxford University Press.

Lee, J. (1994). Language proficiency in foreign language reading: A study of Korean students. Seoul: Hanshin Publishing Co.

Lee, J. & Schallert, D. L. (1997). The relative contribution of L2 language proficiency and L1 reading ability to L2 reading performance: A test of the threshold hypothesis in an EFL context. TESOL Quarterly, 31(4), 713-739.

Lee, Eunjoo. (2004). "A study on effective ways of teaching vocabulary." MA Thesis. Andong National University, Korea.

Lee, In. (2000). Teaching/Learning English Through English, ________, (5)

Lee, Wonjin. (2003). "Teaching and learning materials by Lexical Approach to improve English communicative ability". The 34th Korea National Exhibition for Educational Materials.

Levine, D. R., Baxter, J., & McNulty, P. (1987). The culture puzzle. Englewood, NJ: Prentice-Hall Inc.

Lewis, M. (ed.) (2000). Teaching collocation: Further developments in the lexical approach. London: Language Teaching Publications.

______. (1997). Implementing the lexical approach. London: Language Teaching Publications. The study referred to the book reprinted in 2001 by Language Teaching Publications.

______. (1993). The lexical approach. London: Language Teaching Publications. The study referred to the book reprinted in 2002 by Heinle, a part of Thomson Corporation.

Littlewood, W. (1981). Communicative language teaching. Cambridge: Cambridge University Press.

Long, M. (1989). Task, group, and task-group interactions. University of Hawaii

Working Papers in ESL, 8, 1-26.
Lund, R. J. (1990). A taxonomy for teaching second language listening. Foreign Language Annals, 23(2), 105-115.
Lynch, T. (1996). Communication in the language classroom. Oxford: Oxford University Press.
Mc Donough, J., & Shaw, C. (2003). Materials and methods in ELT: A teacher's guide (2nd ed.). Oxford: Blackwell.
Mc Kay, S. L. (1992). Teaching English overseas: An introduction. Oxford: Oxford University Press.
Mc Keown, K. and Radev, D. 2000. "15. Collocations." In Robert Dale, Hermann Moisl, and Harold Somers, editors, A Handbook of Natural Language Processing. Marcel Dekker, 2000. perun.si. umich. edu/ -radev/papers/handbook00.pdf.
Morley, J. (1991). Listening comprehension in second/foreign language instruction. In M. Celce-Muricia (Ed.), Teaching English as a second or foreign language (2nd ed.) (pp. 81-106). MA: Heinle & Heinle Publishers.
Nation, I. (2001). Learning vocabulary in another language. Cambridge University Press.
Nation, P. and Newton, J. (1997). "Teaching vocabulary." In Coady and Huckin (eds.), Second language vocabulary acquisition. Cambridge University Press.
Nunan, D. (1991). Language teaching methodology: A textbook for teachers. Englewood Cliffs, NJ: Prentice Hall Regents.
Nuttall, C. (1996). Teaching reading skills in a foreign Language. Cambridge: Cambridge University Press.
______. C. (1996). Teaching reading skills in a foreign language (new ed.). London.
Oakeshott, T. J. (1977). Information redundancy, and listening comprehension. In R. Dirven (Ed.), Horverstandnis im Fremdsprachenunterricht. Listening comprehension in foreign language teaching. Kronberg/Ts.: Scriptor.
Oller, J. W. Jr. (1971). Dictation as a device for testing foreign language proficiency. English Language Teaching, 25(3), 254-259.
Omaggio Hadley, A. (2001). Teaching language in context. (3rd Ed.). Boston, MA: Heinle & Heinle.
______. (1993). Teaching language in context. Boston, MA: Heinle & Heinle.
Paribakht, T. S., & Wesche, M. (1997). Vocabulary enhancement activities and reading for meaning in second language vocabulary development. In J. Coady & T. Huckin

(Eds.). Second language vocabulary acquisition: A rationale for pedagogy (pp. 174-200). Cambridge: Cambridge University Press.

Paulston, C. B., &Bruder, M. N. (1976). Teaching English as a second language: Techniques and procedures. Boston: Little, Brown, and Company.

Pennycook, A. (1994) . The cultural politics of English as an international language. London: Longman.

Pienemann, M. (1984). Psychological constraints on the teachability of language. Studies in Second Language Acquisition, 6, 186-214

Pressley. M, Levin, J. R. and Delaney, H.D. (1982). The Mnemonic keyword method. Review of Educational Research. 52(1), 61-91.

Puente, J. C. V. (1997). Different Views on Sociocultural Competence. The IATEFL

Raimes, A. (1983). Techniques in teaching writing. Oxford: Oxford University Presss.

Read, John. (2000). Accessing vocabulary. Cambridge University Press.

Richards, J. C., Gordon, D., & Harper, A. (1995). Listen for it. Oxford: Oxford University Press.

Richards, J. C., & Rodgers, T. S. (1986). Approaches and methods in language teaching. NY: Cambridge University Press.

Richards, J. C. (1990). The language teaching matrix. NY: Cambridge University Press.

______. (1983). Listening comprehension: approach, Design, Procedure, TESOL Quarterly, 17(2). 219-238.

______. (1976). "The role of vocabulary teaching." TESOL Quarterly 10, 77-89.

Rinvolucri, M. & Davis, P. (1995) More grammar games. New York, NY: Cambridge University Press

Rivers, W. M. (1981). Teaching foreign language skills. Chicago: The University of Chicago Press.

______. (1981). Teaching foreign language skills (2nd ed.). Chicago: University of Chicago.

Rivers, W. M. & Temperley. M. S. (1978). Communication in Language Chicago: The University of Chicago.

Rosenblatt, L. M. (1996). The Reader, the Text, the Poem: The Transactional Theory of the Literary Work. Southern Illinois University Press.

Rost, M. (2002). Teaching and researching listening. Cambridge: Cambridge University Press.

Rousseau, J. J. (2004). The Confessions Of J. J. Rousseau. "Lightning Source Inc
Saragi, T., Nation, I. S. P., & Meister, G. F. (1978). Vocabulary learning and reading. System, 6, 72 - 78.
Scarcella, R., & Oxford, R. (1992). The tapestry of language learning. Boston, MA: Heinle & Heinle.
Schmitt, N. (2000). Vocabulary in language teaching. Cambridge University Press.
Seelye, H. N. (1984). Teaching culture: Strategies for intercultural communication. Lincolnwood, IL: National Textbook Company. Tomalin, B., & Stempleski,
Shannon. C. E. & Weaver W. (1963). The Mathematical Theory of Communication. Univ. of Illinois Press.
Silva, T. (1993). Towards an understanding of the distinct nature of L2 writing: The ESL research and its implications. TESOL Quarterly, 27, 657-677.
Sinclair, J. (1991). Corpus, concordance, collocation. Oxford: Oxford University Press.
Skehan, P. (1998). A cognitive approach to language learning. Oxford: Oxford University Press.
Spandel, V., & Stiggins, R. J. (1990). Creating writers. New York: Longman.
______. (1990). Creating writers. New York: Longman.
Test scores and scoring Services for the computer-based TOEFL test. http://www toefl. org/cbscrsvc.html. Writing Topics. http://www.toefl.org/cbscrsvc.html.
______. (1990). Creating writers. New York: Longman.
Spolsky, B. (1971). Reduced redundancy as a language testing tool. In G.E. Perren and J. L. M. Trim (Eds.), Applications of linguistics. Cambridge: Cambridge University Press.
Stahl, S. A., & Fairbanks, M. M. (1986). The Effects of Vocabulary Instruction: A Model-Based Meta-Analysis. Review of Educational Research, 56(1), 72-110.
Stanovich, K. E. (1981). Attentional and automatic context effects in reading. In A. Lesgold and C. Perfetti (Eds.), Interactive processes in reading (pp. 241-267). Hillsdale, NJ: Erlbaum Associates.
______. K. E., &West, R. F. (1981). The effect of sentence context on ongoing word recognition: Tests of a two- process theory. Journal of Experimental Psychology: Human Perception and Performance, 7, 658-672.
______. K. E. (1980). Toward an interactive-compensatory model of individual differences in the development of reading fluency. Reading Research Quarterly,

16, 32-71.

Taylor, M. G. (1980). Songs as a linguistic and cultural resource in the intermediate Italian class. Foreign Language Annals 6. 465-469.

Tierney, R. J., &Pearson, P. D. (1985). New priorities for teaching reading. Learning, 13, 14-17.

Tribble, C. (1996). Writing (Language teaching: A scheme for teacher education). Oxford: Oxford University Press.

Tyler, S. W., Hertel, P.T., McCallum, M. C. and Ellis, H. C. (1979). Cognitive effort and memory. Journal of Experimental Psychology: Human Learning and Memory, 5, 607-617

Valette, R. (1977). Modern language testing. New York, NY: Harcourt Brace Jovanovich.

Via, R. (1972). 'English through Drama.' English Teaching Forum July-August.

White, R. V. (Ed.) (1995). New ways in teaching writing. Virginia: TESOL.

Widdowson, H. (2003). Defining Issues in English Language Teaching. Oxford University Press.

Wilkins, D. (1972). Linguistics in Language Teaching. London: Edward Arnold.

Willis, J. (1996). A framework for task-based learning. Harlow: Longman.

______. (1990). The lexical syllabus. London: Collins COBUILD.

Willis, J., & Willis, D. (1996). Challenge and change in language teaching. Oxford: Heinemann.

Writing Topics. http://Brown, H. D. (1994). Principles of language learning and teaching. Englewood Cliffs, NJ: Prentice Hall Regents.

Wohl, M. (1978). Techniques for writing: Composition. Rowley, MA: Newbury House.

Wolff, D. (1994). New approaches to language teaching: An overview. Trinity College, Dublin 2: Ireland Center for Language and Communication Studies.

Zahorik, J. (1986). Acquiring teaching skills. Journal of Teacher

Zamel, V. (1983). The composing processes of advanced ESL students: Six case studies. TESOL Quarterly, 19, 79–101.

Zimmerman, C. (1997). "Historical trends in second language vocabulary instruction." In Coady and Huckin (eds.), Second language vocabulary acquisition. Cambridge University Press.

|부록|

I. 교육과정 변천

1. 7차 교육과정(1997 ~ 2007)

7차 교육과정은 1997년 12월 30일에 교육부 고시 제1997-15호로 고시된 교육과정이다. 국민공통 기본 교육과정과 고등학교 선택 중심 교육과정으로 구성되는 것이 특징이며, 교육내용과 방법을 진로와 적성에 맞게 다양화 하고 교육내용의 양과 수준을 적정화하여 심도 있는 학습을 할 수 있도록 함을 방침으로 하여 구성되었다.

7차 교육과정은 초등학교 1학년부터 고등학교 1학년까지의 10년간을 국민공통 기본교육기간으로 삼아 연계된 교육과정을 운영하며 고등학교 2, 3학년(11, 12학년)은 선택중심 교육과정을 운영하여 10년간의 공통 교육기간, 2년간의 선택 교육기간을 설정하고 있다.

이 교육과정은 학교 급별, 학년별로 다음과 같이 시행한다.

2001년 3월 1일: 초등학교 3, 4학년, 중학교 1학년

2002년 3월 1일: 초등학교 5, 6학년, 중학교 2학년, 고등학교 1학년

2003년 3월 1일: 중학교 3학년, 고등학교 2학년

2004년 3월 1일: 고등학교 3학년

7차 교육과정 이후로는 수시 개정을 통해 교육과정을 개정하기로 하였다.

2. 2007 개정 교육과정(2007 ~)

2007 개정 교육과정은 종전까지 전면개정으로 이루어졌던 대한민국 교육과정 개정 체제를 <수시개정 체제>로 바꾼 뒤 개정된 4번째 교육과정이다. 2007년 2월 28일에 교육인적자원부 고시 제2007-79 호로 고시된 교육과정이다.

이 교육과정에서는 초등학교 3, 4학년의 과학 교과서를 새로 만들었으며, 초등학교 영어 수업 시간을 증대시켰다. 또한 중학교 1학년의 수학 교과서와 영어 교과서에서 <단계형을 없애> 통합하였으며, 수학은 수학과 수학 익힘책, 영어는 <영어>와 <English Activities>로 교과서를 나누었다.

이 교육과정은 학교 급별, 학년별로 다음과 같이 시행한다.

2010년 3월 1일: 초등학교 3, 4학년, 중학교 1학년

2011년 3월 1일: 초등학교 5, 6학년, 중학교 2학년, 고등학교 1학년

2012년 3월 1일: 중학교 3학년, 고등학교 2학년

2013년 3월 1일: 고등학교 3학년

단, 수학과 및 외국어과(영어)의 교육과정은 교육인적자원부 고시 제2006-75호(2006. 8. 29)에 의거하여 다음과 같이 시행한다.

2009년 3월 1일: 초등학교 1, 2학년, 중학교 1학년, 고등학교 1학년

2010년 3월 1일: 초등학교 3, 4학년, 중학교 2학년, 고등학교 2학년

2011년 3월 1일: 초등학교 5, 6학년, 중학교 3학년, 고등학교 3학년

3. 2009 개정 교육과정

2009 개정 교육과정은 <학교 자율성과 창의성을 강화하는 방향>으로의 개정을 목표로 하고 있다. 종전까지 미래형 교육과정으로 불렸으나 현재는 2009 개정 교육과정으로 명칭을 바꾸었다.

이 교육과정에서는 학기당 <이수과목을 최대 5과목> 줄이고 <교과 집중이수제>를 도입해 예·체능 등의 과목을 특정 학기에 몰아서 수업하며 학교 자율에 따라 교육과정을 20% 범위 내에서 증감 운영할 수 있게 할 예정이다.

이 교육과정은 학교 급별, 학년별로 다음과 같이 시행한다.

2011년: 초등학교 1, 2학년, 중학교 1학년, 고등학교 1학년

2012년: 초등학교 3, 4학년, 중학교 2학년, 고등학교 2학년

2013년: 초등학교 5, 6학년, 중학교 3학년, 고등학교 3학년

가. 2009 개정 교육과정에서는, 초등학교 통합교과와 고교 선택 과목의 일부를 제외하고는, 2007년 개정 초·중등학교 교과 교육과정과 교과서를 적용함.

나. 초등학교 1, 2학년 통합 교과와 과학, 체육은 2013학년도부터 적용함.

다. 이미 개발된 2007 개정 고등학교 교육과정에서의 1학년 '국민공통기본' 교과와 2, 3학년 선택 과목의 교육과정은 2011년 이후에도 적용함. 단, 국어, 사회(도덕), 과학과의 선택 과목은 현재 연구·개발 중에 있는 2009 개정 교육과정을 적용함

II. 영어과 교육과정 개정 배경

2007년 개정 교육과정은 전면 개정이 아닌 수시 개정으로 처음 제시되는 교육과정으로 지식 정보화, 다매체·다문화 등 사회 변화에 따른 사회적·개인적 요구를 충실히 반영하고 의사소통 능력 제고를 위하여 효율적인 교수·학습 방법, 평가 방법 도입 및 제7차 영어과 교육과정 시행의 문제점 개선이 영어과 교육과정의 주요 개정 배경이다. 개정의 방향은 다음과 같다. 첫째, 학생 중심 교육과정 구현을 위하여 현실 적합성을 제고한 수준별 수업 운영지원 방안을 제시하고, 선택 과목 간 수준별 차별화로 학습자의 진로와 특성(능력, 적성, 소질)을 고려한다. 다양한 학습 기회를 제공하며 학습자의 요구를 반영한 교과목 및 교육 내용 설계를 강조하였다. 둘째, 학습 내용의 연계성 강화를 위하여 학교 급 및 학년 간 교육내용의 연계성을 강화하고 선택과목 간에 진로별 특성을 반영한 계열성을 강화하였다. 셋째, 의사소통 능력 향상을 위하여 교육과정의 '의사소통 기능' 및 '문화'관련 교육내용을 구체화 및 강화하고' 교수·학습 방법' 및 '평가'관련 내용을 개선하였다.

제7차 교육과정의 수정·보완을 원칙으로 하되 현실에 적합한 수준별 수업이 가능하도록 하기 위한 교육과정 차원에서의 개선 방안 모색 및 학습내용 적정화의 도모 등이 교육과정 개정의 주요 배경이라고 할 수 있다.

개정 영어과 교육과정의 개정 방향 및 중점으로는 첫째, 영어교육과 관련해서 그동안 교육현장에서 개선요구가 많았던 부분에 대한 수정·보완과 함께 현장적용에 무리가 있는 부분을 개선하였다. 둘째, 교육현장과 밀착된 수준별 수업체제를 구축하기 위하여 교육과정 차원에서 현장적용이 어려웠던 단계형 수준별 교육과정의 내용을 삭제하였다. 아울러 국민공통기본 교육과정의 취지에 맞도록 영어과 교육과정의 주요 내용인 성취기준에 있어서 심화과정내용을 삭제하고 모든 학생이 알아야 할 기본학습내용만 제시하였다. 또한 수준별 수업의 운영지침으로서 수준별 수업을 시행하는 데 있어서 요구되는 운영 방법, 교재, 평가 등 중요한 요소를 '교수-학습 방법'에서 제시하였다. 셋째, 학습요소 간 연계성 및 위계성을 강화하기 위해 성취기준의 난이도 수준을 고려하여 학습 수준을 조정하고 네 기능 간의 연계와 학년간의 연계성을 조정하였다.

제7차 교육과정 시행 이래 축적된 영어과 교육과정에 대한 이론적 연구 및 현장 적용 실태분석 결과와 쟁점사항에 대한 교육과정 기초연구를 바탕으로 현실 여건에 맞는 교육과정을 수립하기 위하여 설정한 영어과 교육과정의 주요 개정내용은 다음과 같다. 우선, 영어과 교육과정의 성격에 있어서 영어교육 관련 환경, 영어의 필요성, 교육내용, 교육방법 등을 언급하고, 수준별 학습에 관한 내용을 학교나 교실상황에 적절하게 적용할 수 있도록 진술하였다.

주요 개정내용은 문자 언어 도입 시기를 초등 4학년에서 3학년 2학기로 조정하고 초등 문자 도입과 관련된 항목을 재조정하되 문자언어 수준은 제7차 교육과정의 수준을 유지하였다. 또한,

중등영어의 성취기준을 학년단위로 통합하고 그 위계를 조정하였다. 구체적으로는 성취기준을 전반적으로 하향 조정하고 심화-기본과정으로 구분된 내용을 통합-조정하였다. 한편, 표현기능(말하기, 쓰기) 성취기준을 우리나라 영어교육 여건을 고려하여 이해기능(듣기, 읽기)보다 하향 조정하였다. 교수·학습 방법에 있어 수준별 학습과 관련된 내용을 명료화하고 정보통신기술(ICT) 활용 방안을 강조하였다. 또한, 평가에 있어서 평가의 계획에서 활용까지를 '평가 지침'으로 제시하고 또한, 평가를 통한 교수·학습의 효과를 높이기 위한 목적으로 '평가 상의 유의점'을 제시하였다.

문화를 '소재' 항목에 통합하여 교과서 집필 시 문화가 포함된 소재를 참고하여 교과서 내용을 집필할 수 있도록 [별표1]의 '소재' 항목에 문화 관련 항목을 포함시켰다. '의사소통기능과 예시문'에서 담화특성 의사소통 상황 등을 고려하여 의사소통 기능 분류를 조정하고 누락된 내용을 보충하였으며 예시문의 제시 방식을 보완하였다. 이원적 담화값(binary discourse values)을 고려하여 대화에서 인접쌍(adjacency pairs)이 될 수 있도록 수정·보완하였으며 어휘에서는 '기본 어휘 관련 지침'을 명료하게 개선하고 기본 어휘 목록은 광범위한 자료를 참고하고 다양한 기준을 적용하여 기본 어휘 선정의 정당성 확보에 주력하였다.

문서 체제는 제7차 교육과정에서 각과 공통체제였던 '성격', '목표', '내용', '교수·학습 방법', '평가'의 체제를 그대로 유지하였고, '소재', '의사소통 기능 및 예시문', '기본 어휘 관련지침 및 어휘 목록', '의사소통에 필요한 언어 형식'을 부록으로 제시하였다. 영어과 교육과정의 내용을 구성하는 하위 항목의 순서 배열과 선정에 대한 기준은 제7차 영어과 교육과정을 참조하였고 영어과 교육과정의 개정 방향과 영어과 교육 이론에 근거한 모형을 바탕으로 제7차 교육과정과 동일한 체제를 유지하였다고 볼 수 있다.

개정 교육과정에서의 문서 체제의 변화는 다음과 같다. 첫째, 단계형 수준별 교육과정에서 '단계'를 삭제하고 '학년' 용어를 사용하였다(중학교 1학년~고등학교 1학년). 둘째, 교육목표 제시 방식을 변경하여 10학년 고등학교 1학년 도착점 교육목표만 제시하던 것을 총괄목표 아래 초등학교와 중등학교 목표를 분리하여 별도로 제시하였다. 셋째, 교수·학습방법에서 수준별 수업 항목을 신설하여 수준별 학급 편성 방법, 교재, 교수·학습 방법에 관한 지침을 제시하였다. 넷째, 평가 부분에서 '가. 심화·보충형 수준별 교육과정'과 '나. 단계형 수준별 교육과정'으로 구분되었던 항목을 '가. 평가지침'과 '나. 평가 상의 유의점'으로 변경하여 제시하였다.

III. 영어과 교육과정 개정의 중점

1. 성격

제7차 교육과정에서는 '영어가 국제적으로 가장 널리 쓰이고 있는 '언어'임을 천명하고 '세계의 흐름에 동참'하여 국가와 사회발전에 기여하고 '세계인으로서 질 높은 문화생활을 하기 위해서 영어로 의사소통할 필요가 있음'을 역설하였다(교육부 1997). 이번 개정 교육과정에서는 우리나라 영어교육 환경의 급격한 변화를 반영하여 영어를 국제어 개념으로 사용하였다. 또한, 영어교육의 목표도 원어민(native speaker)이 아니라 문화 간 화자(intercultural speaker)의 수준으로 설정하였다. 따라서 급변하는 사회 문화적 환경 속에서 영어가 국제적인 의사소통으로 가장 유용한 언어이며 다양한 모국어를 가진 사람들 간에 의사소통을 가능하게 하고 유대를 맺게 하는 역할을 한다는 것을 강조함으로써 영어의 중요성을 강조하였다. 또한, 중학교에서의 영어 간 운영과 관련하여 단계형 수준별 교육과정이라는 용어가 삭제되고 대신 수준별 수업의 운영 원칙이 제시되었다. 즉, 학생 개개인의 학습 능력 차이를 고려하여 수준별 수업을 운영하되 학교 사정을 감안하여 수준별 이동수업이나 동일 학급 내에서의 수준별 수업을 실시하도록 하고 이를 위한 수준별 학습 활동 과정의 예시 등을 진술하였다.

2. 목표

제7차 교육과정의 '목표'는 해당 교과를 통해 궁극적으로 달성해야 할 교과 목표를 학습자 중심으로 제시한 것으로 인지적, 정의적, 행동적 발달의 여러 특성을 균형 있게 반영하되 포괄적인 의미를 지니도록 하였다. 이에 따라 교과 총괄 목표는 교과 교육을 통하여 10단계를 이수하였을 때 학습자가 성취해야 할 최소 필수 수준의 성취 능력을 중심으로 제시되었다. 그러나 제7차 교육과정의 영어과 목표가 학교 급별 구분이 아니라 총합적으로 10단계로 제시된 것과 관련하여 초·중등학교 교사 및 전문가 집단을 대상으로 실시한 실태조사 결과를 바탕으로 개정 교육과정에서는 총괄 목표와 학교 급별 목표로 분리하여 제시하였다. 즉, 교과 총괄 목표 아래 초등 목표와 중등 목표를 분리하여 제시하였다.

영어교과 총괄 목표는 '일상생활에 필요한 영어를 이해하고 사용할 수 있는 기본적인 의사소통 능력을 기른다. 아울러 외국 문화를 올바르게 수용하여 우리 문화를 발전시키고 외국에 소개할 수 있는 바탕을 마련한다.'로 설정하였다. 그 하위 목표로 '평생 학습자로서 영어에 대한 지속적인 흥미와 자신감을 얻는 바탕을 마련하고 일상생활과 일반적인 화제에 관하여 의사소통할 수 있는 기본 능력을 기르며 외국의 다양한 정보를 이해하고 이를 활용할 수 있는 능력을 기르고 외국 문화를 이해함으로써 우리 문화를 새롭게 인식하고 올바른 가치관을 기른다.'를 설정하였다.

초등학교 영어는 '영어에 대한 흥미와 관심을 가지고 일상생활에서 사용하는 기초적인 영어를 이해하고 표현하는 능력을 기르는 것'이 목표이며, 중등학교 영어에서는 '초등학교에서 배운 영어를 토대로 일상생활과 일반적인 주제에 관하여 기본적인 영어를 이해하고 사용할 수 있는 능력을 기르는 것'을 목표로 설정하였다. 또한 초·중등의 학교 급별로 하위 항목을 두어 초·중등 각각의 학교 급에서의 기준 설정이 용이하도록 하였다.

3. 내용

개정 교육과정은 제7차 교육과정의 내용 제시 지침을 준용하여 '내용'을 '내용 체계'와 '학년별 내용'인 '학년별 성취기준'으로 구분하여 제시하였다. 개정 교육과정의 주요 특기사항 중 하나는, 초등학교에서 문자언어 도입 시기를 1학기 앞당긴 것이다. 제6차 및 제7차 교육과정에서 초등학교 영어교육은 기본적인 의사소통 능력을 함양하는 것을 목표로 음성언어 중심으로 이루어지며 문자언어는 음성언어를 이해하기 위한 보조 수단으로 기능하도록 구성되었다. 이에 따라 문자언어가 음성언어보다 1년 늦게 도입되었다. 이러한 체제에 대해서는 그동안 학계 및 학교 현장에서 지속적인 찬반 논의가 있어 왔다. 즉, 우리나라의 영어교육 여건 상 문자언어의 강조로 인한 영어교육의 폐해를 방지했으며 문자언어를 강요하지 않고도 의사소통 위주의 영어교육 가능성을 실현했다는 긍정적 측면에 대한 주장뿐만 아니라 초등학교 단계에서의 문자 언어의 부자연스러운 지연이 영어학습의 효율성을 낮추기 때문에 문자언어를 조기 도입해야한다는 그 반대의 주장도 계속해서 있어 왔던 것이다. 이처럼 문자언어 도입과 관련한 많은 논란 속에서 문자언어가 조기 도입 될 경우 학생들의 영어 학습 부담과 음성언어 교육의 상대적 위축, 영어 사교육의 확산 등의 문제가 발생할 수 있다는 점이 결국에는 더 큰 비중으로 고려될 수밖에 없었다. 이에 개정 교육과정에서는 문자언어 학습의 지연에 따른 영어학습 상의 비효율적 측면을 반영하되 현실적인 측면 즉, 개정 교육과정에서도 영어 교과는 제7차와 동일한 수업 시수 체제로 운영됨을 고려하여 초등학교 문자언어 도입 시기와 최종 목표를 수정, 보완하였다. 즉, 문자언어의 도입 시기를 4학년에서 한 학기 앞당겨 3학년 2학기에 실시하되, 다만 음성언어를 이해하기 위한 소극적인 도입으로 한정하였다.

가. 소재

제7차 교육과정에서 부각된 '문화' 요소가 실제 교과서나 교수·학습과정에서 제대로 반영되지 못했던 점을 고려하여 개정 교육과정에서는 문화 요소를 보다 강화하였다. 타문화권 사람들의 다양한 의사소통 방식과 그에 관련된 생활 방식을 이해함으로써 영어로 사람들과 의사소통을 할 수 있는 능력을 기르는 것이 외국어 교육의 궁극적인 목표라는 시각을 보다 명확하게 반영하는 것이 필요했기 때문이다. 문화 요소를 강화하기 위한 방안으로는 첫째, 문화교육과 언어교육을 분리하지 않고 소재 항목에 문화를 통합·제시함으로써 교과서를 집필할 때 각 단원의 언어활동에 자연스럽게 문화가 소재에 포함되도록 하였다. 이를 통해 교과서를 집필 할 때 반영할 수 있는 소재 항목이 더욱 다양해지고 수업에서 자연스럽게 문화를 학습할 수 있게 하였다. 둘째, 문화에 관련된 항목을 언어적, 비언어적 의사소통 방식, 생활양식으로 분리하여 소재 항목에 포함시켰는데, 우선 언어적, 비언어적 의사소통 방식의 경우 영어 문화권에서 사용되는 언어적·비언어적 의사소통 방식을 이해하는 것은 적절한 의사소통 활동을 하는 데 매우 유용하기 때문에 소재 항목에 포함시킨 것이다. 또한, 제7차 교육과정의 언어 재료 중 문화 항목으로 제시된 '의사소통에 필요한 영어권의 생활양식과 언어문화'는 너무나 광범위하여 실제 교사들이 수업 시간에 효율적으로 활용하기는 어려웠다. 따라서 의사소통 방식과 관련된 생활양식과 언어문화에 관련된 내용으로 범위를 좁혀 목적에 맞는 의사소통 방법을 사용할 수 있도록 하였다.

한편, 제7차 교육과정에서 문화 교육이 제대로 실현되지 못한 이유는 문화와 영어교육이 분리되어서 마치 영어교육에 문화 요소가 부가적으로 얹혀있는 것 같이 인식되었기 때문이었다. 이에 따라 개정 교육과정에서는 문화와 관련된 학습 목표가 교과서에 분명히 제시되도록 하고 학습자의 연령에 맞는 문화적 내용과 학습 활동이 교과서 및 교수·학습활동에 제시되도록 하였는데, 이것이 바로 문화 요소를 강화하기 위한 세 번째 방안이다. 넷째, 세계 각국과 교류가 많은 최근의 상황에 맞추어 영어권 문화뿐만 아니라 다양한 문화를 이해하는 것을 강조하였다. 학생들이 타문화와 우리 문화와의 차이를 이해할 수 있도록 문화에 관한 내용을 영어권에만 국한하지 않고 세계의 다양한 문화로 확대하였다. 즉, 영어권 문화와 우리 문화의 언어적·문화적 차이에서 더 나아가 타문화와 우리 문화의 언어적·문화적 차이로 그 범위를 넓혀 수정하였다.

나. 의사소통 기능과 예시문

개정 교육과정은 제7차 교육과정에 이어 의사소통 기능을 기반으로 구성하고 문법 항목의 중요성을 고려하여 언어형식을 병행-제시하였다. 의사소통 활동을 위한 의사소통 기능 분류는 매우 중요한 의미를 지니는데, 제7차 교육과정의 의사소통 기능 분류와 예시문에 있어서 일부 문제점이 나타났는데, 그것은 의사소통 기능 분류로 세목화하기 어려운 기능을 같이 묶은 것, 학생들의 의사소통 활동에 필수적인 기능이 누락된 것 등이다. 또한, 예시문의 제시 방법에서도 몇몇 문제점이 드러났다. 첫째, 예시문이 문장 형태로 제시되어 예시문의 의미를 축소하고 있고 둘째, 의사소통 기능별 예시문의 제시방법에 있어서 담화규칙이나 통사적 복잡도가 크게 고려되지 않았고 셋째, 제시된 예시문이 어떤 근거에 의해 대표성을 갖는지 그 선정기준이 모호하다는 것이다. 따라서 개정 교육과정에서는 제6차 및 제7차 교육과정 운영에서 발견된 문제점을 바탕으로 의사소통 기능을 재분류하고 의사소통 기능 예시문의 제시방식을 수정·보완하여 교과서 집필과 교수·학습 활동에 활용이 용이하도록 한 것인데, 보다 구체적으로 살펴보면 다음과 같다.

첫째, 의사소통 기능을 그 특성에 따라 재분류 하였다. 제7차 교육과정의 의사소통 기능 분류 중 교과서 분석이나 연구결과에 의해 문제가 되었던 기능들을 재분류하고 그 하위기능을 의사소통 기능별 특성을 고려하여 재배치하였다. 또한, 학생들의 의사소통 활동 특성을 고려하여 초·중등학생의 의사소통 활동에 필수적인 기능을 추가하였다.

둘째, 의사소통 예시문을 객관적인 언어자료에 의거하여 선정하였다. 제6, 제7차 교육과정에 제시된 의사소통 기능 예시문은 그 선정근거가 모호하여 교과서 집필자나 현장교사 전문가 등이 특정 예시문이 혼동을 초래한다는 의견을 제시하였다. 그 주된 이유는 예시문의 선정이 보다 객관적인 언어자료에 근거하지 않아 타당성을 확보하지 못했기 때문이다. 이에 개정 교육과정에서는 제7차 교육과정의 의사소통 기능의 예시문을 BNC(British National Corpus) 프로그램을 사용하여 분석하여 개선점을 모색하였다. 즉, 대상 예시문을 청소년 연령 표준 구어·문어 등 영역별로 구분하여 분석한 후 활용 빈도가 높은 것을 위주로 수정하고 잘못된 예시문은 삭제하였으며 새로 추가된 의사소통 기능의 예시문은 같 프로그램에 의하여 선정하였다.

셋째, 의사소통 예시문의 제시방식을 수정하였다. 제7차 교육과정에 제시된 의사소통 기능 예시문이 기능에 따라 제시된 문장 수, 난이도, 담화 관계등의 측면에서 일관성이 없었는데 개정 교육과정에서는 기능별로 활용 빈도가 높은 예시문을 중심으로 제시하되 각 기능별로 예시문의 수를 유사한 수준으로 조정하였다. 또한 예시문 중 일부를 비완성형으로 제시하여 교과서 집필과 활용에 융통성을 갖도록 하였다. 그리고 예시문의 제시 방법에 있어서 담화 규칙을 적용하여 조응 관계에 있는 기능을 병렬로 제시하였으며 예시문의 통사적 복잡도를 고려하였다.

다. 기본 어휘 관련 지침과 어휘 목록

제7차 영어과 교육과정에 제시된 어휘관련 지침 및 기본 어휘목록에서 드러난 첫 번째 문제점은 지금까지 교육과정에 제시되었던 기본 어휘목록은 이전 교육과정을 근거로 다소 임의적으로 제시되었다는 것이다. 제7차 교육과정에서 제시한 초등학교 기본 어휘목록 또한 제7차 교육과정에서 제시된 어휘 목록 중에서 충분한 연구 없이 단지 어휘수를 줄여 재정리한 것으로 어휘목록이 안고 있는 문제점을 해소하지 못하였다. 중등학교 어휘목록도 마찬가지 문제를 안고 있다. 이는 제7차 교육과정의 기본 어휘목록의 선정기준이 불명확하기 때문이며 그 선정기준 또한 구체적으로 제시되지 않았기 때문이다. 학년별 및 단계별 사용어휘수 제한과 관련해서도 일부 문제가 나타나게 되었다. 제7차 교육과정에서는 학습 분량이 난이도 측면에서 불합리한 편차를 없애기 위해 학년별 및 단계별 사용 어휘수에 제한을 두고 있다. 즉, 특정 교과서가 담고 있는 어휘가 그 앞뒤 학년이나 단계를 위한 교과서나 다른 출판사에서 발행한 교과서와 비교해 볼 때 분량이나 난이도 면에서 지나치게 편차가 생기는 일이 없도록 한 것이다. 그러나 이런 취지도 불구하고 현행 교육과정에서 제시하고 있는 어휘수 통제로 교과서 개발에 어려움이 많았다. 개정 교육과정에서는 이러한 점을 반영하여 어휘와 관련하여 다음과 같이 수정·보완하였다.

첫째, 기본 어휘목록 선정기준과 절차에 대한 타당성을 확보하였다. 어휘목록 선정에 대한 타당성을 확보하기 위해 어휘 선정의 객관적인 자료를 근거로 어휘 목록을 작성하였다. 이를 위해 제7차 교육과정 어휘목 록을 기본어휘의 준거로 삼아 다음과 같은 절차를 거쳐 어휘목록을 선정하였다. 어휘선정에 사용된 자료는 ①Nation의 MFWL(Most Frequent Word List) 1과 2를 참고한 표제어(headword), ②Nation의 AWL(Academic Word List) 표제어(headword), ③어휘 자료 BE(Basic English)와 GSL(General Service List), ANC(American National Corpus), BNC((British National Corpus), BC(Brown Corpus)를 사용한 어휘, ④제7차 교육과정 어휘목록, ⑤초등학교권장 어휘 등이다.

둘째, 학교 급별로 학습할 어휘수의 선정 기준을 명료화하고 어휘수를 소폭 증가하였다. 어휘수 통제로 인해 교과서 집필 및 교수·학습과정에서 나타나는 부자연스러운 언어 표현의 문제를 해결하기 위해 학교별 어휘수를 약간 늘렸으며 학교급간 어휘수의 산출근거를 제시하였다

라. 성취 기준

성취 기준은 교수·학습의 목표와 내용을 구현하기 위하여 영어교과에서 배워야 할 내용을 제시하고 학습을 통해서 학생들이 성취해야 할 능력과 특성을 명시한 구체적인 기준이다. 따라서 영어과 성취 기준은 목표를 달성하기 위해 학생들이 갖추어야 할 필수적인 지식(knowledge)과 기능(skills)을 담고 있다. 제7차 교육과정의 성취 기준의 문제점으로 영어를 외국어로 배우는 우리나라의 학생 수준에 비해 성취기준이 너무 높게 책정되었고 성취기준을 학년 학기로 구분하여 제시하는 것이 학교 실정에 비추어 볼 때 비현실적이며 학교 급 학년 간 성취기준의 구분이 모호하고 성취기준의 구체성이 부족하고 명료하지 못한 점 등이다. 이를 고려하여 다음과 같이 수정-보완하였다.

첫째, 성취기준의 구체성 명료성을 확보하고자 하였다. 개정 교육과정이 제7차 교육과정과 가장 크게 달라진 점은 성취기준을 세분화한 것이다. 제7차 교육과정에서 60여개이던 성취기준을 개정 교육과정에서는 330여개로 대폭 늘림으로써 성취기준의 상세화를 시도하였다. 그러나 이 과정에서 성취기준의 구체성과 명료성이 부족한 점이 지적되었다. 또한 성취기준의 진술문에 사용된 용어가 너무 추상적이며 포괄적이어서 지침으로서의 역할을 하지 못한 점도 지적되었다. 이런 점을 개선하여 수정-보완된 내용은 다음과 같다.

- 성취기준을 구체화하기 위해 성취기준에 상황(situations)과 화제(topics)의 개념을 도입하였다.
- 교사의 교수·학습 활동을 돕기 위하여 다양한 '학습 활동의 예'를 제시하여 성취기준을 구체화 하였다.
- 성취기준 관련 표현을 전반적으로 가다듬어 구체성이 부족하고 명확하지 못한 성취기준을 명료화 하였다.

둘째, 성취기준의 단계를 학교 실정에 맞추어 재설정하였다. 제7차 교육과정에서는 중등영어의 성취기준에 있어서 1개 학년을 1단계로 하고 다시 각 단계를 학기로 구분하여 2개의 하위단계 a), b)로 설정하고 기본과 심화과정의 성취기준을 분리-제시하였다. 그러나 우리나라 영어교과의 특성을 고려 할 때 학기별로 성취기준 달성여부를 판단하기는 어려우며 또 성취기준을 기본과정과 심화과정으로 이원화한 결과 현장에서 혼동을 초래하게 되었다. 이에 따라 개정 교육과정에서는 학기별 a), b)로 구성된 성취기준을 통합하여 중복되는 항목을 정리하고 간소화하여 위계를 재조정하였다. 또한 기본 심화 등으로 이원화된 성취기준 중 심화기준을 삭제하여 모든 학생들이 달성해야 하는 기본과정으로 일원화 하였다. 이는 제7차 영어과교육과정의 성취기준이 높게 책정된 것에 대한 문제 제기 의견을 반영한 것이다.

셋째, 성취기준의 언어기능 간 연계성을 확보하였다. 우리나라는 영어를 외국어로 배우기 때문에 영어학습 상황에서 표현기능의 수준이 이해기능의 수준보다 전반적으로 낮은 형편이다. 이는 대부분의 학생들이 통제된 교실환경에서 영어를 배우기 때문에 영어를 교실 밖에서 사용할 기회가 거의 없고 진정성 있는 영어를 사용(authentic language use)할 수 있는 기회가 매우 제한되어 있기 때문이다. 따라서 중등학교에서 듣기와 말하기의 표현기능 성취기준을 EFL(English as a Foreign Language) 환경에 맞도록 이해기능 관련 성취기준(듣기 읽기)보다 그 수준을 다소 낮게 조정하였다. 또한 이해기능과 표현기능 성취기준의 종적 횡적 위계를 유기적으로 구성하여 학년별 기능별 연계성을 제고하였다.

4. 교수·학습 방법

교수·학습 방법에 있어서 제7차 교육과정의 문제점은 첫째, 단계형 및 심화·보충형 수준별 체제가 학교 실정에 적합하지 않으며 둘째, 교수·학습 활동으로 제시된 내용이 개괄적 안내에 불과하여 현장의 교수·학습 활동에 대한 구체적인 안내가 되지 못했으며 셋째, 교사를 위한 교수 지원이 부족하며 또한 정보통신기술(ICT) 활용교육에 대한 안내 부족 등이다. 개정 교육과정에서의 교수·학습 방법에 대해서는 교육과정 상 새 해설부분에서 자세히 살펴보겠다.

5. 평 가

제7차 교육과정의 '평가'부분과 관련해서는 서술의 구체성이 부족하고 평가의 기본 방향이나 방법 등이 모호해서 현장의 교사나 교과서 집필자 평가관련자들에게 실제적인 도움을 주지 못한다는 지적이 있어왔다. 즉, 전반적인 평가의 방향은 제시하고 있으나 그 내용이 지나치게 일반적이어서 구체적인 평가의 방법, 평가의 시행 등과 같은 측면에서 유용한 안내 자료가 되지 못한다는 것이다.

한편 제7차 교육과정 기간 동안 수행평가의 중요성이 강조되어 학교현장에서도 평가에 있어서 일정 비율을 수행평가로 실시하도록 되어 있었음에도 불구하고 이에 관해 학교에서 활용할 수 있는 구체적인 정보가 매우 적었다. 특히, 영어 과목에서는 학생들의 영어 수행능력을 직접 평가하는 것이 매우 중요하지만 구체적인 관련 지침이 명시되지 않아 현장교사들이 구체적인 시행 방법이나 채점 등 운영상에 있어서 많은 어려움을 겪고 있다. 이러한 점을 감안하여 개정 교육과정에서는 다음과 같은 점이 수정 되었다.

첫째, 제7차 교육과정의 '심화·보충형 수준별 교육과정'과 '단계형 수준별 교육과정'에 의한 평가 방법의 구분을 없애고 '평가 지침'과 '평가 상의 유의점'으로 구분하여 제시하였다. 둘째, '평가 지침'에는 평가의 기본 방향과 평가 내용, 평가방법 및 평가 결과의 활용에 관한 사항을 포함하여 초·중·고등학교의 평가 관련자나 영어 교과 담당자들이 초·중·고등학교 영어 평가의 기본적인 원칙을 숙지하여 시행할 수 있도록 하였다. 이와 같이 초등학교와 중등학교에 공통적으로 적용될 수 있는 평가의 목적에 따른 평가 유형 평가계획 및 활용 등과 같은 '평가 지침'을 제시하고 더불어 '평가 상의 유의점'에서는 초등학교와 중등학교 급으로 분리하여 학교 급에 맞는 평가 방법과 이의 활용 등을 제시하였다. 셋째, 현행 교육과정에 제시되어 있는 평가 관련 서술들을 교육과 평가의 관계 및 본질에 비추어 평가의 효과를 극대화할 수 있는 방향으로 재구성하였다.

6. 선택중심 교육과정

◦ 선택과목의 구성

현 행	개 정	비 고
영어 I(8), Ⅱ(8)	영어 I(6), Ⅱ(6)	듣기, 읽기, 말하기, 쓰기의 4기능을 다루는 과목으로 현행 교육과정의 영어 Ⅰ, Ⅱ와 유사
영어 회화(8)	실용 영어 회화(6) 심화 영어 회화(6)	듣기와 말하기 기능을 통합하여, 실용적 목적을 강조함. 수준은 영어Ⅰ, Ⅱ보다 다소 낮음
영어 독해(8) 영어 작문(8)	영어 독해와 작문(6) 심화 영어 독해와 작문(6)	읽기와 쓰기 기능을 통합하여, 대학 수학 및 학술 영어로의 연계성을 강조함 수준은 영어Ⅰ, Ⅱ보다 약간 높음

◦ 선택과목의 주요내용

- 성격
  · 영어 및 영어 과목의 필요성 강조

· 선택과목별 과목 성격을 더욱 명확하게 서술함.

- 목표

· 각 과목별 목표를 제시하되 국민공통 기본교육과정과의 연계성을 고려하고, 목표 진술을 명확히 함.

- 내용

· 각 과목에서 이해기능 성취기준의 수준을 고려하여 표현 기능 성취기준의 수준을 적정화

· 성취기준의 기술을 더욱 명료화하고, 과목의 목표와 구별함

· 듣기-말하기, 읽기-쓰기 내용간의 유기적 구성 강화

· 각 과목의 어휘 수준을 조정하여 학습자의 학습부담 경감

- 교수·학습방법

· ICT를 활용한 교수·학습 방법 강조

· 언어 기능별 효율적인 교수·학습 방법 강조

- 평가

· 다양한 평가 방법을 제시하고, 정의적 평가 요소 추가

· 표현능력(말하기, 쓰기)의 평가 강조

· 학습 내용과 평가의 일치 강조

신·구 교육과정 비교

과 목		현 행	개 정	비 고
구 성		○외국어 교과의 편제를 '영어', '영어I', '영어II', '영어 독해', '영어 회화', '영어 작문',	○'영어 회화'를 '실용 영어 회화'와 '심화 영어 회화'로 분리 ○'영어 독해'와 '영어 작문'을 통합하여 '영어 독해와 작문', '심화 영어 독해와 작문'으로 분리 ○영어 이외의 외국어는 기존 체제를 유지	○수준의 다양화 ○2기능씩 묶어 학습의 효율성 제고 ○영어과 선택교육과정에 대한 요구 조사 결과 반영
국민공통기본 교과 (영어)	성격	○영어 필요성 ○초·중등 영어교육의 성격 ○수준별 교육과정 운영	○영어 필요성, 영어 과목의 필요성 보강 ○수준별 수업 운영 권장	○수준별 교육과정 관련 내용 삭제 ○수준별 수업의 자율적 운영을 권장
	목표	○국민공통기본 교육과정 최종단계의 영어교육 목표만 제시	○전체 목표 아래 초등학교와 중등학교 목표 분리 ○명확한 목표 진술	○학교급별 목표를 분리하여 제시
	내용	○언어재료를 소재, 문화, 언어, 어휘, 단일문장의 길이로 구분	○언어재료 중 문화 항목을 소재에 포함 ○학년별 어휘	○학년별 새로운 어휘수의 소폭 증대 ○의사소통기능 조정 및

과 목		현 행	개 정	비 고
		○ 학년별 어휘 - 초등 450낱말 내외, 7~10학년 1,250낱말 내외 - 전체 누계 1, 700낱말 내외 [별표3] 기본어휘목록의 기본 어휘수: 2,067개 ○ 단계별(학기별) 성취기준 구분 ○ 목표와 학습 내용을 포괄하는 개념으 로 기본과정과 심화과정의 성취 기준을 제시	- 초등 500낱말 이내, 7~10학년 1,290낱말 이내로 증대 - 전체 누계 1, 790낱말 이내 [별표1] '소재'에 문화 내용 포함 [별표2] '의사소통 기능과 예시문' 조정 및 기능 추가 [별표3] 기본어휘목록의 기본 어휘수 증대: 2,315개 ○ 중등영어의 성취기준을 학년 단위로 통합, 위계 조정 ○ 성취기준 하향 조정, 기본·심화과정을 통합하여 제시 ○ 일부 성취기준에 상황과 화제 개념 도입으로 내용 구체화 ○ 문자언어 도입 시기를 3학년 2학기로 앞당기되 음성언어의 보조수단으로만 활용	예시문 수정·추가 ○ 기본어휘목록의 어휘수 증대 ○ 성취기준의 학년별 제시 ○ 성취기준상의 심화과정 내용 삭제 ○ 초등 문자언어 도입 시기 조정
	교수·학습방법	○ 심화·보충형 수준별 교육과정, 단계형 수준별 교육과정으로 구분하여 교수·학습 방법 제시	○ 교수·학습방법의 하위 항목으로 초등학교, 중등학교 구분 제시 ○ 수준별 수업의 학습 유형, 학습 활동, 집단 편성 등의 기본적 원칙 언급	○ 단계형·심화보충형 수준별 교육과정 내용 삭제 ○ 학교급별로 교수·학습방법 내용 제시 ○ 교수·학습방법 항목에 수준별 수업과 관련한 내용 제시
국민공통기본교과(영어)	평가	○ 심화·보충형 수준별 교육과정, 단계형 수준별 교육과정으로 구분하여 평가 관련 사항 제시	○ 평가 지침과 평가상의 유의점으로 구분 ○ 평가 지침에는 초·중등학교에 공통으로 적용될 수 있는 내용 제시 ○ 평가상의 유의점은 초·중등학교를 구분하여 관련 내용 제시	○ 수준별 교육과정에 따른 평가 관련 내용 삭제 ○ 평가 지침과 평가상의 유의점을 분리, 평가와 관련한 기본 내용 제시
선택과목	영어 I, II	○ 언어재료를 소재, 문화, 언어, 어휘로 구분 ○ 과목별 어휘 -영어 Ⅰ: 2,300낱말 내외 -영어 Ⅱ: 3,000낱말 내외 ○ 과목별 4기능별 성취기준 제시 ○ 대학 진학과 취업 고려	○ 언어 재료에서 문화를 소재에 포함하여, 소재, 언어, 어휘로 제시 ○ 과목별 어휘 -영어 Ⅰ: 2,000낱말 이내 -영어 Ⅱ: 2,800낱말 이내 ○ 각 과목에서 표현 기능 성취기준의 수준을 이해기능 성취기준 수준보다 낮춤	○ 과목별 사용 어휘수 다양화 ○ 표현 기능 성취기준의 수준을 이해기능보다 낮춤으로써 학습부담 경감 및 학습효과 제고 기대 ○ 성취기준 적정화,

과목		현행	개정	비고
		○국민공통기본교육과정을 심화 ○4기능 균형 평가 강조 ○암기 위주 평가 지양 ○평가 방법 예시	○일부 성취기준에 상황과 화제 개념 도입으로 내용 구체화 ○ICT 활용 수업 강조 ○언어 기능별 효율적인 교수・학습 방법 강조 ○정의적 평가 요소 추가 ○표현 능력(말하기, 쓰기)의 평가 강조 ○학습 내용과 평가의 일치 강조	연계성 및 위계성 강화 ○학습의 효율성 강화 ○표현 기능에서의 수행평가를 권장
	실용영어회화	○영어 회화 -수준: 영어 I, II 보다 매우 낮춤 -어휘수: 1,200낱말 내외	○실용 영어 회화, 심화 영어 회화 -2개 과목을 개설하여 영어 회화의 수준을 좀 더 다양화함 -어휘수: 1,200낱말 이내	○과목별 사용 어휘수 다양화 ○성취기준 적정화, 연계성 및 위계성 고려 ○학습의 효율성 제고
	심화영어회화	○영어 회화 -수준: 영어 I, II 보다 매우 낮춤 -어휘수: 1,200낱말 내외	○실용 영어 회화, 심화 영어 회화 -2개 과목을 개설하여 영어 회화의 수준을 좀 더 다양화함 -어휘수: 1,800낱말 이내	○과목별 사용 어휘수 다양화 ○성취기준 적정화, 연계성 및 위계성 고려 ○학습의 효율성 제고
	영어독해와작문	○영어독해 -수준: 영어 I, II 보다 수준을 낮춤 - 어휘수: 2,000낱말 내외 ○영어작문 - 수준: 영어 I, II 보다 수준을 낮춤 - 어휘수: 1,200낱말 내외	○영어 독해와 작문, 심화 영어 독해와 작문 - 2개 기능을 하나로 묶어 학습 방법의 효율성을 기함 - 2개 과목을 개설하여 영어독해와 영어작문의 수준을 좀 더 다양화함 ○어휘수: 2,300낱말 이내	○과목별 사용 어휘수 다양화 ○성취기준 적정화, 연계성 및 위계성 고려 ○학습의 효율성 제고
선택과목	심화영어독해와작문	○영어독해 - 수준: 영어 I, II 보다 수준을 낮춤 - 어휘수: 2,000낱말 내외 ○영어작문 - 수준: 영어 I, II 보다 수준을 낮춤 - 어휘수: 1,200낱말 내외	○영어 독해와 작문, 심화 영어 독해와 작문 - 2개 기능을 하나로 묶어 학습의 효율성을 기함 - 2개 과목을 개설하여 영어독해와 영어작문의 수준을 좀 더 다양화함 ○어휘수: 3,000낱말 이내	○과목별 사용 어휘수 다양화 ○심화 영어 독해와 작문 어휘수를 가장 높게 정함

Ⅳ. 영어과 교육과정

<중학교>

1. 성격

최근 국가 간의 교류는 다양한 분야에서 빠르게 진행되며 국가 간 상호 의존도는 점점 심화되고 있어, 국제적 경쟁과 함께 국제적 협력의 필요성도 증대하고 있다. 이에 더하여 정보 기술의 발달로 지식과 정보에 바탕을 둔 지식 기반 사회로의 이동은 개인 생활에서 국가 정책에 이르기까지 사회의 모든 분야에 걸쳐 지식과 정보를 이해하는 능력과 함께 지식과 정보를 생산하고 전달하는 능력을 요구하고 있다.

이런 환경에서 영어는 국제적으로 가장 널리 쓰이고 있는 언어로서 각기 다른 모국어를 가진 사람들을 이해하고, 이들과의 의사소통과 유대를 가능하게 하는 국제어로서의 중요한 역할을 수행하고 있다. 따라서, 미래를 살아가야 할 초·중등 학생들에게 영어로 의사소통할 수 있는 능력은 학교에서 길러야 하는 핵심적인 능력이다. 즉, 국가와 사회 발전에 기여하고, 세계인으로서 선도적 역할을 하며, 폭넓은 문화생활을 하기 위해서는 영어를 이해하고 구사하는 능력은 필수적이라고 할 수 있다. 영어로 의사소통하는 능력은 곧 나라와 나라를 잇는 중요한 가교이자 국가 간, 문화 간 이해와 신뢰를 통하여 우리나라를 발전시키는 원동력이 되기 때문이다.

중등학교의 영어 교육은 초등학교 영어 학습을 통해 형성된 영어 학습에 대한 흥미와 관심을 지속시키고, 영어로 의사소통을 할 수 있는 기본적인 능력을 기르도록 하며, 유창성과 정확성을 기르도록 학습 경험과 활동을 극대화하여야 한다. 따라서, 언어 습득 과정을 중시하는 교수·학습 방법을 적용하여 학생 중심의 영어 수업이 되도록 한다.

초·중등학교에서의 영어 시간 운영은 학생 개개인의 학습 능력 차이를 고려하여야 하며, 학교 사정을 감안하여 수준별 수업을 실시할 수 있다. 수업에서는 과제 혹은 활동 중심의 수업 운영으로 자기 주도적인 학습이 가능하도록 한다.

영어 교과는 영어 의사소통 능력을 길러 주는 것이 중요한 목표이지만 인성 교육도 중요하므로, 건전한 도덕관과 자주적 시민 정신을 기르도록 도와준다. 또한, 외국 문화를 바르게 이해하고 나아가 국제적 안목과 세계인으로서의 협동심과 소양을 기르도록 한다.

2. 목표

일상생활에 필요한 영어를 이해하고 사용할 수 있는 기본적인 의사소통 능력을 기른다. 아울러, 외국 문화를 올바르게 이해하여 우리 문화를 발전시키고 외국에 소개할 수 있는 바탕을 마련한다. 이를 위해 첫째, 평생 학습자로서 영어에 대한 지속적인 흥미와 자신감을 얻는 바탕을 마련한다. 둘째, 일상생활과 일반적인 화제에 관하여 의사소통할 수 있는 기본 능력을 기른다. 셋째, 외국의 다양한 정보를 이해하고 이를 활용할 수 있는 능력을 기른다. 넷째, 외국 문화를 이해함으로써 우리 문화를 새롭게 인식하고 올바른 가치관을 기른다.

중등학교 영어는 초등학교에서 배운 영어를 토대로 일상생활과 일반적인 주제에 관하여 기본적인 영어를 이해하고 표현할 수 있는 능력을 기르는 것을 목표로 한다.

가. 영어로 의사소통하는 것에 대한 필요성을 인식한다.

나. 일상생활과 일반적인 주제에 관하여 효과적으로 의사소통한다.

다. 영어로 된 외국의 다양한 정보를 이해하고, 이를 활용한다.

라. 영어 학습을 통하여 다양한 문화를 이해하고, 우리 문화를 영어로 소개한다.

3. 내용

가. 내용 체계<중학교, 고등학교>

1) 언어 기능

• 듣기, 말하기, 읽기, 쓰기의 언어 4기능을 점진적으로 함양할 수 있도록 한다. 아울러 4기능을 통합적으로 사용할 수 있는 능력을 기르도록 한다.

언어 구분 언어 기능	음성 언어	문자 언어
이해 기능	듣기	읽기
표현 기능	말하기	쓰기

2) 의사소통 활동

• 의사소통 활동은 음성 언어 활동과 문자 언어 활동으로 이루어진다.

의사소통 활동	내 용
음성 언어 활동	· 음성 언어 활동을 위해서는 【별표 2】의 '의사소통 기능과 예시문'에 제시된 항목 참고 · '의사소통 기능과 예시문' 중 학년별 성취 기준을 달성하기에 적절한 것을 선택해서 사용
문자 언어 활동	· 문자 언어 활동을 위해서는 【별표 2】에 제시된 항목과 함께 【별표 4】의 '의사소통에 필요한 언어 형식'에 제시된 항목 참고

3) 언어 재료

• 자연스러운 언어활동을 위하여 아래의 소재, 언어, 어휘, 단일 문장의 길이를 참고한다.

영 역	내 용
소 재	· 【별표 1】의 '소재'를 참조하여 적절한 것을 선택하여 사용 · 학생들의 흥미, 필요, 인지적 수준 등을 고려하여 학습 의욕을 유발할 수 있는 내용 · 주제, 상황, 과업 등을 고려한 내용 · 성취 기준 달성에 적합한 내용 · 상호 작용에 적합한 내용 · 영어권 및 비영어권 문화 이해에 적합한 내용
언 어	· 초등학교에서는 음성 언어 중심으로 하고, 문자 언어는 음성 언어의 보조 수단으로 사용 · 자연스러운 언어 습득과 실제적인 의사소통 활동에 도움이 되는 언어 · 일상생활에서 많이 쓰는 언어 · 인지적인 수준을 고려한 언어 · 소리와 문자의 관계, 소리와 의미의 식별, 말의 연결, 말의 속도에 따른 음운 변화, 상황에 따른 음운 변화 및 자연스러운 발화 등에 도움이 되는 언어
어 휘	각 학년에서 사용할 수 있는 새로운 어휘 수는 다음과 같다. 3학년: 110 낱말 이내 4학년: 120 낱말 이내 5학년: 130 낱말 이내 6학년: 140 낱말 이내 (누계: 500 낱말 이내) 7학년: 170 낱말 이내 8학년: 280 낱말 이내 9학년: 390 낱말 이내 10학년: 450 낱말 이내 (누계: 1,290 낱말 이내) (총계: 1,790 낱말 이내)
단일 문장의 길이	· 3, 4학년: 7 낱말 이내 · 5, 6학년: 9 낱말 이내 (단, and, but, or를 사용하는 경우에는 예외로 한다)

나. 성취 기준

<중학교 1학년>

1) 듣기

가) 어조나 억양으로 화자의 느낌이나 정서를 파악한다.

나) 일상생활에 관한 말이나 대화를 듣고 요지를 파악한다.

다) 과거, 현재, 미래에 관한 일상생활에 관련된 말이나 대화를 듣고 이해한다.

라) 일상생활에 관한 말이나 대화를 듣고 세부 사항을 파악한다.

마) 간단한 말이나 대화를 듣고 사건의 순서를 이해한다.

바) 일상생활에 관한 말이나 대화를 듣고 상황 및 화자 간의 관계를 파악한다.

사) 일상생활에 관한 말이나 대화를 듣고 과업을 수행한다.

2) 말하기

가) 주변의 사물과 사람에 관하여 간단히 묘사한다.

나) 쉽고 간단한 문제를 해결하기 위하여 다른 사람과 정보를 교환한다.

다) 일상생활에 관한 말이나 대화를 듣고 주요 내용을 말한다.

라) 일상생활에 관한 사건을 순서대로 말한다.

마) 일상생활에 관한 짧은 글을 읽고 원인과 결과를 말한다.

바) 자신의 경험이나 계획에 대해 간단히 말한다.

3) 읽기

가) 모르는 낱말이나 어구를 사전에서 찾아 의미를 이해한다.

나) 일상생활에 관한 짧은 글을 읽고 주제 및 요지를 파악한다.

다) 일상생활과 관련된 도표가 포함된 글을 읽고 이해한다.

라) 개인 생활을 소개하는 간단한 글을 읽고 이해한다.

마) 일상생활에 관한 짧은 글을 읽고 세부 사항을 파악한다.

바) 일상생활에 관한 짧은 글을 읽고 원인과 결과를 파악한다.

사) 짧은 글을 읽고 낱말이나 어구의 의미를 문맥으로 추측한다.

아) 짧은 글을 읽고 글의 순서를 파악한다.

4) 쓰 기

가) 학습한 문장을 듣고 받아쓴다.

나) 자신이나 가족 등에 관한 사실적인 질문에 답을 쓴다.

다) 알파벳 필기체 대·소문자를 쓴다.

라) 낱말이나 어구를 넣어 문장을 완성한다.

마) 예시문을 참고하여 실물이나 그림에 대하여 간단히 쓴다.

바) 철자법 및 어법에 맞게 문장을 쓴다.

<중학교 2학년>

1) 듣기

가) 일반적 주제에 관한 친숙한 내용의 말이나 대화를 듣고 상황을 파악한다.

나) 일반적 주제에 관한 친숙한 내용의 말이나 대화를 듣고 주제 및 요지를 파악한다.

다) 일반적 주제에 관한 친숙한 내용의 말이나 대화를 듣고 화자의 의도를 파악한다.

라) 일반적 주제에 관한 친숙한 내용의 말이나 대화를 듣고 세부 사항을 파악한다.

마) 일상생활에 관한 말이나 대화를 듣고 맥락으로 상황을 추측한다.

바) 일반적 주제에 관한 친숙한 내용의 말이나 대화를 듣고 원인과 결과를 파악한다.

사) 일반적 주제에 관한 친숙한 내용의 말이나 대화를 듣고 화자의 태도나 감정을 파악한다.

아) 일반적 주제에 관한 친숙한 내용의 말이나 대화를 듣고 과업을 수행한다.

2) 말하기

가) 좋아하거나 존경하는 사람에 대해 간단히 묘사한다.

나) 일상생활과 관련된 실물, 그림, 표 등의 자료를 간단히 설명한다.

다) 일반적인 주제에 관한 친숙한 내용의 말이나 대화를 듣고, 그 내용에 관해 묻고 답한다.

라) 간단한 일의 절차나 방법을 묻고 답한다.

마) 일반적 주제에 관한 친숙한 내용의 말이나 대화를 듣고 자신의 경험과 연관시켜 말한다.

바) 서로 다른 입장을 나타내는 글을 읽고 차이점을 말한다.

3) 읽기

가) 그림이나 도표가 포함된 일반적 주제에 관한 짧은 글을 읽고 이해한다.

나) 지시문을 읽고 절차와 방법을 이해한다.

다) 일반적 주제에 관한 친숙한 내용의 글을 읽고 주제 및 요지를 파악한다.

라) 일반적 주제에 관한 친숙한 내용의 글을 읽고 글쓴이의 의도를 파악한다.

마) 일반적 주제에 관한 친숙한 내용의 글을 읽고 세부 사항을 파악한다.

바) 간단한 글을 읽고 이어질 내용을 예측한다.

사) 서로 다른 입장을 나타내는 글을 읽고 비교, 대조한다.

4) 쓰기

가) 쉬운 문장으로 일기를 쓴다.

나) 자신이나 가족 등을 소개하는 간단한 글을 쓴다.

다) 주어진 낱말을 활용하여 문장을 완성한다.

라) 간단한 이야기를 읽고 주인공이나 시제 등을 바꾸어서 다시 쓴다.

마) 간단한 대화문을 읽고 주어진 답이 나올 수 있는 질문을 만들어 쓴다.

바) 가정, 학교, 취미 생활 등을 소개하는 간단한 편지를 쓴다.

사) 오류가 있는 짧은 글을 철자법 및 어법에 맞게 고쳐 쓴다.

<중학교 3학년>

1) 듣기

가) 일반적 주제에 관한 말이나 대화를 듣고 상황을 파악한다.

나) 일반적 주제에 관한 말이나 대화를 듣고 주제 및 요지를 파악한다.

다) 일반적 주제에 관한 말이나 대화를 듣고 세부 사항을 파악한다.

라) 일반적 주제에 관한 말이나 대화의 일부를 듣고 맥락으로 상황을 추측한다.

마) 일반적 주제에 관한 말이나 대화를 듣고 원인과 결과를 파악한다.

바) 일반적 주제에 관한 말이나 대화를 듣고 화자의 태도나 감정을 파악한다.

사) 간단한 이야기를 듣고 그 결말을 추측한다.

아) 비교적 긴 지시나 설명을 듣고 절차에 맞게 과업을 수행한다.

2) 말하기

가) 일반적 주제에 관한 말이나 대화를 듣고 요지를 말한다.

나) 일반적 주제에 관한 간단한 도표나 그림을 설명한다.

다) 일상용품의 사용법과 같은 간단한 내용을 순서에 맞게 설명한다.

라) 학습한 대화문을 활용하여 역할극을 한다.

마) 친숙한 이야기에 관해 자신의 생각이나 느낌을 말한다.

바) 짧은 이야기를 듣고 결말을 완성하여 말한다.

사) 친숙한 주제에 관한 글을 읽고 자신의 의견을 말한다.

아) 상호 작용을 통하여 쉽고 간단한 과업을 수행한다.

3) 읽기

가) 일반적 주제에 관한 글을 읽고 세부 사항을 파악한다.

나) 광고문을 읽고 세부 사항을 파악한다.

다) 일반적 주제에 관한 글을 읽고 글쓴이의 의도를 파악한다.

라) 일반적 주제에 관한 글을 읽고 원인과 결과를 파악한다.

마) 일반적 주제에 관한 글을 읽고 글의 분위기를 파악한다.

바) 일반적 주제에 관한 글을 읽고 이어질 내용을 예측한다.

사) 일반적 주제에 관한 글을 읽고 결론을 예측한다.

아) 일반적 주제에 관한 글을 읽고 글의 연결 관계를 파악한다.

자) 글의 전개 순서나 논리적 구조 등을 이해한다.

4) 쓰기

가) 일상생활에서 느끼고 생각한 바를 일기로 쓴다.

나) 짧은 글을 읽고 결말을 완성한다.

다) 예시문을 참고하여 문장이나 단락을 바꾸어 쓴다.

라) 일상생활에 관한 말이나 대화를 듣고 필요한 정보를 기록한다.

마) 쉬운 글을 읽고 요지를 쓴다.

바) 실물, 사진, 그림을 보고 자신의 생각이나 느낌을 간단히 쓴다.

사) 책을 읽거나 영화를 보고 간단한 소감문을 쓴다.

4. 교수 · 학습 방법<중학교, 고등학교>

<중등학교>

가. 학생 중심의 수업을 계획하여 학생들이 수업 활동에 적극적으로 참여할 수 있도록 하고, 교사는 학생들의 협력자가 되도록 한다.

나. 교사와 학생, 학생 상호 간의 활발한 의사소통을 위하여 다양한 활동을 전개한다.

다. 학생들이 효과적인 의사소통 활동을 할 수 있도록 다양한 의사소통 전략을 적절히 사용하게 한다.

라. 듣기는 시청각 자료를 활용하여 학습 효과를 높이고, 영어 음성 언어에 자연스럽게 노출되도록 지도한다.

마. 말하기는 유의적이고 의사소통 중심적인 연습 활동을 통해 유창성과 정확성을 기를 수 있도록 하고, 실제 상황에서 적용할 수 있는 언어 능력을 기를 수 있도록 지도한다.

바. 읽기는 다양한 전략을 사용하여 과업 중심의 활동을 하도록 지도한다.

사. 쓰기는 목적에 맞는 다양한 형태의 글을 쓸 수 있도록 지도한다.

아. 영어권 및 비영어권의 다양한 문화를 학습하여 타문화에 대한 이해를 높이고, 문화에 대한 올바른 판단력과 가치관을 기르도록 한다.

자. 수업은 가급적 영어로 진행한다.

차. 다양한 멀티미디어 자료와 정보 통신 기술(ICT) 도구를 활용하여 학생들의 흥미를 높이고 성취감을 느낄 수 있도록 한다.

카. 학교 실정을 고려하여 수준별 수업을 운영할 수 있다.

타. 학습자의 능력, 흥미, 인지 수준에 맞추어 다양한 동기 유발 방법과 학습 활동을 구안하여 학생 중심의 수업이 이루어지도록 한다.

파. 개인차에 따라 수준에 맞는 학습 활동이나 과업을 수행할 수 있도록 학년별로 기본 교과서나 보조 교재를 다양한 수준으로 개발할 수 있다.

하. 교수·학습 자료를 개발할 때에는 성취 기준의 내용을 바탕으로 언어 기능, 어휘, 언어 형식 등을 학생 수준에 맞추어 재구성하여 사용하고, 이에 맞추어 교수 방법을 다양화한다.

5. 평 가<중학교, 고등학교>

가. 평가 지침

1) 교육 과정의 성취 기준과 교과서의 학습 목표에 준하여 평가 목표를 설정한 후에 평가를 시행한다.
2) 학습의 과정과 결과를 다양한 방법으로 평가하고, 평가 결과를 학생 개별적, 혹은 전체적으로 해석 및 판정한다.
3) 진단 평가를 통하여 학생들의 수준을 진단한 후 교수·학습 방법 및 내용에 적용한다.
4) 형성 평가를 통하여 교수·학습 방법이 적절한지 확인하고, 그 결과를 교수·학습 방법 개선 자료로 활용한다.
5) 말하기 및 쓰기와 같은 언어 표현 능력을 평가하고자 할 때에는 가급적 수행 평가를 실시한다.
6) 수행 평가를 실시할 때에는 평가의 목표, 내용, 평가 문항 유형, 채점 기준을 명확히 한 후에 실시한다.
7) 포트폴리오 평가, 자기 평가 및 상호 평가 등을 실시하여 학습 과정과 결과를 평가하도록 한다.

나. 평가상의 유의점

<중등학교>

1) 교육과정에 제시되어 있는 영어의 4기능인 듣기, 읽기, 말하기, 쓰기를 균형 있게 평가한다.

2) 학습 목표 달성 정도를 수시로 점검함으로써, 학습 부진 요인을 분석하여 학습 결손이 누적되지 않도록 한다.

3) 학생들의 능력을 잘 판별할 수 있도록 다양한 유형의 과제와 적절한 난이도의 문항을 통하여 평가한다.

4) 학생들의 학업 성취 수준 도달 여부를 판정하기 위하여 총합 평가를 실시할 수 있다.

5) 평가를 통하여 학생들이 학습에 주의와 노력을 집중할 수 있도록 하고, 교수·학습의 효과를 높이는 수단으로 활용한다.

【별표 1】

소 재<중학교, 고등학교>

일상생활과 친숙한 일반적인 화제를 중심으로, 학생들이 관심을 가지고 흥미를 느낄 수 있는 소재를 선택하되, 학생들의 의사소통 능력, 탐구 능력, 문제 해결 능력을 기르는 데 도움이 되는 내용으로 한다.

1. 개인생활에 관한 내용
2. 가정생활과 의식주에 관한 내용
3. 학교생활과 교우 관계에 관한 내용
4. 주변의 사회생활과 대인 관계 등에 관한 내용
5. 생활 습관, 건강, 운동 등에 관한 내용
6. 취미, 오락, 여행 등 여가 선용에 관한 내용
7. 동·식물, 계절, 날씨 등 자연 현상에 관한 내용
8. 영어 문화권에서 사용되는 언어적, 비언어적 의사소통 방식에 관련된 내용
9. 타문화에 속한 사람들의 생활 습관, 학교생활 등, 일상생활을 이해하는 데 도움이 되는 내용
10. 다양한 문화와 우리 문화의 언어·문화적 차이에 관한 내용
11. 우리 문화와 생활양식을 소개하는 데 도움이 되는 내용
12. 공중도덕, 예절, 질서 등 건전한 가치관 형성에 도움이 되는 내용
13. 환경 보전, 봉사, 협동 정신 등 건전한 사고를 기르는 데 도움이 되는 내용
14. 정치, 경제, 역사, 지리, 과학, 정보 통신, 우주, 해양, 탐험 등 교양을 넓히는 데 도움이 되는 내용
15. 예술, 문학 등과 같이 심미적 심성을 기르는 데 도움이 되는 내용

16. 근로, 진로 문제 등 개인 복지 증진에 도움이 되는 내용
17. 남녀평등, 인권과 민주 시민 생활 등 민주 의식을 고취하는 데 도움이 되는 내용
18. 정서 순화와 합리적 사고력 배양에 도움이 되는 내용
19. 애국심, 통일 및 안보 의식 함양에 도움이 되는 내용

【별표 2】

의사소통 기능과 예시문<중학교, 고등학교>

· 아래에 제시된 의사소통 기능과 예시문을 음성 언어 활동 및 문자 언어 활동에 활용할 것을 권장하며, 그 밖의 기능이나 문장도 사용할 수 있다.
· △로 표시된 예시문은 초등학교에서 사용하기를 권장한다.
· ( ) 안에 제시된 단어 / 구는 생략이 가능한 것을 나타낸다.
· …은 상황에 맞게 쓸 수 있는 단어 / 구를 나타낸다.

< 친교 활동 >

◦ 인사하기

- 만나고 헤어질 때 인사하기

△ Hello!
△ Hi!
△ Good morning / afternoon / evening.
Long time, no see.
△ Good-bye. / Bye.
△ So long.
△ See you (later).
△ Take care.
△ Have a nice day.
I haven't seen you in ages.

- 안부 묻기

△ How are you?
△ How's it going?
How's everything?
How are you doing?
How have you been?
What's up?

- 안부 묻기에 답하기

△ Fine, thanks.
△ I'm okay, thanks.
△ Not (too / so) bad, thanks.

- 안부를 제3자에게 부탁하기

Say hello to … (for me).
Please give my best wishes to ….
Remember me to ….

◦ 소개하기

- 자기 소개하기

△ I'm ….

△ My name is ….

Let me introduce myself (to you).

- 다른 사람을 소개하기

△ This is my friend, ….

I'd like you to meet ….

I'd like to introduce … to ….

- 소개에 답하기

△ Nice to meet you.

I'm glad to meet you.

It's a pleasure meeting you.

I've been looking forward to meeting you.

◦ **감사하기**

- 감사 표현하기

△ Thank you (very much).

△ Thanks (a lot).

I am very grateful.

It was very nice of you (to help me).

- 감사 표현에 답하기

△ Sure.

△ You're welcome.

△ No problem.

△ (It was) My pleasure.

Don't mention it.

I was delighted to (be able to help) ….

◦ **주의 끌기**

△ Look.

△ Listen.

△ Excuse me.

△ Pardon me.

△ Hello, can you help me?

You know what?

May I have your attention(, please)?

◦ **칭찬, 축하, 감탄하기**

- 칭찬하기

△ (Very) Good!

△ Good (for you)!

△ Well done!

Excellent!

(You did a) Good job!

- 축하하기

△ Happy birthday (to you)!

△ Congratulations!

- 칭찬, 축하에 답하기

△ How nice (of you)!

I'm glad you like it.

- 감탄하기

△ What a nice … !

△ How … she is!

- 격려하기

△ Good luck!

△ Don't worry.

Cheer up.

◦ 약속하기

- 약속 제안하기

△ How about … ?

△ What about … ?

△ Let's ….

Shall we … ?

Can you make it (at ten)?

Why don't you … ?

Why not … ?

- 제안에 답하기

△ Sure.

△ Okay. / OK.

△ Why not.

△ No problem.

△ Of course.

Certainly.

I'm willing to ….

△ Of course not.

△ Sorry, I can't.

Sorry(, I have an appointment).

I'm afraid not.

I'd love to, but I can't.

I don't (really) want to ….

I don't think I can ….

◦ 기원하기

- 기원 말하기

△ Good luck (with your … / the …) !

△ Have a good ….

△ Have fun!

All the best.

I wish you well.

I'll keep my fingers crossed!

I hope / wish ….

- 기원에 답하기

△ Thank you (very much).

△ Many thanks.

◦ 음식 권유와 응답하기

- 음식 권하기

△ Go ahead. Help yourself.

△ Do you want some more … ?

△ What will you have?

Would you like some … ?

- 승낙, 거절하기

△ Yes, thank you.

△ Yes, please.

No thanks. (I'd rather have some ….)

◦ 이해 점검하기

Is that clear?

Are you with me?

Do you know what I mean?

◦ 되묻기

Excuse / Pardon me?

What (did you say)?

I'm sorry?

You did what?

I don't understand.

(I) Beg your pardon.

Could you say that again(, please)?

◦ 전화하기 및 받기

Hello?

This is … speaking.

May I speak to … ?

Can I leave / take a message?

Who's calling, please?

◦ 대화 지속하기

▵ Sorry?

▵ What?

▵ Excuse / Pardon me?

(I'm sorry, but) I didn't hear you.

I beg your pardon?

Would you say that again?

Could you repeat that?

I nearly forgot!

Could we move on to … ?

I don't understand.

Could you say that again(, please)?

◦ 대화 끝내기

(Sorry, but) I have to go now.

(Well,) I'm afraid I must go now.

I hate to interrupt you, but ….

◦ 제의와 초대하기

- 제의, 초대하기

▵ Can you join us?

▵ Would you like to … ?

What / How about … ?

Why don't you … ?

- 제의, 초대에 수락하기

▵ Okay! / OK!

▵ Great!

▵ All right!

▵ (That) Sounds good.

Why not?

With pleasure.

(Thank you.) I'd love to.

- 제의, 초대에 거절하기

▵ (I'm) Sorry, I can't.

Maybe next time.

Thank you (for asking me), but ….

<사실적 정보 교환>

◦ 사실적 정보 묻고 답하기

- 정보 묻기

▵ Can you tell me (about) … ?

▵ Do you know (about) … ?

▵ How many … ?

▵ Do you have … ?

▵ What time is it?

▵ Whose pencil is … ?

Have you heard about … ?

- 묻기에 답하기

▵ (Yes,) I know ….

I heard ….

◦ 사실 확인하기

- 확인하기

△ Is this your … ?

△ Aren't you … ?

△ That's ….

◦ 사실 묘사하기

△ She has ….

△ My mother is ….

He is wearing ….

There is … in the ….

◦ 보고하기

He takes a walk ….

△ I met … (yesterday).

I've never seen ….

She has told me about ….

◦ 수정하기

(Sorry.) It's not right.

(I'm afraid) …'s wrong.

You've made a mistake.

I don't think ….

Let me put it this way.

◦ 표현 묻기

△ Do you say … (or …) ?

How do you pronounce … ?

△ How do you spell … ?

Is this the right / correct spelling of … ?

Do you spell … with … ?

Can I say … ?

Is this (sentence) correct?

What does … mean?

What is another word for … ?

What should I say if / when … ?

◦ 비교하기

△ I'm taller than ….

She is as old as ….

◦ 물건 사기

△ May I help you?

△ How much is it?

△ I'll take it.

I'm looking for ….

◦ 음식 주문하기

May I take your order?

Are you ready to order?

For here or to go?

I'd like to have ….

<지적 태도 표현>

◦ 동의하기, 반대하기

- 동의 여부 묻기

△ Okay? / OK?

△ Right?

△ (Is this) All right with you?

Would / Do you agree (with …) ?

Don't you think so?

Are you for … ?

- 동의하기

△ Me, too.

△ Same here.

△ Good! / Great! / Fine!

I agree.

△ That's (quite) right.

△ That's a good idea.

I'm with you (on that).

That's a good point.

- 반대하기

△ I don't think so.

I'm not happy about ⋯.

It's all wrong.

I'm against ⋯.

∘ 기억 확인하기

- 기억 여부 묻기

(Do you) Remember ⋯ ?

Have you forgotten ⋯ ?

- 기억에 관한 질문에 답하기

(Yes,) I remember ⋯.

I'll never forget ⋯.

I can see ⋯.

I forgot about that.

∘ 가능, 불가능 표현하기

- 가능성 묻기

△ Can you ⋯ ?

Do you know how to ⋯ ?

- 가능 표현하기

△ (Sure,) I can.

△ No problem.

I'm (pretty) good at ⋯.

- 불가능 표현하기

△ (Sorry,) I can't.

I don't know anything about ⋯.

That's impossible.

I have no idea how ⋯.

I'm not good at ⋯.

∘ 확신 여부 묻고 답하기

- 확신 여부 묻기

△ Are you sure?

Do you think ⋯ ?

- 확신, 불확실 말하기

I'm sure / confident that ⋯.

He will probably ⋯.

∘ 의무 표현하기

You must ⋯.

She has to ⋯.

You're supposed to ⋯.

∘ 허락 요청하기, 허락하기

- 허락 요청하기

△ May / Can I ⋯ ?

Do you mind if ⋯ ?

Let me ⋯.

- 허락하기

△ Of course.

△ (Yes,) You can.

△ Sure. / Okay. / OK. / All right.

△ Go ahead.

Feel free to ….

- 허락하지 않기

△ Sorry …, but ….

△ (Sorry,) No way.

(Sorry,) I'm afraid ….

I'd like … but ….

◦ 의견 표현하기

- 의견 묻기

What do you want to do?

What do you think of / about … ?

Did you find … ?

- 자신의 의견 말하기

I think it's ….

△ I have no idea.

◦ 원인과 결과 표현하기

- 원인 묻기

Why do you think … ?

Can you tell me the reason why … ?

- 원인 말하기

(It's) Because ….

◦ 길 묻기, 안내하기

△ Where is … ?

△ Turn right.

△ It's over there.

△ Go straight.

How could I get to … from … ?

< 감정 표현 >

◦ 좋아하고 싫어하는 것 표현하기

- 좋아하고 싫어하는 것에 대해 묻기

△ Do / Don't you like ….

What's your favorite … ?

- 좋아하고 싫어하는 것 말하기

△ I (don't) like (to) ….

I hate (to) ….

◦ 희로애락 표현하기

- 기쁨, 슬픔 표현하기

△ I'm ….

I'm glad to hear that.

- 슬픔을 위안하기

Cheer up.

Look on the bright side.

- 화난 것 표현하기

△ I am angry.

I'm (very) upset.

I really hate ….

I can't stand ….

- 놀람 표현하기

△ What a surprise!

It's surprising.

I (just) can't believe this.

That's incredible.

◦ 원하는 것 표현하기

- 원하는 것 묻기

△ What do you want?

Do you want to … ?

Would you like to … ?

- 원하는 것 말하기

△ I want (to) ….

I'd like to ….

◦ 동정 표현하기

- 동정 표현하기

△ That's too bad.

It's a pity.

I'm sorry to hear ….

◦ 소망, 의지 표현하기

- 소망, 의지 묻기

When are you going to … ?

Do you intend to … ?

- 소망, 의지 말하기

△ I'm going to ….

△ I'll ….

I'm planning to ….

I've decided to ….

I hope that ….

- 기대 표현하기

It will be nice to ….

I'm looking forward to ….

◦ 불평하기

It's not fair.

I want to complain about ….

I wish you'd (not) ….

You can't possibly ….

◦ 관심 표현하기

- 관심 묻기

Are you interested in … ?

Do you enjoy … ?

- 관심, 무관심 말하기

I enjoy ….

I'm (not) interested in ….

<도덕적인 태도 표현>

◦ 사과와 변명하기

- 사과하기

△ (I'm very) Sorry (about that).

△ Excuse me (for …).

Pardon me (for …).

It's (all) my fault.

- 변명하기

I'm (terribly / awfully) sorry, but it wasn't my fault.

- 사과, 변명에 답하기

△ Not at all.

△ That's okay. / OK.

△ That's all right.

△ (Please,) Don't worry (about it).

△ It doesn't matter.

Never mind.

No problem.

Don't mention it.

△ Forget it.

◦ 후회 표현하기

I feel sorry about ⋯.

I wish I'd ⋯.

<지시와 권고>

◦ 설득하기

Let's do it this way.

Please let me try.

◦ 도움 요청하기

- 요청하기

Can you ⋯, please?

Will you do me a favor?

Would you (please) help me ⋯ ?

- 요청에 답하기

△ Sure, I can.

I'm afraid I can't (because ⋯).

◦ 충고하기

- 충고 요구하기

Do you think I should ⋯ ?

What would you do if you ⋯ ?

- 충고하기

I think you should ⋯.

You'd better not ⋯.

I suggest (that) you (should)⋯.

◦ 경고하기

△ Be careful!

△ Watch! / Look out!

△ Watch out (for) ⋯ !

Make sure you don't ⋯.

Be ready for ⋯.

◦ 지시하기, 금지하기

- 지시하기

△ Open / Close ⋯.

You should ⋯.

(I think) You ought to ⋯.

You'd better ⋯.

Why don't you ⋯ ?

- 금지하기

△ Don't ⋯.

You shouldn't ⋯.

I don't think you should ⋯.

You'd better not ⋯.

<상상하기>

◦ 상상하여 말하기

- 상상하여 이야기 꾸미기

She will ⋯.

He is going to ⋯.

- 상상하여 말하기

If I were …, I could ….	He acts as if he ….
I wish I ….	Without …, I would have ….

【별표 3】

기본 어휘 관련 지침과 어휘 목록<중학교, 고등학교>

<기본 어휘 관련 지침>

1. 각 학년에서 사용하기를 권장하는 새로운 어휘 수는 다음과 같다.

3학년: 110 낱말 이내
4학년: 120 낱말 이내
5학년: 130 낱말 이내
6학년: 140 낱말 이내
(누계: 500 낱말 이내)
7학년: 170 낱말 이내
8학년: 280 낱말 이내
9학년: 390 낱말 이내
10학년: 450 낱말 이내
(누계: 1,290 낱말 이내)
(총계: 1,790 낱말 이내)

2. 3~6학년에서는 500 낱말 내를 학습할 것을 권장하며, 기본 어휘 목록에 제시된 초등 권장 어휘 중에서 375 낱말 이상을 학습할 것을 권장한다. 7~10학년에서는 각 학년별로 제시된 범위 내에서 학습할 것을 권장하며, 기본 어휘 목록에 제시된 낱말 중에서 75 % 이상을 학습할 것을 권장한다.

3. 기본 어휘 목록에는 대표형만 제시하고, 대표형은 다음과 같이 굴절어 및 파생어를 포함하는 것을 원칙으로 한다. 단, 빈도수가 높고 학습에 필요한 일부 파생어는 기본 어휘 목록에 제시한다.

write(writes, wrote, written, writing)
be(am, are, is, was, were, been, being)

book(books), foot(feet)

tall(taller, tallest)

good(better, best)

they(their, them, theirs, themselves)

teach(teacher)

soft(softly, softness)

happy(unhappy)

realize(realization)

emotion(emotional)

invest(investment)

mental(mentality)

4. 동일어의 의미 변화 및 문법 기능상 차이가 있는 경우는 원칙적으로 한 개의 낱말로 간주한다.

back [adv, n, v]

bat [n, v]

change [n, v]

close [adj, adv, v]

flat [adj, n]

head [n, v]

kind [adj, n]

present [n, v]

5. 인명, 지명, 국가명 등 고유 명사와 달과 요일, 기수, 서수, 단위, 로마자화된 우리말 단어는 새로운 어휘로 간주하지 않는다.

6. 생활 주변에서 흔히 사용하고 있는 아래의 낱말들은 외래어로서 새로운 어휘로 간주하지 않는다. 아래 낱말 외에 3~6학년과 7~10학년에서 각각 40 낱말 이내의 외래어를 추가하여 사용할 수 있다.

apartment, badminton, banana, bowling, bus, butter, cake, card, cheese, chocolate, coffee, coke, computer, cream, cup, film, fork, guitar, hamburger, hotel, ink, Internet, juice, lemon, marathon, orange, pen, pizza, plastic, program(BE programme), quiz, radio, robot, rocket, salad, sandwich, sausage, shirt, skate, spaghetti, tape, taxi, television / TV, tennis, tire(BE tyre), tomato, truck, video, violin, website (50개)

7. 기본 어휘 목록에 제시한 어휘는 모두 2,315개이며, 어휘 앞에 *표를 한 어휘는 736개로, 초등학교에서 사용하기를 권장한다.

8. 기본 어휘 목록에서 BE는 British English의 줄임말로 영국 영어를 의미한다.

【별표 4】

의사소통에 필요한 언어 형식<중학교, 고등학교>

아래의 언어 형식은 의사소통 활동을 위해 【별표 2】에 제시된 의사소통 예시문과 함께 문자 언어 및 음성 언어 활동에 모두 활용한다.

1. He **takes** a walk every day.
We **went** on a picnic yesterday.
She **is going (to go)** abroad next year.
The next test **will** probably be a little more difficult.

2. He **is sleeping** right now.
I **was studying** when they came.
She **will be coming** soon.

3. They **have moved** to a new house.
He **had** already **left** when we arrived.
I **will have finished** my homework by the time you get here.

4. I **am not** tired.
It **isn't** very cold.
I **don't** work on Sundays.
You **can't** turn right here.
We **didn't** enjoy the holiday very much.
Mary **hasn't** told him what to do.

Tom **will not** be at the meeting tomorrow.

5. **Are you** ready?

Is it raining?

Do you like oranges?

Don't you like apples?

Can you write a letter in English?

Have you finished your homework yet?

When will you come?

Where can we get the bus?

Why did he leave early?

How did you come to school?

Who can answer that question?

Whose dolls are these?

Which class are you in?

Which ice cream would you like, chocolate or vanilla?

6. **May I borrow** your book?

He **may be** sick.

There **might be** some complaints.

She **must have been** sick.

I **should study** tonight.

They **must do** well on the test.

I **have to go** to the library.

You **don't have to go** to school tomorrow.

Will you please **help** me with my English?

He **would take** a walk every morning.

She **can play** the violin.

It **can't be** true.

Could you **show** me the way to the nearest post office?

I **will be able to help** you get to the party tonight.

Would you please **pass** me the salt?

Shall we **go** on a picnic this weekend?

You **had better not say** anything about this.

They'll fight to the end **rather than give up**.

You **needn't worry** about the test.

You **should do** as he says.

He suggested that they **(should)** play baseball.

7. To see is **to believe.**

He wanted **to go** home.

I hope **to see** you again soon.

I have a book **to read.**

He came **to see** me.

You may go if you want **to.**

He told me **not to do** it.

The problem is **where to get** money (from).

He seemed **to have been** ill (for some time).

I **heard** the children **sing**.

I expect John **to pass** the exam.

I asked her **to help** me.

It was easy **to find** his house.

To be frank (with you), I don't like him.

The book is simple **enough to understand.**

It moves **too** quickly **for us to see** (it).

8. I **made** him **carry** the box.

They **had** me **repeat** the message.

You shouldn't **let** him **go** there again.

Bill **had** the car **cleaned.**

I **had** my picture **taken.**

9. Playing baseball is fun.

We enjoy swimming in the pool.

I'm interested in watching horror movies.

I saw him lying on the beach.

They felt that Mary's **coming** in late was bad.

Did you **go fishing** last weekend?

I **don't feel like sleeping** now.

I **cannot help doing** things like that.

It's no use trying to persuade me.

10. The novel **was written by** Mark Twain.

The building **was built** in 1880.

A prize **was given to** Jane.

Susan **will be invited to** the party this evening.

I **was made to clean** the room.

Let it **be done** at once.

11. I have **two pens.**

She bought **some furniture.**

I don't have **any money**.

My mother bought **many / lots of / a lot of apples.**

We didn't buy **much food**.

I'd like to ask you **a few questions.**

I need **a little more time** to think (about it).

Every / Each student **is** listening to music.

The news is interesting.

The Chinese drink tea.

Most of the students in the class **study** hard.

Mathematics is my favorite subject.

12. I don't like the black **coat,** but I like **the brown one.**

I have three books. **One** is mine. **The others** are yours.

The **biscuit** was delicious. I'm going to have **another one**.

These **cups** are dirty. Could I have **some clean ones**?

We write to **each other** every week.

13. There **is** a book on the desk.

There **are** so many children in the park.

14. **It's** cold outside.

It's Wednesday.

It's half past four.

It's ten miles from here to my school.

15. You are a **better** singer **than** I am.

They've got **more** money **than** they need.

A car is **much more** expensive **than** a motor-bike.

I **prefer** tea **to** coffee.

The more she thought about it, **the less** she liked it.

16. Excuse me, where is **the nearest** bank?

Money is important, but it is not **the most important** thing in life.

What is **the longest** river in the world?

17. I don't know **as many** people **as** you (do).

I arrived at **the same** time **as** Tom (did).

She's old, but she's **not as** old **as** he (is).

18. **What size** is this shirt?

What kind of job do you want?

Which color do you prefer?

What time is it?

How old is she?

How big is the house?

How heavy is your computer?

How much does it cost?

How far did you drive today?

19. Is there **enough hot water** for me to take a bath?

Have you got **enough food** in the house to last the next few days?

There is **hardly enough cake.**

20. Leave early **so that** you **won't** miss the bus.

We moved to London **so that** we **could** visit our friends more often.

I hurried **so that** I **wouldn't** be late.

It **not only** rained yesterday, **but** it **also** snowed.

You can have **either** tea **or** coffee.

David **both** loves Joan **and** wants to marry her.

The film was **neither** well made **nor** well acted.

He came **not** to complain, **but** to help us.

He went to bed **because** he was sleepy.

When we arrived, she was talking on the phone.

Since he left this morning, I haven't seen him.

We stayed home, **since** the weather was cold.

The weather was **so** nice **that** we went to the zoo.

We're going to play baseball tomorrow **unless** it rains.

Although / Though it was cold, I went swimming.

21. John plays the guitar, **and** his sister plays the piano.

They are my neighbors, **but** I don't know them well.

I may stop by and see you tomorrow **or** (I) may just phone (you) late in the day.

22. Ted didn't study at all. **Therefore,** he failed the test again.

I gave the book to Tom. **However,** he didn't like it.

I like spending my holidays in the mountains. **On the other hand,** my sister prefers the seaside.

23. The girl **who** is playing the piano is called Ann.

Mrs. Lee, **who** teaches English, has two children.

The pen **which** is on the desk is mine.

This is the book **that** I bought yesterday.

I met the girl **whose father** is a musician.

She is the girl **whom** I told you **about**.

The town **in which** I was born is very small.

The house **where** she lives is very nice indeed.

24. **What she said** was interesting.

I don't know **where he lives.**

Please tell me **what happened.**

I wonder **whose bicycle that is**.

I don't know **whether he will come (or not).**

Tell me **how to make pizza.**

I think **that he is a good singer.**

25. She said, **"I will help you."**

She said **that she would help me.**

He said to me, **"I have been tired a lot lately."**

He **told me that he had been** tired a lot lately.

He said to me, **"Please come at once."**

He **asked me to come** at once.

He said, **"Do you need a pen**?"

He asked **if I needed a pen.**

Mary asked **"Where do you live?"**

Mary asked **where I lived.**

26. Walking along the street, I met an old friend.

Their father having left the room, the children began to watch TV.

Being tired, he went to bed.

Having seen that movie before, I didn't want to see it again.

Frankly speaking, I failed the test.

27. If I have enough time, **I read** a book every week.

If the weather is fine tomorrow, **we will** go on a picnic.

If I were a bird, **I could fly** home.

If you had studied harder, **you would have passed** the exam.

Had I had enough money, I **would have bought** a computer.

It's time you **were** in bed.

I wish I spoke English well.

He acts **as if** he **knew** you.

I'd rather we **had** dinner now.

Without / But for your advice, I **would have failed.**

28. Down came the rain.

Here comes the bus.

Not a word **did he** say.

She was angry and **so was I.**

I enjoyed the play and **so did my friends.**

John didn't see the accident and **neither did Mary**.

29. Won't you try again? - Yes, I **will** try again.

You must speak to the teacher. - I **have** spoken to him.

I **do** hope you will succeed.

It was John **who / that** told me the truth.

It was by train **that** we traveled to London.

30. My brother was wearing a raincoat, and **(he)** didn't get wet.

One student has written a poem, and the other **(has written)** a short story.

John understands the problem better than Mary **(does).**

I believe **(that)** you are mistaken.

Though **(he had been)** defeated, he remained a popular leader.

You can borrow my pen, if you want to **(do so).**

31. **Mr. Long, a neighbor of yours,** will be visiting us this evening.

The goal you wrote about in your letter, to become an astronaut, requires a great amount of time and energy.

The fact that Mary was late didn't surprise me.

32. At the station you will see **a lady carrying a large umbrella.**

Any coins found on this site must be handed to the police.

Something strange happened last night.

33. **This / That** is your book, isn't **it**?

Ann **is** here, **isn't** she?

You **like** oranges, **don't** you?

Bob **isn't** here, **is** he?

They **haven't** left, **have** they?

34. **As soon as** it stops raining, we will leave.

No sooner had I arrived at the airport **than** I realized I had forgotten my briefcase.

As he was not interested in classical music, he decided not to go to the concert.

She wept bitterly **as** she told her story.

35. **It** is cruel **to** tease animals.

It is difficult **for me to** speak French.

She found **it** difficult **to** learn Chinese.

36. The baby cried. **[SV]**

She stayed in bed. **[SVA]**

He is an English teacher. **[SVC]**

I like *gimbap*. **[SVO]**

You can put the dish on the table. **[SVOA]**

He gave me a present. **[SVOO]**

Why did they elect him chairman? **[SVOC]**

<고등학교>

1. 성 격

최근 국가 간의 교류는 다양한 분야에서 빠르게 진행되며 국가 간 상호 의존도는 점점 심화되고 있어, 국제적 경쟁과 함께 국제적 협력의 필요성도 증대하고 있다. 이에 더하여 정보 기술의 발달로 지식과 정보에 바탕을 둔 지식 기반 사회로의 이동은 개인 생활에서 국가 정책에 이르기까지 사회의 모든 분야에 걸쳐 지식과 정보를 이해하는 능력과 함께 지식과 정보를 생산하고 전달하는 능력을 요구하고 있다.

이런 환경에서 영어는 국제적으로 가장 널리 쓰이고 있는 언어로서 각기 다른 모국어를 가진 사람들을 이해하고, 이들과의 의사소통과 유대를 가능하게 하는 국제어로서의 중요한 역할을 수행하고 있다. 따라서, 미래를 살아가야 할 초·중등 학생들에게 영어로 의사소통할 수 있는 능력은 학교에서 길러야 하는 핵심적인 능력이다. 즉, 국가와 사회 발전에 기여하고, 세계인으로서 선도적 역할을 하며, 폭넓은 문화생활을 하기 위해서는 영어를 이해하고 구사하는 능력은 필수적이라고 할 수 있다. 영어로 의사소통하는 능력은 곧 나라와 나라를 잇는 중요한 가교이자 국가 간, 문화 간 이해와 신뢰를 통하여 우리나라를 발전시키는 원동력이 되기 때문이다.

초등학교 영어는 일상생활에서 사용하는 기초적인 영어를 이해하고 표현하는 능력을 길러주는 교과로서, 의사소통의 바탕이 되는 언어 기능 교육, 그 가운데에서도 음성 언어 교육이 주가 된다. 문자 언어 교육은 쉽고 간단한 내용의 글을 읽고 쓸 수 있는 내용으로 하되, 음성 언어와 연계하여 내용을 구성한다. 중등학교 영어는 초등학교에서 배운 영어를 토대로 하여 학생들이 기본적인 일상 영어를 이해하고 이를 사용할 수 있는 능력을 기름으로써 외국의 문화를 이해하고, 21세기를 살아갈 수 있는 능력을 기르는 바탕을 마련하는 데 역점을 둔다.

초등학교에서의 영어 교육은 초등학교 학생의 특성을 고려하여야 한다. 초등학교 학생은 호기심이 강하며, 실생활에서 자신이 겪는 감각과 경험이 사고와 행동에 깊이 작용한다. 그러므로 영어 교과에서의 교수·학습 활동은 실생활에서 접할 수 있는 감각 및 놀이 활동을 주로 하고, 체험 학습을 통하여 발견의 즐거움을 경험할 수 있도록 하는 것이 효과적이다. 또, 초등학교 학생은 쉽게 배우지만 기억이 오래가지 못하고 집중하는 시간이 짧기 때문에, 교수·학습에 다양한 교수법을 적용하며, 멀티미디어 자료와 정보 통신 기술(ICT) 도구 같은 다양하고 흥미로운 교육 매체를 적절히 활용하도록 한다.

한편, 중등학교의 영어 교육은 초등학교 영어 학습을 통해 형성된 영어 학습에 대한 흥미와 관심을 지속시키고, 영어로 의사소통을 할 수 있는 기본적인 능력을 기르도록 하며, 유창성과 정확성을 기르도록 학습 경험과 활동을 극대화하여야 한다. 따라서, 언어 습득 과정을 중시하는 교수·학습 방법을 적용하여 학생 중심의 영어 수업이 되도록 한다.

초·중등학교에서의 영어 시간 운영은 학생 개개인의 학습 능력 차이를 고려하여야 하며, 학교 사정을 감안하여 수준별 수업을 실시할 수 있다. 수업에서는 과제 혹은 활동 중심의 수업 운영으로 자기 주도적인 학습이 가능하도록 한다.

영어 교과는 영어 의사소통 능력을 길러 주는 것이 중요한 목표이지만 인성 교육도 중요하므로, 건전한 도덕관과 자주적 시민 정신을 기르도록 도와준다. 또한, 외국 문화를 바르게 이해하고 나아가 국제적 안목과 세계인으로서의 협동심과 소양을 기르도록 한다.

2. 목 표

일상생활에 필요한 영어를 이해하고 사용할 수 있는 기본적인 의사소통 능력을 기른다. 아울러, 외국 문화를 올바르게 이해하여 우리 문화를 발전시키고 외국에 소개할 수 있는 바탕을 마련한다. 이를 위해 첫째, 평생 학습자로서 영어에 대한 지속적인 흥미와 자신감을 얻는 바탕을 마련한다. 둘째, 일상생활과 일반적인 화제에 관하여 의사소통할 수 있는 기본 능력을 기른다. 셋째, 외국의 다양한 정보를 이해하고 이를 활용할 수 있는 능력을 기른다. 넷째, 외국 문화를 이해함으로써 우리 문화를 새롭게 인식하고 올바른 가치관을 기른다.

중등학교 영어는 초등학교에서 배운 영어를 토대로 일상생활과 일반적인 주제에 관하여 기본적인 영어를 이해하고 표현할 수 있는 능력을 기르는 것을 목표로 한다.

가. 영어로 의사소통하는 것에 대한 필요성을 인식한다.
나. 일상생활과 일반적인 주제에 관하여 효과적으로 의사소통한다.
다. 영어로 된 외국의 다양한 정보를 이해하고, 이를 활용한다.
라. 영어 학습을 통하여 다양한 문화를 이해하고, 우리 문화를 영어로 소개한다.

3. 내 용

가. 내용 체계<중학교와 동일>

나. 성취 기준

<고등학교 1학년>

1) 듣기

㈎ 다양한 주제에 관한 말이나 대화를 듣고 주제 및 요지를 파악한다.
㈏ 다양한 주제에 관한 말이나 대화를 듣고 세부 사항을 파악한다.
㈐ 짧은 안내 방송을 듣고 이해한다.
㈑ 다양한 주제에 관한 서로 다른 입장의 말이나 대화를 듣고 공통점과 차이점을 파악한다.

㈎ 간단한 토론을 듣고 중심 내용을 파악한다.
㈏ 다양한 주제에 관한 이야기를 듣고 등장인물에 관한 세부 사항을 파악한다.

2) 말하기

㈎ 친숙한 주제에 관해 준비하여 발표한다.
㈏ 다양한 글을 읽고 주제 및 요지를 말한다.
㈐ 시사성 있는 주제에 관해 필요한 정보를 교환한다.
㈑ 다양한 주제에 관한 글을 읽고 자신의 의견을 말한다.
㈒ 학습한 내용을 자신의 말로 바꾸어서 역할극을 한다.
㈓ 말하고자 하는 바를 상황에 알맞게 여러 가지 방법으로 표현한다.
㈔ 상호작용을 통하여 간단한 과업을 수행한다.

3) 읽기

㈎ 쉬운 내용의 신문, 잡지 기사를 읽고 이해한다.
㈏ 일반적인 주제에 관한 글을 읽고 전개 순서나 논리적 구조 등을 이해한다.
㈐ 다양한 주제에 관한 글을 읽고 사실과 의견을 구별한다.
㈑ 다양한 주제에 관한 글을 선별하여 읽고 필요한 정보를 찾는다.
㈒ 다양한 주제에 관한 쉬운 글을 훑어 읽고 요지를 파악한다.
㈓ 다양한 주제에 관한 글을 읽고 글의 순서를 파악한다.
㈔ 다양한 주제에 관한 글을 읽고 전후 내용을 예측한다.
㈕ 쉬운 글을 읽고 사회적, 문화적 배경을 이해한다.
㈖ 쉬운 문학 작품을 읽고 주제, 인물, 배경 및 구성을 이해한다.

4) 쓰기

㈎ 일반적 주제에 관한 친숙한 내용의 말이나 대화를 듣고 중요한 정보를 쓴다.
㈏ 일반적인 주제에 관한 글을 읽고 요지를 쓴다.
㈐ 간단한 질문, 메모, 전화 메시지 등을 기록한다.
㈑ 일상생활에 관련된 서식에 필요한 정보를 써 넣는다.
㈒ 여행 후 간단한 기행문을 쓴다.
㈓ 자신의 과거 경험이나 미래의 계획을 글로 쓴다.

4. 교수 · 학습 방법<중학교와 동일>

5. 평 가<중학교와 동일>

【별표 1】

소 재 <중학교와 동일>

【별표 2】

의사소통 기능과 예시문 <중학교와 동일>

【별표 3】

기본 어휘 관련 지침과 어휘 목록<중학교와 동일>

【별표 4】

의사소통에 필요한 언어 형식<중학교와 동일>

|찾|아|보|기|

(ㅇ)